# CATIA V5 응용

## Surface Design, CAE 예제

김기주, 임석연 공저

D.B.Info

# PREFACE

1950년 초, 영국의 한 항공기 제조사에서 삼각형 요소를 항공기 구조설계해석에 응용하기 위하여 시작된 유한요소해석이 1960년대 구소련과의 우주개발경쟁을 하기 위해 활발히 사용되기 시작하였다. 항공우주, 토목, 자동차, 기계부품, 전자기기, 조선 등 다양한 분야의 설계 및 해석에 사용되어 현재는 필수적인 설계해석 도구가 되었다.

초기 유한요소해석 분야는 대학원 수준의 교육을 받은 인력들의 활용분야였으나 현재는 학부교육에 포함되어 설계 엔지니어를 교육하는 단계에 이르렀다. 과거에는 설계를 하는 부서와 구조해석을 하는 부서가 나뉘어져 일을 하였는데 해석기능이 가능한 CAD 소프트웨어가 늘어나면서 점차 해석기능을 설계자가 분담하는 현실이다.

본 도서는 CAD의 주요 프로그램 중 하나인 CATIA 응용분야 중 서피스모델링 에 관하여 단시간에 그 기본을 익힐 모든 분들에게 가장 적절한 교과서가 될 것으로 믿는다. 뿐만 아니라 CATIA를 이용한 CAE 응용분야 알고자하는 공학도에게는 안내서로서 또는 관련 계통에 종사하는 현장기술자에게도 CAE의 입문 및 참고지침서로서 적절하리라 생각한다. 광범위한 CAD (CAE) 프로그램 중 CATIA의 내용을 한정된 지면에 축소하여 기술한 만큼 보다 깊은 내용의 것은 각각의 장에 제시되고 있는 따라하기 예제들을 참고하여 직접 그려보고 해석해보며 설명 내용을 익히기 바란다. 특히 이번 교재에서는 여러 도면과 해석 문제들을 따라하기 해 봄으로써 실습할 수 있도록 응용 연습문제들을 준비하였다. 이를 통하여 단순한 기계 형상의 설계 조립이 아닌 설계 형상의 구조적 해석을 통한 안전설계(혹은 건전설계) 를 수행할 수 있을 것이다.

끝으로 이 책이 컴퓨터응용공학 기술의 발전에 다소나마 기여할 수 있기를 기원하면서 뜻하지 않은 오류가 있으면 독자 여러분들의 기탄없는 질책과 조언을 받아 수정해 나갈 것을 약속드린다. AutoCAD 서적의 출판과 아울러 본 도서의 출간을 허락해주시고 편집을 위해 수고해 주신 복두출판사 임직원 여러분께 진심으로 감사의 마음을 전한다.

2017년 4월 25일
저자

# CONTENTS

## PART I CAD (CATIA 응용 - Surface Drawing 따라하기)


1. CATIA 기초 ········· 9

1.1 CATIA V5 소개 ········· 9
1.2 CATIA 설치 (Install) ········· 12
1.3 CATIA 화면구성과 Interface ········· 18
1.4 CATIA V5 설정 ········· 22
1.5 CATIA Option ········· 28

2. Wireframe & Surface Design Workbench ········· 35

2.1 Wireframe & Surface Design ········· 35
2.2 Wireframe & Surface Design Toolbar ········· 37
2.3 Wireframe & Surface Design 따라하기 ········· 129


## PART II CAE (CATIA CAE 따라하기)


3. CAE 응용 및 구조해석 [Analysis] ········· 181

3.1 유한요소해석 개요 ········· 181
3.2 1-D Problem (Beam Design) ········· 185
3.3 2-D Element Shell 해석 - 샤워의자 ········· 209
3.4 3-D Element 해석 (Cantilevered Beam) ········· 234
3.5 3-D Element 해석 (L-Shape Beam) ········· 257
3.6 3-D Element 해석 (Offset Bearing) ········· 285
3.7 3-D Element 해석 (Connecting Rod) ········· 305

4. CATIA 국제공인 자격증(다쏘시스템)기출문제 ········· 347

# C A T I A / 응 용 과 실 습

DASSAULT
SYSTEMES

# Part I

# CAD

## CATIA 응용 – Surface Drawing 따라하기


1. CATIA 기초

1.1 CATIA V5 소개
1.2 CATIA 설치 (Install)
1.3 CATIA 화면구성과 Interface
1.4 CATIA V5 설정
1.5 CATIA Option

2. Wireframe & Surface Design Workbench

2.1 Wireframe & Surface Design
2.2 Wireframe & Surface Design Toolbar
2.3 Wireframe & Surface Design 따라하기

Chapter 1

# CATIA 기초

## 1.1 CATIA V5 소개

### 가. 개요

1969년 프랑스 항공기 제조사인 Dassault Aviation에서 대화식 그래픽 프로그램을 최초 개발하였으며 1975년에 Dassault Aviation사는 미국의 Lockheed 항공기 제조사로부터 CAD/CAM의 소유권을 사들인 후, 1977년에는 CAD/CAM 3D 소프트웨어인 AMD (Avions Marcel Dassault)를 개발하였고, 이것이 오늘날 CATIA의 이전 이름이다. 1981년에는 CATIA 솔루션의 마케팅과 홍모 및 판매를 위하여 IBM과 파트너십을 체결하여 전세계 판매망을 확보하였다. 이후 BMW, Mercedes Benz, Honda, Ford Co. 등과 협력 관계를 체결하여 세계적인 자동차 분야의 설계 프로그램으로 위치를 넓혀갔다.

1982년에는 3D 디자인, Surface Modelling, NC Programing 기능을 추가하여 CATIA V1을 출시하였으며 1984년에는 2D와 3D를 통합한 CATIA V2를 출시하여 기계, 자동차, 항공기 설계 분야의 사용 소프트웨어로 사용되었고 1986년에는 미국 Boeing 사가 CATIA를 도입하였다. 1998년 CATIA V5를 Window용 프로그램으로 출시하여 산업현장에서 더욱 이용범위가 넓어졌으며 기능도 확장되어 현재는 CAD/CAM/CAE를 포함하는 종합 설계프로그램으로 활용되고 있다.

국내에는 1992년 현대자동차가 최초로 도입하여 자동차 설계에 활용하였으며 자동차, 중공업, 항공 및 가전업체를 중심으로 대기업에서 점차 중소기업으로 그 사용범위는 급속히 확산되고 있으며, 이에 따라 저변 기술개발의 필요성과 많은 기술인력의 양성이 필요하게 되었다. CATIA는 Computer Aided Three dimensional Interactive Application의 약자이다. CATIA는 전세계 십만여 개 업체에서 거의 모든 산업분야에서 가장 각광을 받고 있는 CAD/CAM/CAE 통합 솔루션으로 복잡한 기계 부품들의 디자인, 설계, 도면추출, 해석 및 NC 데이터의 생성이 용이하여 제품의 개념설계 단계부터 제작 및 생산관리까지 작업이 가능한 제조산업에 적합하다. CATIA는 3차원 형상 모델링이 뛰어나 전체적인 제품개발 기간을 단축할 수 있다. 또한 Engineering Data Base 및 Network 상에서의 Communication 관리를 위한 특별한 Module을 추가하여 통합된 CAD/CAM 시스템 구축이 가능하다.

## 나. 주요기능

### 1) Part & Assembly Design

Part & Assembly Design(부품 디자인)은 단품 설계에서 복잡한 구조의 어셈블리 형상까지 모든 설계과정을 지원한다. Part Design은 Solid 및 Surface 형상이 통합된 방법으로 설계할 수 있으며, 유연한 포스트 디자인 Parametric 기법을 이용하여 원하는 형상에만 필요한 구속조건을 부여할 수 있으므로 설계 변경이 용이하다. Assembly Design은 제품의 조립 구조에서 Part 설계를 수행하는 방법과 반대로 Part를 조립하여 제품을 완성하는 방법이 모두 가능하다. 이를 통해 제품설계에 참여하는 여러 분야의 설계인원이 Part 설계와 Assembly 설계를 동시에 진행하는 동시공학(Concurrent Engineering)이 가능하다. 결과는 *.CATPart의 형식으로 저장이 된다.

### 2) Generative Drafting

Generative Drafting(도면 생성)은 3차원으로 설계된 단품 및 조립 설계된 제품에서 2차원 도면을 자동으로 생성한다. 3차원 형상과 연관되어 있어 모델을 수정한 후 도면을 Update하면 3차원 형상에 이 변경사항이 적용이 된다. 또한 1각법, 3각법 및 ISO, ANSI, JIS와 같은 여러 표준들을 지원해 사용자가 원하는 형식의 도면을 쉽게 만들 수 있으며 하나의 파일에 여러 개의 도면을 모아서 저장할 수 있다. 이러한 도면정보 파일(*.CATDrawing)로 저장이 되며 A0에서 B5용지까지 지원한다.

### 3) Smart Shape Designer

Smart Shape Designer(지능형 형상 디자이너)는 고품질의 Surface를 생성하고 수정할 수 있는 모듈로 원하는 형상대로 수정하는 기능을 제공한다. 또 작업 중 실시간으로 원하는 곡선이나 Surface의 곡률, 반사곡선 등을 확인할 수 있다.

### 4) DMU Navigator

DMU Navigator는 Part Design작업을 통해 설계된 3차원 모델을 CATIA시스템 안에서 가상으로 조립한 Digital Mock-up을 이용하여 외형검사(DMU Navigator), 조립성 검사(DMU Fitting),

간섭검사 및 단면 검사(DMU Space Analysis), 운동성 검사(DMU kinematics)를 수행하여 설계 품질을 향상하고 실제의 Mock-up을 제작하지 않고 필요한 검사를 수행하여 설계비용과 개발기간을 단축할 수 있다.

### 5) Knowledge Advisor

Knowledge Advisor(지식 데이터 뱅크)는 설계자의 지식이나 기술을 데이터화한다. 이를 위해 설계에 필요한 파라미터나 수식을 저장하며, 간단한 스크립트로 만들어진 규칙을 저장하거나 적용할 수가 있다. 이를 통해 설계를 처음 시작하는 사람도 이미 정의된 규칙과 매개변수를 이용하여 복잡한 설계를 수행할 수 있으며 설계오류를 자동으로 정정하고 이를 반영할 수 있다.

### 6) Generative Part Structural Analysis

Generative Part Structural Analysis(부품 구조 해석)는 설계자가 3차원으로 설계한 부품의 내부응력, 변위 등을 쉽게 계산할 수 있는 모듈로 설계자가 설계한 단품에 대해 필요한 단품에 대해 필요한 간단한 해석을 직접 수행하여 설계 정밀도를 높일 수 있다. 설계가 완성된 단품에 재질을 부여하고 Mesh를 생성하고 여기서 경계조건과 하중을 면이나 모서리에 부여한 후 계산이 가능하다. 해석 결과는 *.CATAnalysis의 형식으로 저장이 된다. 따라서 구조의 강도가 중요한 제품 설계 시 생산성을 향상할 수 있다.

# 1.2 CATIA 설치(Install)

본 교재는 CATIA V5R20 프로그램을 활용한 설계 기능을 설명하고자 하며 본 프로그램을 설치 시 다음과 같은 창이 순서대로 열리게 된다.

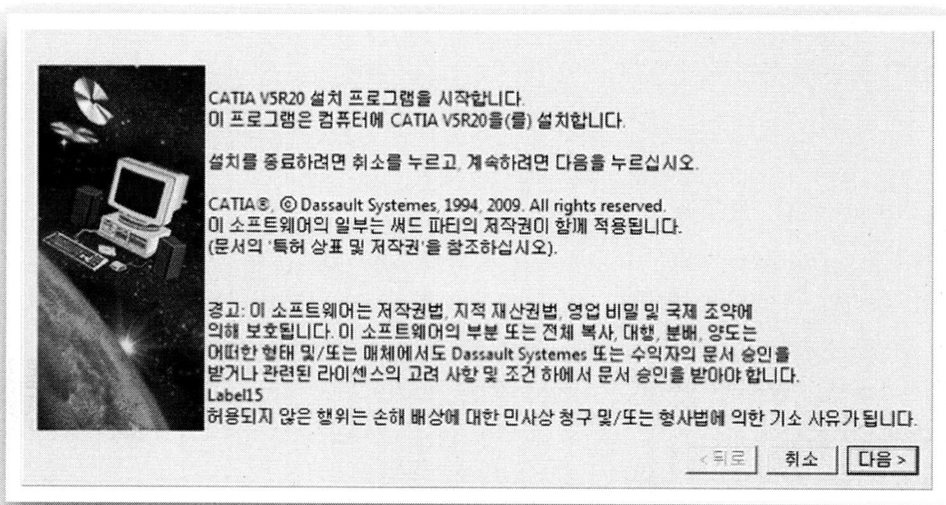


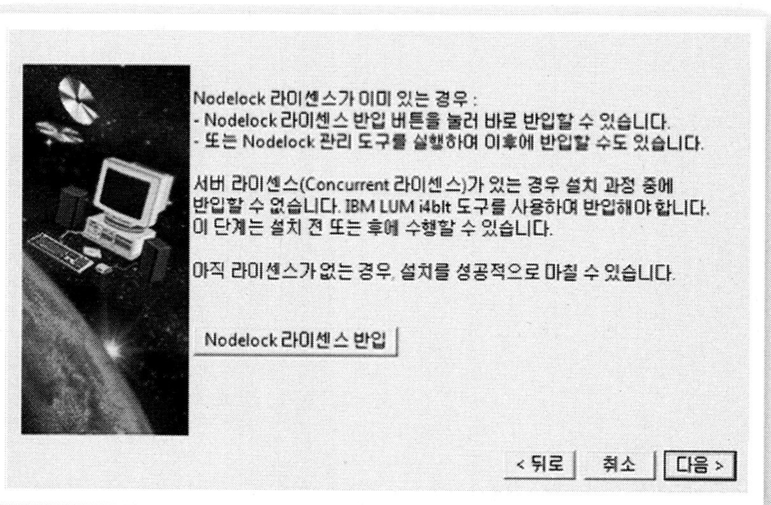

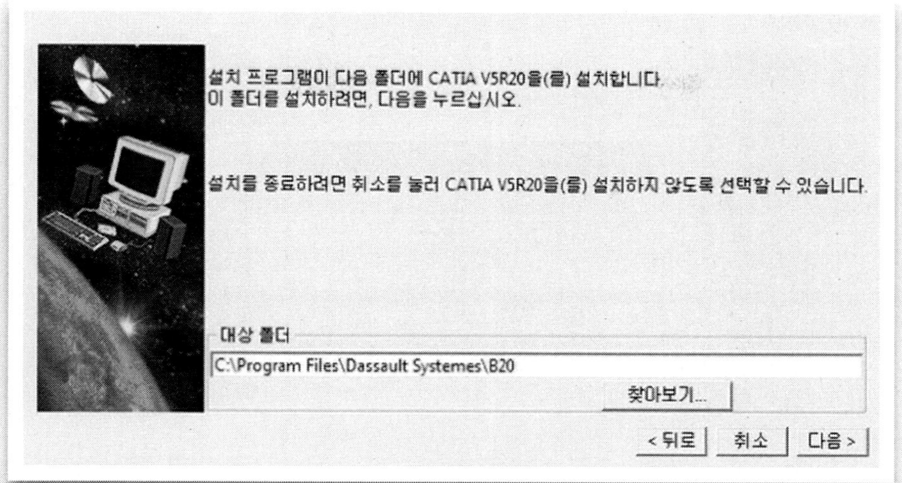
설치 프로그램이 다음 폴더에 CATIA V5R20을(를) 설치합니다.
이 폴더에 설치하려면, 다음을 누르십시오.
설치를 종료하려면 취소를 눌러 CATIA V5R20을(를) 설치하지 않도록 선택할 수 있습니다.
대상 폴더
C:\Program Files\Dassault Systemes\B20
찾아보기...
< 뒤로
취소
다음 >

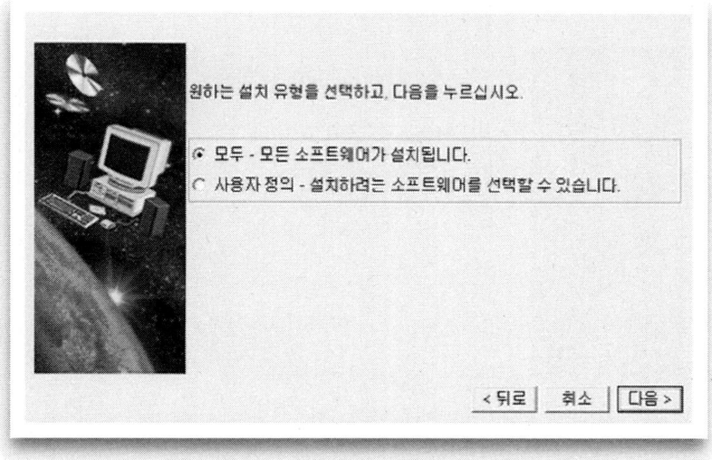
원하는 설치 유형을 선택하고, 다음을 누르십시오.
모두 - 모든 소프트웨어가 설치됩니다.
사용자 정의 - 설치하려는 소프트웨어를 선택할 수 있습니다.
< 뒤로
취소
다음 >

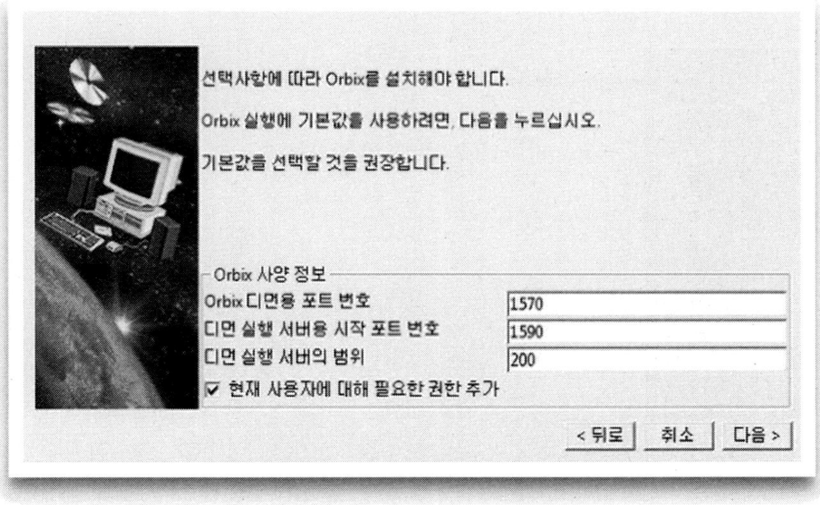
선택사항에 따라 Orbix를 설치해야 합니다.
Orbix 실행에 기본값을 사용하려면, 다음을 누르십시오.
기본값을 선택할 것을 권장합니다.
Orbix 사양 정보
Orbix 디먼용 포트 번호
1570
디먼 실행 서버용 시작 포트 번호
1590
디먼 실행 서버의 범위
200
현재 사용자에 대해 필요한 권한 추가
< 뒤로
취소
다음 >

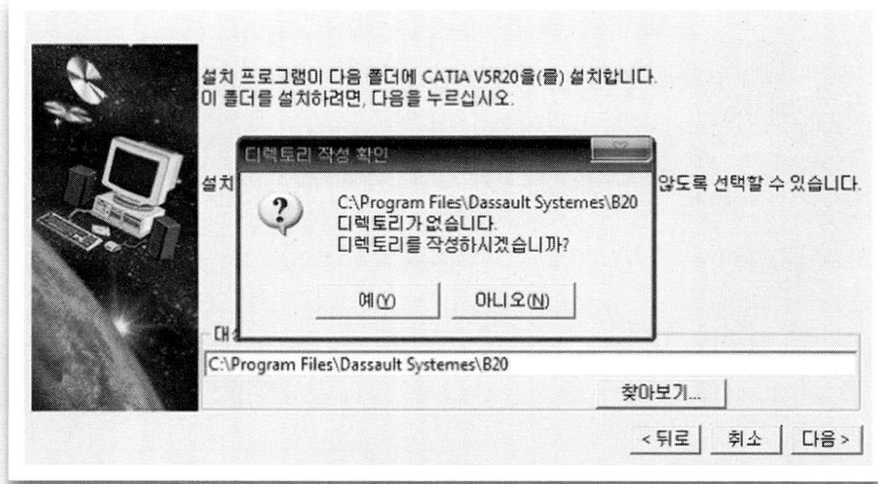
설치 프로그램이 다음 폴더에 CATIA V5R20을(를) 설치합니다.
이 폴더를 설치하려면, 다음을 누르십시오.
디렉토리 작성 확인
C:\Program Files\Dassault Systemes\B20
디렉토리가 없습니다.
디렉토리를 작성하시겠습니까?
예(Y)
아니오(N)
않도록 선택할 수 있습니다.
C:\Program Files\Dassault Systemes\B20
찾아보기...
< 뒤로
취소
다음 >

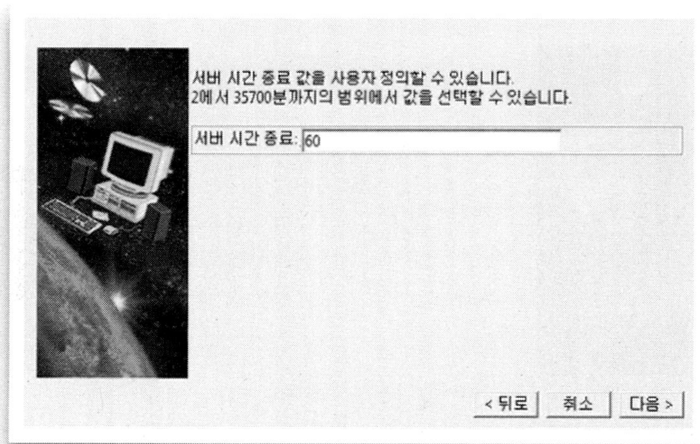
서버 시간 종료 값을 사용자 정의할 수 있습니다.
2에서 35700분까지의 범위에서 값을 선택할 수 있습니다.
서버 시간 종료: 60
< 뒤로
취소
다음 >

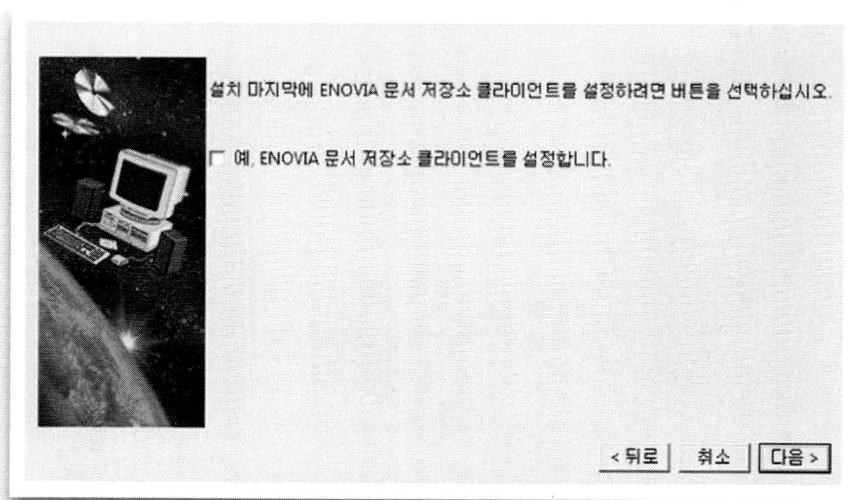
설치 마지막에 ENOVIA 문서 저장소 클라이언트를 설정하려면 버튼을 선택하십시오.
예, ENOVIA 문서 저장소 클라이언트를 설정합니다.
< 뒤로
취소
다음 >

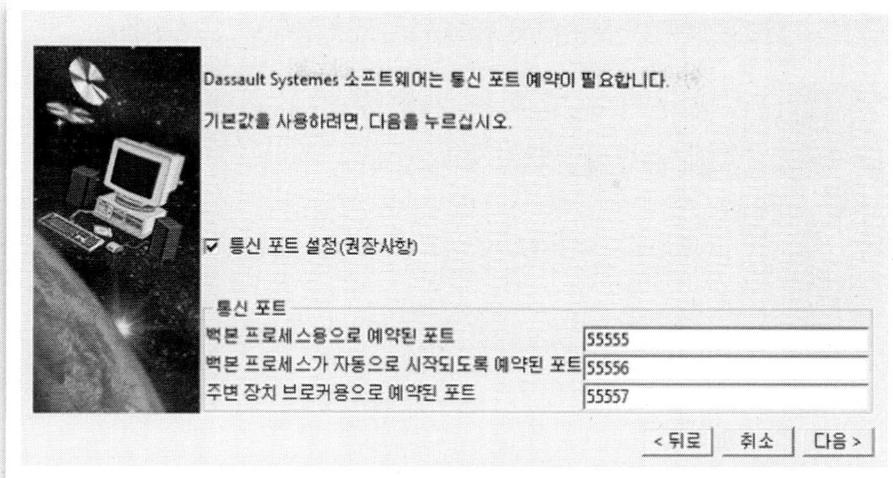
Dassault Systemes 소프트웨어는 통신 포트 예약이 필요합니다.
기본값을 사용하려면, 다음을 누르십시오.
통신 포트 설정(권장사항)
통신 포트
백본 프로세스용으로 예약된 포트
55555
백본 프로세스가 자동으로 시작되도록 예약된 포트
55556
주변 장치 브로커용으로 예약된 포트
55557
< 뒤로
취소
다음 >

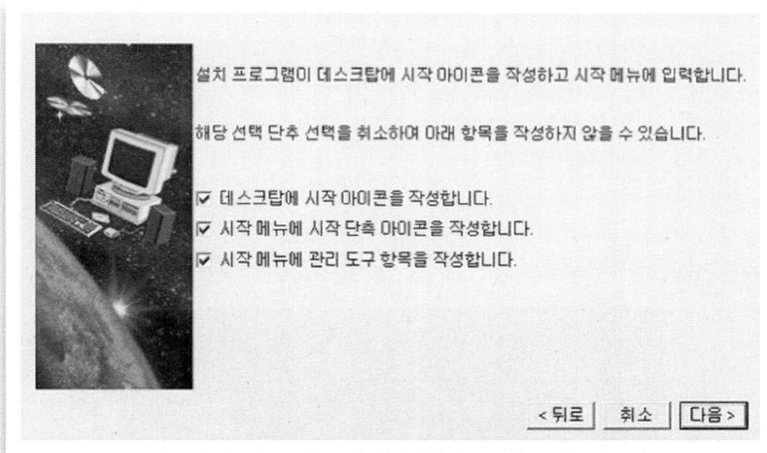
설치 프로그램이 데스크탑에 시작 아이콘을 작성하고 시작 메뉴에 입력합니다.
해당 선택 단추 선택을 취소하여 아래 항목을 작성하지 않을 수 있습니다.
데스크탑에 시작 아이콘을 작성합니다.
시작 메뉴에 시작 단축 아이콘을 작성합니다.
시작 메뉴에 관리 도구 항목을 작성합니다.
< 뒤로
취소
다음 >

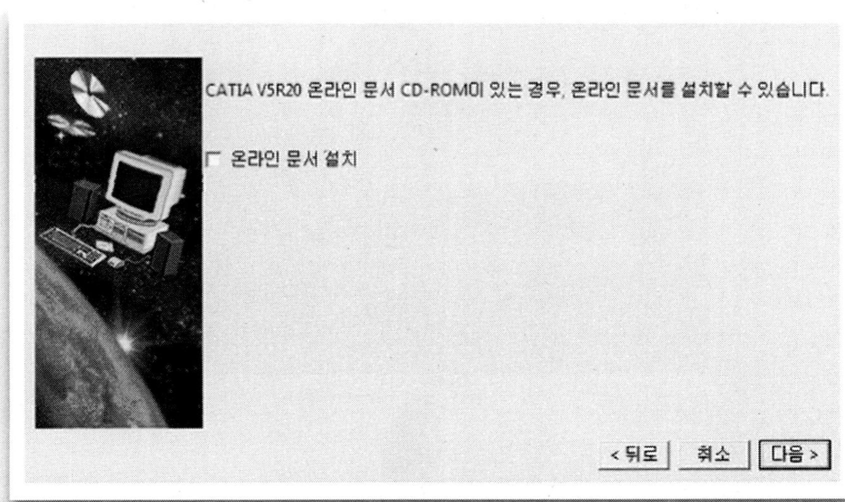
CATIA V5R20 온라인 문서 CD-ROM이 있는 경우, 온라인 문서를 설치할 수 있습니다.
온라인 문서 설치
< 뒤로
취소
다음 >

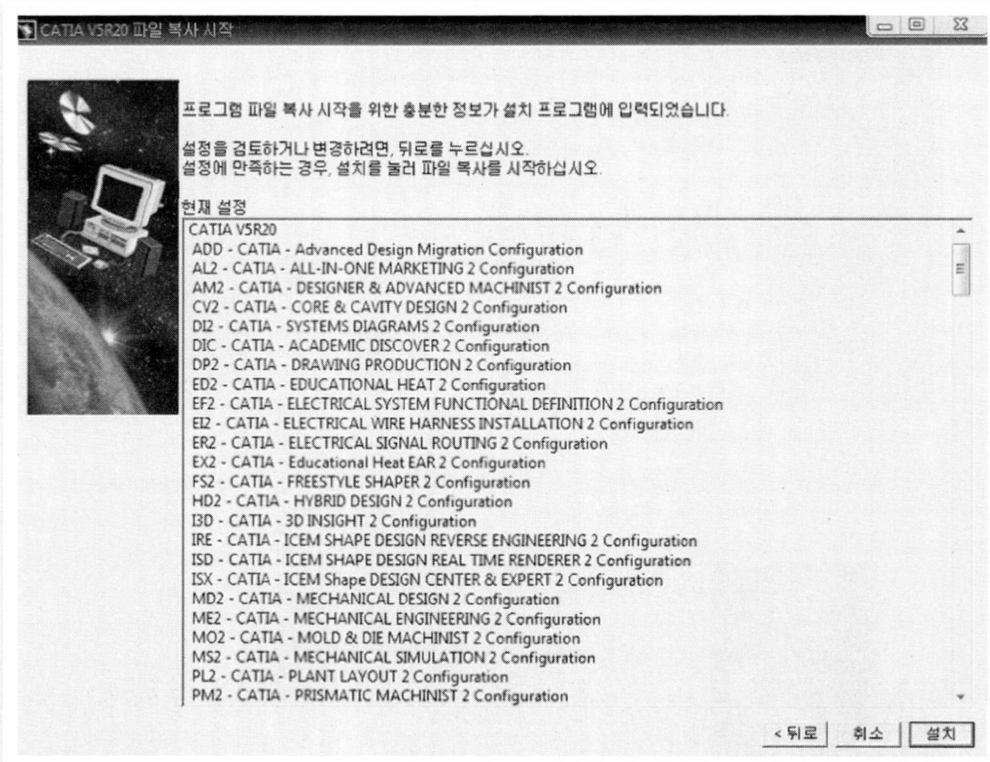
CATIA V5R20 파일 복사 시작
프로그램 파일 복사 시작을 위한 충분한 정보가 설치 프로그램에 입력되었습니다.
설정을 검토하거나 변경하려면, 뒤로를 누르십시오.
설정에 만족하는 경우, 설치를 눌러 파일 복사를 시작하십시오.
현재 설정
CATIA V5R20
ADD - CATIA - Advanced Design Migration Configuration
AL2 - CATIA - ALL-IN-ONE MARKETING 2 Configuration
AM2 - CATIA - DESIGNER & ADVANCED MACHINIST 2 Configuration
CV2 - CATIA - CORE & CAVITY DESIGN 2 Configuration
DI2 - CATIA - SYSTEMS DIAGRAMS 2 Configuration
DIC - CATIA - ACADEMIC DISCOVER 2 Configuration
DP2 - CATIA - DRAWING PRODUCTION 2 Configuration
ED2 - CATIA - EDUCATIONAL HEAT 2 Configuration
EF2 - CATIA - ELECTRICAL SYSTEM FUNCTIONAL DEFINITION 2 Configuration
EI2 - CATIA - ELECTRICAL WIRE HARNESS INSTALLATION 2 Configuration
ER2 - CATIA - ELECTRICAL SIGNAL ROUTING 2 Configuration
EX2 - CATIA - Educational Heat EAR 2 Configuration
FS2 - CATIA - FREESTYLE SHAPER 2 Configuration
HD2 - CATIA - HYBRID DESIGN 2 Configuration
I3D - CATIA - 3D INSIGHT 2 Configuration
IRE - CATIA - ICEM SHAPE DESIGN REVERSE ENGINEERING 2 Configuration
ISD - CATIA - ICEM SHAPE DESIGN REAL TIME RENDERER 2 Configuration
ISX - CATIA - ICEM Shape DESIGN CENTER & EXPERT 2 Configuration
MD2 - CATIA - MECHANICAL DESIGN 2 Configuration
ME2 - CATIA - MECHANICAL ENGINEERING 2 Configuration
MO2 - CATIA - MOLD & DIE MACHINIST 2 Configuration
MS2 - CATIA - MECHANICAL SIMULATION 2 Configuration
PL2 - CATIA - PLANT LAYOUT 2 Configuration
PM2 - CATIA - PRISMATIC MACHINIST 2 Configuration
< 뒤로
취소
설치

Courtesy of ZAGATO CENTROSTILE
3D PLM
3D Product Lifecycle Management
19 %
취소

프로그램 설치가 완료되면 하기 화면이 나타나며 완료버튼을 클릭하면 CATIA를 사용할 환경이 설정된다.

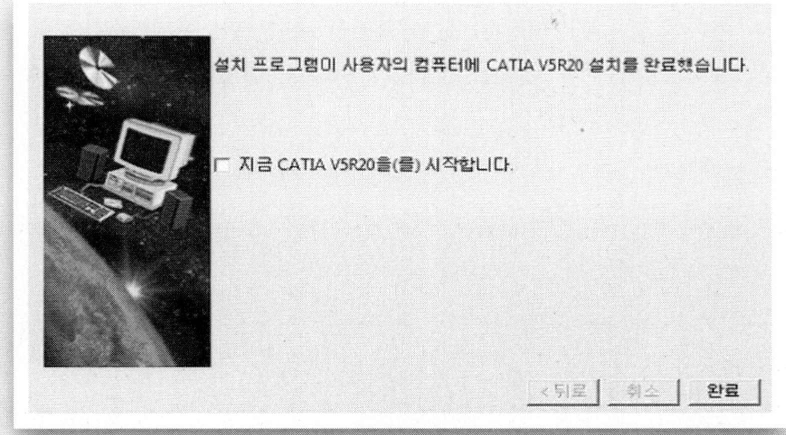

# 1.3 CATIA 화면구성과 Interface

CATIA에 New 버튼을 클릭하면 하기와 같은 화면이 나타난다. 화면에서 Pull Down Menu의 경우 윈도우 창으로 구성되어 각 메뉴를 클릭 시 다양한 명령들을 실행시킬 수 있다.

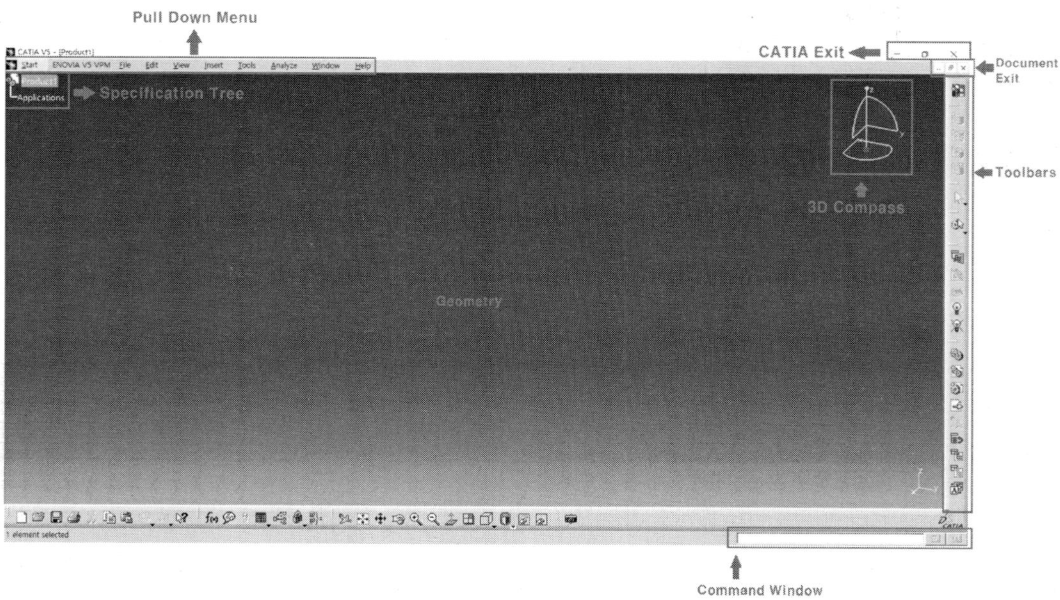


## 가. Pull Down Menu 이용하여 들어가기

CATIA 시작 화면의 상단에는 Pull Down Menu Bar가 존재한다. 여기에는 Start, ENOVIA V5, File, Edit, View, Insert, Tools, Window, Help 등의 메뉴가 있다. 작업을 위해 Workbench로 들어가기 위해서는 Start → Mechanical Design → 해당 Workbench 순서로 들어간다. 여기에는 다양한 Workbench 가 있으므로 수행하려는 작업에 맞게 찾아들어가야 한다.

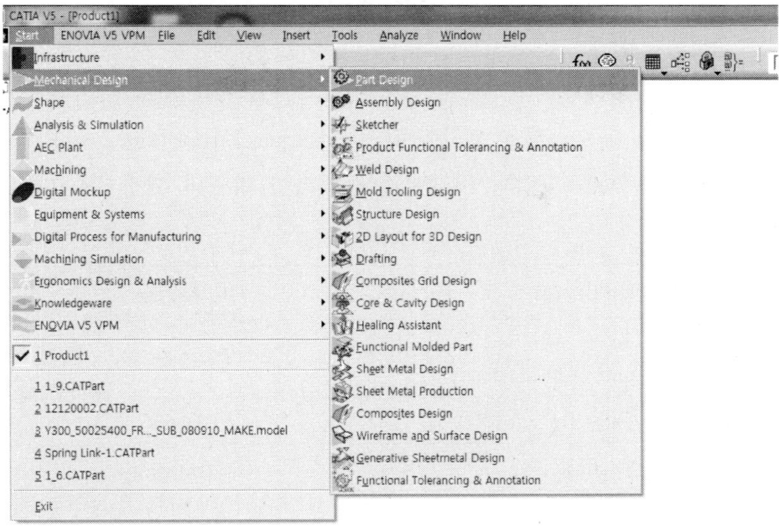


## 나. Standard Menu Bar에서 들어가기

Window 화면에 제공하는 Standard Menu Bar에는 어느 프로그램이나 New Icon이 있는데 이것을 이용하여 Workbench로 쉽게 들어갈 수 있다. 메뉴에는 New를 클릭하면 새로운 창이 열리면서 들어가려는 Workbench를 선택하도록 요구한다. 이 창에서 원하는 Workbench를 선택하고 OK버튼을 클릭해주면 된다.

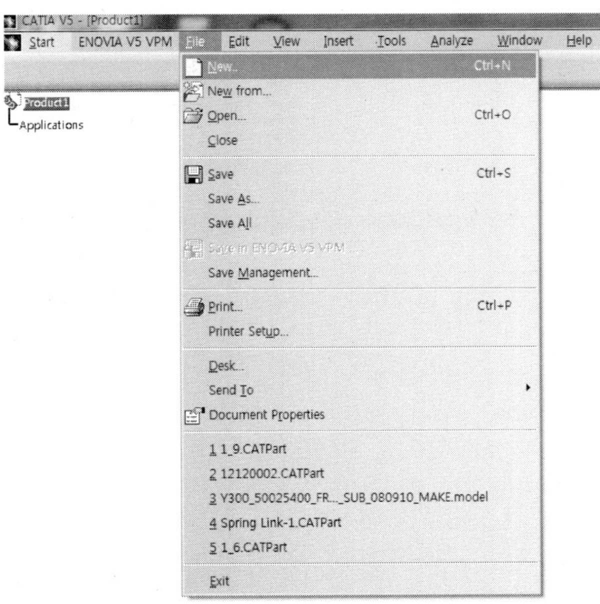


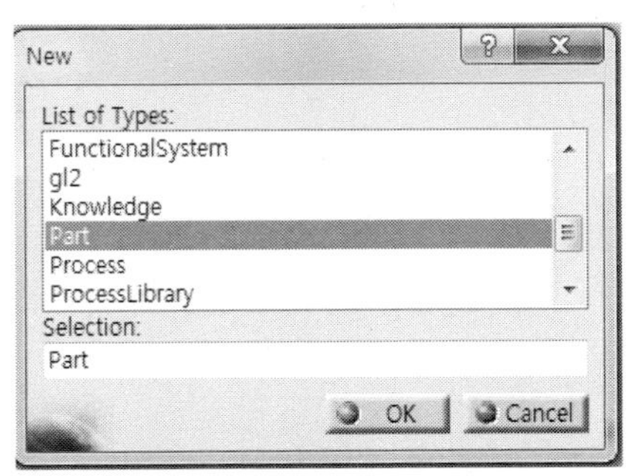

## 다. 저장하기

CATIA 파일 저장은 File → Save를 이용하여 하거나 Standard Tool Bar의 저장 아이콘을 클릭한다. 저장파일의 확장자는 어떤 작업의 저장인지에 따라서 파일의 확장자가 다르게 저장된다.

| Workbench | File Name |
|---|---|
| Part Design, Sketcher, Wireframe and Surface Design | CATPart |
| Assembly Design | CATProduct |
| Drafting | CATDrawing |

Part Design Workbench에서의 저장은 기본적으로(Default로) CATPart로 저장되지만 stl, igs, model, stp, vps 등의 확장자로도 저장할 수 있다. 특히 요즘 유행하는 3-D Printer 핸들링 파일인 stl 파일로 내보내기(export)가 가능하다. Model 파일의 경우 CATIA V4버전의 확장자면으로 저장할 때 사용한다.

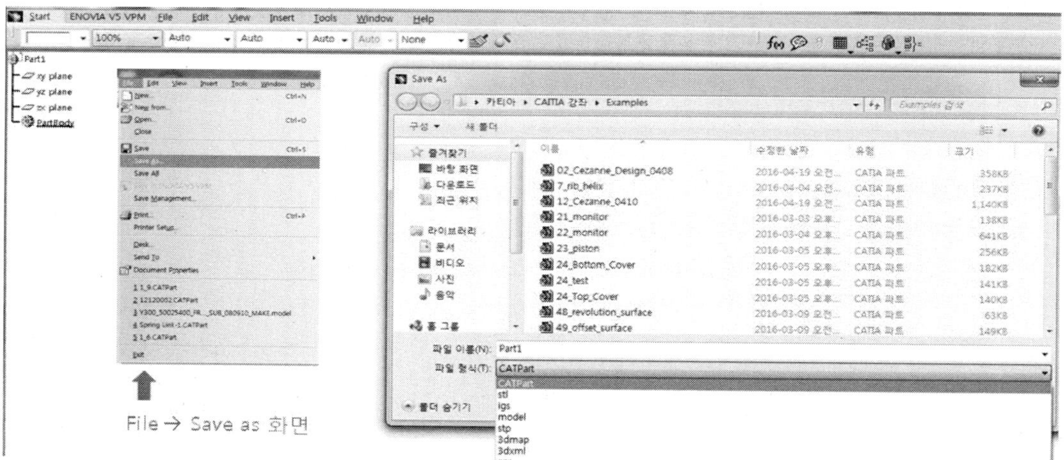

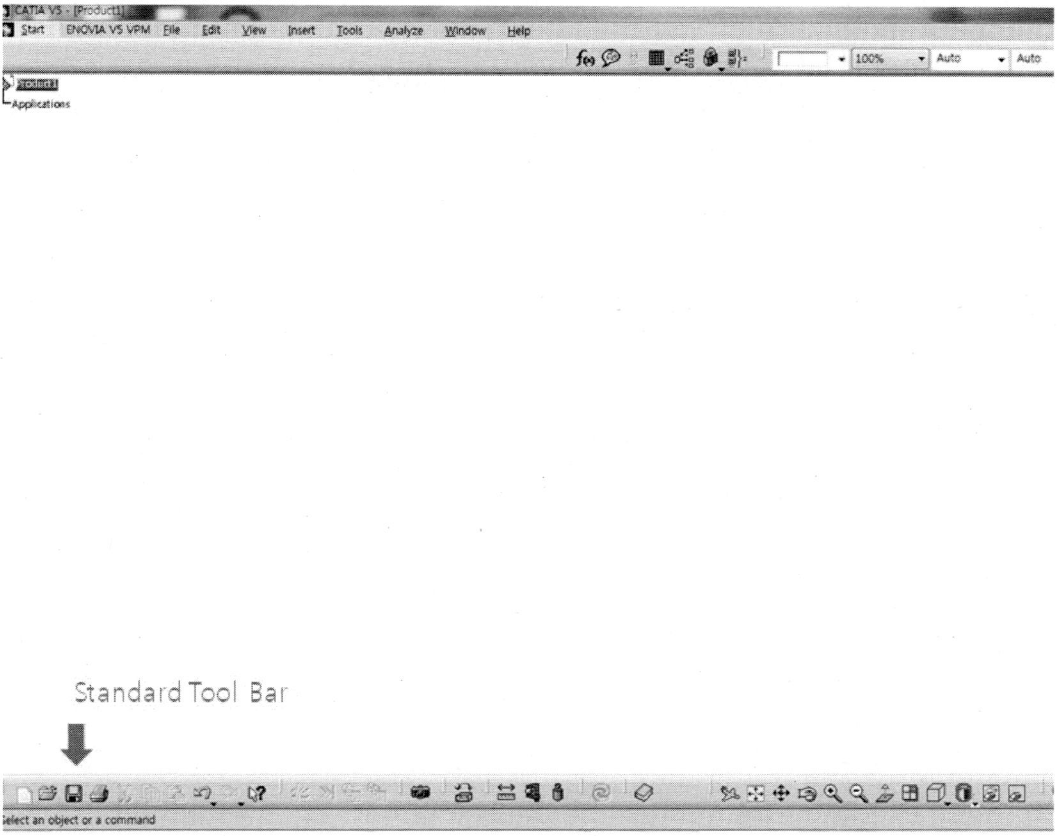


## 라. 종료하기

CATIA 종료는 File → Exit 또는 Window 창의 우측 상단 Full Down Menu에 있는 Window 종료 아이콘을 클릭하여 종료할 수 있다.

# 1.4 CATIA V5 설정

## 가. CATIA V5 초기메뉴 설정

Pull Down Menu → Tools → Customize로 들어가면 새로운 창이 열리며 여기서 Start Menu를 선택하면 초기에 열릴 Workbench 아이콘을 더하거나 삭제할 수 있다.

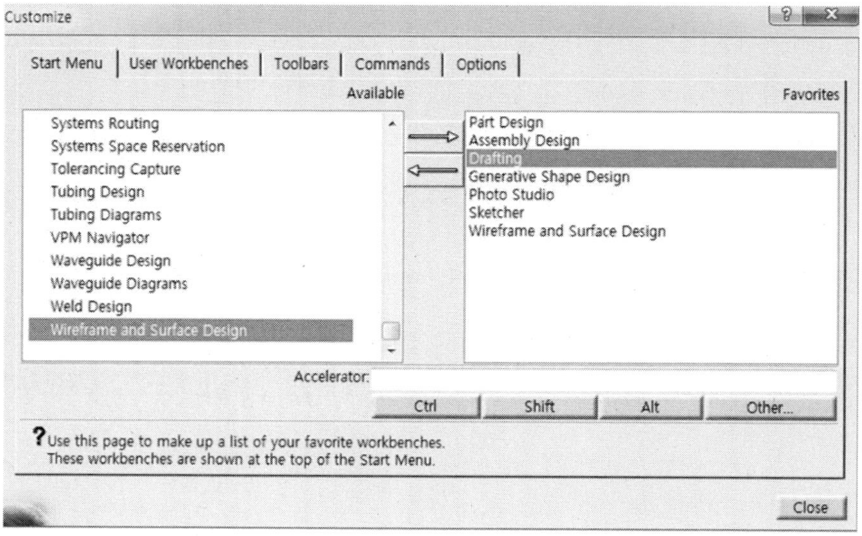


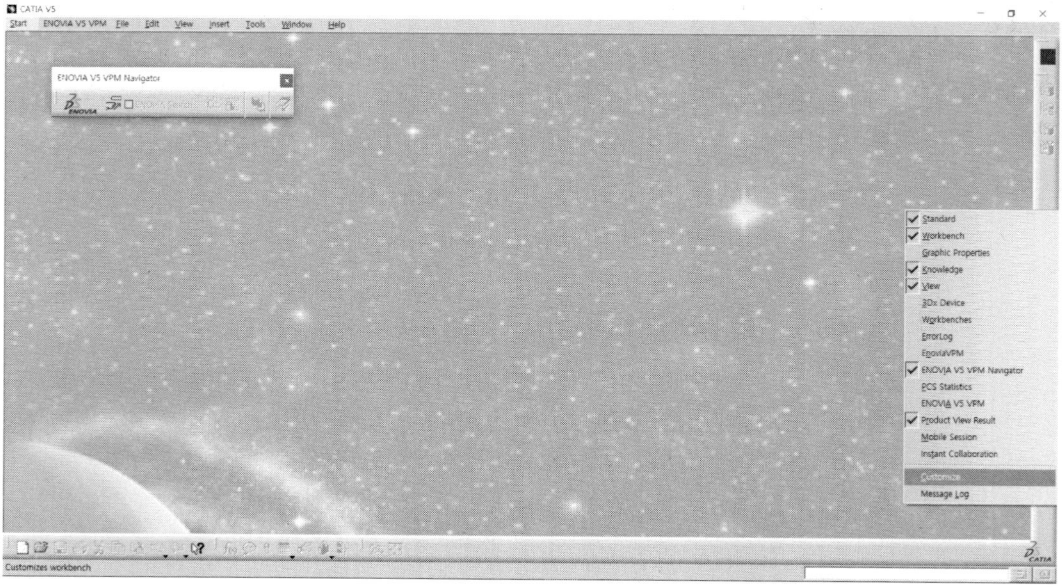

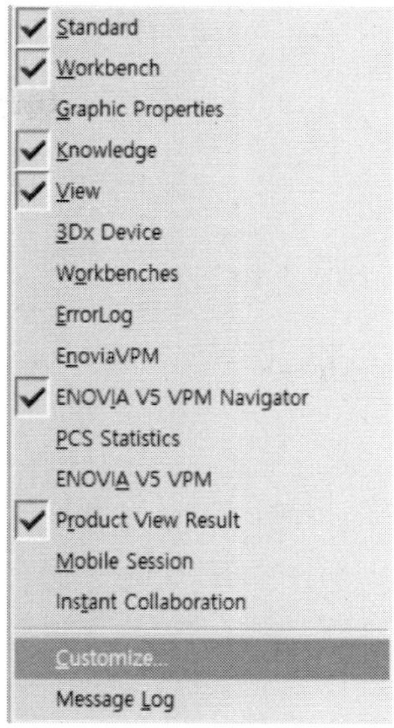


· 방법1 : 마우스 오른쪽 버튼 → Customize 클릭한다.

· 방법2 : Tools → Customize 클릭한다.

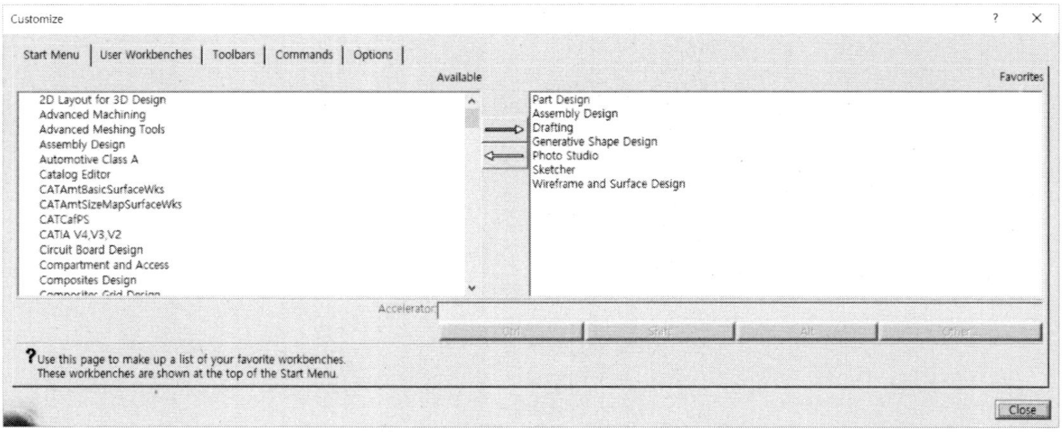


- Start Menu 설정이 가능하며 이를 통하여 자주 사용하는 워크벤치 설정 가능

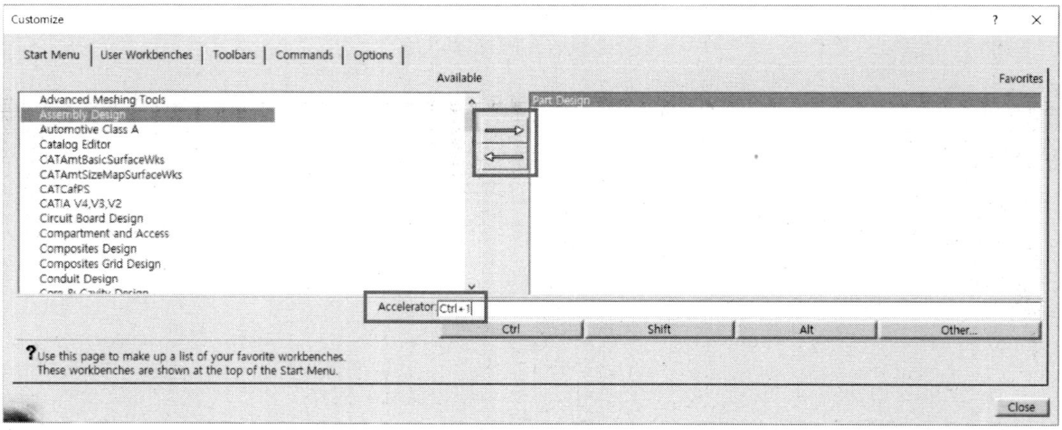


- 파트 디자인을 화살표를 통해 Favorites 목록으로 이동, Accelerator에서 단축키 설정하면 단축키로 빠르게 워크벤치를 불러오거나 만들 수 있다.

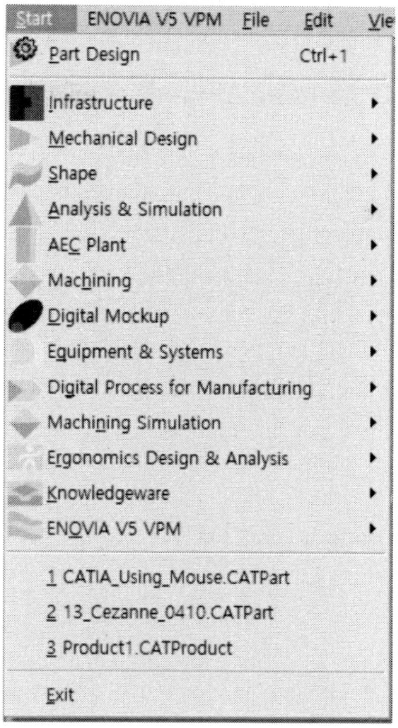


설정한 빠른 워크벤치는 Start 메뉴에서 가장 위 단축키와 함께 나타나 있다.

· **방법** 3 : Customize 설정의 다른 예 : 마우스 오른쪽 버튼 클릭 → 나오는 Menu에서 Customize

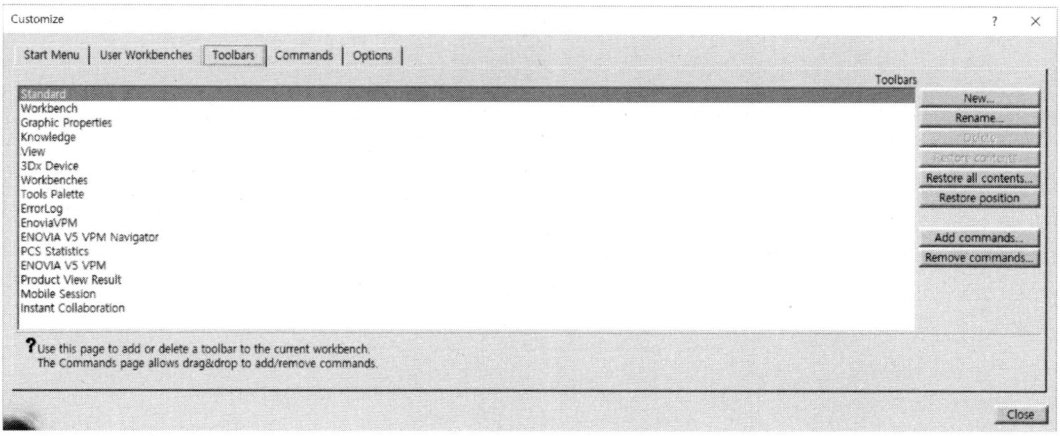


- Toolbars Tap에서는 툴바를 관리할 수 있으며, Restore All Position을 클릭시 모든 툴바의 위치가 초기 상태로 되돌아간다.

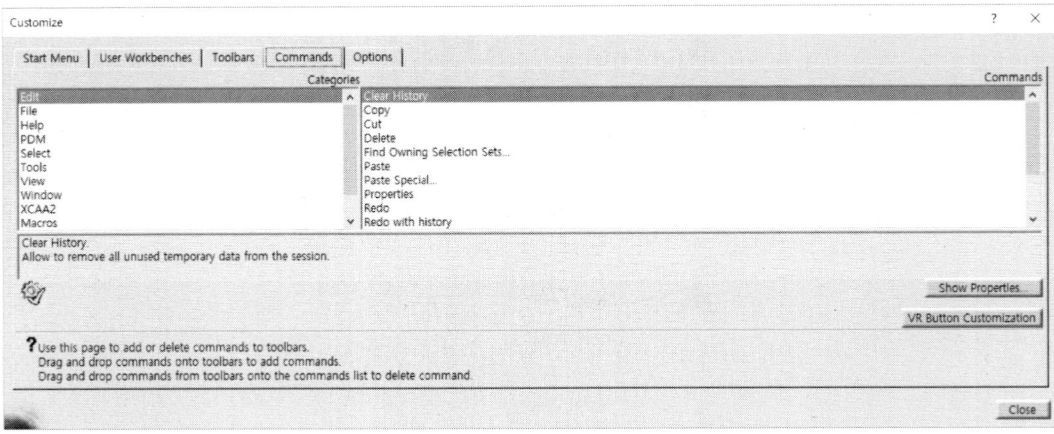


- Commands Tap 에서는 Command의 기능과 특성, 아이콘과 설정이 가능하다.

## 나. CATIA Workbench Concept

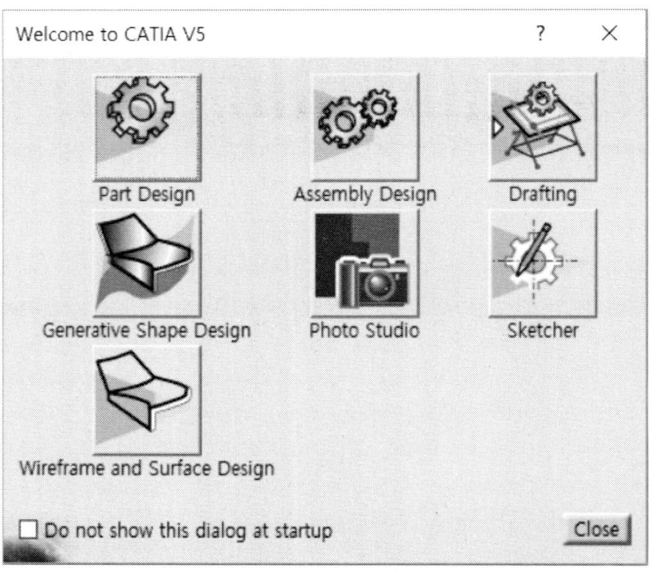


- Workbench : 하나의 대상을 작업하기위해 여러개의 작업공간을 이동할 때, 이 때의 작업공간.
- Part Design : 3차원 Solid형상을 만드는데 사용하는 워크벤치. 솔리드 기반으로 형상을 모델링 하며, 제품 디자인에 있어서 가장 기초적인 기반이 되는 워크벤치.
- Assembly Design : CATIA의 여러 파트 Document 또는 Sub-Assembly들을 하나의 product로

조립하게 해주는 워크벤치. 어셈블리 디자인 워크벤치를 기반으로 DMU나 Analysis와 같은 수준의 작업을 하는 워크벤치이다.

- Drafting : 카티아의 3차원 Solid를 2차원 도면으로 생성하는 워크벤치. Part Document, Product Document와 연계하게 도면을 빠르고 손쉽게 그릴 수 있다.
- Generative Shape Design : 대상을 생산적이고 효율적이게 형성할 수 있는 워크벤치. 곡선등 3차원을 형성하는데 매우 효율적이다.
- Photo Studio : 3차원 모델에 입힌 재질의 Rendering 속성과 여러 종류의 Rendering 변수를 이용하여 고품질 이미지를 손쉽게 생성할 수 있도록 도와주는 Workbench.
- Sketcher : 2차원 단면 프로파일 또는 가이드 형상을 그리는 워크벤치. 3차원의 Solid 또는 Surface형상을 만드는데 사용되며, 2차원 형상만으로 사용하는 경우는 거의 없다.
- Wireframe and Surface Design : Part Design 작업을 더욱 풍요롭게 해주는 워크벤치. 솔리드 형사에 비해 표현능력이 우수하며, 일반적으로 Surface 또는 Wireframe으로 만들어진 형상을 사용하기도 한다.

# 1.5 CATIA Option

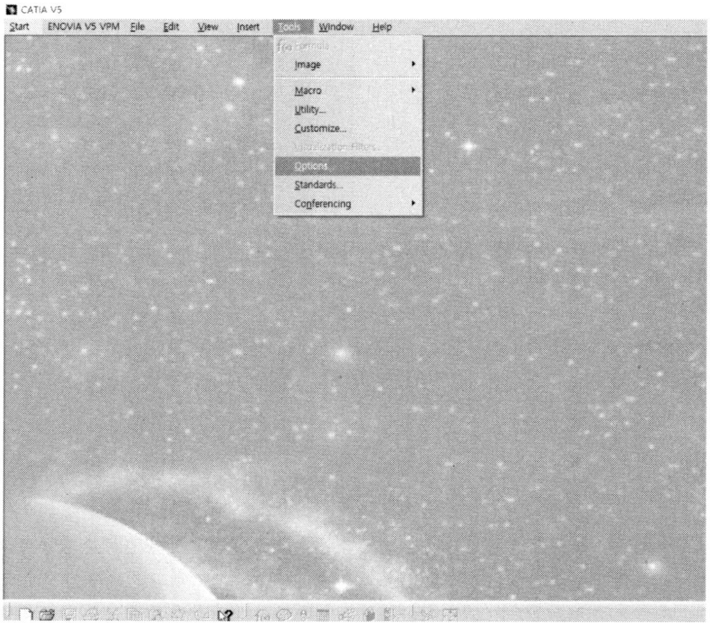

- Tools → Option 클릭하면 하기 화면이 나타나며 각종 메뉴 설정가능하다.

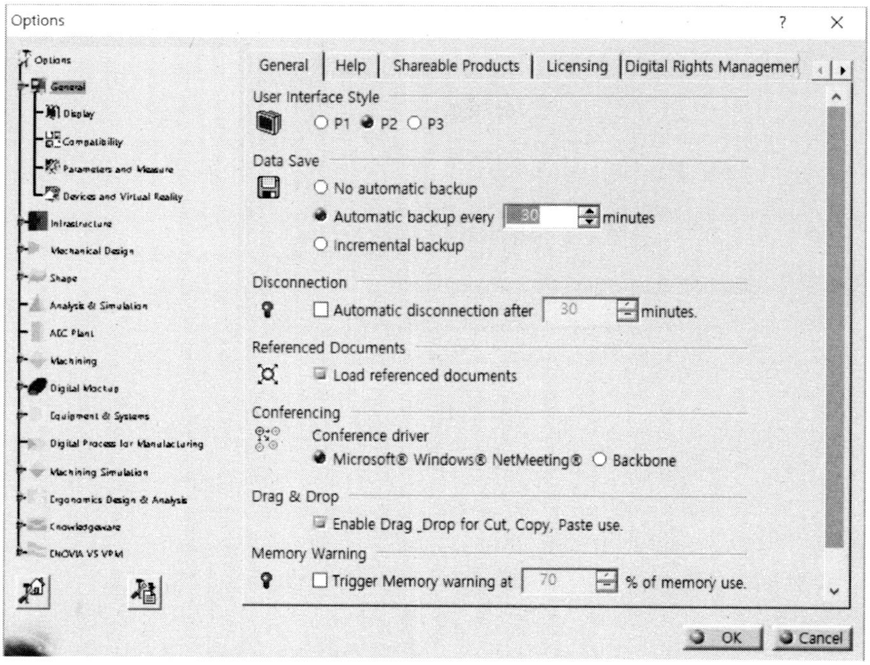

- Display → Performance에서는 곡선 감도 등을 설정할 수 있다.

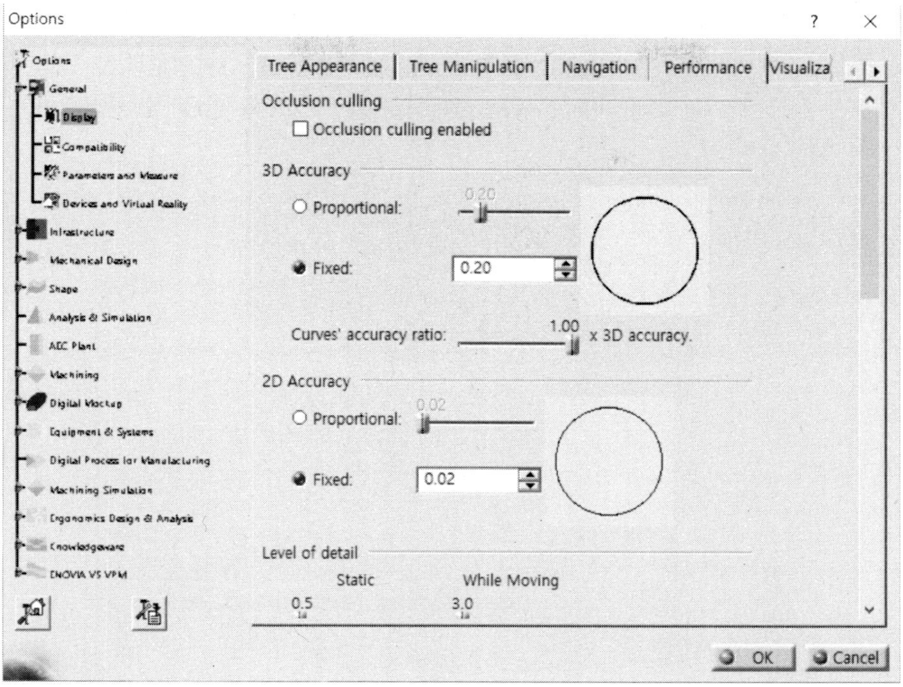

- CATIA Option4_Parameters and Measure → Units 단위의 크기 변경 가능 함.

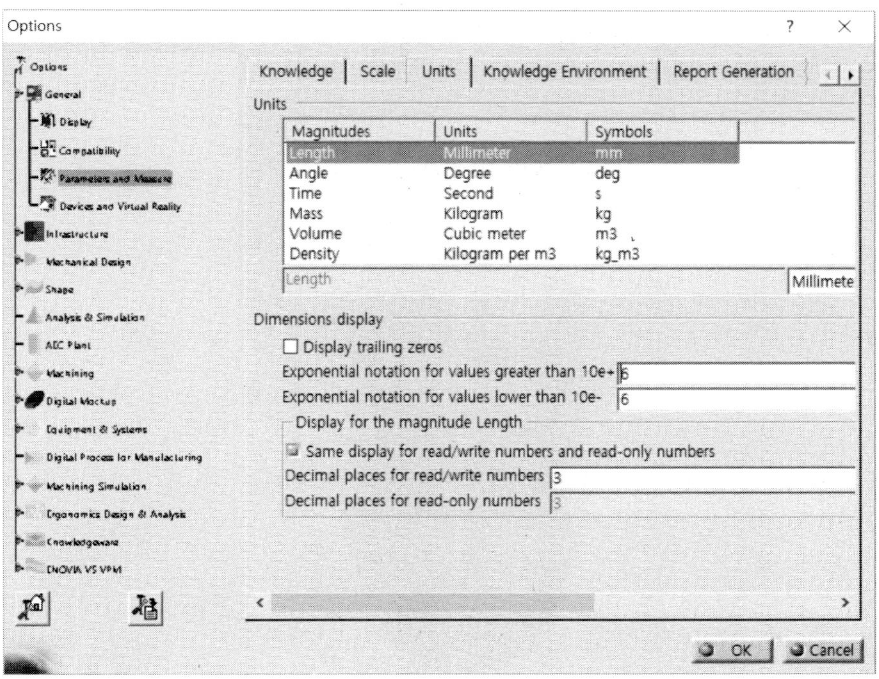

## 가. 메뉴 언어 설정

CATIA는 사용자에 따라 메뉴의 언어를 설정할 수 있게 하였으며 한국어로도 변경이 가능하다. 그러나 메뉴를 한국어로 번역한 내용이 쉽게 이해되지 않는 경우가 많아 이 서적에서는 가급적 영문 메뉴를 사용하였다.

- Tools → Customize → Options → English 토글버튼 클릭하여 Korean으로 변경할 수 있다. 변경 완료 후 CATIA 프로그램을 종료 후 다시 열어야 언어변경이 가능하다.

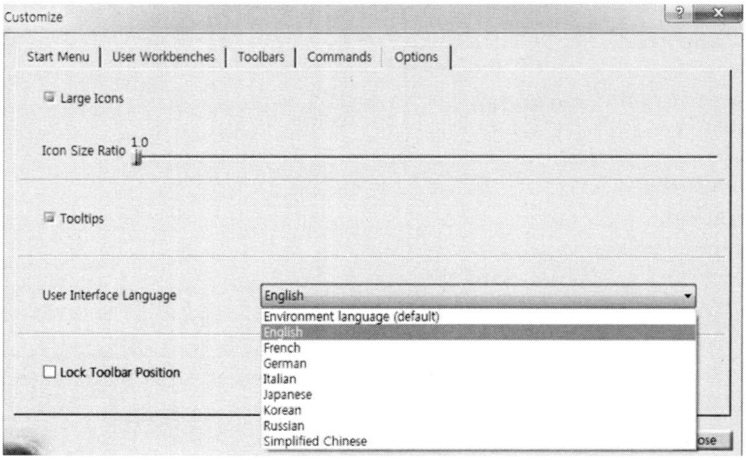


## 나. CATIA Mouse 사용법

객체를 선택, 명령 선택, 드래그, 더블 클릭은 1번 버튼을 이용하여 사용

- **대상 이동(Pan)** : 이동은 가운데 2번 버튼을 누른 상태에서 드래그
- **대상 회전** : 회전은 2번 3번을 누른 상태에서 드래그
- **대상 확대 및 축소** : Ctrl 누른 상태에서 2번 버튼 누른 후 드래그, 혹은 Shift 누른 상태에서 2번 버튼 누른 후 드래그 하면 원하는 면적만큼 확대 및 회전
- **스펙트리 확대 및 축소** : 2번 휠 움직이면 축소 및 확대가 가능하다.
- **3번 버튼** : Pop up Menu를 표시한다.

## 다. View Tool Bar

작업자는 필요에 따라서 사물을 확대 축소하거나 회전 시켜가며 작업을 진행할 수 있으며 View Tool bar는 이런 기능을 포함하고 있는 메뉴이다.

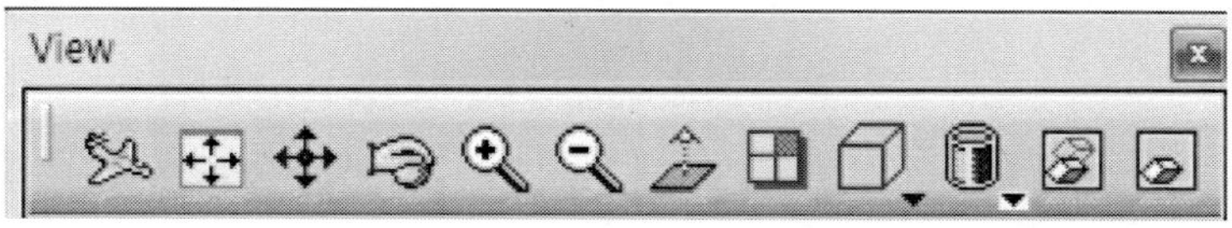


1)  Fly Mode — 공간 좌표에서 물체를 관찰 할 때 사용하는 아이콘

2)  Fit Al In — 작업하고 있는 모든 요소가 Window에서 보일 수 있도록 하려주는 기능으로 확대와 축소 등을 통해 작업요소가 갑자기 보이지 않을 때 사용하는 기능

3)  Pan — 작업요소를 화면상에서 이동시키는 기능

4)  Rotate — 작업요소를 회전시켜서 보여주는 기능

5)  Zoom — 요소를 확대 축소시켜 볼 수 있는 기능

6) 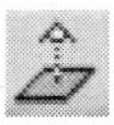 Normal View — 3차원 물체의 선택 면을 정면으로 볼 수 있는 기능으로 작업 시 편리하게 사용 가능. 정면으로 보고 싶은 평면 또는 물체의 면을 선택하고 아이콘을 클릭하면 수직화면으로 변경 된다.

다음은 자동차용 Connecting Rod의 화살표 부분을 선택해준 경우로 Normal View아이콘을 클릭하고 Connecting Rod의 상부면을 선택한 결과 선택면을 정면으로 볼 수 있다.

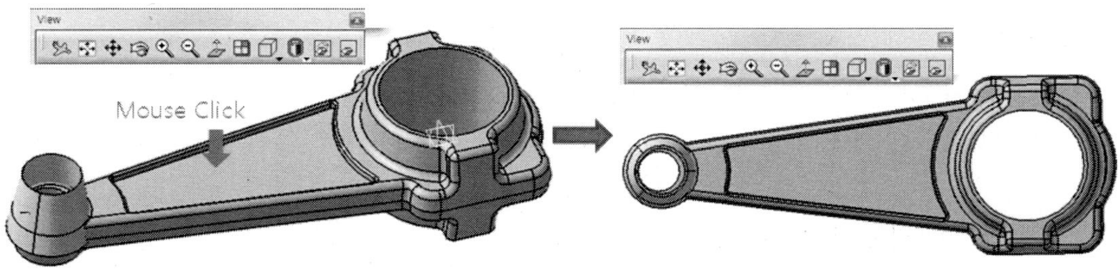


7) Create Multi View 3차원 요소를 3각법에 따라 정면도, 평면도, 측면도, 등각도 (iso-View)로 분리하여 나타내는 기능

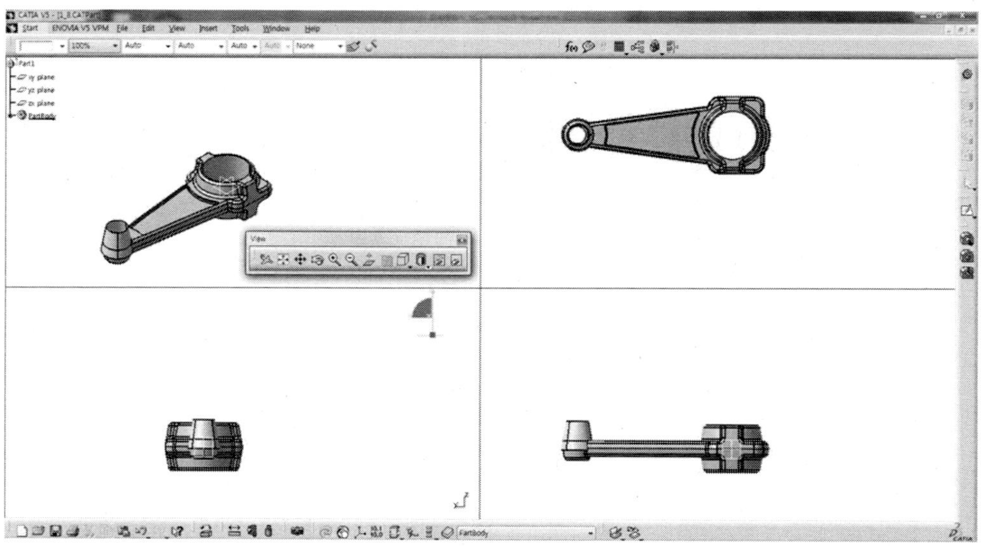

8) Quick View Tool Bar 요소의 투상을 선택에 따라 나타내는 기능으로 여기에는 Iso-metric View, Front View, Back View, Left View, Right View, Top view, Bottom View, Named Views 등의 세부 기능이 있다.

9) View Mode Tool Bar　3차원 Solid Model을 여러 가지 방법으로 나타내는 기능으로 여기에는 Shading, Shading with Edges, Shading with Edges without Smooth Edges, Shading with Edges with Hidden Edges, Shading with Material, Wireframe, Customize View Parameters 등의 세부 기능이 있다.

10) Hide/Show　원하는 요소를 보이게 하거나 숨기는 기능. 도면 작업에 안내 또는 참조 역할을 하는 Construction Line, Plane, Surface 등을 보이지 않게 감추는 역할을 하는 아이콘이다.

11) Swap Visible Space　보이는 공간과 보이지 않는 공간을 교차하여 주는 아이콘으로 이 아이콘을 클릭하면 보이다가 보이지 않게 된다(CATIA 프로그램 상에서 직접 클릭해 보면 기능 간단히 알 수 있다)

## 라. 3D Compass

Compass는 작업창의 우측 상단에 기본적으로 표시되며 작업요소의 회전, 이동 등의 기능을 가지고 있고 Compass에 표시되는 xyz 축은 절대좌표축과 같다.

- Free Rotation Handle : z 축의 머리 부분으로 작업요소를 회전시킬 수 있다.
- Compass Manipulation Handle : 사각형 부분을 마우스로 끌어서 Compass를 이동시킬 수 있다.

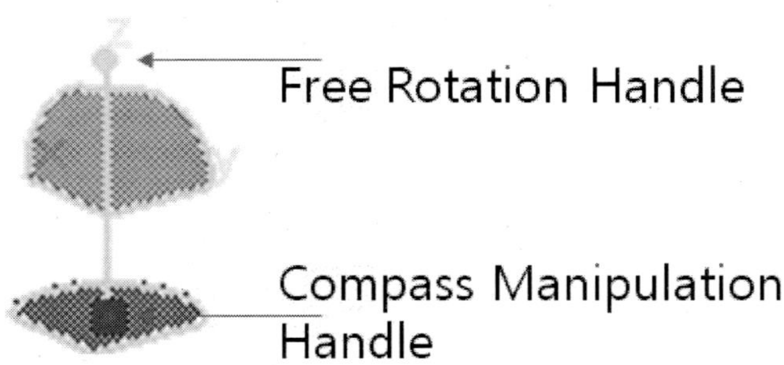

# Chapter 2 Wireframe & Surface Design Workbench

## 2.1 Wireframe & Surface Design

### 가. 개요

#### 1) 입장하기

- 방법 1: Full Down Menu에서 Start → Mechanical Design → WireFrame and Surface Design 클릭하여 시작한다.

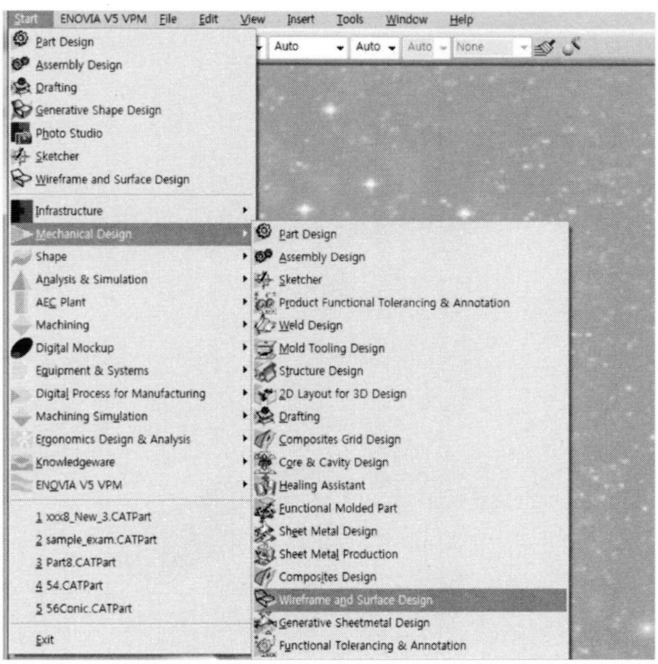

• 방법 2 :  wire frame icon을 클릭하여 입장한다.

다음 그림에 Wireframe & Surface Design에 입장한 모습을 나타내었다.

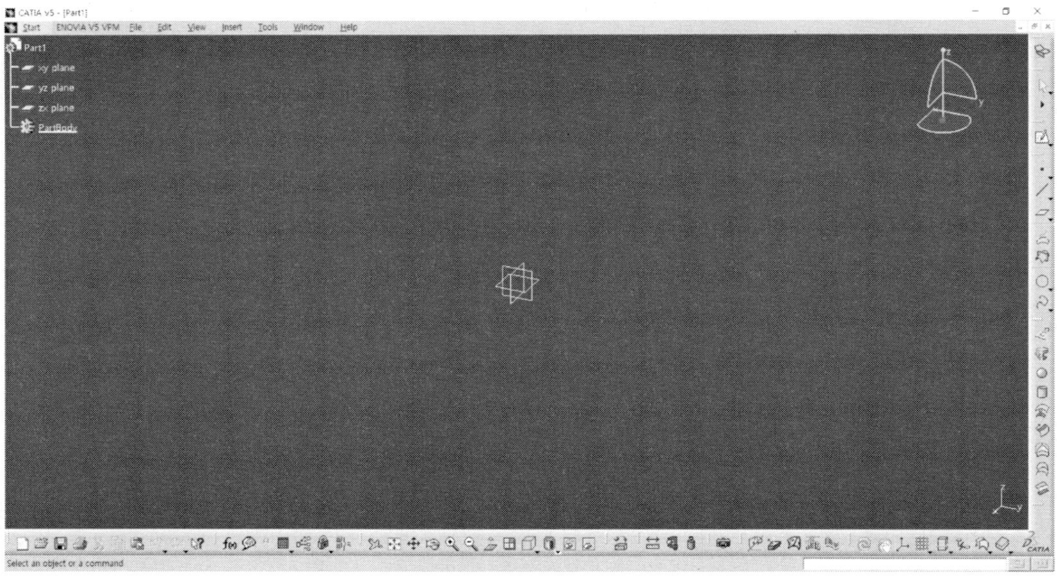

# 2.2 Wireframe & Surface Design Toolbar

## 가. Wireframe은 총7개의 아이콘으로 구성된다.

1) Points sub toolbar

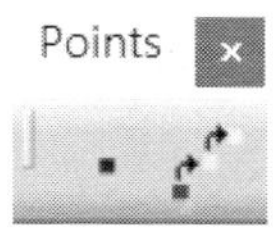

가) Point

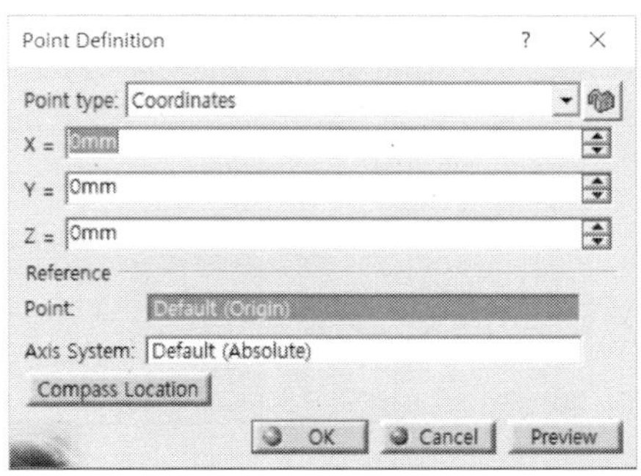


다음과 같이 Coordinates, 예를 들어 X=300, Y=200, Z=400으로 치수를 입력하여 Point를 생성할 수 있다.

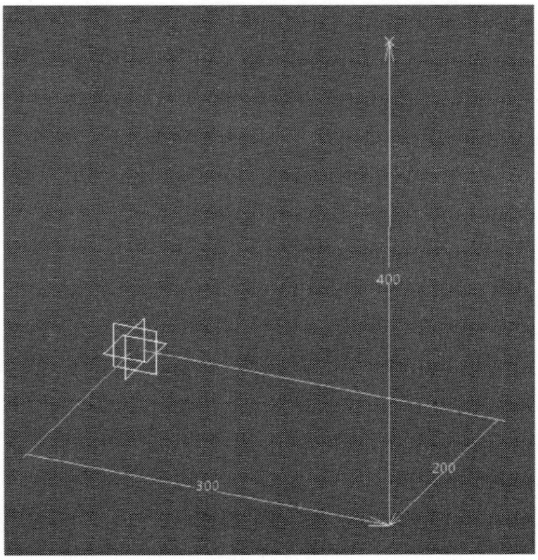


〈x=300, y=200, z=400〉

여기서 Point Type을 On Curve로 설정하면 곡선위에 점을 생성하는 기능이며 이는 다음과 같다.

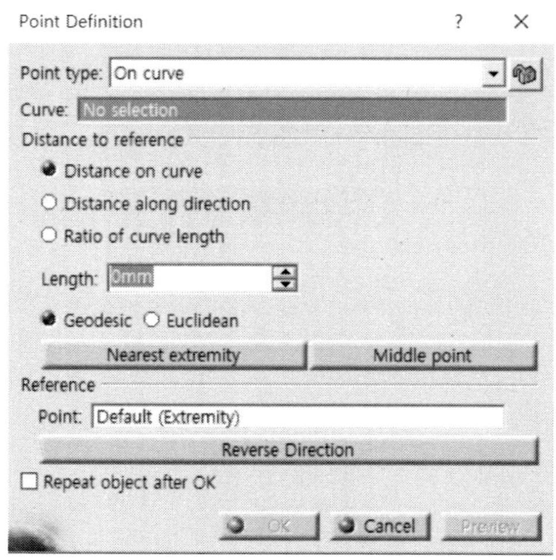


Point Type을 On Plane으로 설정하면 평면위에 점을 생성하는 기능이며 2차원 평면이므로 이는 다음과 같이, H-벡터와 V-벡터 값을 입력하면 된다.

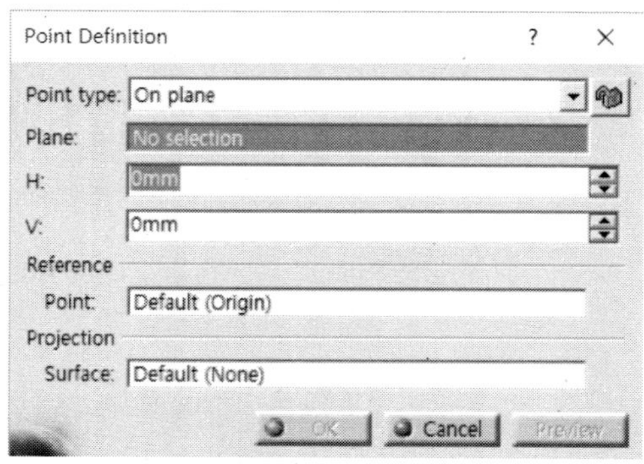


Point Type을 On Surface로 설정하면 곡면위에 점을 생성하는 기능이며 이는 다음과 같이 입력하면 된다.

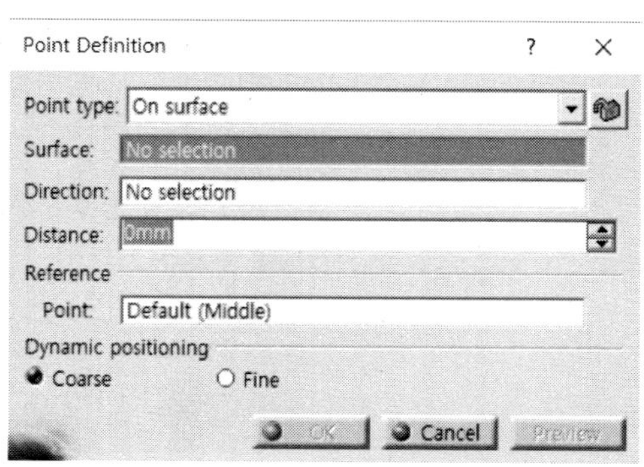

Point Type을 Circle/Sphere/Ellipse Center로 설정하면 원, 구, 타원의 중심에 점을 생성하는 기능이며 이는 다음과 같다.

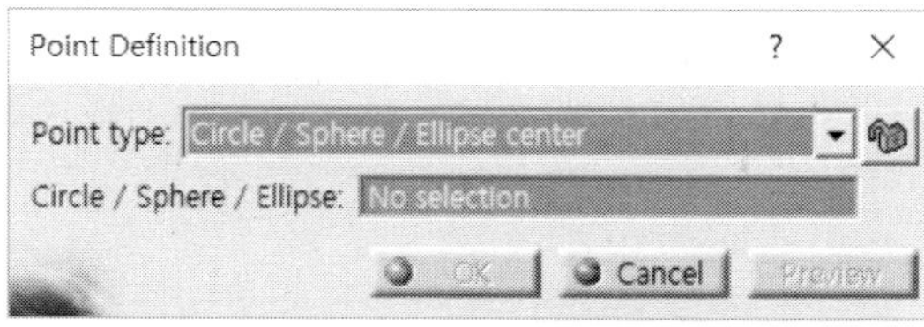


Point Type을 Tangent on Curve로 설정하면 곡선의 접선에 점을 생성하는 기능이며 이는 다음과 같다.

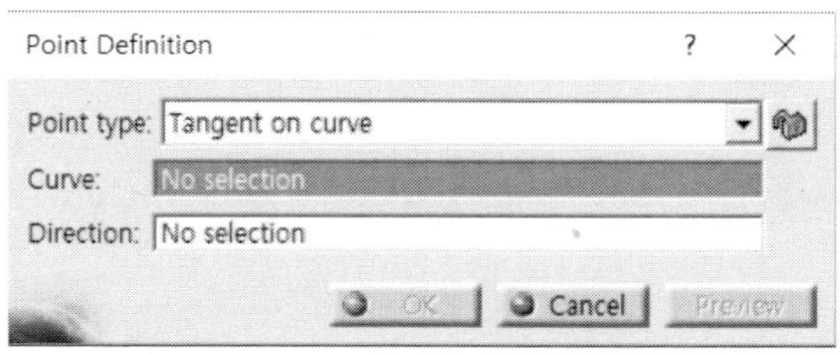


Point Type을 Between으로 설정하면 점과 점 사이에 점을 생성하는 기능이며 이는 다음과 같다.

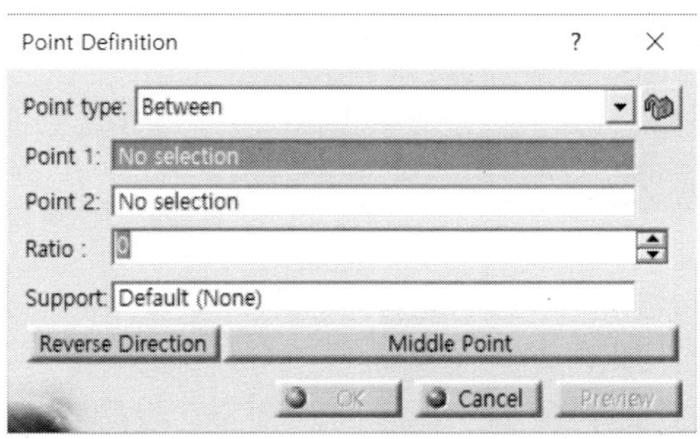


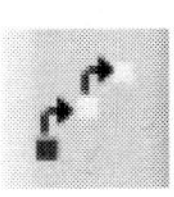

나) **Point & Planes Repetition** : 이 아이콘은 일정한 간격으로 점을 생성시키는 기능이다. 다음과 같이 First Point에는 첫 번째 점을, Curve에는 어떤 곡선 위에 점들을 생성시킬 것인가를 선택해주며, Instances는 생성시킬 점의 총 개수를 지정해 주는 기능이다.

☐ With end points 체크 시 끝점을 포함한 숫자를 지정하며, 해제 시 끝점은 총 점의 개수에 포함하지 않는 것을 나타낸다.

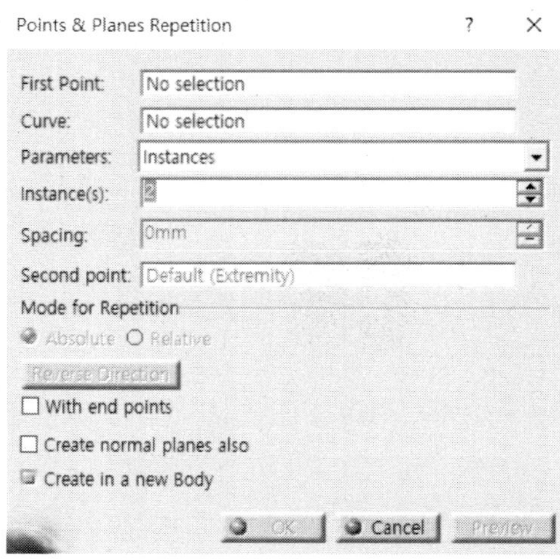


다음 그림에 곡선 위에 초 5개의 점을 생성하는 예를 나타내었다.

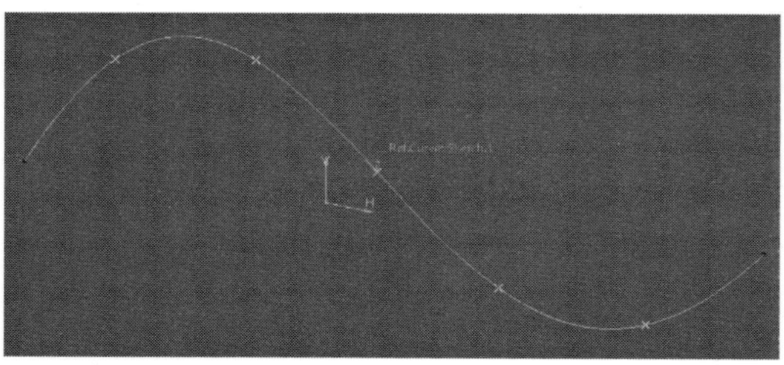

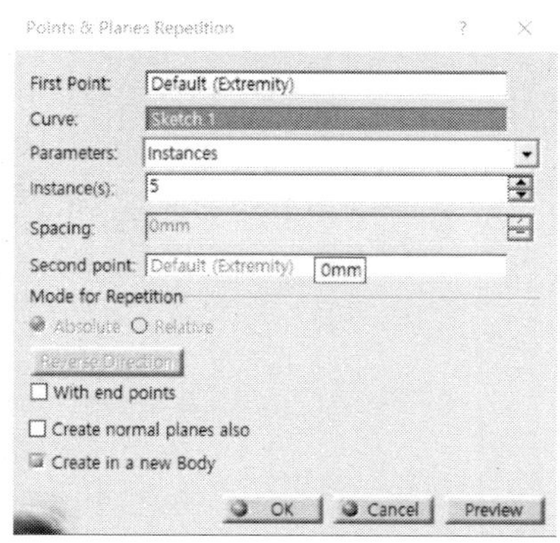


Create normal planes also 면을 함께 생성할 때 사용하는 기능이며 이는 다음 그림과 같다.

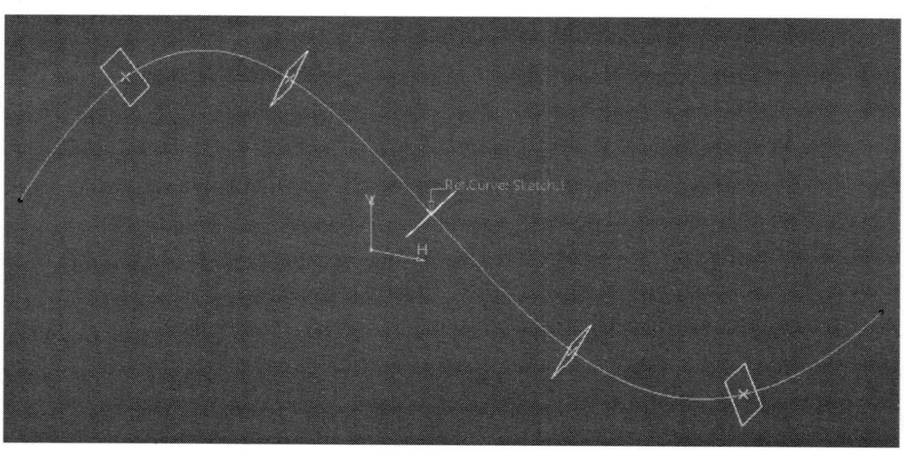

다음과 같이 서브 트리에 점과 면이 함께 생성된 것을 확인가능하다.

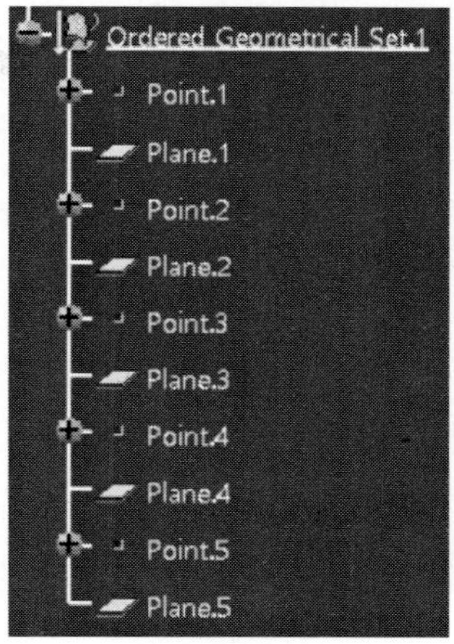


2) Lines-Axis-PolyLine Sub Toolbar

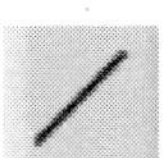

가) Line : **클릭하면 하기 정의창이 나타난다.**

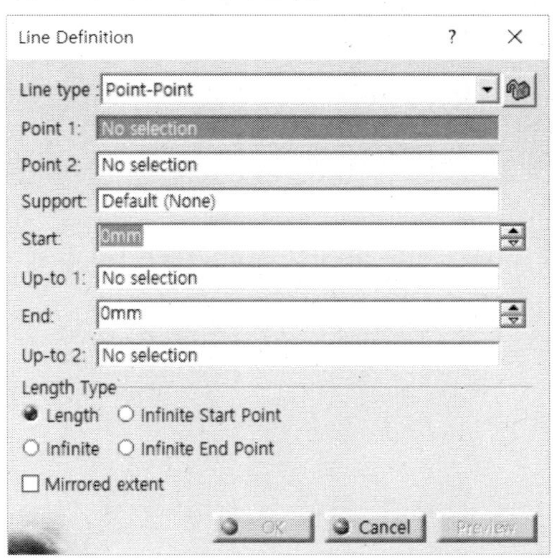


Point-point는 다음 그림과 같이 점과 점을 연결할 때 사용하는 기능이다.

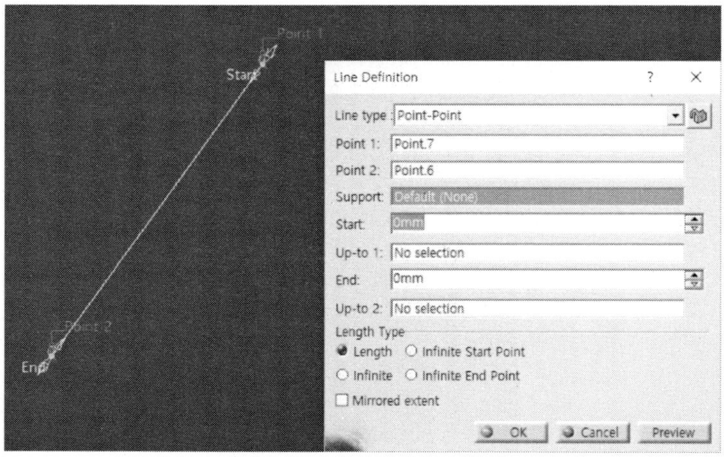


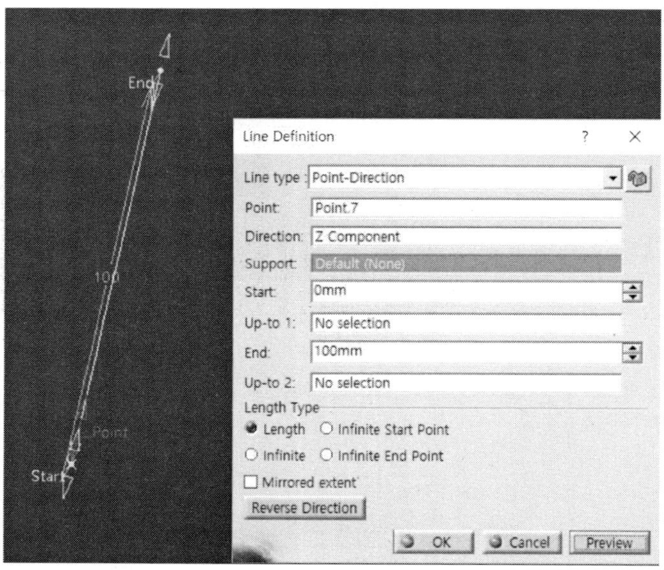


Angle/ normal to Curve는 선택한 커브 또는 모서리에 대해서 support를 기준으로 각도를 입력받아 line을 그리는 방법이다.

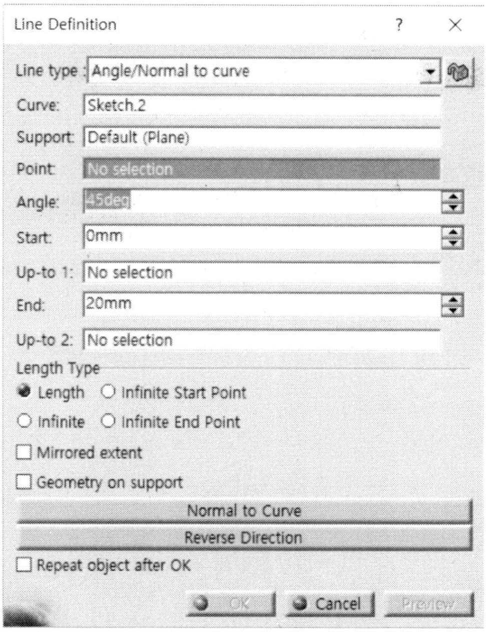


Tangent to Curve는 다음에 정의창을 나타내었는데 커브에 접하게 직선을 그릴 때 사용하는 방법이다.

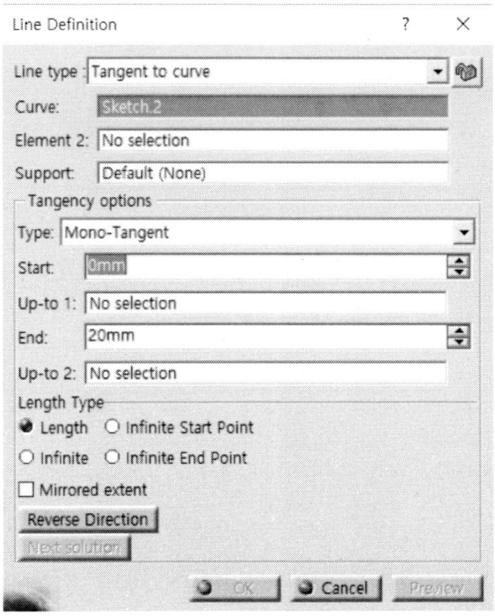

Normal to Surface는 surface 에 대해서 수직인 직선을 그리는 명령이다.

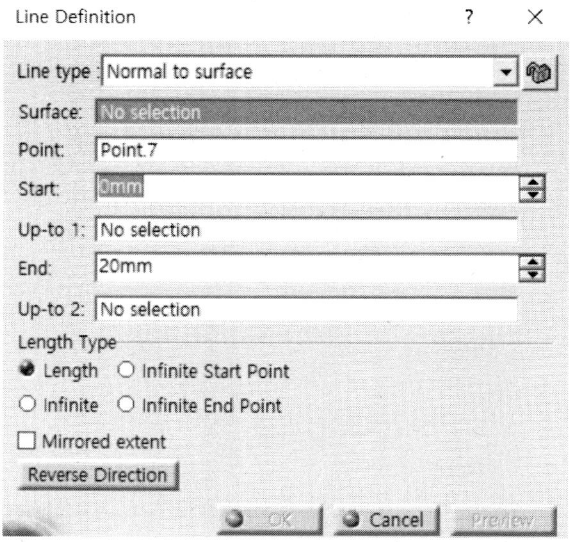


Line type에 Bisecting을 선택하면 이것은 이등분선을 그릴 때 사용하는 명령어이다.

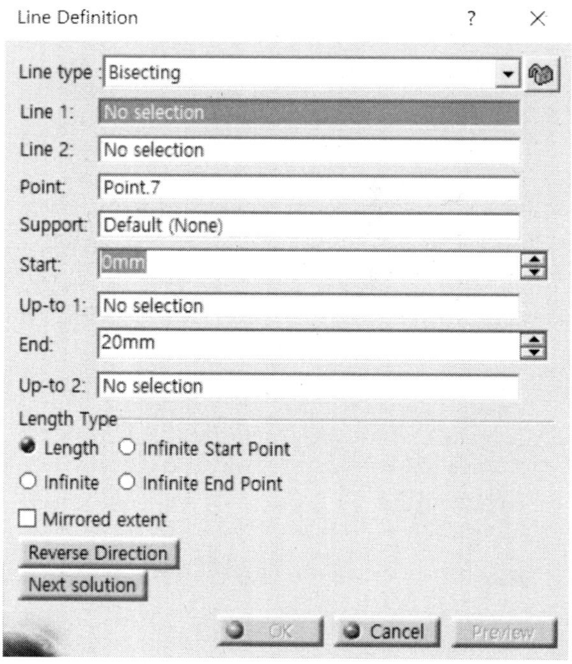

나) Axis : 2차원 선을 정의할 때 사용하는 명령 이다. 다음 정의창과 같이 Axis Definition 이 나오면 Element를 선택해 준다.

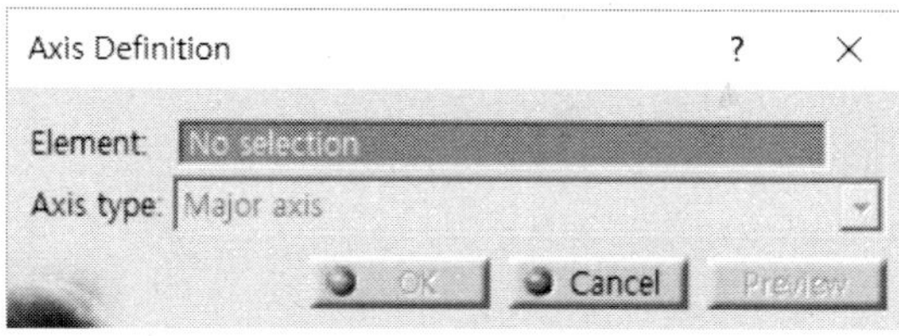


Element 선택후 Axis명령어를 다음과 같이 클릭한다.

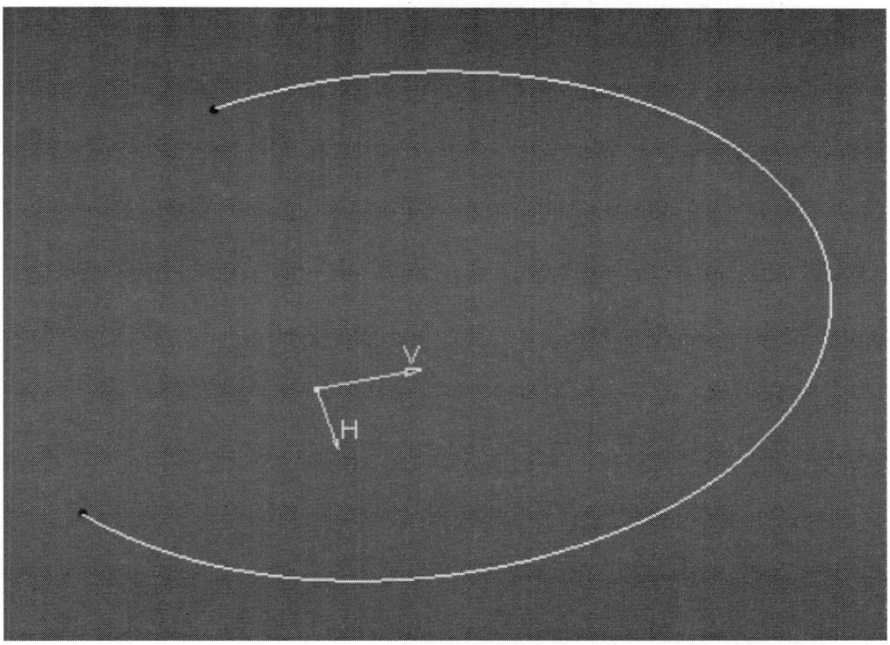


방향을 선택하면, 방향을 기준으로 Axis가 만들어 지는 것을 알 수 있다.

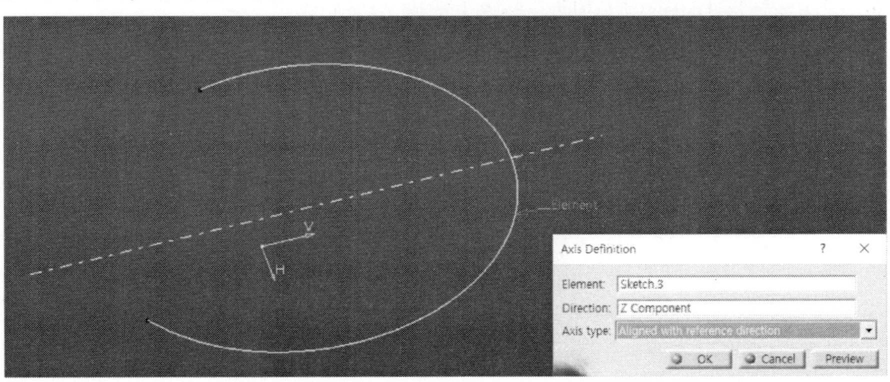

Normal to reference direction은 Element에 대해서 수평하게 Axis를 만들 때 사용한다.

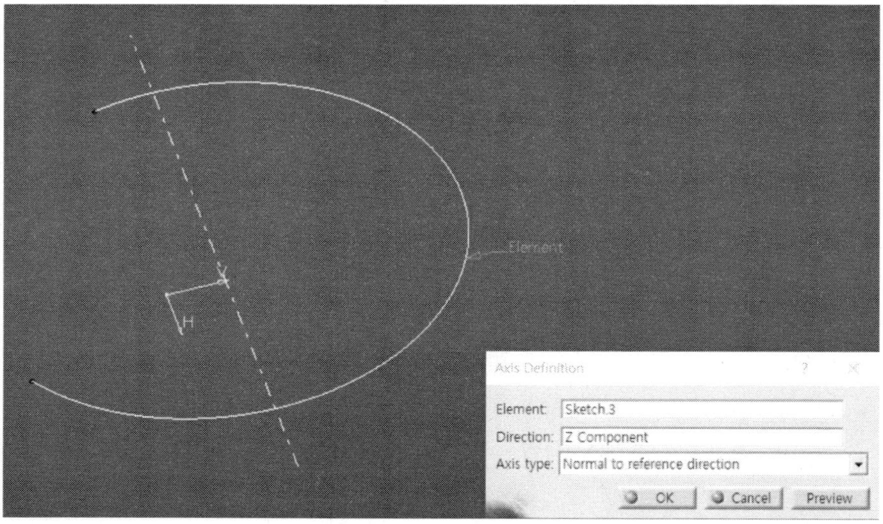


Normal to circle은 Element에 대해서 수직하게 Axis를 만들 때 사용한다.

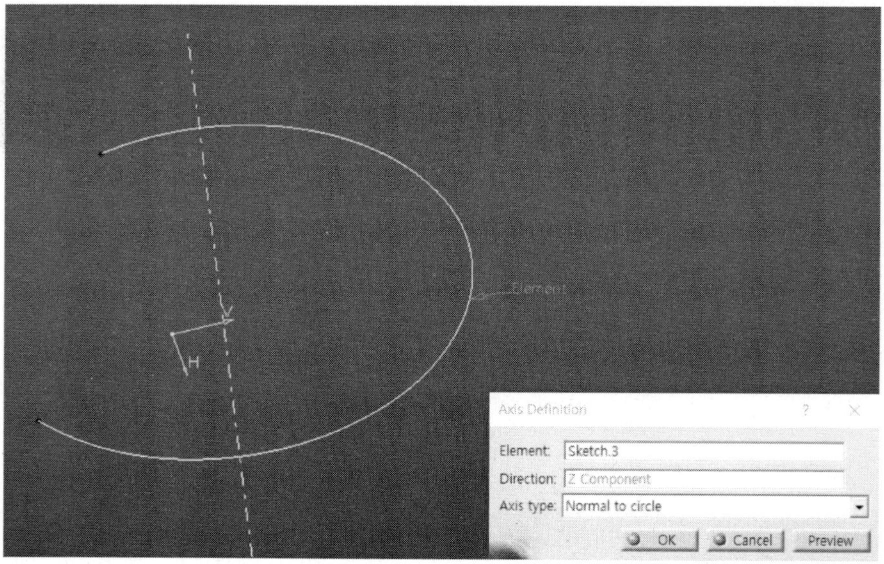

다) Poly Line는 여러 개의 절점을 가진 선이다. 클릭 시 다음과 같은 정의창이 나타난다.

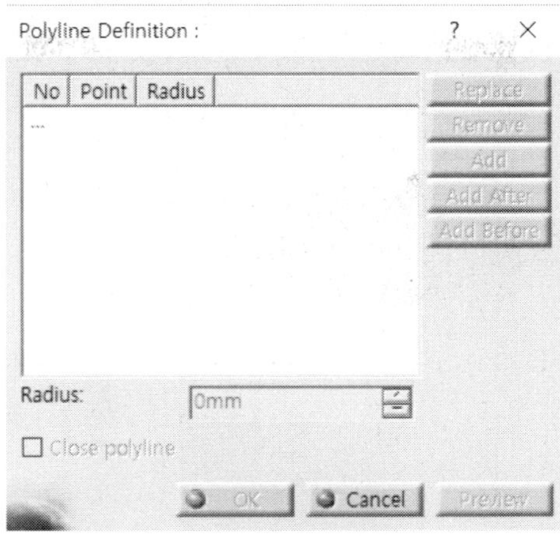


다음의 설정창이 나타난다. 점들을 스케치후, 포인트를 하나씩 클릭하면 설정 창에 포인트를 입력한다.

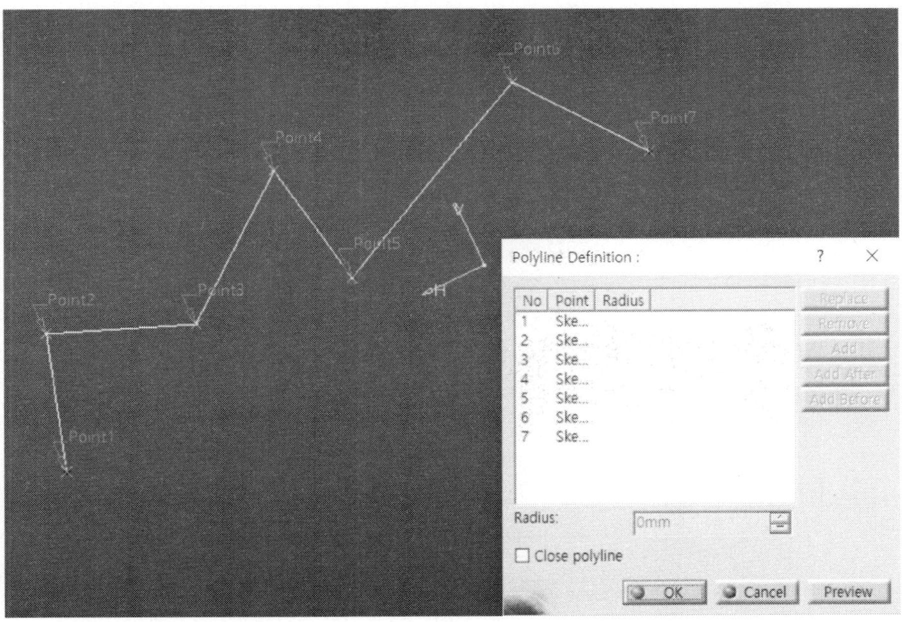

에 치수를 넣으면 다음과 같이 곡선형태의 폴리라인 생성되며

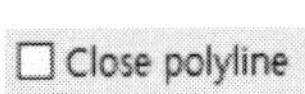

는 닫힌 폴리라인을 생성할 때 사용한다.

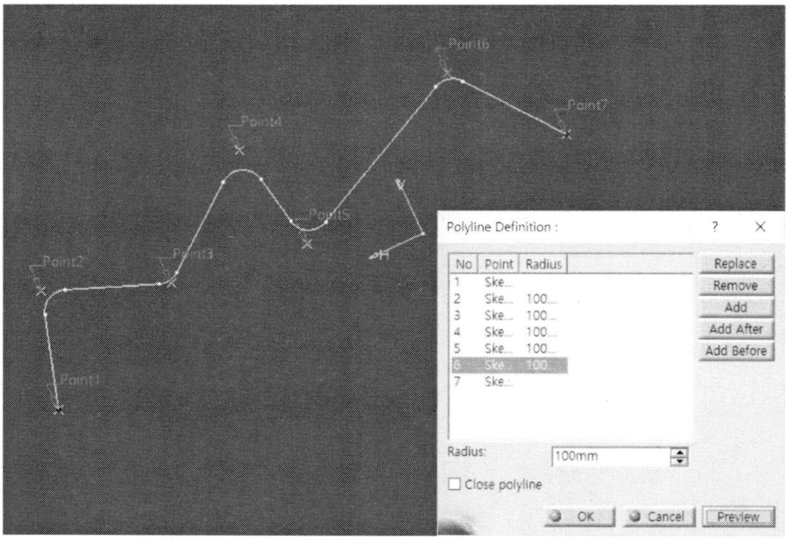


3) Planes

가) Planes : 면을 생성시키고자 할 때 사용하는 기능이며 클릭 시 다음의 정의창이 나타난다.

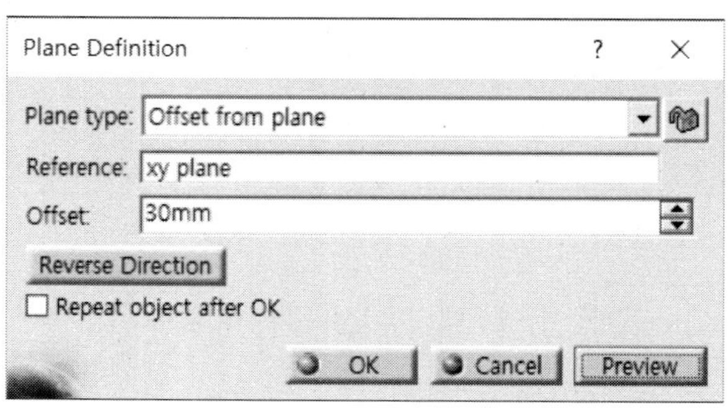


평면을 옵셋하여 생성시킨다.

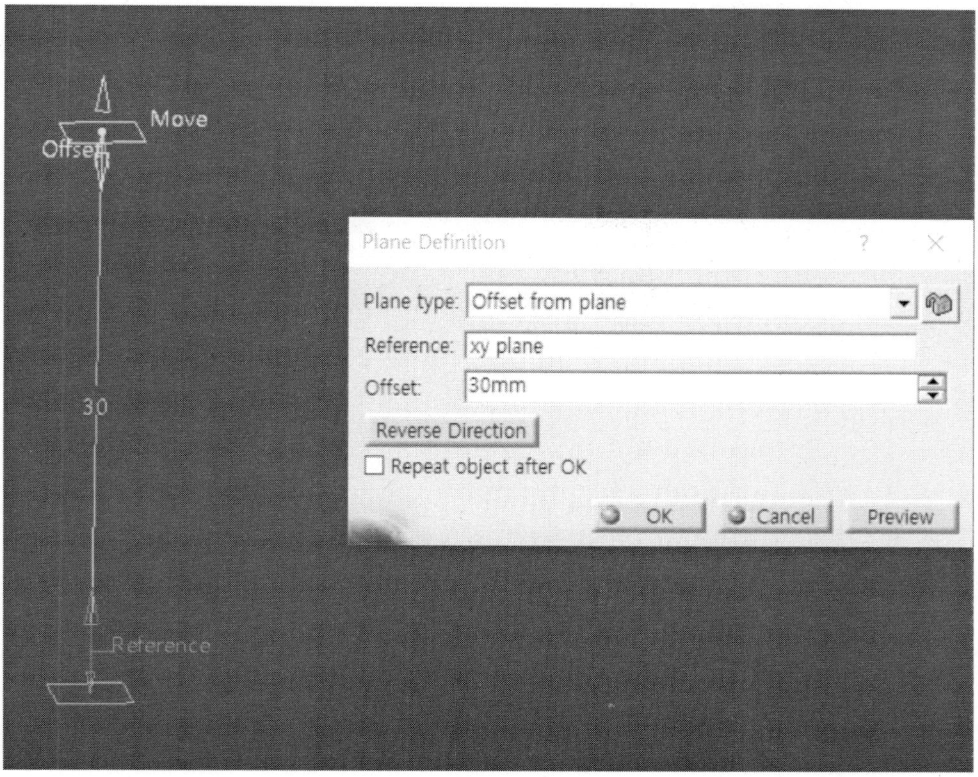


기준 평면(Reference plane)을 임의의 포인트의 위치로 평행하게 새 평면을 만들 때 사용한다.

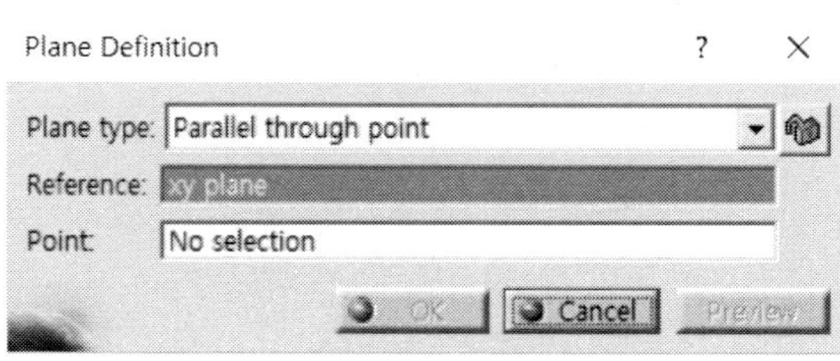


선택한 기준평면을 기준축을 기준으로 주어진 각도만큼 회전시켜주는 기능이 있다.

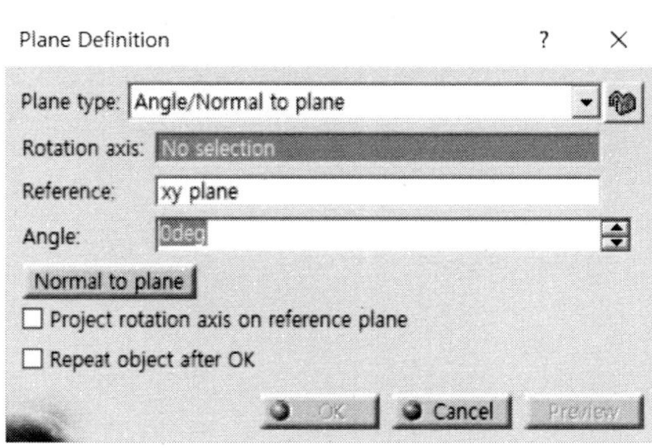

또한 다음과 같이 한평면을 지나는 3개의 점을 이용하여 평면을 만들 수도 있다.

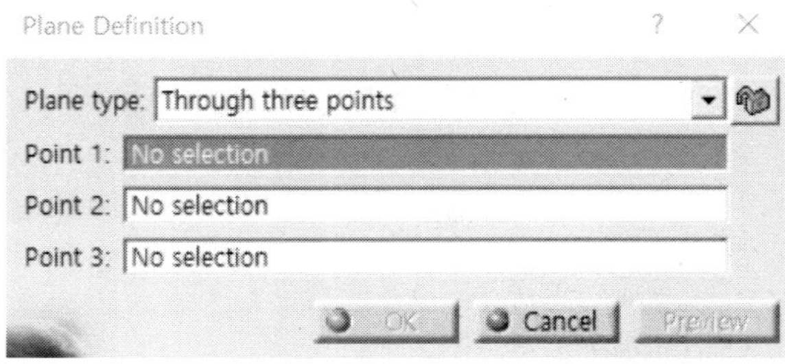


다음과 같이 한 평면을 지나는 두 개의 직선을 선택해 준다.

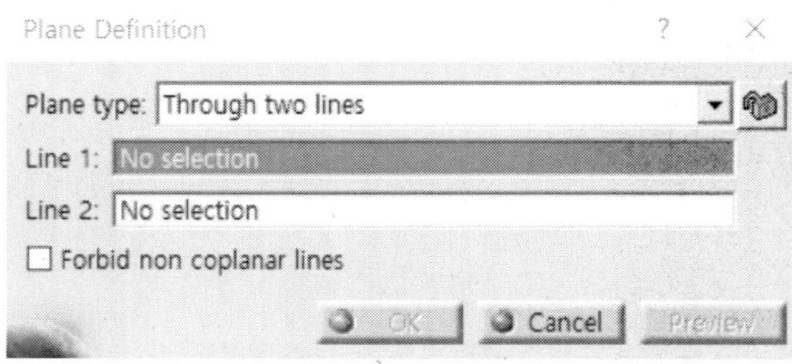


다음은 평면을 지나는 직선 하나와 점 하나를 사용하여 평면을 만드는 방법이다.

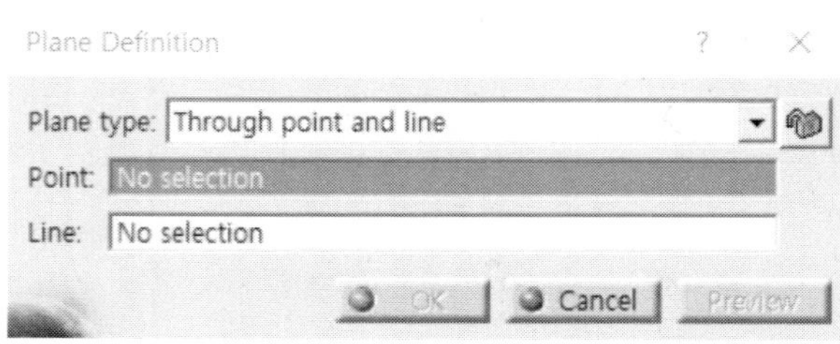


다음은 하나의 평면상에 그린 커브상에 평면을 만드는 방법이다.

다음은 곡선에 수직인 평면을 만드는 방법이다.

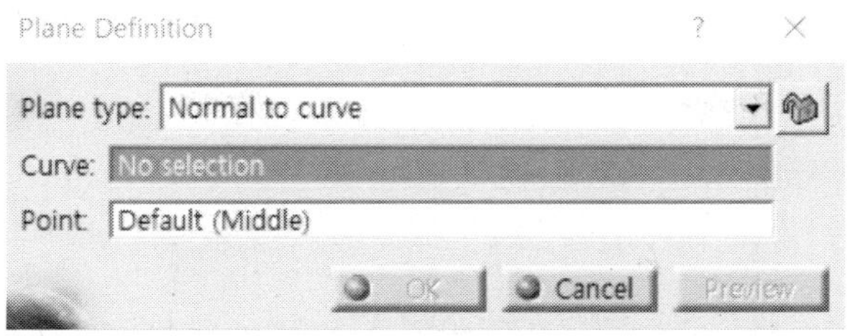


Surface 면에 대해서 접하는 평면을 만드는 기능이다.

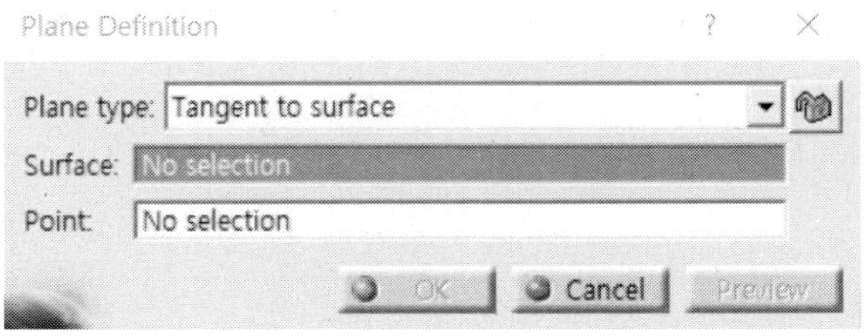


다음 정의창은 평면 정의 수식의 상수값을 이용하여 평면을 만드는 방법이다.

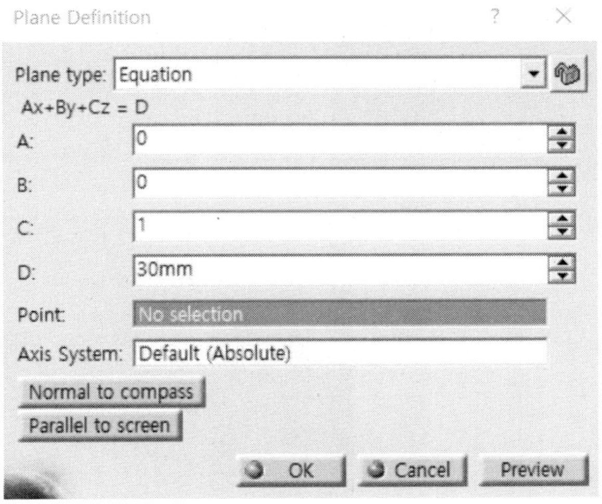


다음은 3개 이상의 점을 이용하여 평면을 만드는 방법이다.

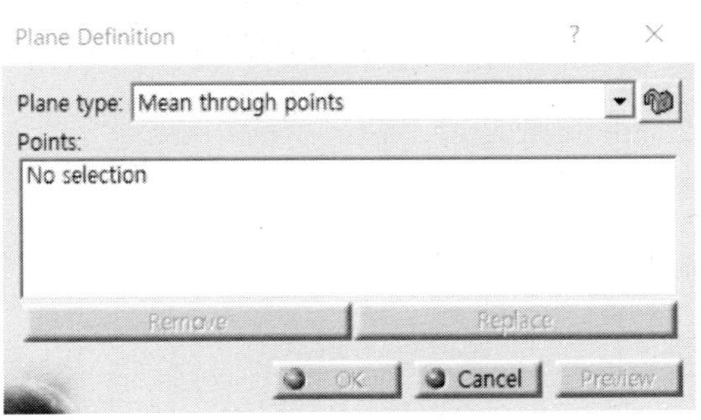

나) point and plane Repetition : 본 기능은 앞서 설명한 포인트 기능과 같다.

다) Planes Between : 본 기능은 다음과 같이 선택한 두 평면 사이에 등간격으로 평면들을 생성시키는 기능이다. 앞서 포인트를 등간격으로 생성시켜주는 것과 기능은 같다.

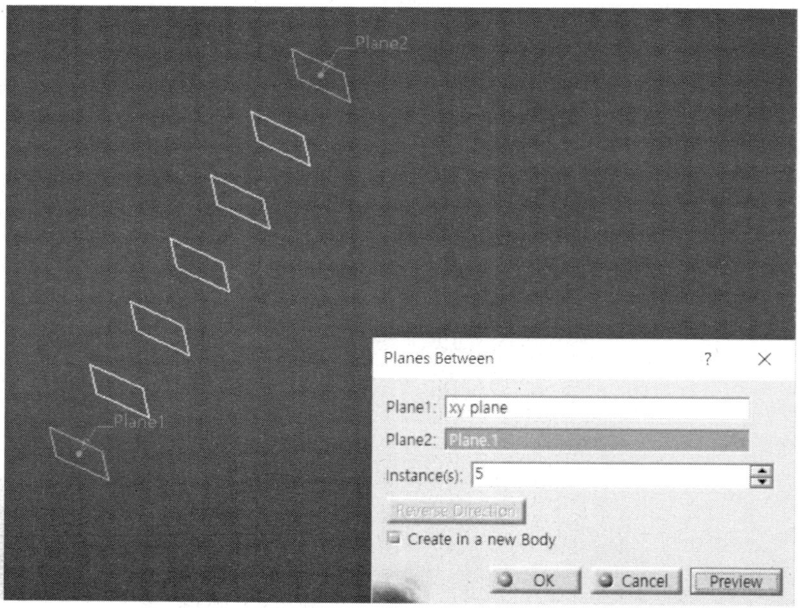


4) Projection : Surface에 Sketch나 Wireframe 요소를 투영시키는 명령이다.

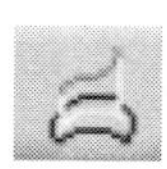

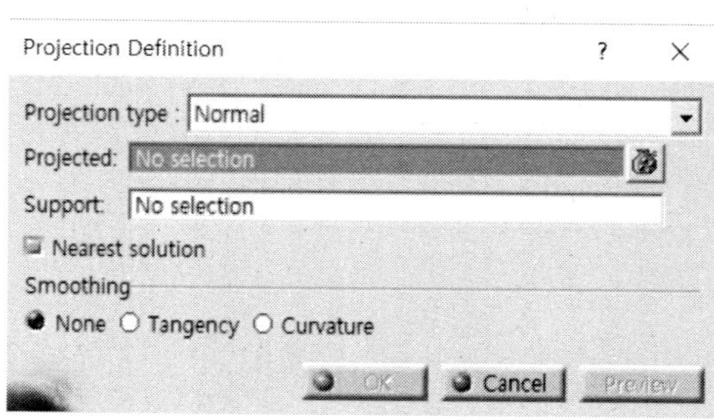

다음과 같은 평면과 Surface를 가정해 보자.

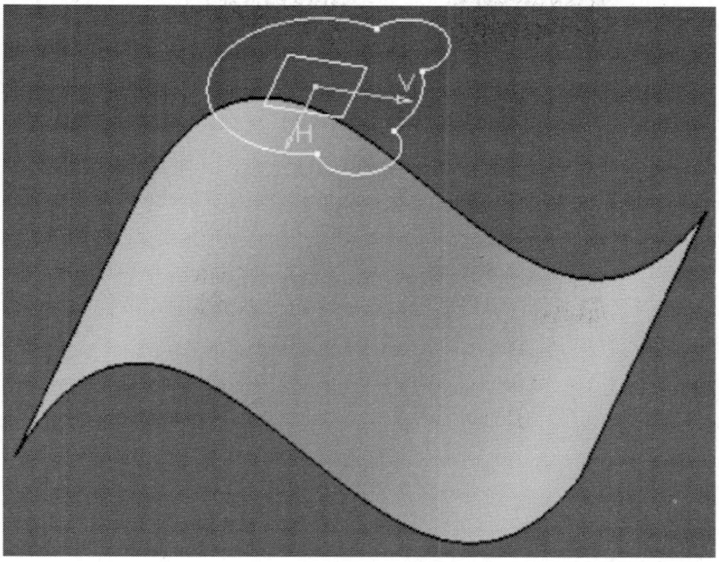


프로젝션 기능을 클릭하면 투영 시키고자 하는 스케치와 Surface를 클릭 시 투영된다. 여기서 Normal은 Surface 면에 대해서 수직하게 투영시킬 때 선택한다.

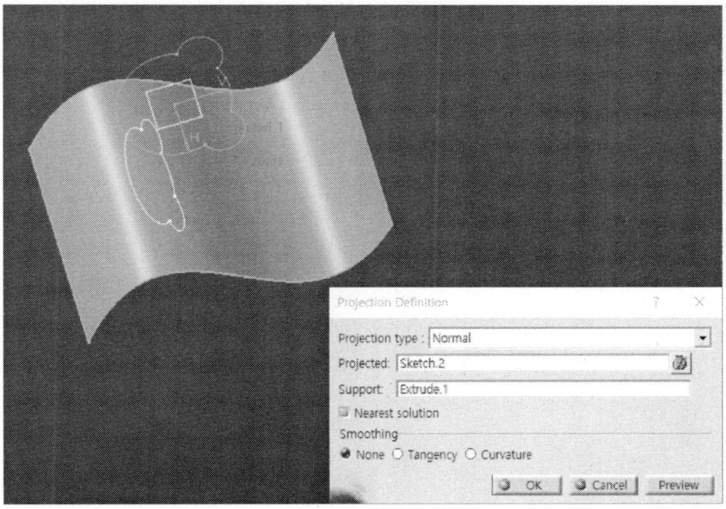


Along a direction은 투영시킬 요소를 선택한 임의의 방향으로 다음 그림과 같이 Surface에 투영시킨다.

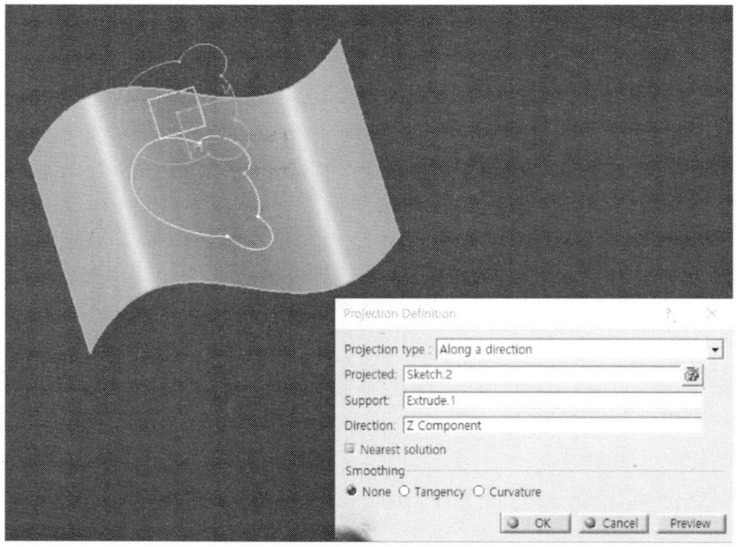


Nearest solution 은 가장 가까운 Surcace에만 투영시킬 때 사용하는 기능이다.

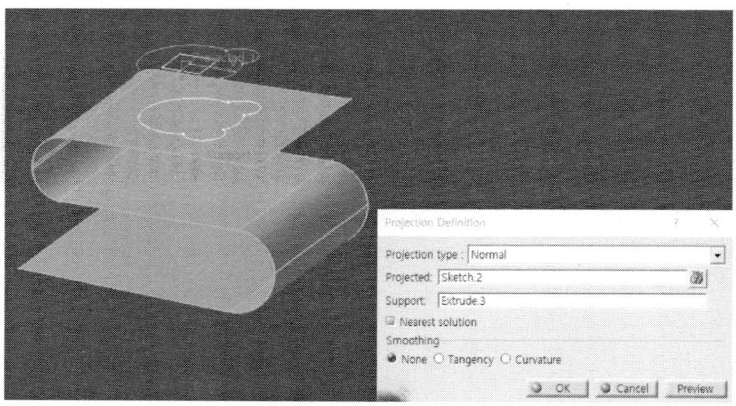


☐ Nearest solution 은 다음 그림과 같이 모든 Surface에 투영하는 기능이다.

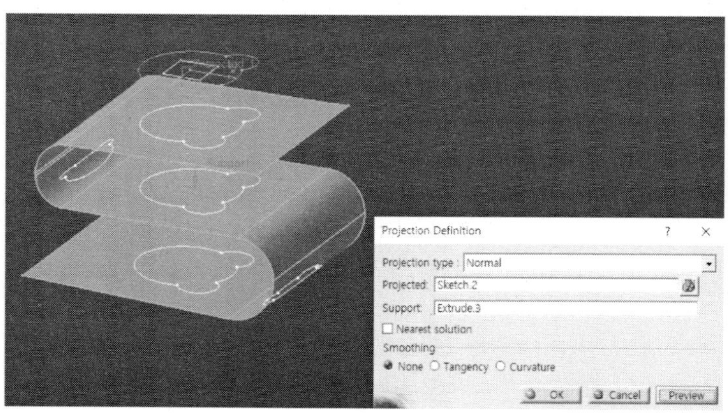

5) Intersection : 형상과 형상사이에 교차하는 부분을 형상 요소로 만드는 기능이다. 클릭 시 다음의 정의창이 나타난다.

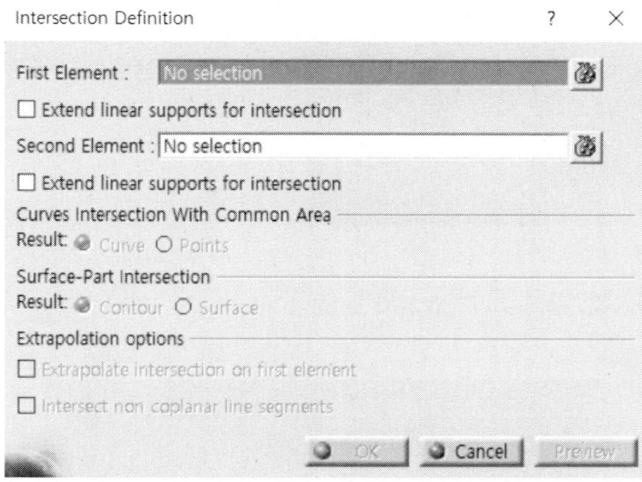


다음과 같이 두 가지의 형상 요소를 가정해 보자.

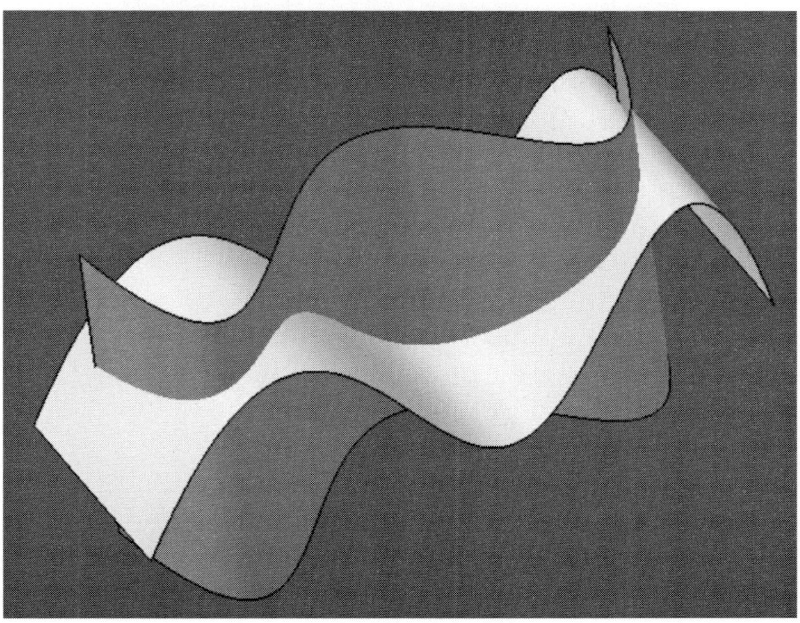

Intersection 클릭시 다음의 두 형상을 클릭해 준다.

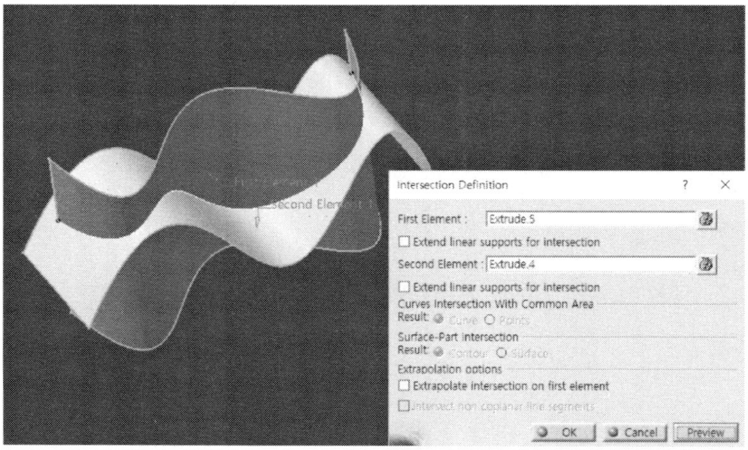


상기 선택 시 다음과 같이 서로 교차하는 선을 생성시켜 준다.

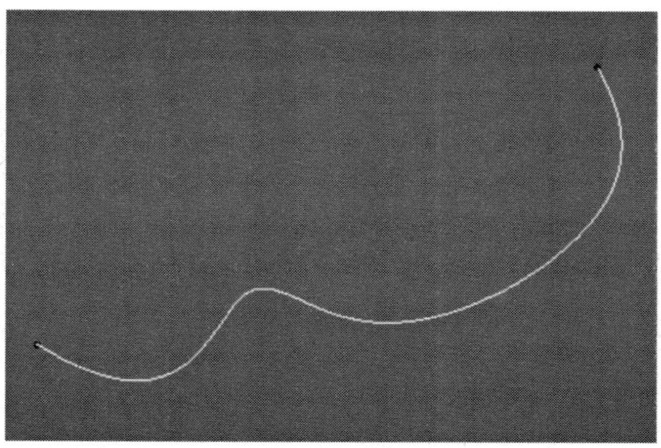

6) Circles–Corner–Connect Sub Toolbar

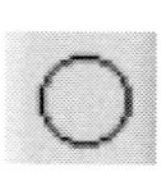

**가) Circle** : 3차원 원을 생성시킬 때 사용하는 기능이다. 클릭 시 다음의 정의창이 나타난다.

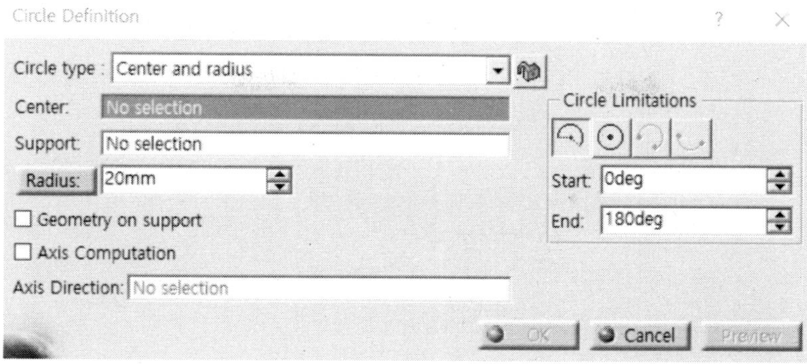


다음과 같이 원의 중심 및 반지름을 입력한다.

여기서 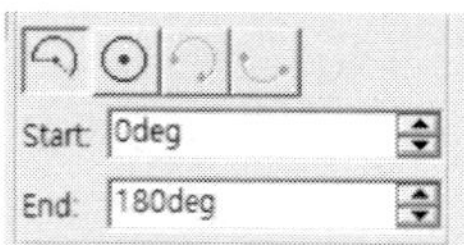

호를 선택 시 시작 각도 및 End 각도를 선택한다.

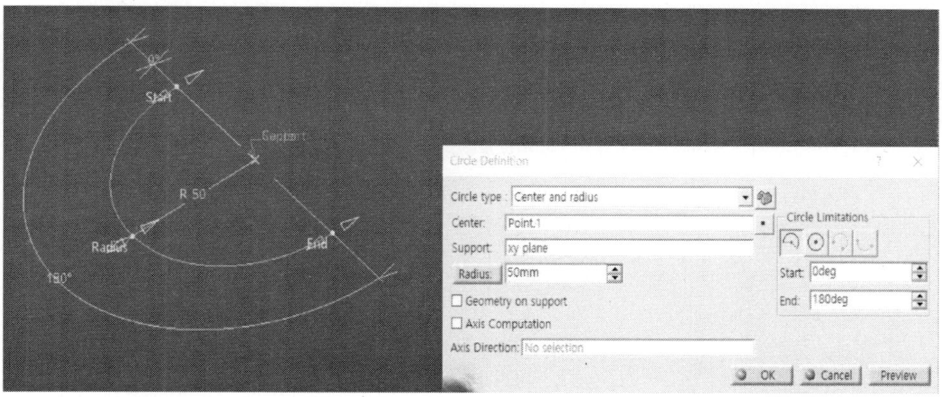


다음의 결과를 얻을 수 있다.

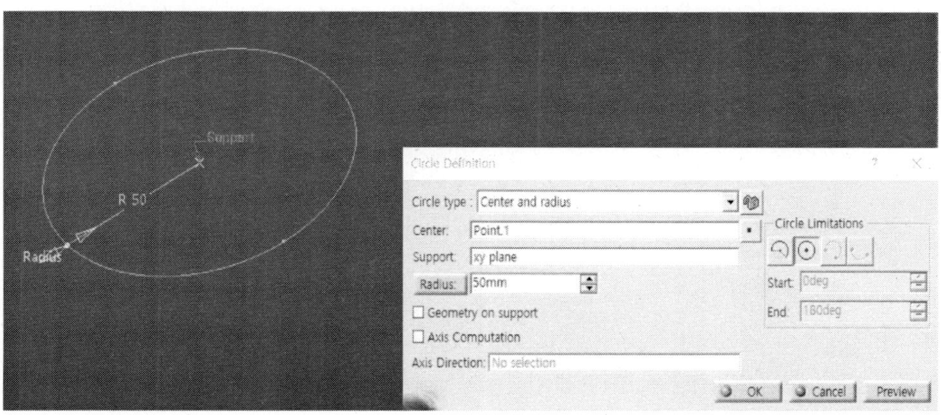

Center and Radius는 중심점과 기준면, 반지름을 선택해 주어야 한다. 여기서 Center and Point는 중심점과 원을 지나는 포인트와 기준면이다.

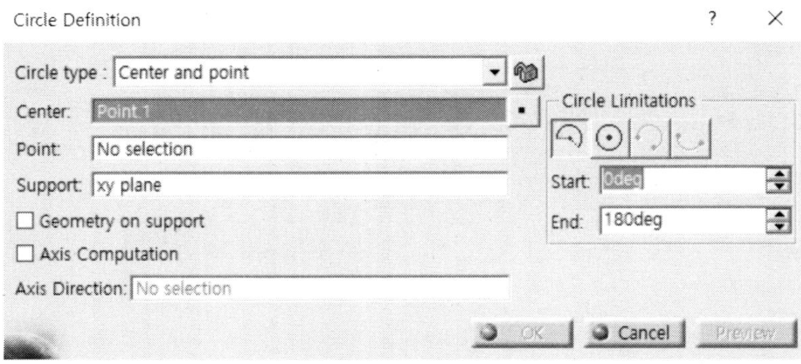


Two Points and radius는 두 개의 점과 반경을 선택해 주어야 한다.

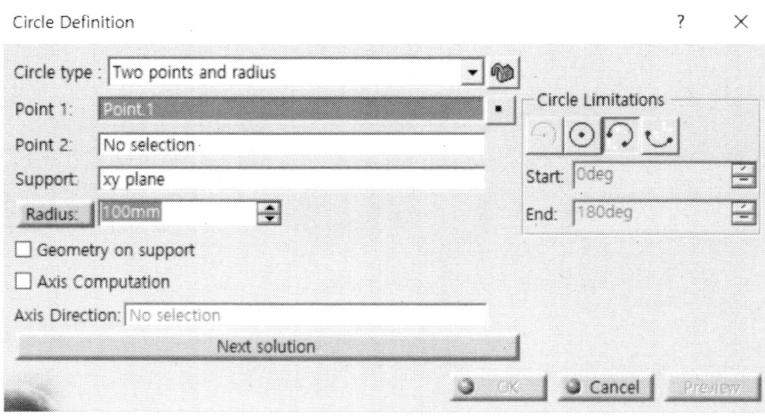


Three Points는 원을 지나는 세 개의 점을 지정한다.

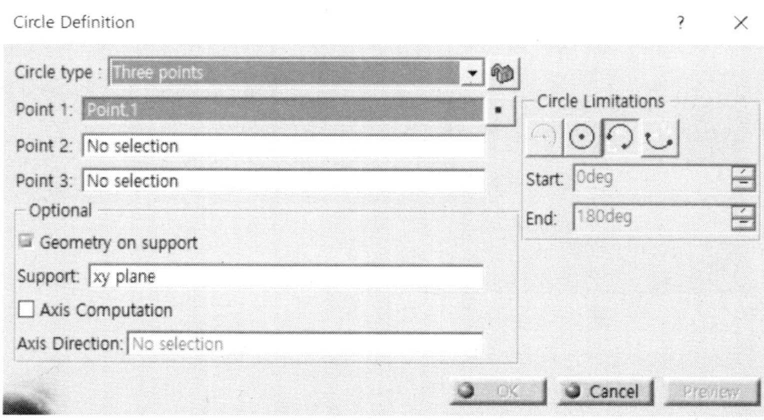

Circle type을 Center and axis 선택 시 원의 중심 축과 포인트, 반경을 입력한다.

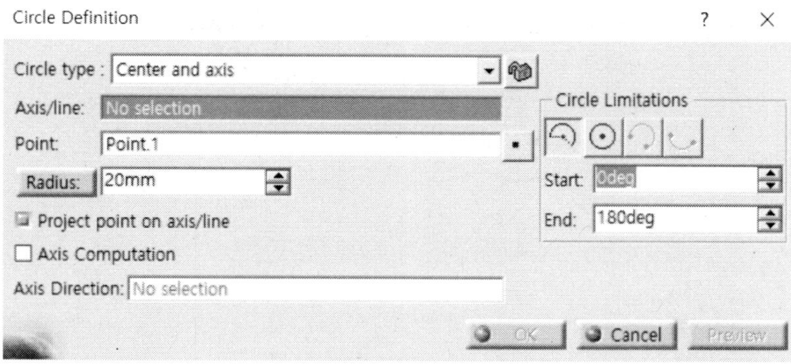


Circle type을 Bitangent and radius클릭 시 : 두가지 요소에 접하는 원을 선택한다.

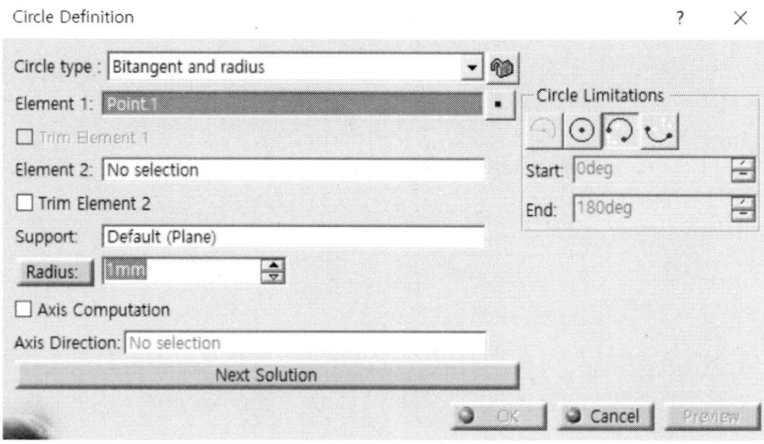


Circle type을 Bitangent and Point클릭 시 두 개의 접하는 요소와 그 원을 지나는 포인트를 선택한다.

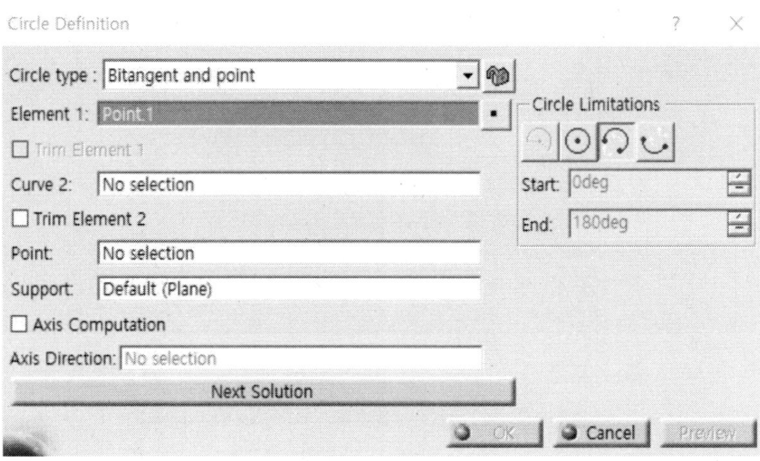

Circle type을 Tritangent클릭 시 3개의 요소에 대해서 접하는 원을 선택해 준다.

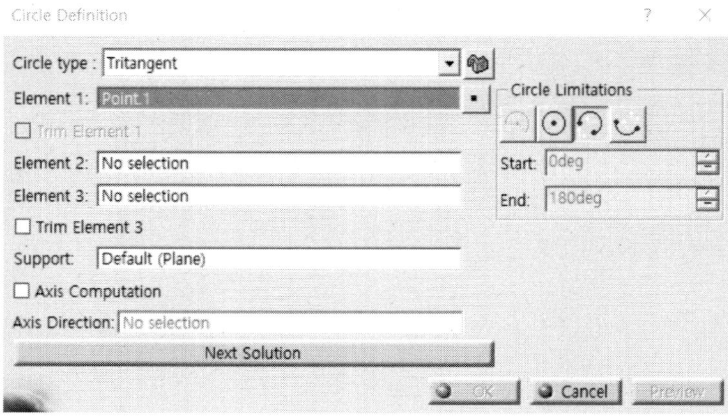


Center and tangent는 중심과 접하는 요소와 반경을 선택한다.

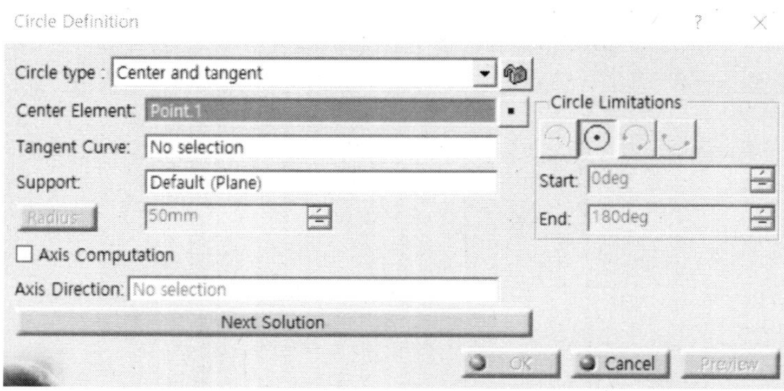


이상과 같이 다양한 선택을 통하여 원 혹은 호 형태의 형상을 구현할 수 있다.

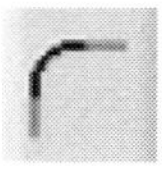

나) Corner : 곡선 혹은 코너를 구현할 때 사용하는 기능이며 클릭 시 다음의 대화창이 나타난다.

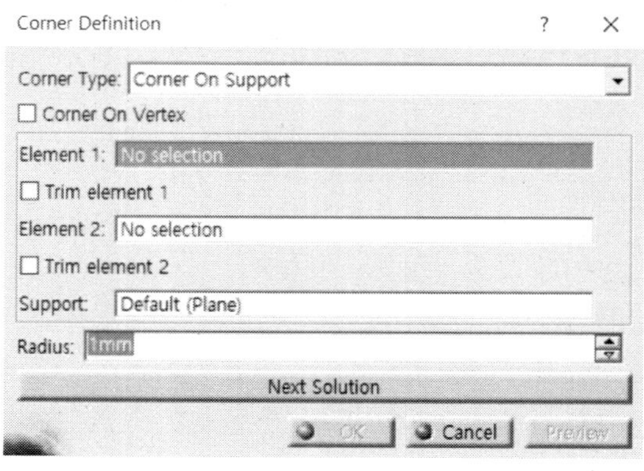

Corner 시키고자하는 두 개의 Element 요소를 다음과 같이 클릭해 보자.

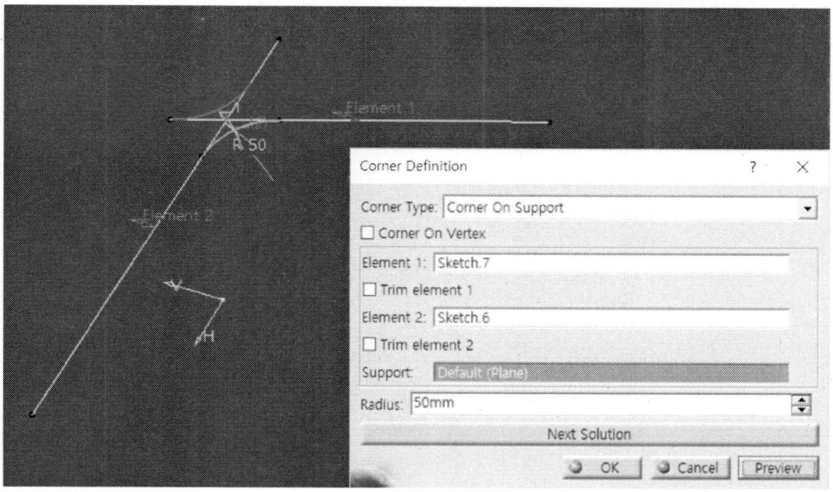


다음과 같이 생성될 수 있는 경우의 수 2종류가 나오며, 주황색이 최종적으로 그려지는 결과이다.

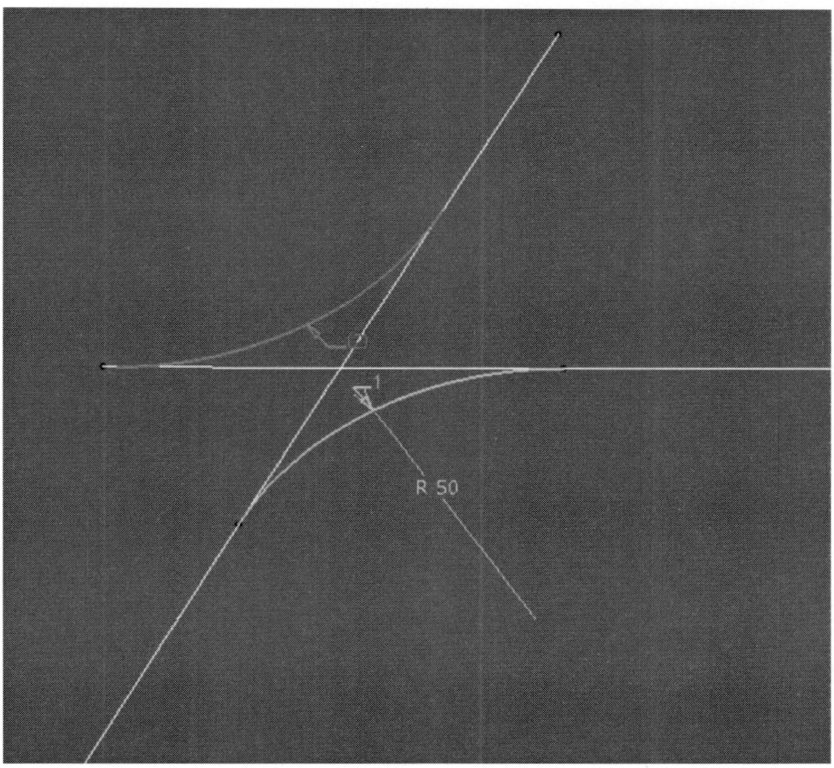


클릭 시 다음 경우의 수를 선택한다.

다음과 같이 반지름 입력 후 ok를 클릭하면 완성된다.

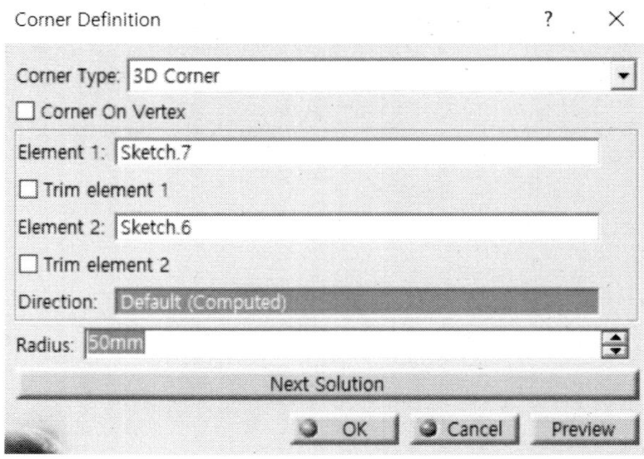

다) Connect Curve : 커브와 커브를 연결할 때 사용하는 기능이다. 클릭 시 다음의 정의창이 나타난다.

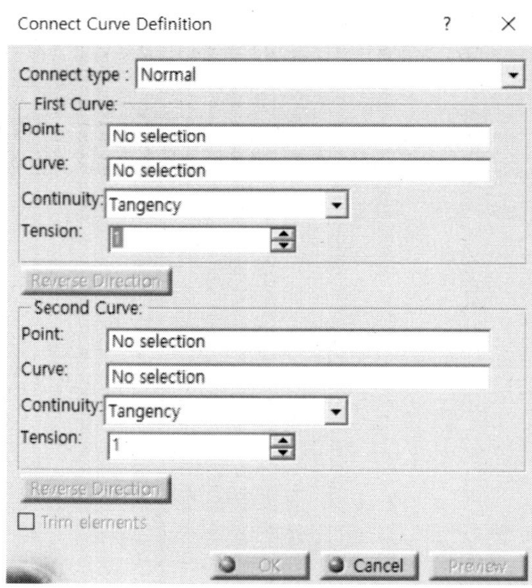


Connect type을 Normal로 선택 시, 기본적인 방식으로 두개의 커브선택과 동시에 해당 곡선을 연결시키고자 하는 포인트를 다음과 같이 클릭한다.

버튼을 누르면 방향을 바꿈에 따라 커브의 모양이 바뀐다.

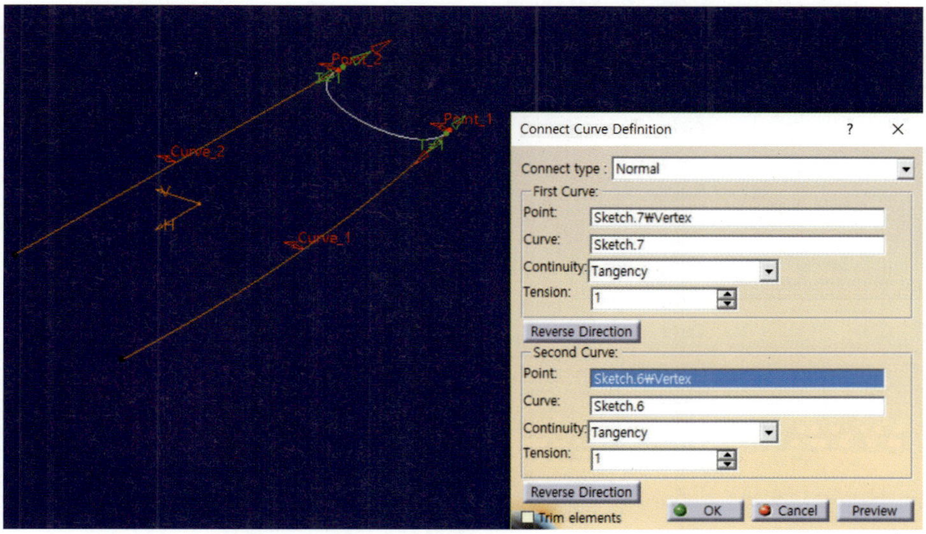


다음의 결과를 얻을 수 있다.

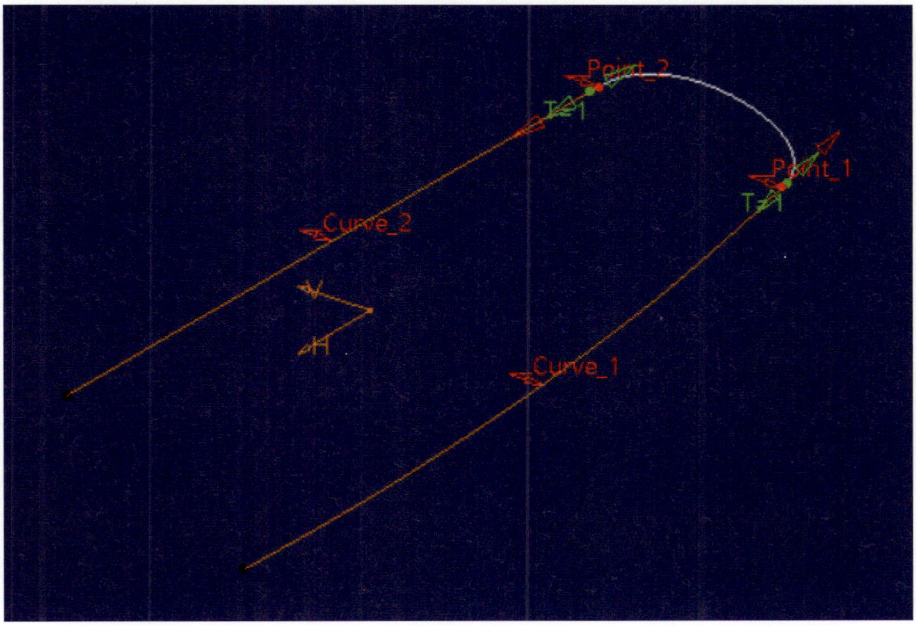

Base Curve 선택 시 기준이 되는 커브를 사용하여 두 개의 커브를 조정하는 방법이다.

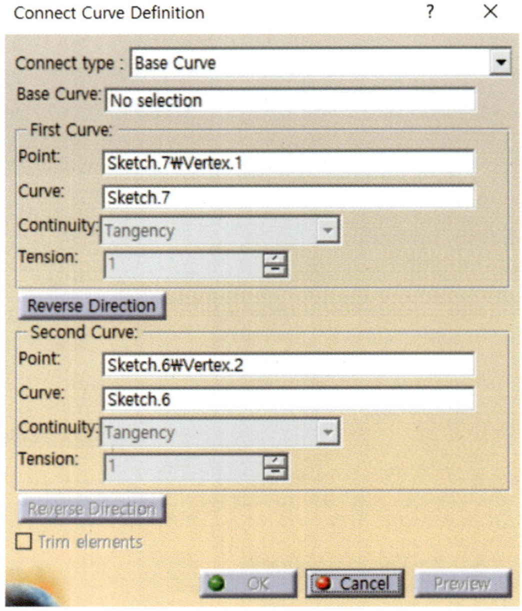


다음과 같이 기준커브를 선택하여 기준커브의 모양에 맞게 커브가 형성된다.

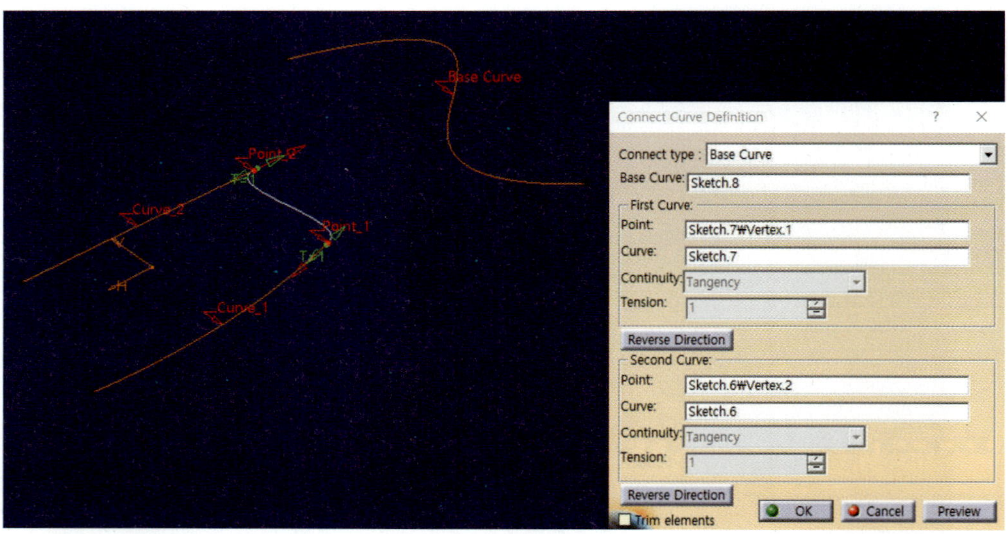


7) Spline : 3차원 상의 포인트를 이용하여 Spline 형태의 커브를 만드는 명령이다.

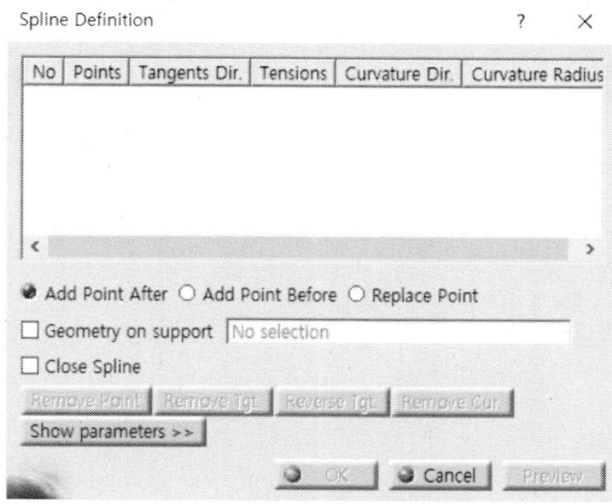


다음과 같은 포인트를 이용하여 스케치 한다.

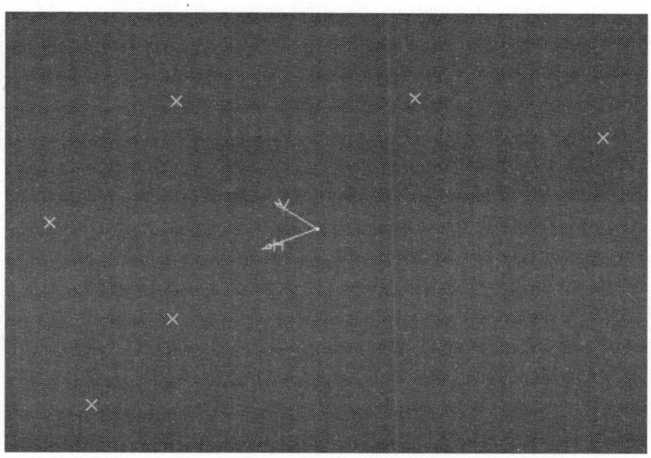

다음의 대화창에서도 포인트들을 선택할 수 있다.

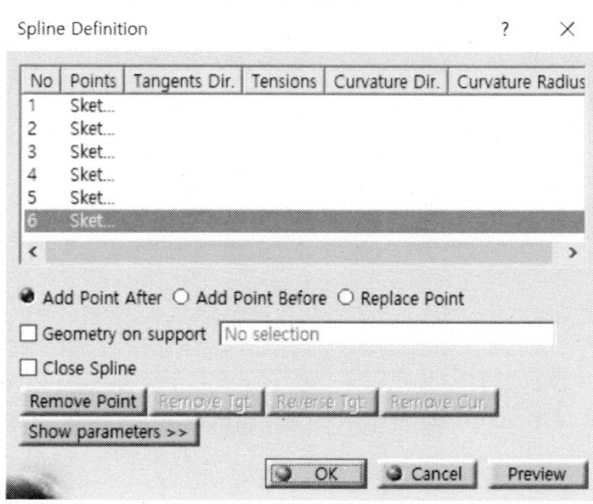

이상 포인트들을 연결하여 다음의 Spline을 생성한다.

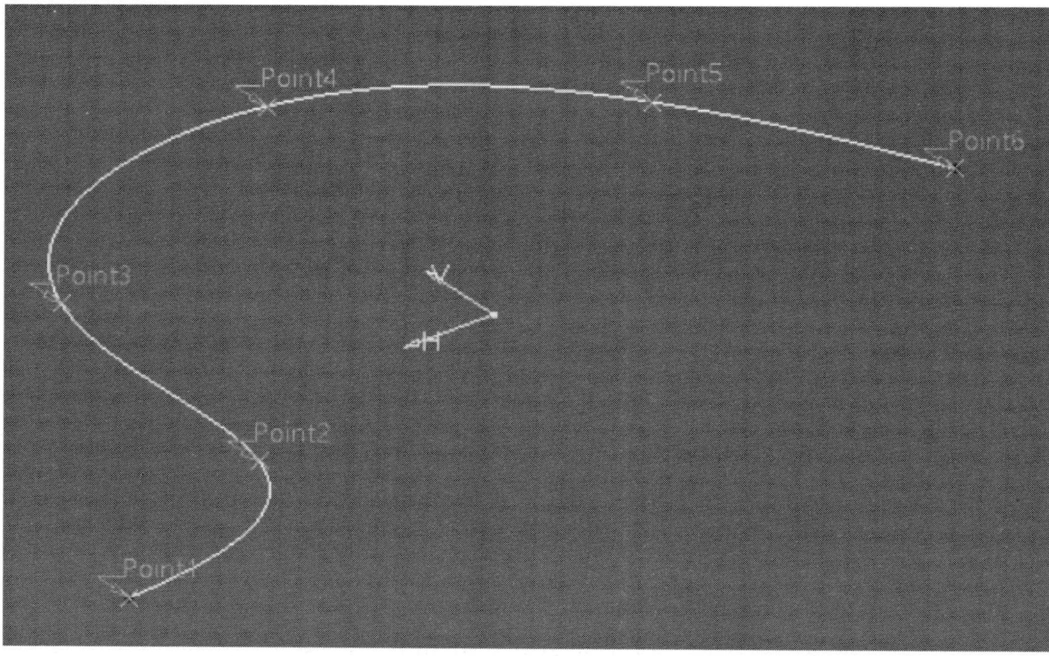


Close Spline 선택 시 닫힌 Spline을 생성한다.

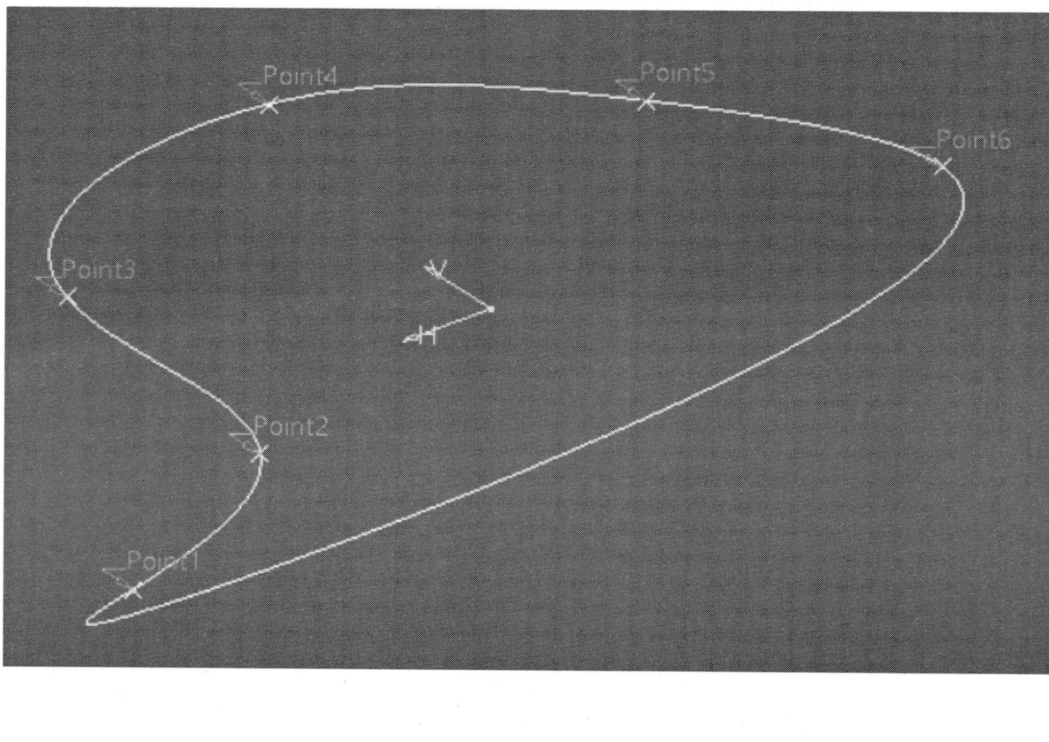

가) Helix : 축에 의한 나선형상을 생성시키는 데 사용하는 기능이다. 클릭 시 다음의 대화창이 나타난다.

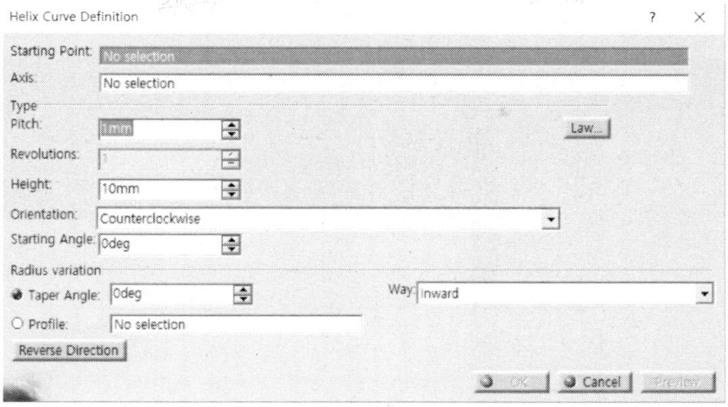


시작점 클릭 후 나선이 되고자하는 축을 클릭한다. 여기에 피치 값을 입력하고 전체 Helix 높이 값을 다음과 같이 입력한다.

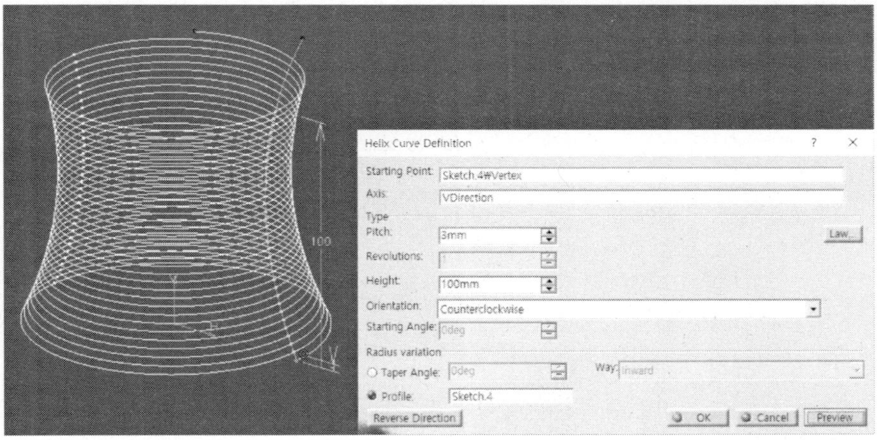


피치값에 3을 입력 시, 한 칸이 3mm 짜리 한 피치이다.

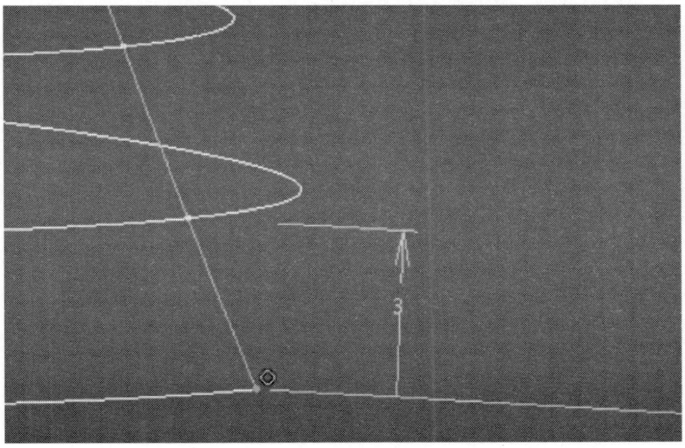

기준선 따라 생성시킬 때 Profile 스케치를 지정하는 기능이 있다.

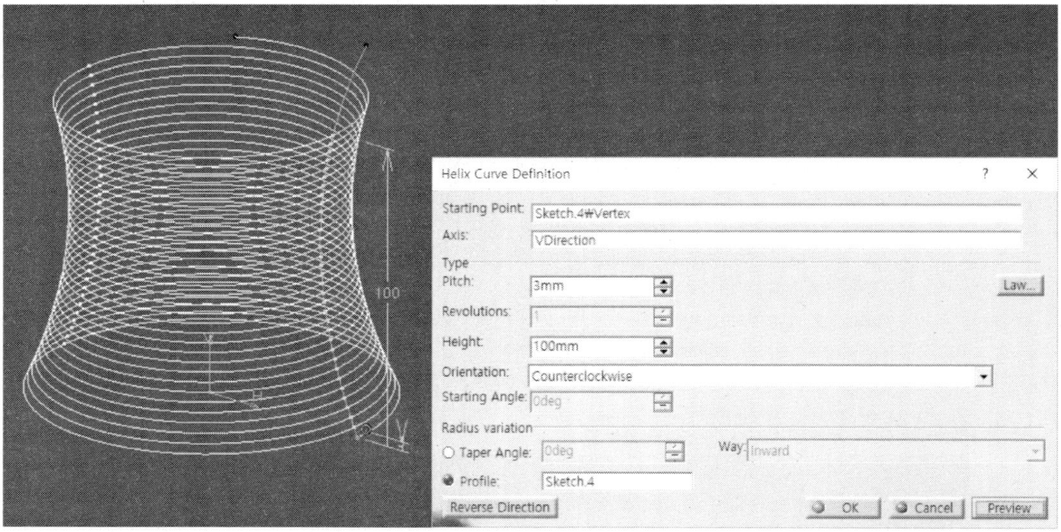


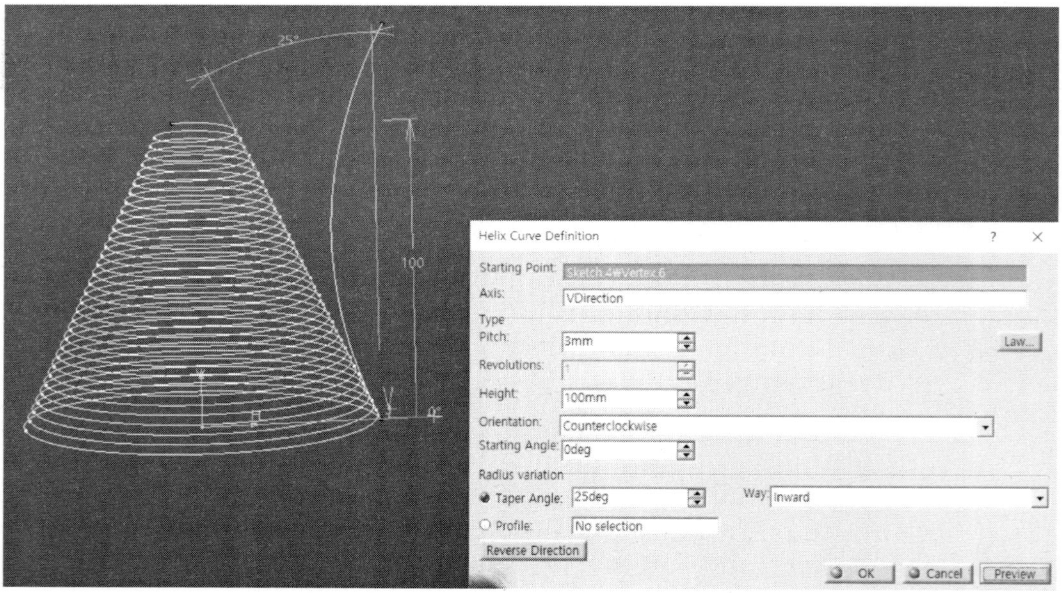


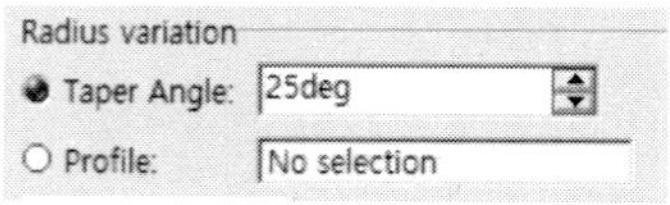


테이퍼 각도를 입력한 모양대로 생성된다.

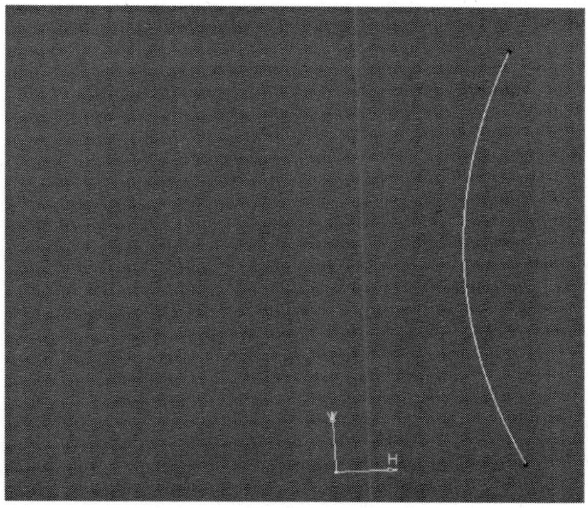


Helix  와 Rib 아이콘을 이용해 자동차 서스펜션용 쇽 스프링(Shock Spring)을 그려보자. 먼저 Helix를 선택 후 다음의 정의창이 나타나면 Starting Point(나선의 시작점)에 마우스 3번 버튼을 클릭하여 Create Point를 다음과 같이 선택해 준다.

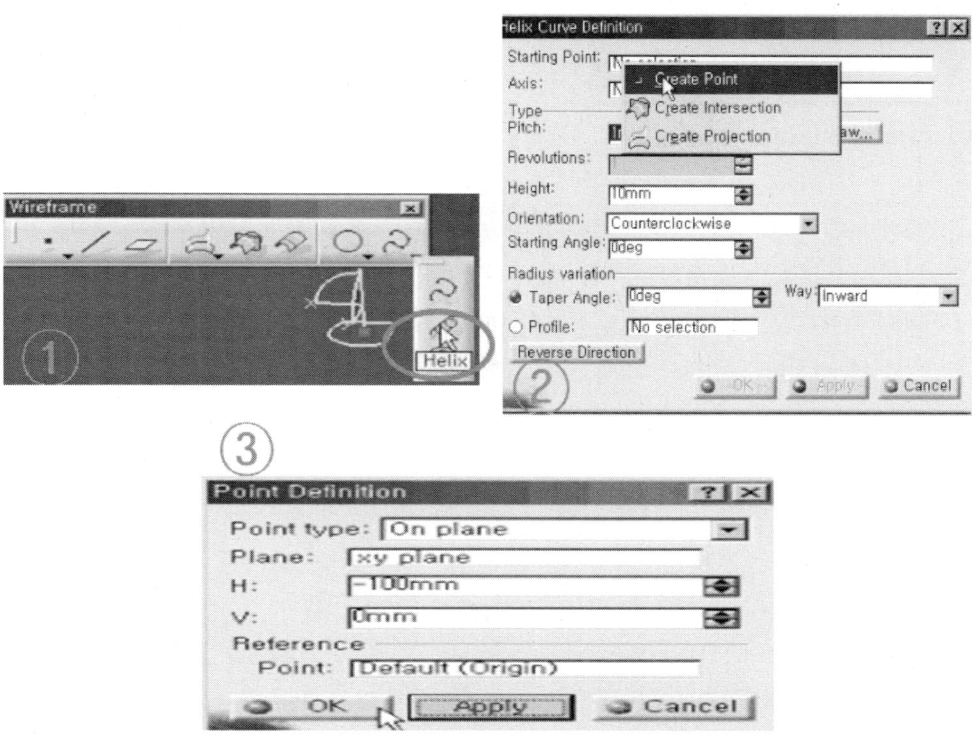

다음은 On plane에서 xy plane을 선택하고 수치를 기입한다(H벡터에 -100을, V벡터값엔 0을 입력). Apply를 클릭 후 OK버튼을 그림과 같이 클릭한다.

다음은 Axis에 마우스 3번 버튼 클릭 후 Create line을 선택한다. 여기서 축을 만드는데 Point Direction으로 선택해주고 Create point를 다음 그림과 같이 클릭해준다. 또한 Point 정의창이 나타나면 yz plane을 선택 후 수치를 입력 후(H벡터에 0을, V벡터에 0을 입력) Apply 클릭 후 OK 버튼 선택한다.

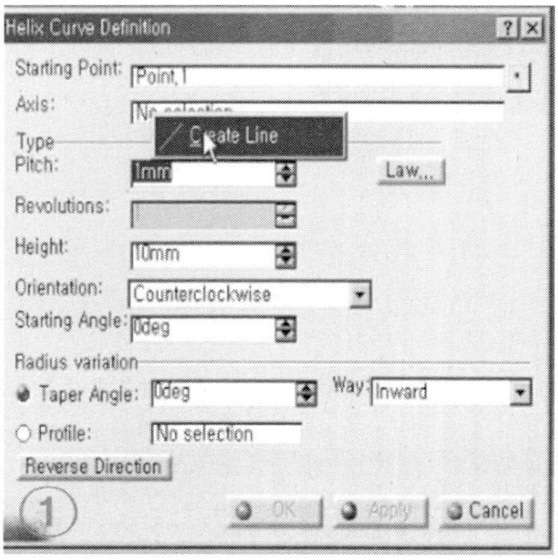


Axis - create line에서 축 만들기

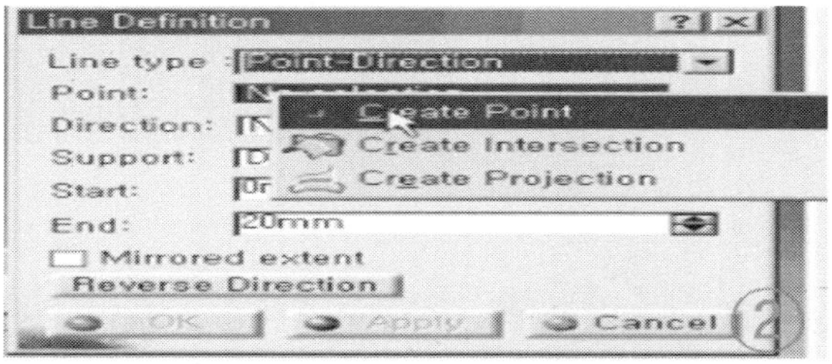


Point Direction 선택 → Create point 선택

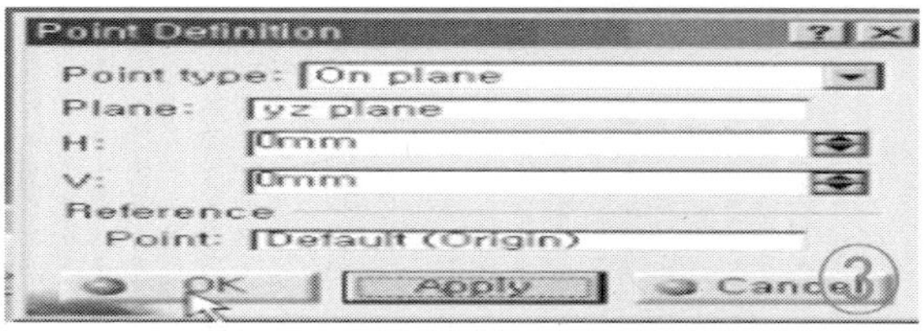


yz plane 선택 → 수치 입력 → apply 클릭 → OK

다음 창이 나타나면 방향은 z-축, 길이값은 임의대로 71 mm를 입력하는데 이 값을 바꾸면 혹은 End1을 마우스로 Drag 하면 길이를 사용자가 임의 값으로 바꿀 수 있다. 다음으로 Pitch값을 25, Height를 100 입력한다. 반시계방향(anti-clockwise)으로 회전시키는 것을 시계방향(clockwise)으로 바꾼다. Starting angle은 0도, Taper angle은 -3도를 입력하고 방법은 inward로 놔둔다.

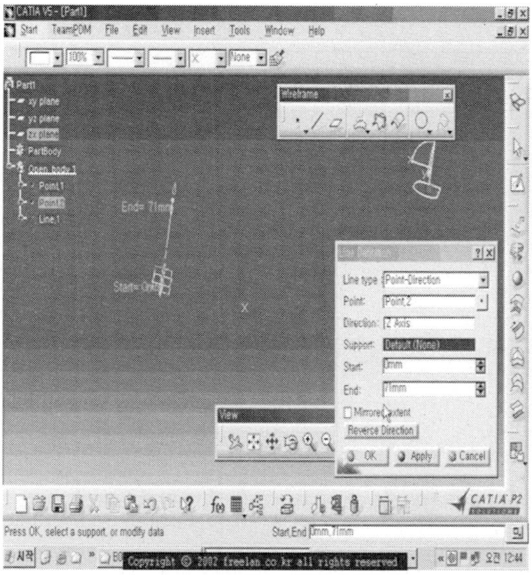

방향은 z-방향, 길이값은 임의대로 71mm

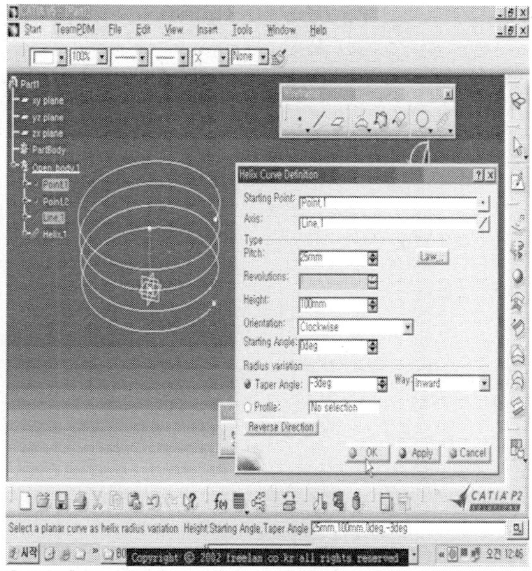

Pitch : 25mm, height: 100mm, 시계반대방향으로도는 것을 시계방향으로 바꾸고, starting angle: 0도, 테이퍼앵글 -3도 Way: inward

다음은 zx plane을 기준으로 스케치 워크벤치로 입장하여 Circle을 그린다. Drawing한 Circle의 중심을 선택하고 ctrl 키를 클릭한 상태에서 스프링의 시작점을 동시에 클릭해준다. Constraint Definition 창이 나오면 Coincidence를 클릭하여 Circle 중심 점과 스프링의 시작점을 일치시킨다. 원의 지름은 다음 그림과 같이 15mm를 입력하고 스케치 워크벤치를 빠져 나온다.

다음은 Part Design으로 다음과 같이 입장한다.

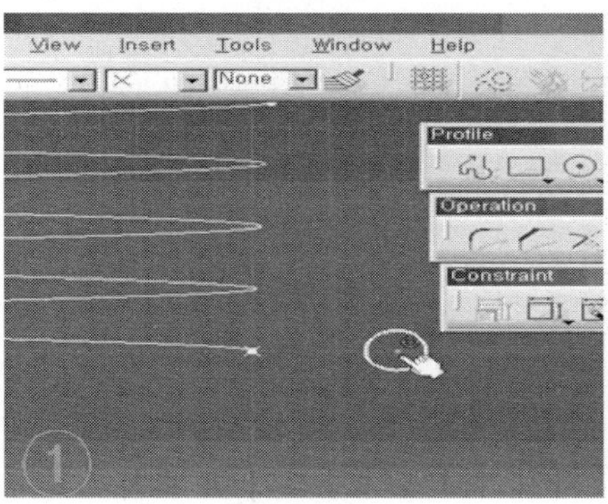

Zx plane 면 선택 → circle 그리기

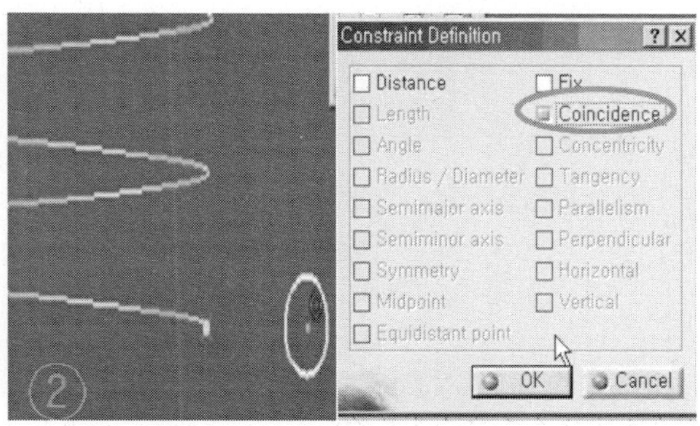

Circle 중심 point와 형상의 점을 Select해서 coincidence

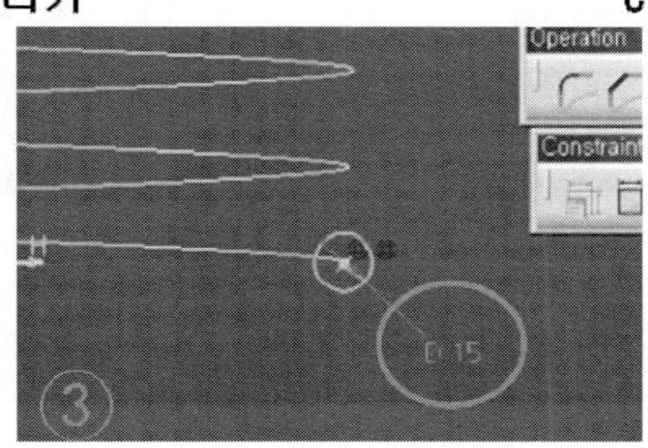

수치 기입

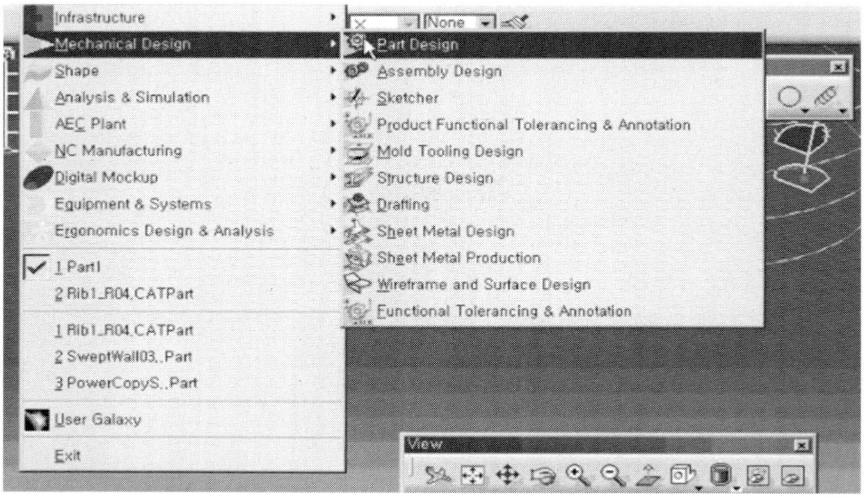


여기서 Sketch-Based Feature Toolbar에 있는 앞서 3장에서 배운 Rib 아이콘을 클릭하여 정의창에 단면(Profile)은 좀전에 그려준 지름 15mm인 원을 클릭해주고 Center curve는 Helix.1 (스프링)을 선택해주고 OK 버튼으로 다음과 같이 완성한다.

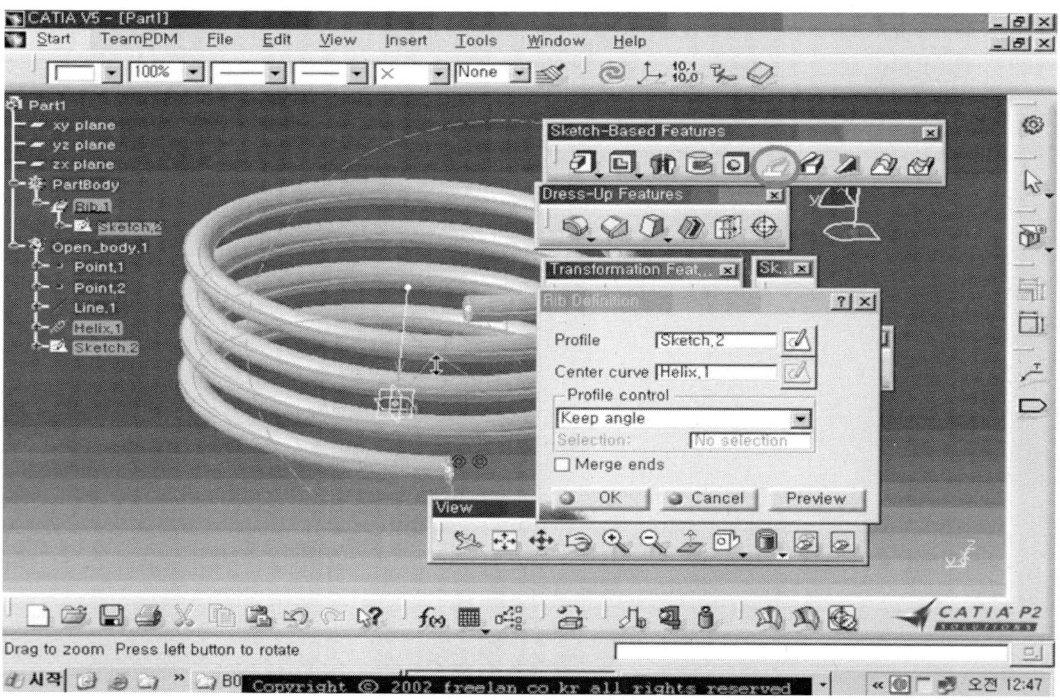

## 나. Surface : 총 9개의 아이콘으로 구성된다.

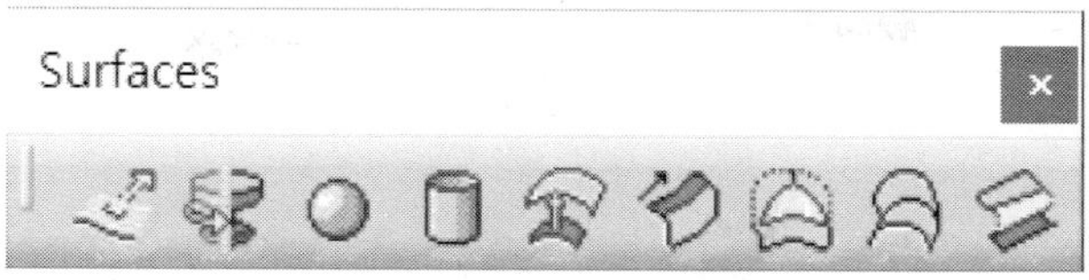

1) Extrude : 요소 압출하여 뽑아내는 형상 만들 때 사용하는 기능이다.

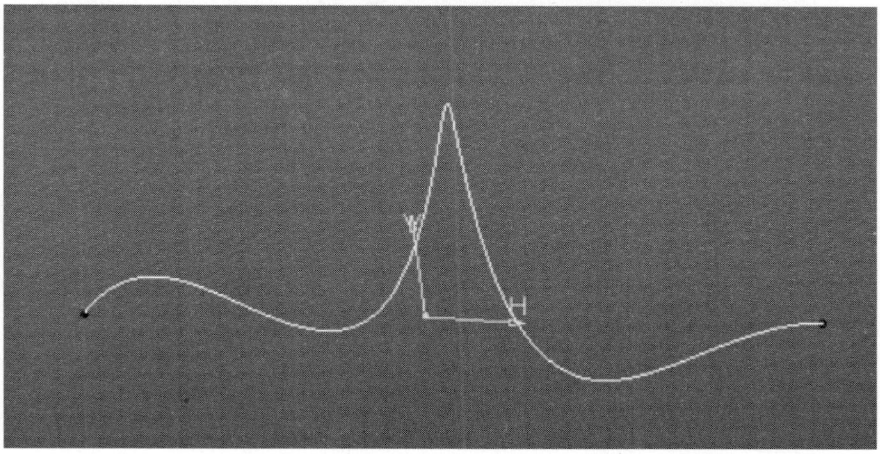

다음 그림은 압출(Extrusion) 정의창이다.

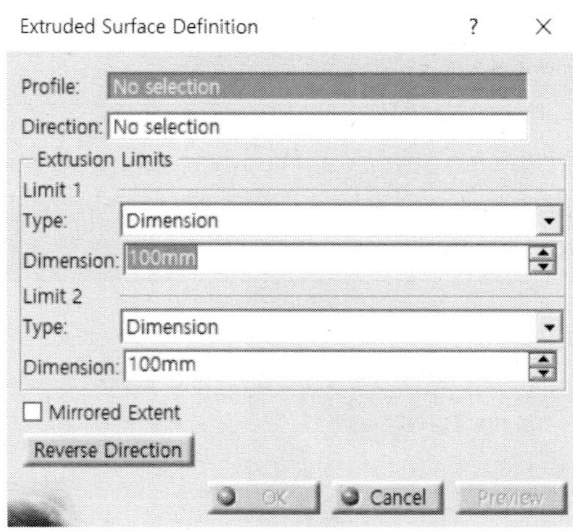


프로파일 선택시, 자동으로 방향이 설정되며 다음과 같이 압출된 것을 확인 할 수 있다.

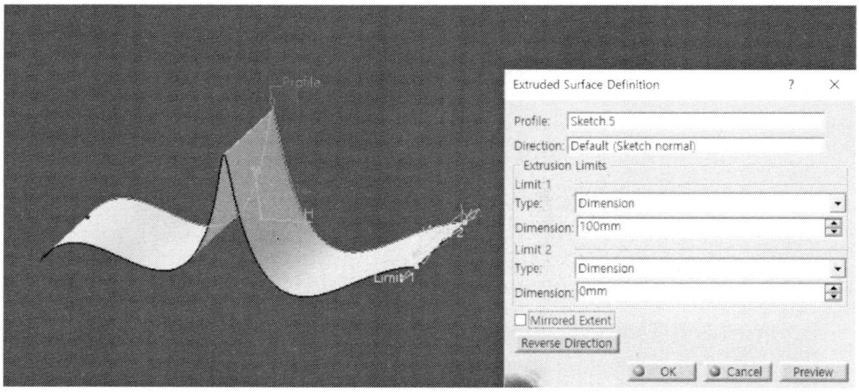


Mirrored Extent 클릭시 스케치를 기준으로 양쪽으로 대칭하여 압출된다.

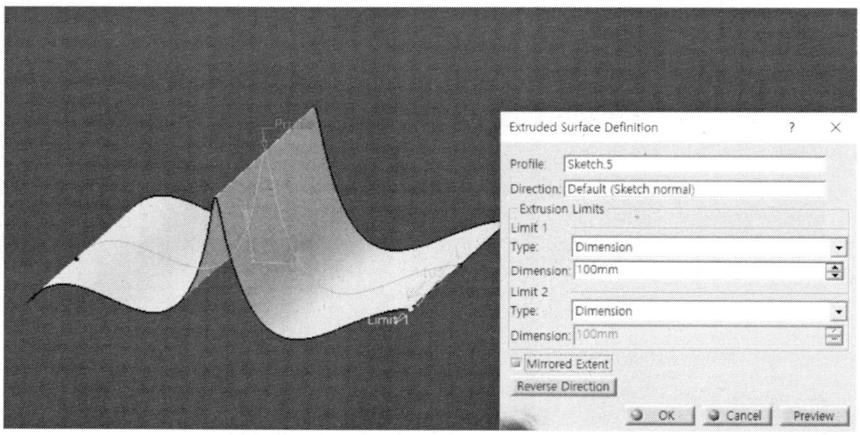


또는 다음 그림과 같이 Limit1/Limit2로 각각 다른 길이로 압출할 수 있다.

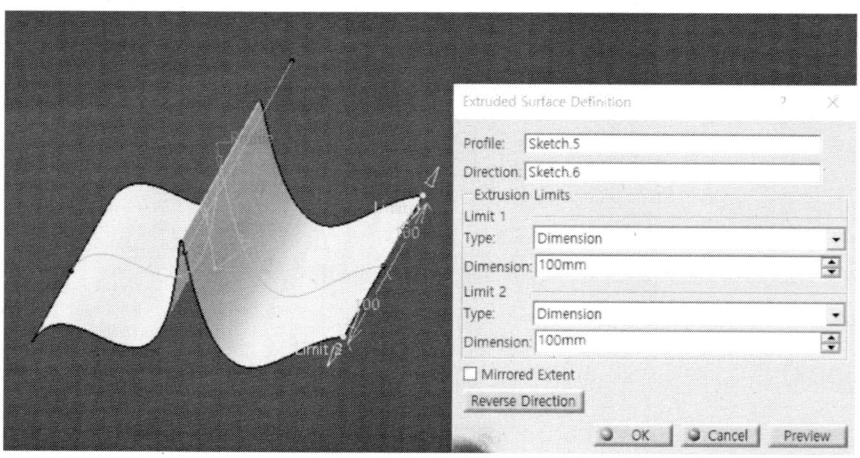

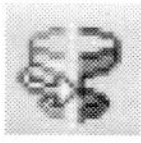

2) revolve : 기준축을 중심으로 회전시키는 기능이다. 다음 그림과 같이 회전하고자 하는 프로파일(단면)을 스케치해 보자.

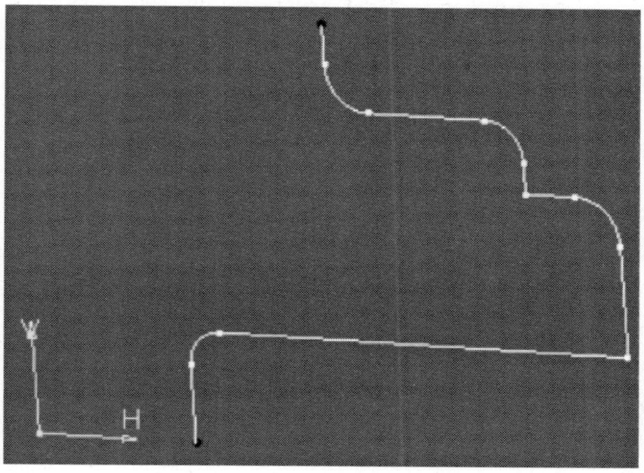


Revolve 클릭 시 다음의 대화창이 나타난다.

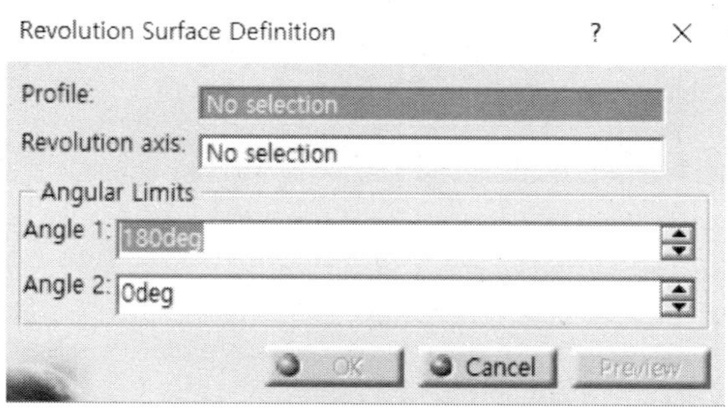


다음과 같이 프로파일 클릭후, 기준 축 선택, 원하는 각도 입력하여 회전시킬 각도를 지정해 준다.

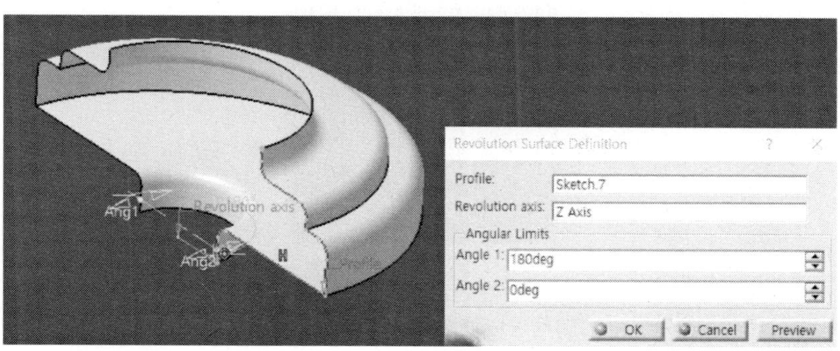

밀폐된 회전체를 그리기 원하면, 한쪽으로 360도 혹은 다음 그림과 같이양쪽 180도씩 각각 부여하면 Open된 곳 없이 회전체가 완성된다.

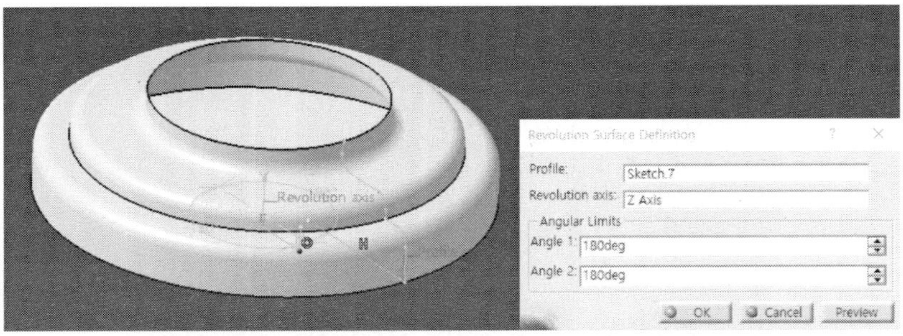


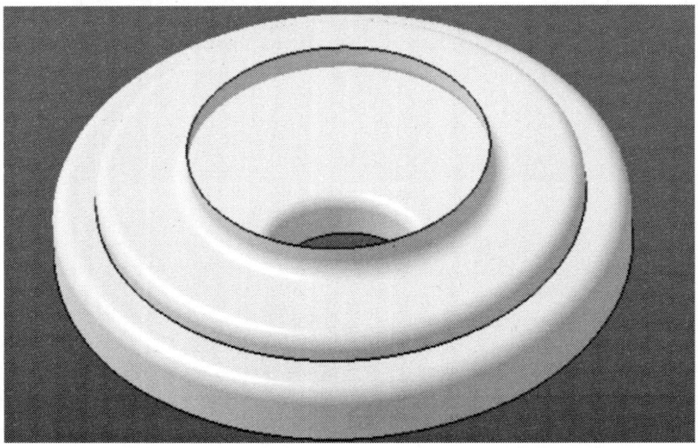

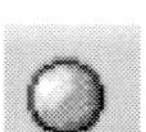

3) Sphere : 구를 만들 때 사용하는 명령이다. 다음 그림과 같이 구를 만들고자하는 지점에 구의 원점을 스케치 한다.

Sphere 클릭 시 다음의 정의창이 나타난다.

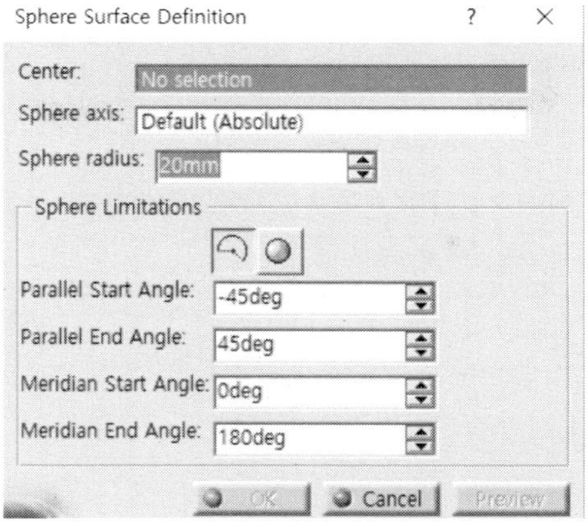


구의 원점 클릭 후 반지름을 다음과 같이 입력한다. 반호구를 선택할시 클릭 후 각도를 입력하며 완전한 구를 그리려면 를 클릭한다.

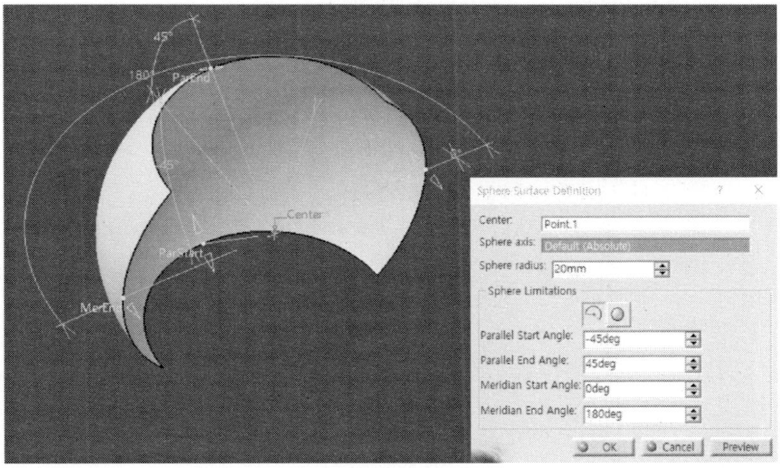


하기와 같이 반지름이 20 mm인 구가 완성된다.

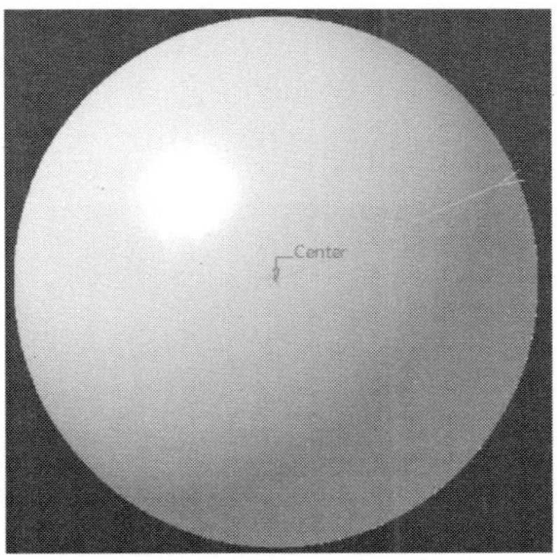

4) Cylinder : 원 기둥을 만들 때 사용하는 명령이다. 클릭 시 다음의 설정창이 나타난다.

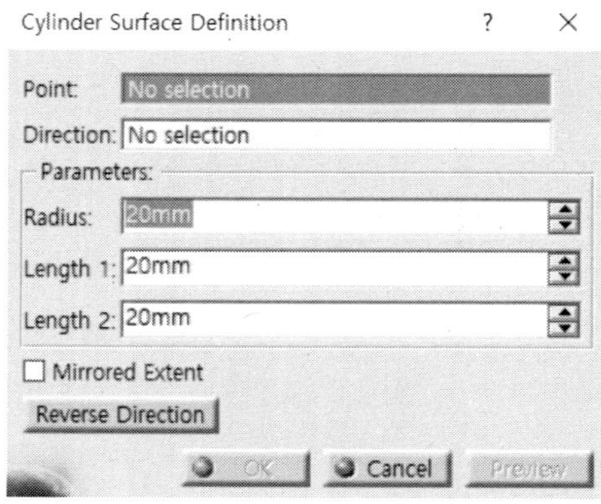


다음과 같이 원기둥의 중심점 입력 후 높이로 사용할 축을 입력한다. 또한 원기둥의 반경을 입력 후 기준점으로 부터의 원기둥 높이를 입력한다.

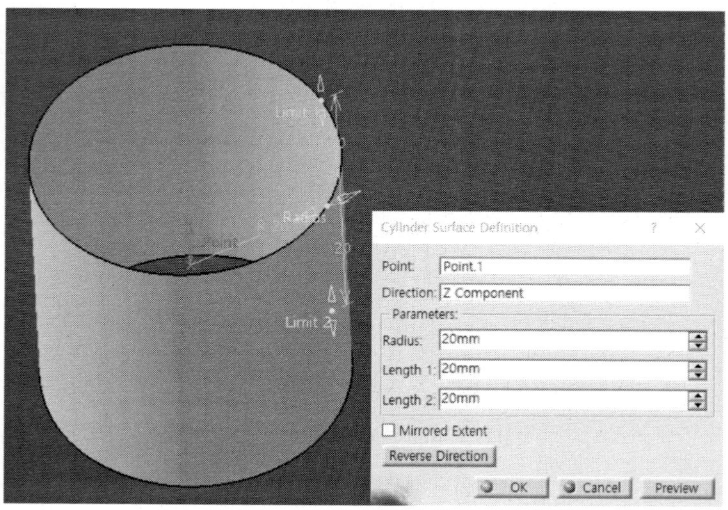

5) Offset : 일정한 거리만큼 새로운 Surface를 생성시킬 때 사용하는 명령이다. 다음과 같은 Surface를 스케치해 보자.

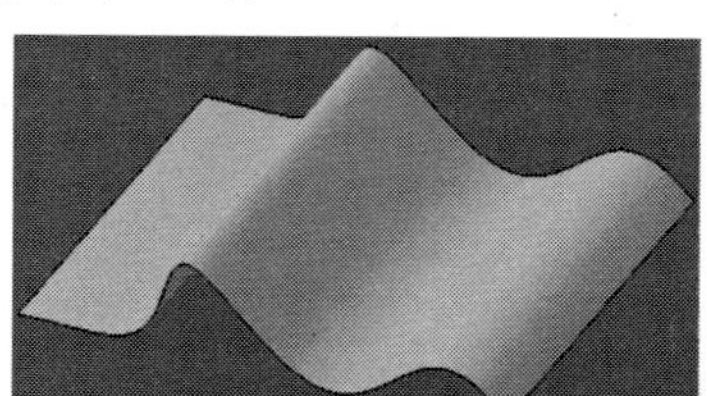

Offset 선택 시 다음의 설정 정의창이 나타난다.

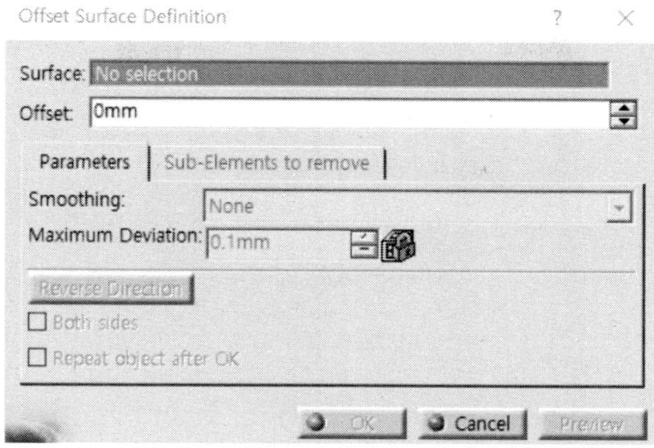


Offset 시키고자하는 Surface 클릭후 Offset 거리를 다음과 같이 입력한다.

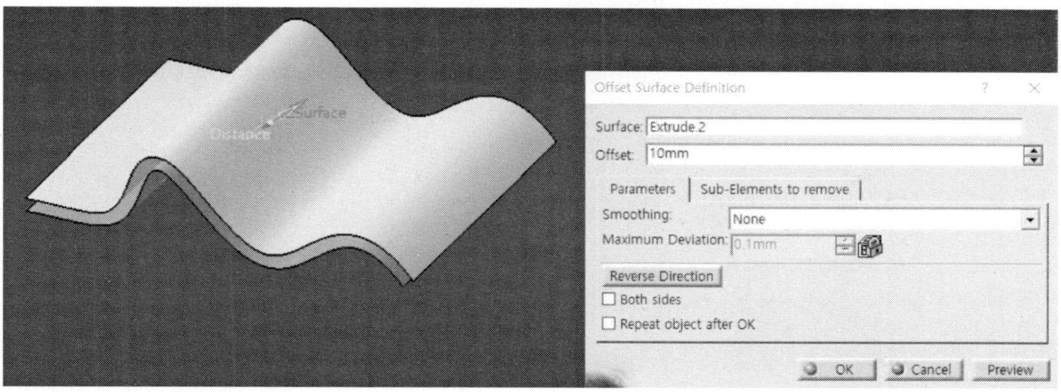


Both sides 클릭시 다음과 같이 원본 Surface를 기준으로 양쪽으로 Offset되어 Surface가 생성된다.

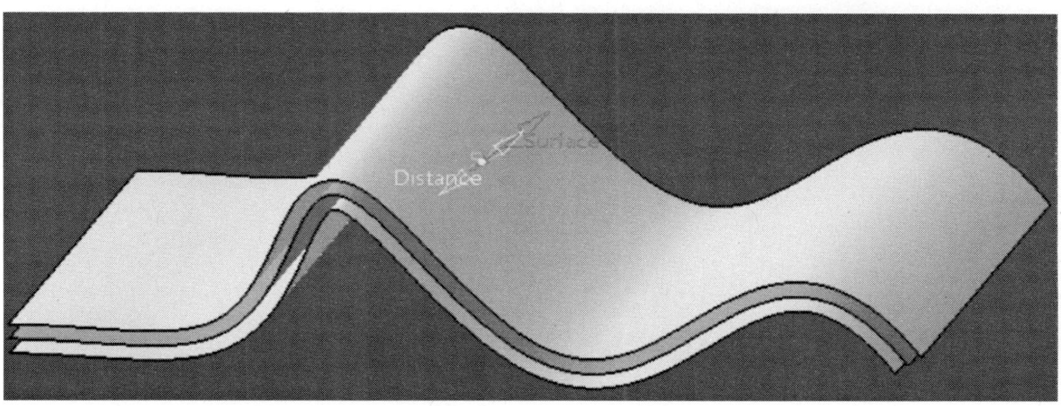

6) sweep : 여러가지 Surface를 구현하는 명령이다. 클릭 시 다음의 정의창이 나타난다.

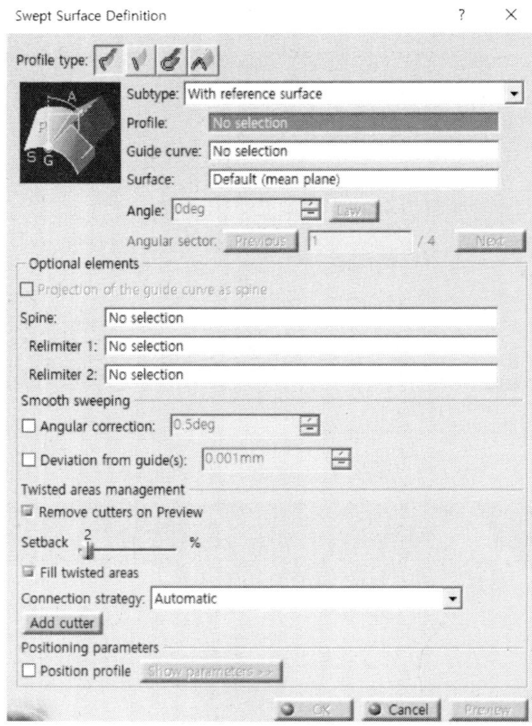


다음의 스케치를 작도한 후, With reference surface 두 개의 가이드 곡선을 통하여 Surface 형상을 생성시킨다.

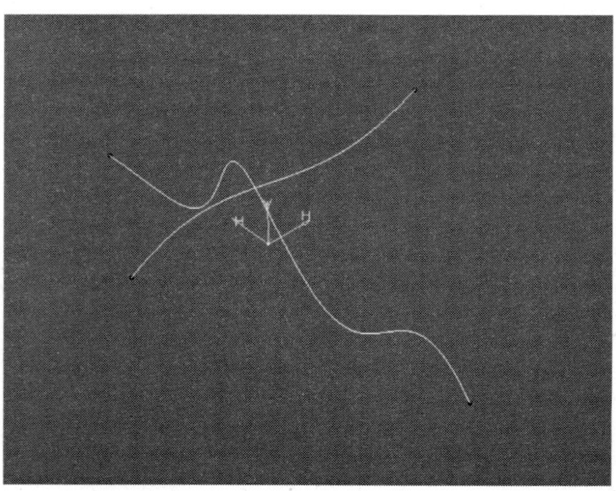

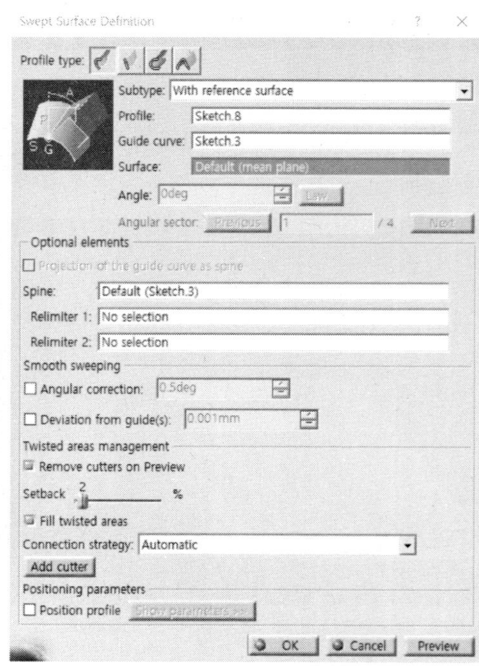

이상의 클릭으로 다음의 결과를 얻을 수 있다.

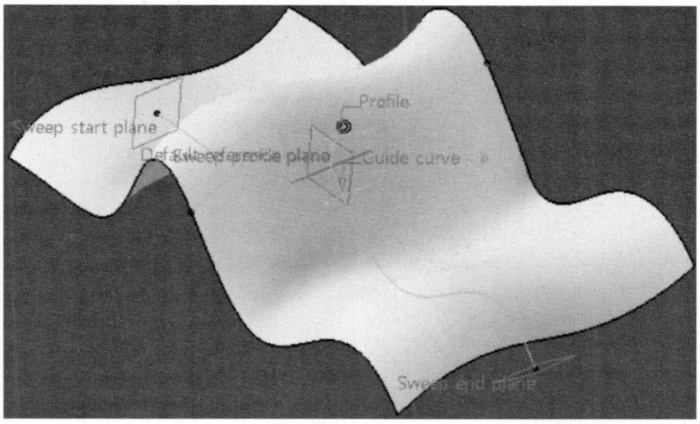


Position profile은 프로파일의 현재 위치를 벗어나 Surface를 작도하고자 할 경우 위치를 다음과 같이 설정할 수 있다.

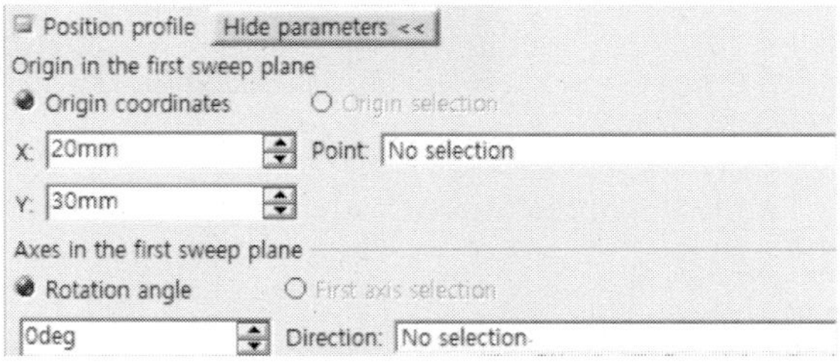


With two guide curves인 경우 두 개의 가이드와 프로파일을 이용하여 Surface 작도를 한다.

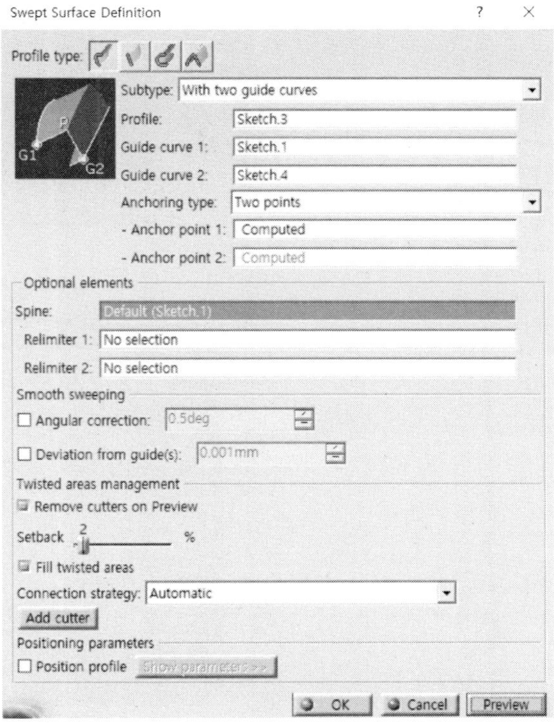

다음의 스케치를 이용하여 Surface를 작도한 예를 나타내었다.

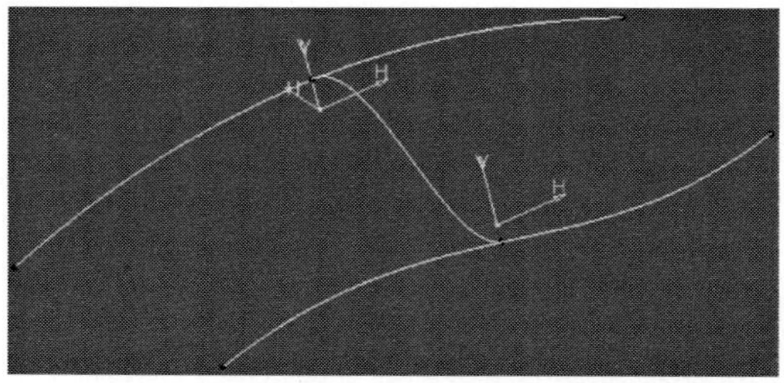

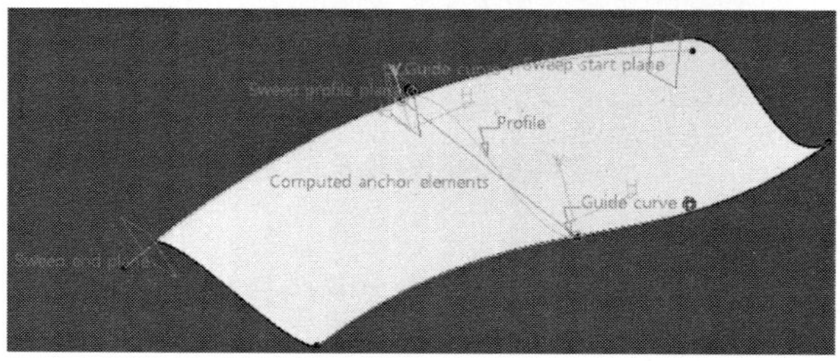


Profile이 Guide Curve를 따라가면서 Surface 형상을 만들며, 다음과 같이 각도를 부여하여 작도할 수 있다.

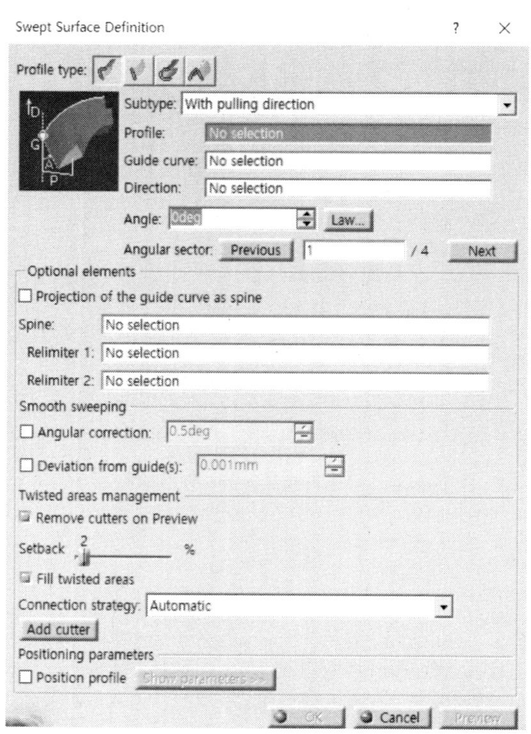

본 기능을 이용하여 다음의 스케치를 이용하여 Surface를 만들어보자.

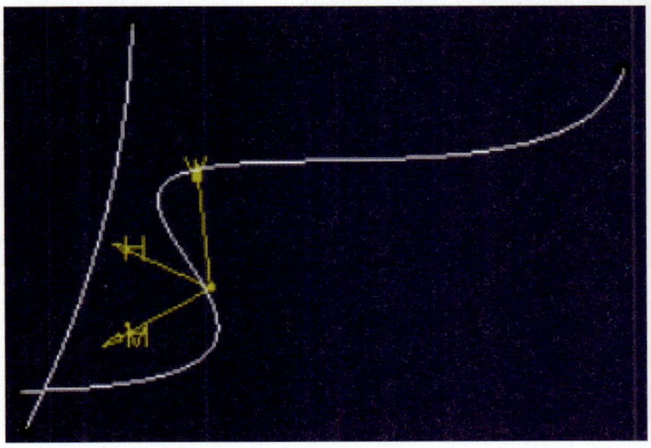

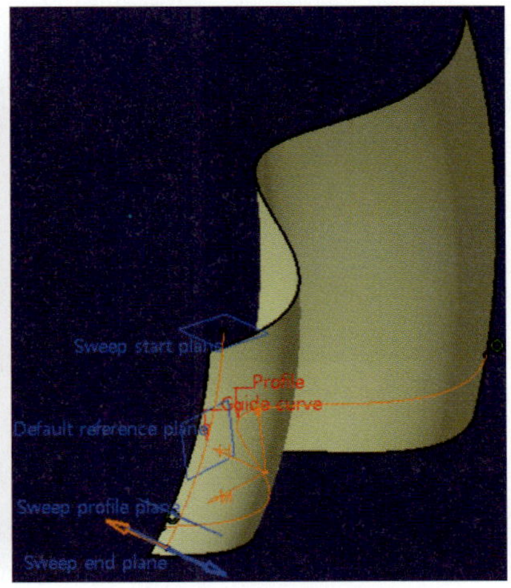


두 개의 가이드 커브를 사용하여 형상을 만드는 방법에 대해 알아보자.

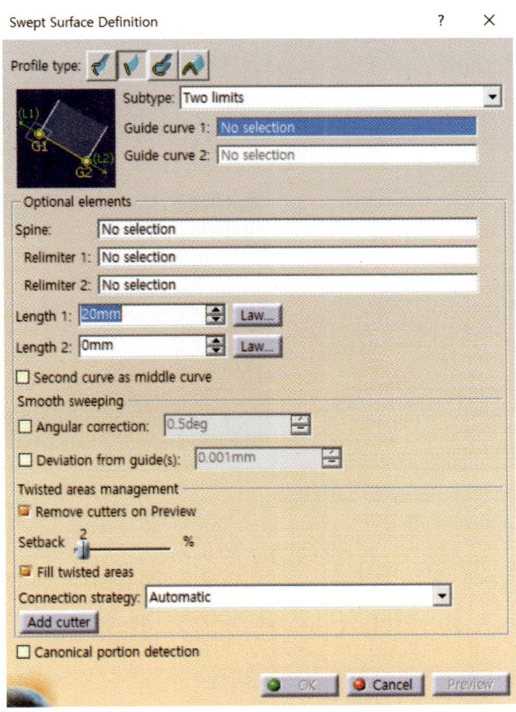

본 기능을 이용하여 다음의 스케치를 이용하여 Surface를 만들어보자.

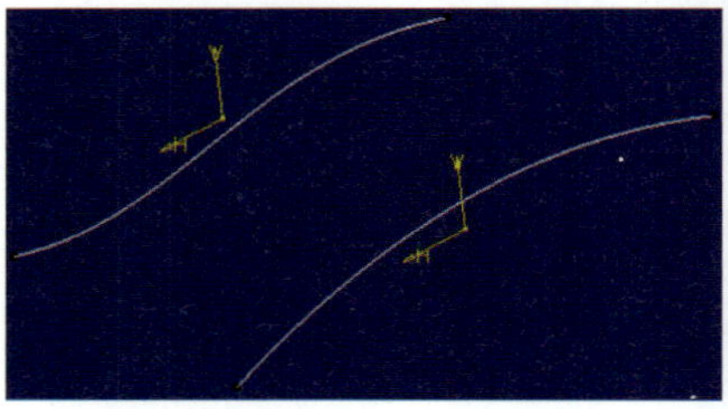

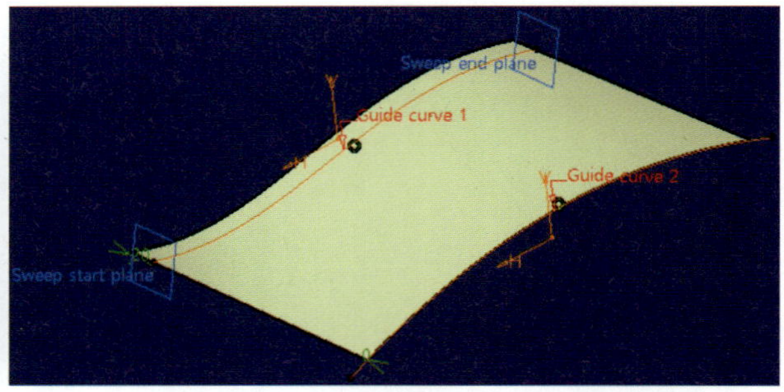


두 개의 Guide Curve 중에 첫 번째 Guide Curve는 경계선 역할을 하고 두 번째 Guide Curve는 중간위치의 Guide Curve로 인식하게 하여 다음의 형상을 만들 수 있다.

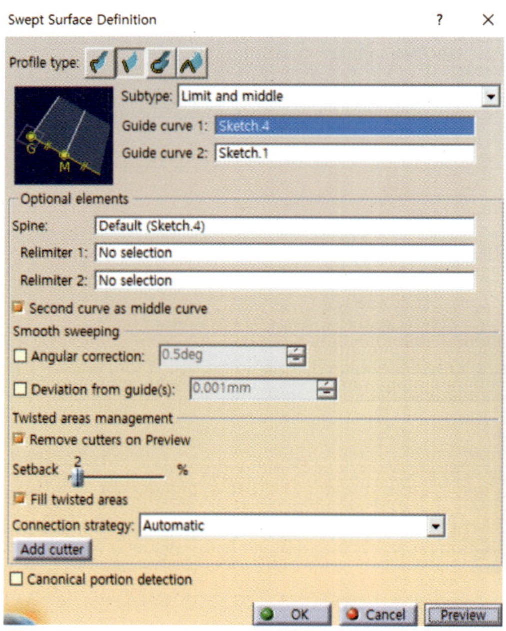


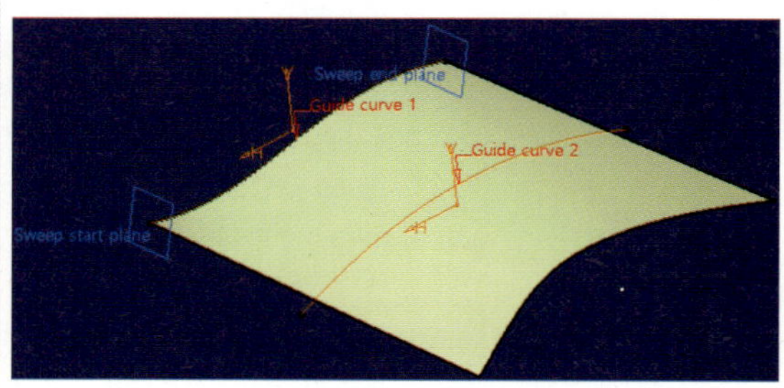


Guide Curve 하나와 기준이 되는 Reference Surface를 이용하여 형상을 만드는 방법은 다음과 같다. 다음 그림처럼 Surface와 Guide Curve를 스케치 한다.

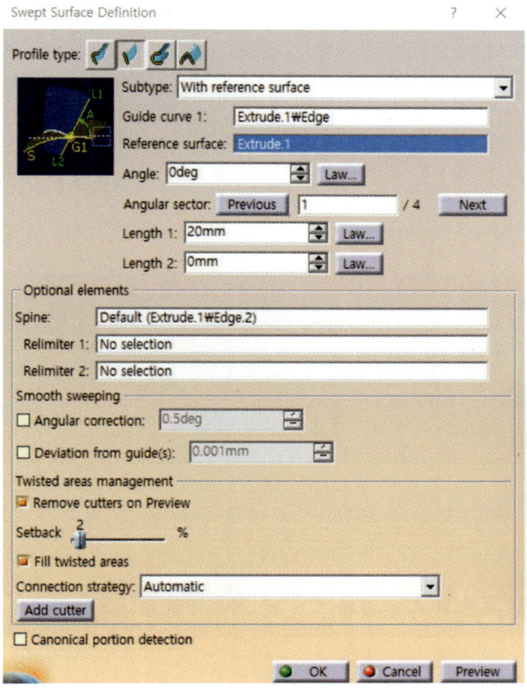


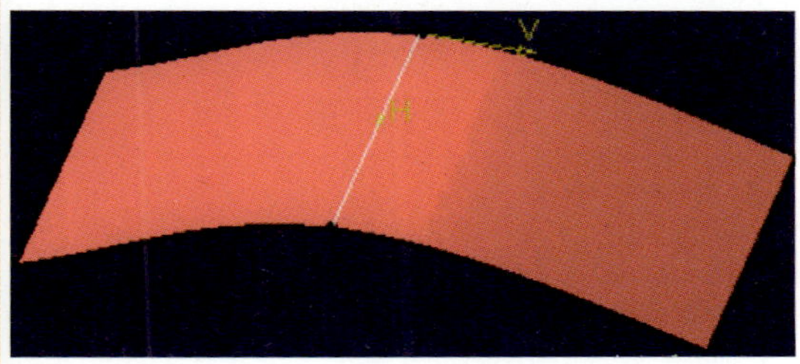

중앙 Surface 또는 끝단부의 Curve를 선택해도 다음의 결과를 얻을 수 있다.

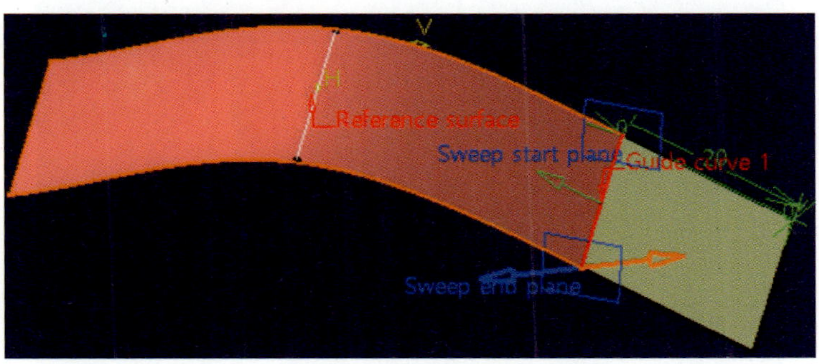


Guide Curve 하나와 기준이 되는 Reference Curve를 사용하여 형상을 만드는 방식도 있다. 다음 그림처럼 스케치해 보자.

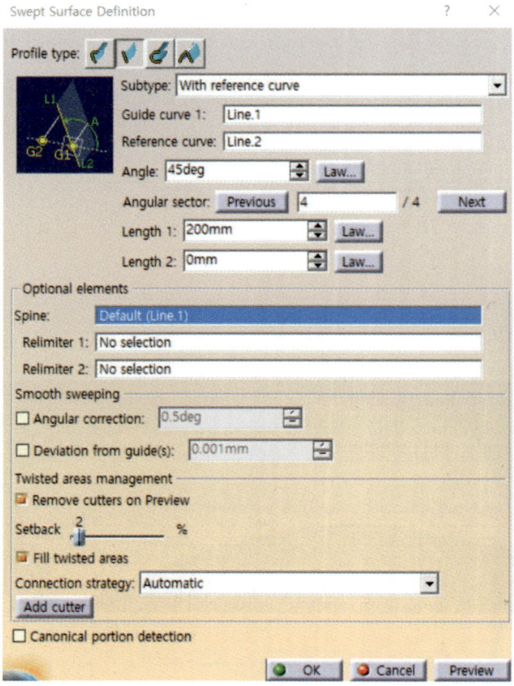

다음의 결과를 얻을 수 있다.

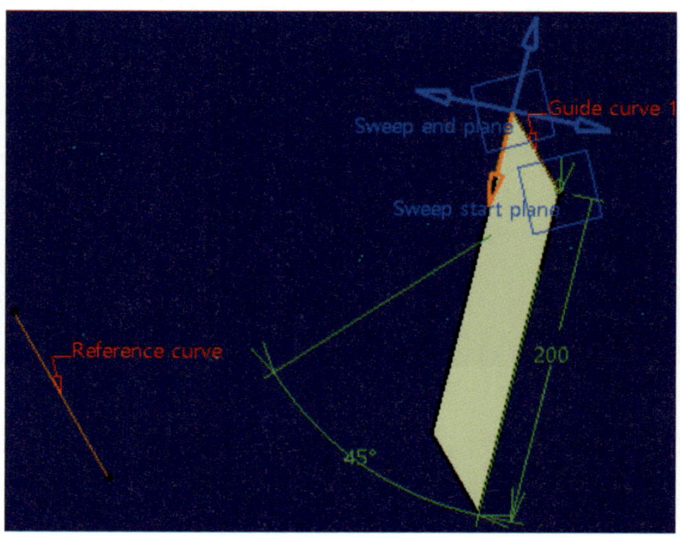

한 개의 Guide Curve와 Tangency Surface를 다음과 같이 사용하여 보자. 다음과 같이 스케치하였을 때,

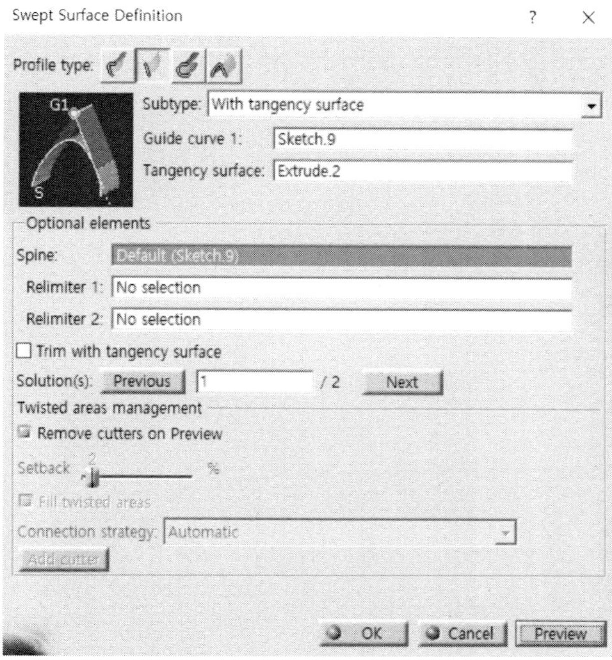


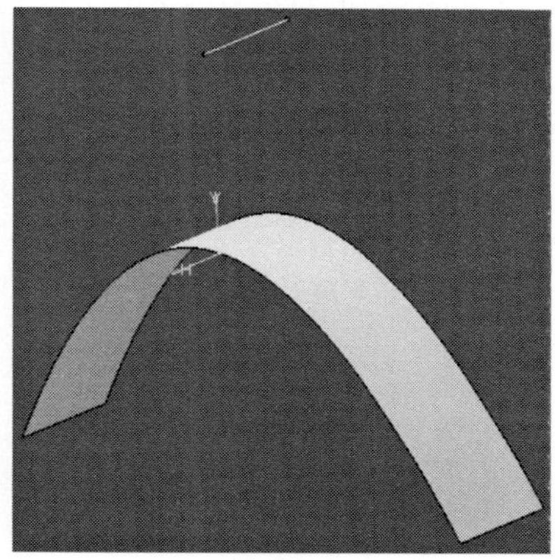

하기와 같은 Surface가 생성되는 데 두 개의 경우의 수 중 주황색이 원하는 Surface의 경우이다. 하기 오른 쪽 그림의 결과를 얻을 수 있다.

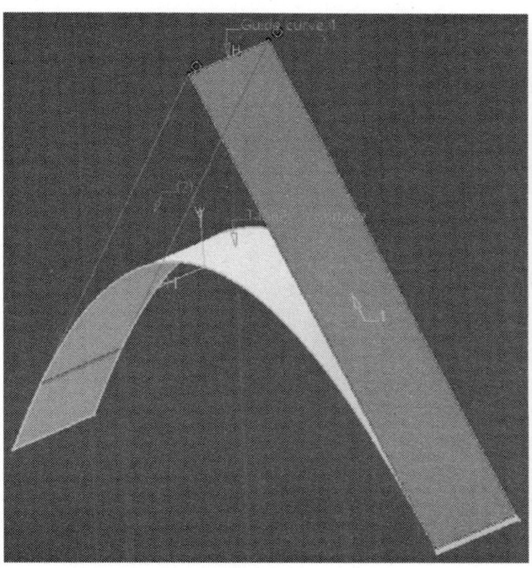

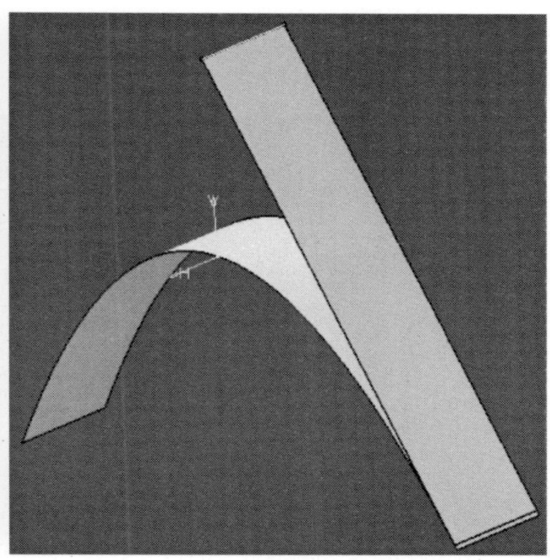

가이드 커브를 선택한 pulling direction을 기준으로 각도를 부여하여 형상을 만드는 다음의 스케치를 예로 들어 보자.

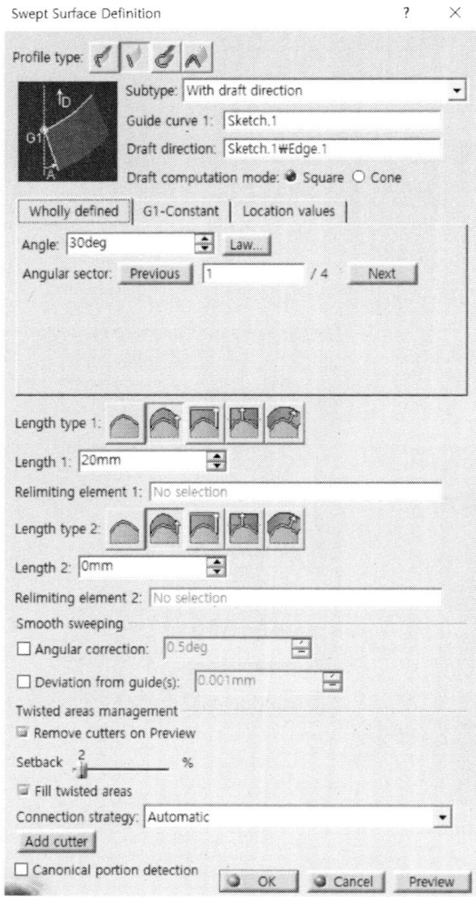


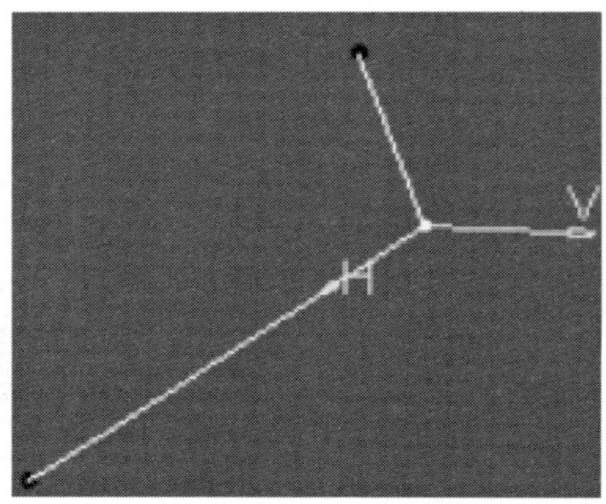


상기 정의창과 스케치를 활용하면 다음의 결과를 얻을 수 있다.

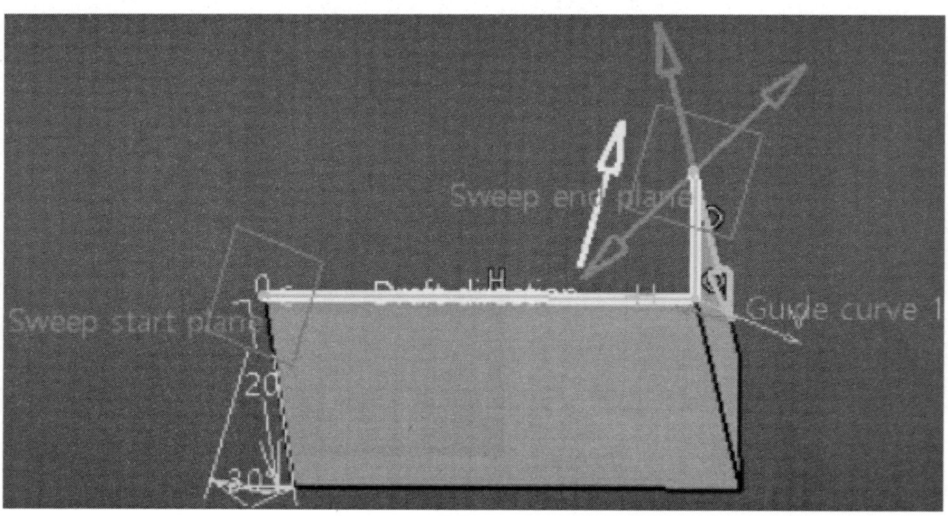

두 개의 접하는 Surface를 이용하여 그 접하는 지점을 잇는 형상을 만드는 방법은 다음과 같다. 먼저 Sweep Surface 정의창을 활용한다.

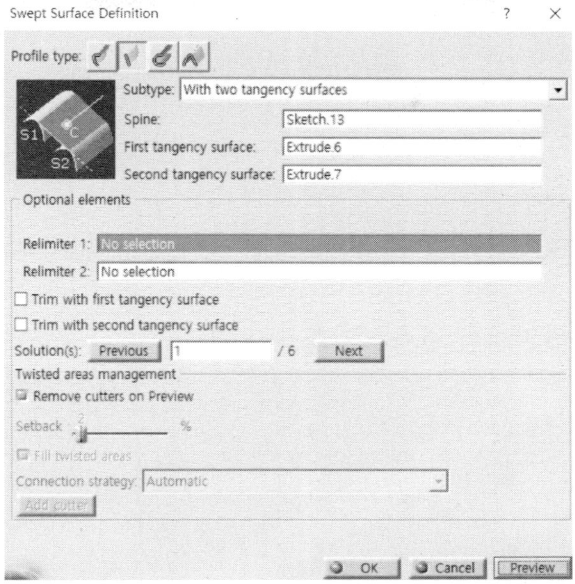


다음과 같이 두 개의 Surface를 예로들어 보자.

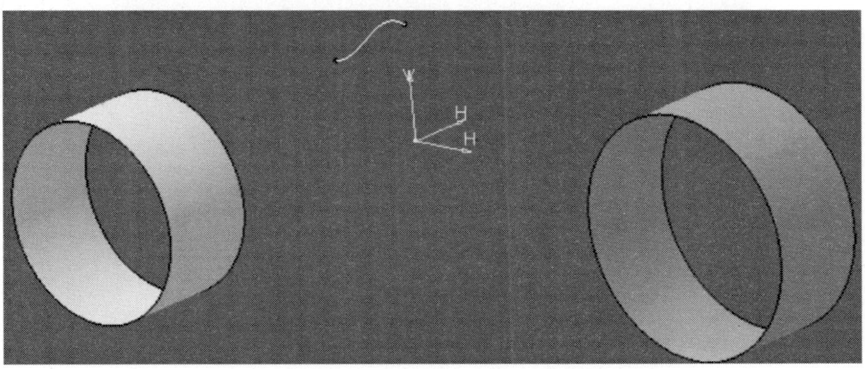

생성시킬 수 있는 경우의 수를 몇가지 다음 그림과 같이 나타내 준다.

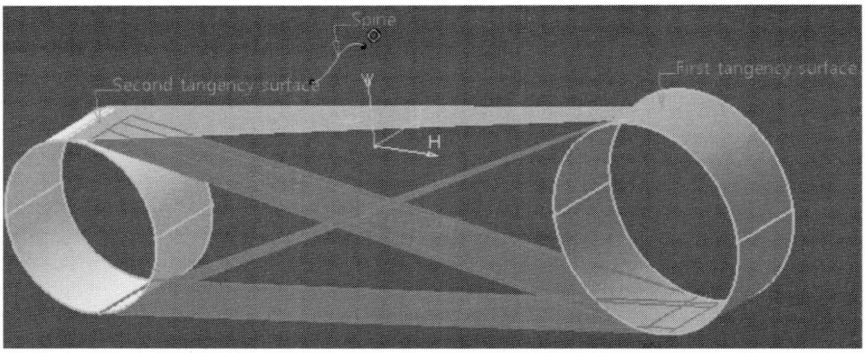


원하는 곳을 클릭하면 다음의 결과를 얻을 수 있다.

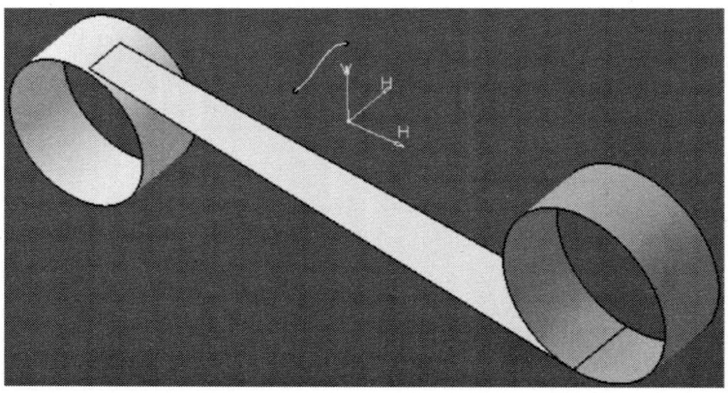

3개의 Guide curve를 이용하여 형상을 만드는 방법을 알아보자. 다음의 Profile type을 클릭한다.

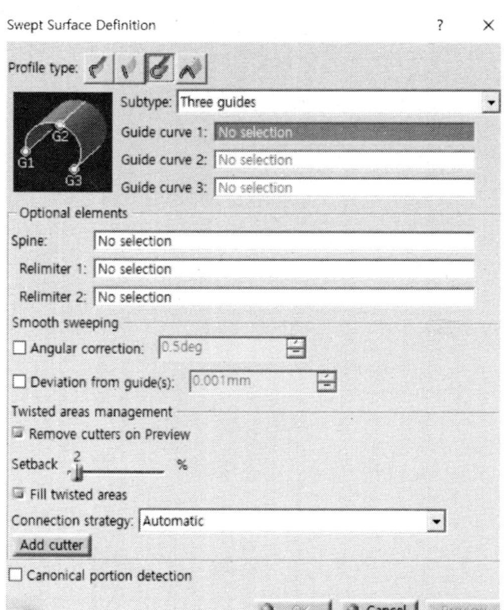

다음과 같은 3개의 Guide curve를 선택하면 다음의 Surface를 그릴 수 있다.

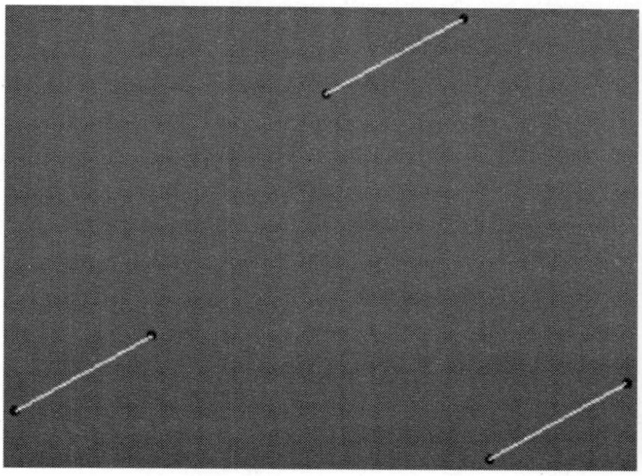

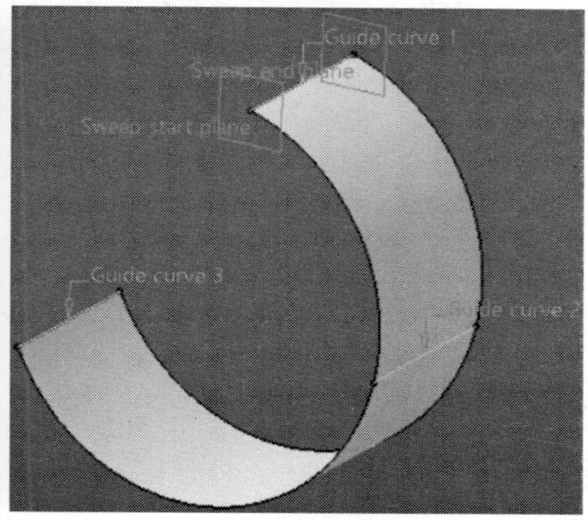


• 두 개의 Guide curve와 반경 값을 입력하여 Sweep형상을 만들어 보자.

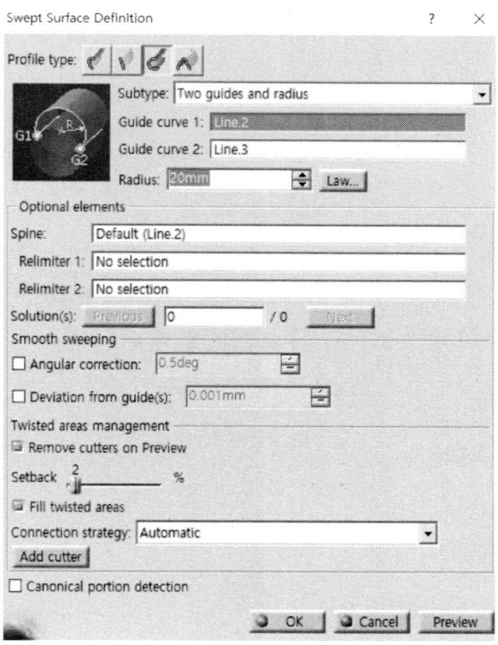


다음과 같이 두 개의 경우의 수를 컴퓨터가 자동을 계산하여 나타내 주며 이 중 원하는 Surface를 선택하면 된다.

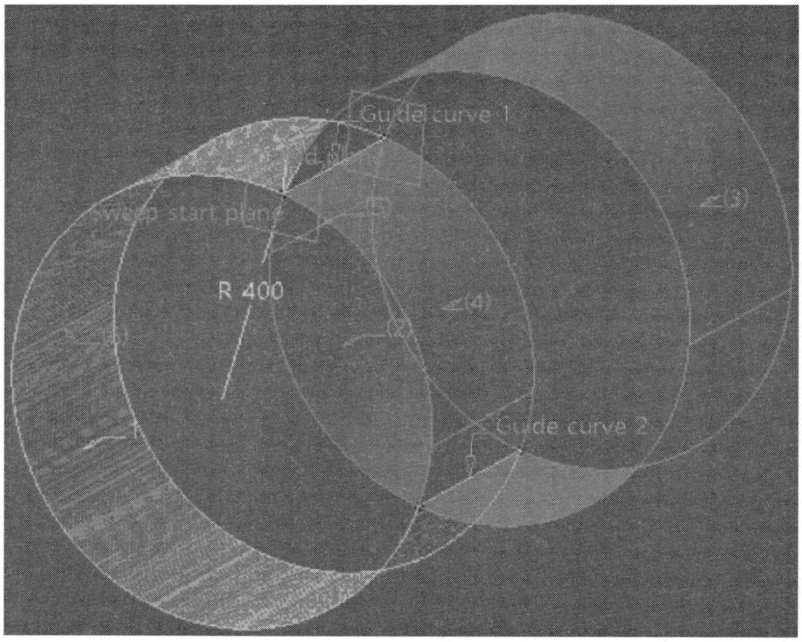


- 단면 원의 중심을 지나는 Center Curve와 반경에 해당하는 Reference Curve를 사용하여 형상을 구성해 보자. 다음과 같은 형상을 그릴 수 있다.

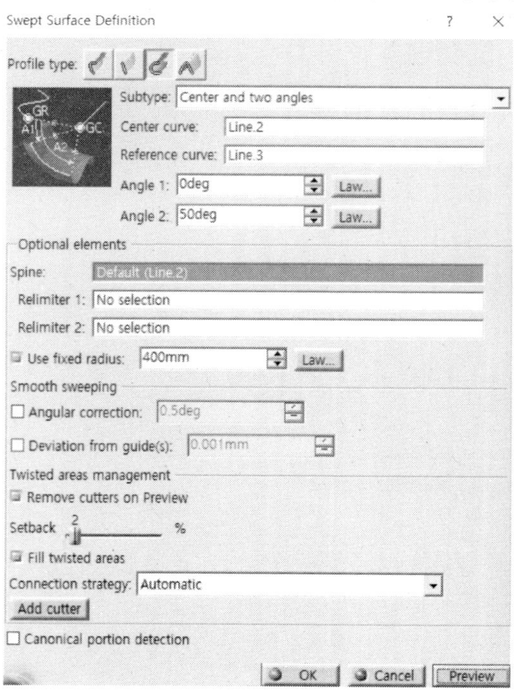


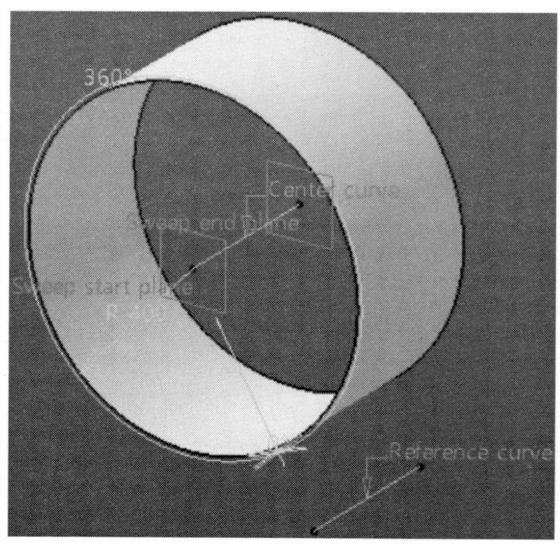

원의 중심을 지나는 Center Curve와 반경 값을 이용하여 Sweep형상을 다음과 같이 그릴 수도 있다.

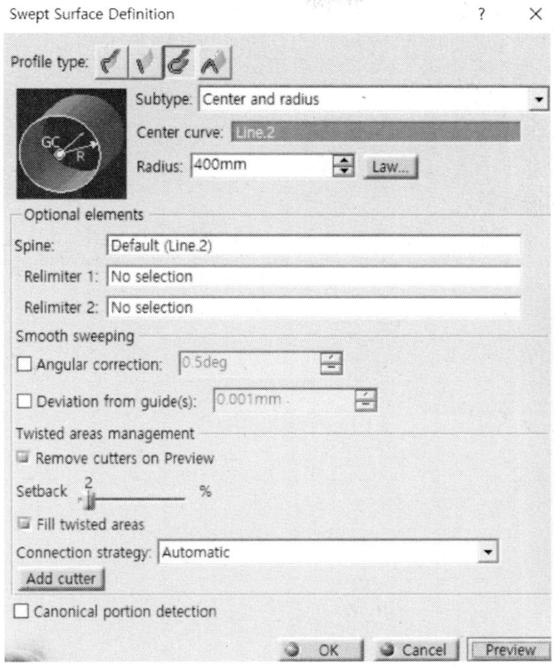


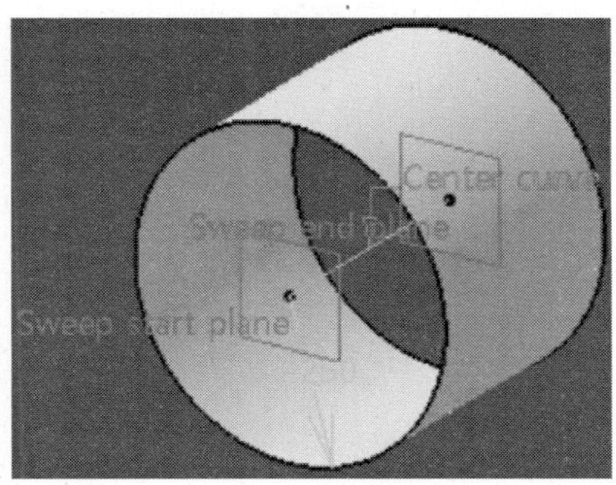


두 개의 Guide Curve와 하나의 Tangency Surface를 사용하여 형상을 만드는 방법은 다음과 같다. 다음의 스케치를 예로 들어 보자.

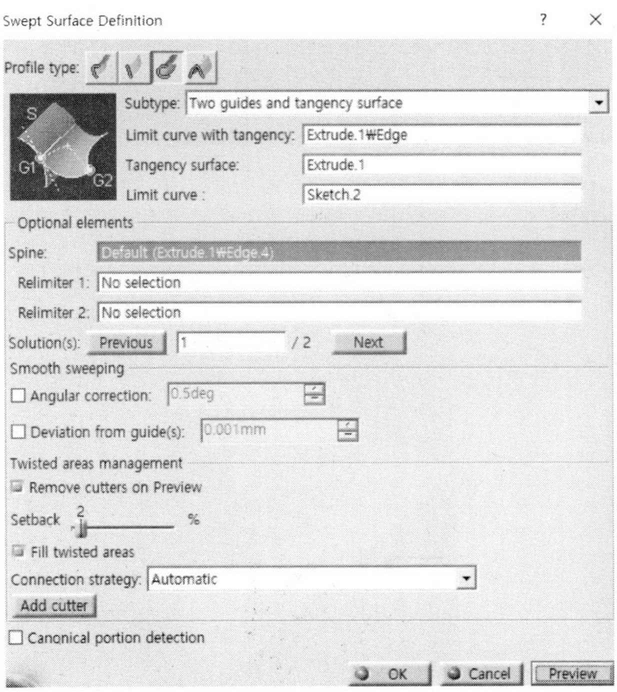


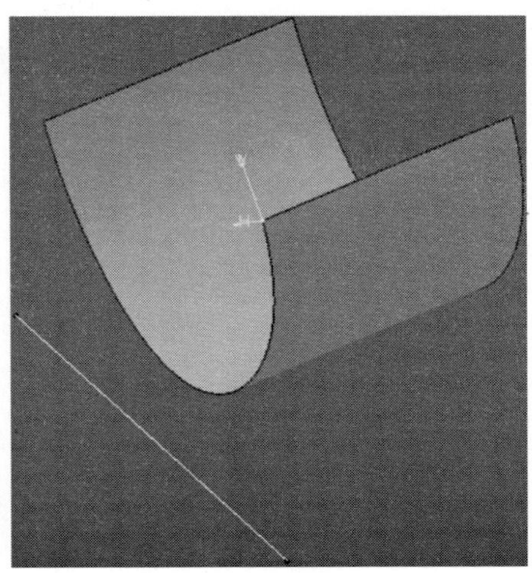

다음과 같이 두 개의 경우의 수가 자동 계산되어 나타난다.

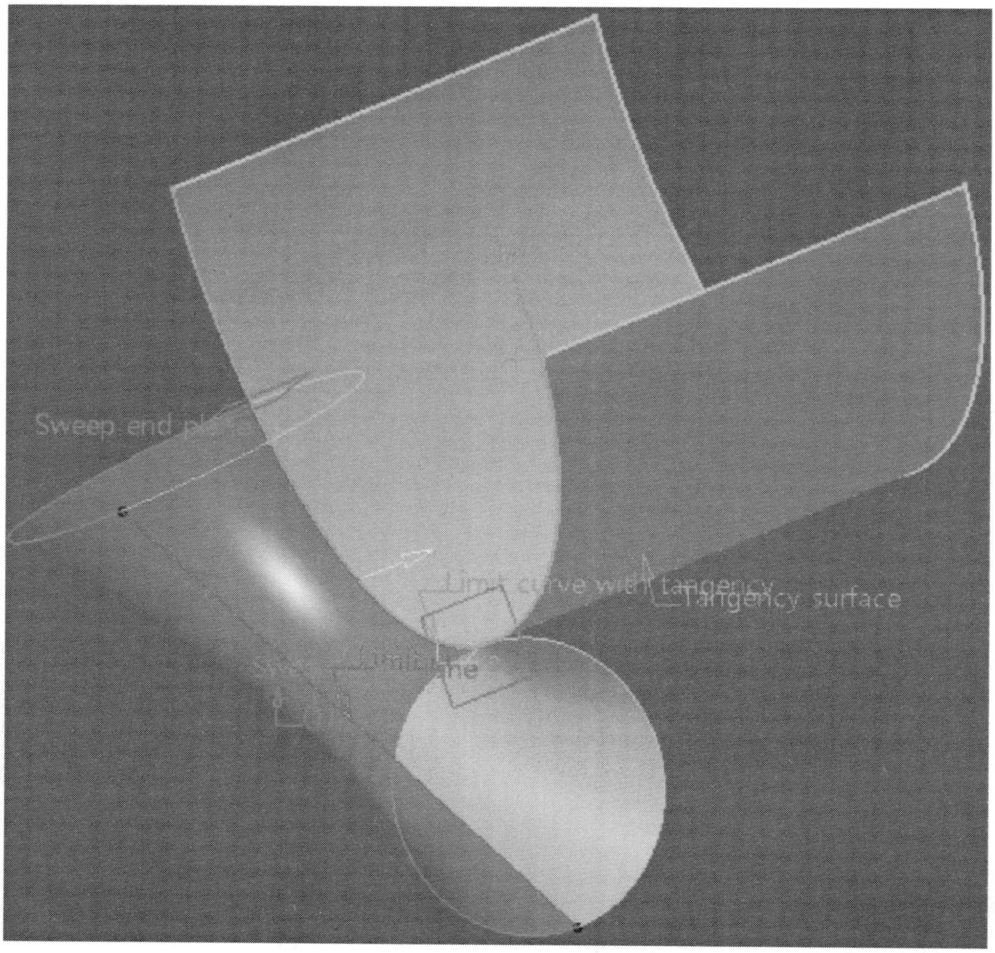


오른 쪽 부분을 선택하면 다음의 결과를 얻을 수 있다.

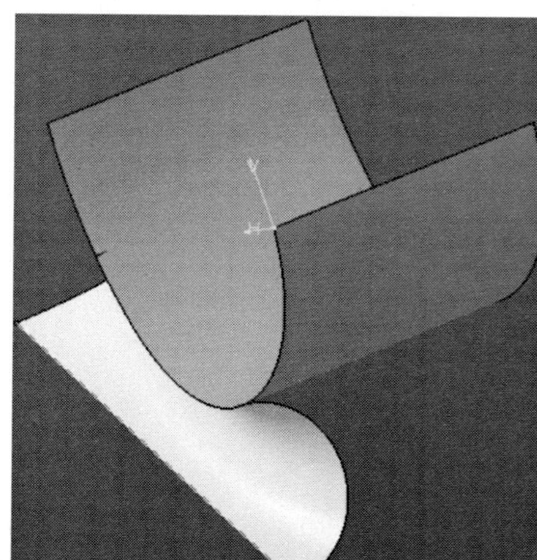

● 한 개의 Guide Curve와 하나의 Tangency Surface 및 반경을 사용하여 Sweep형상을 다음의 스케치를 이용하여 그려보자.

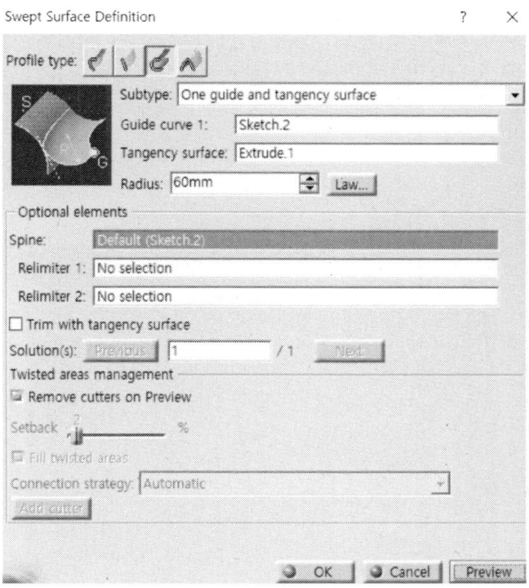


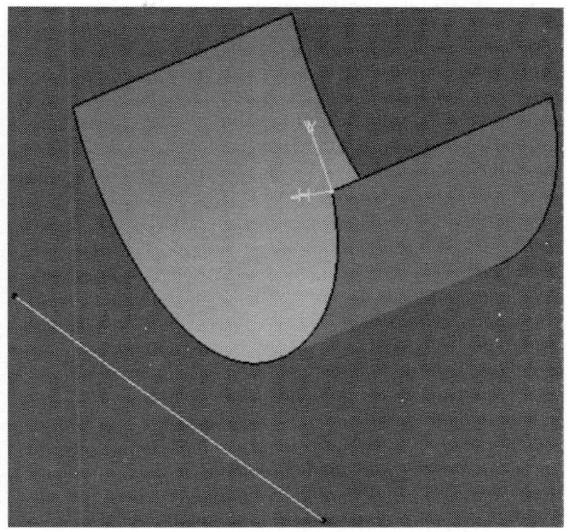

다음과 같이 경우의 수가 미리보기로 계산되어 나타나며 결과를 얻을 수 있다.

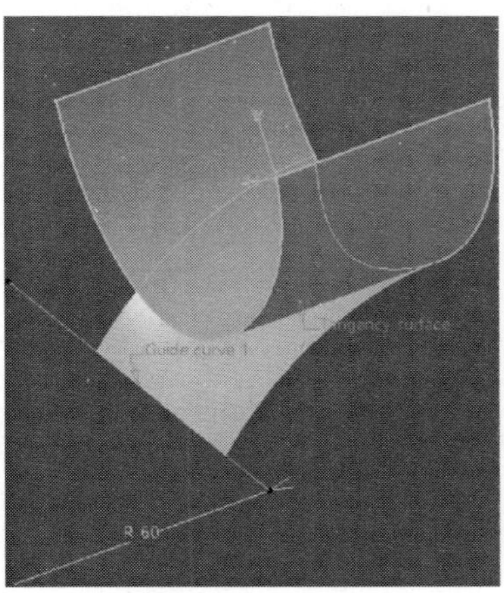


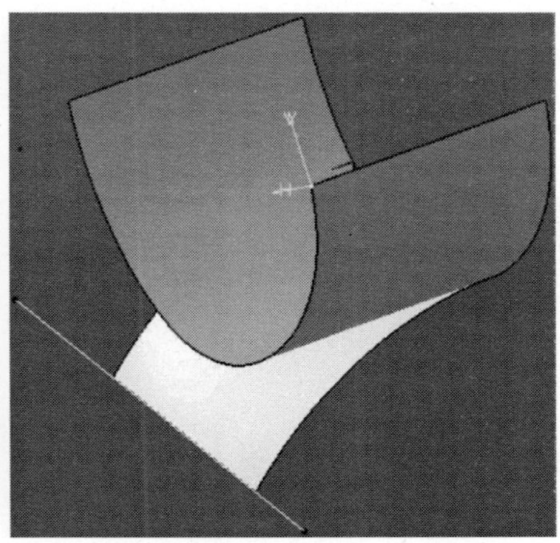

• 한 개의 Limit curve와 Tangency Surface 및 반경을 이용하여 그려보자.

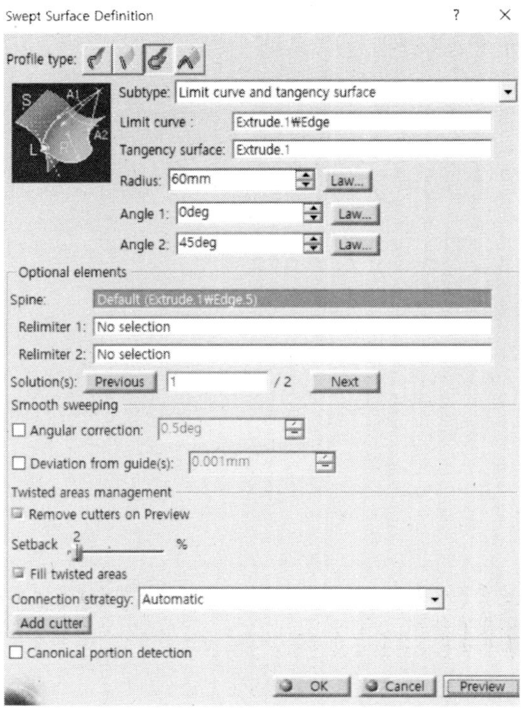


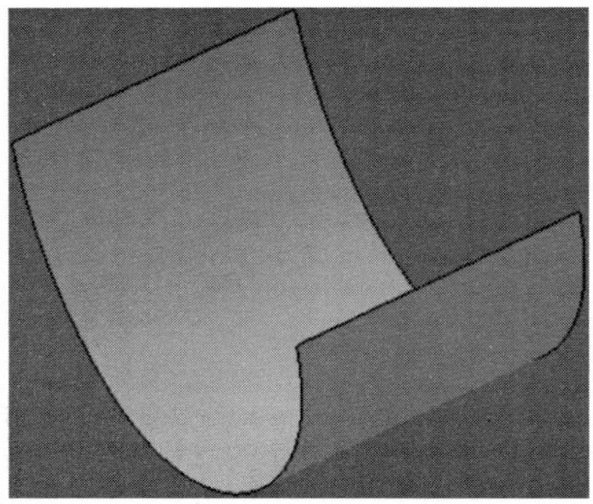

다음과 같은 경우의 수가 자동 계산하여 나타나면 원하는 면을 선택하면 다음 우측 그림과 같이 Surface를 생성할 수 있다.

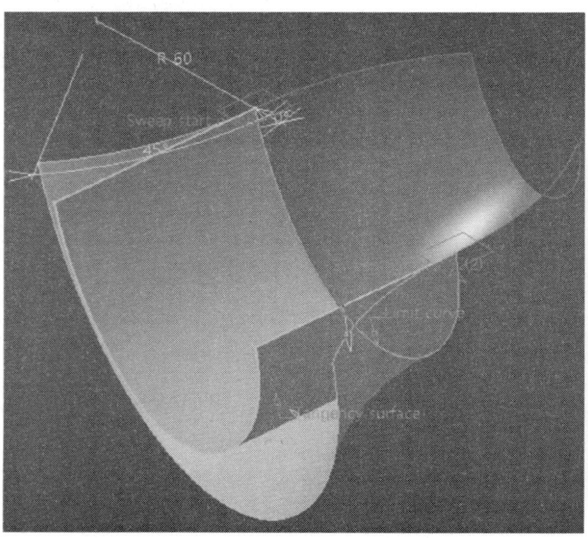

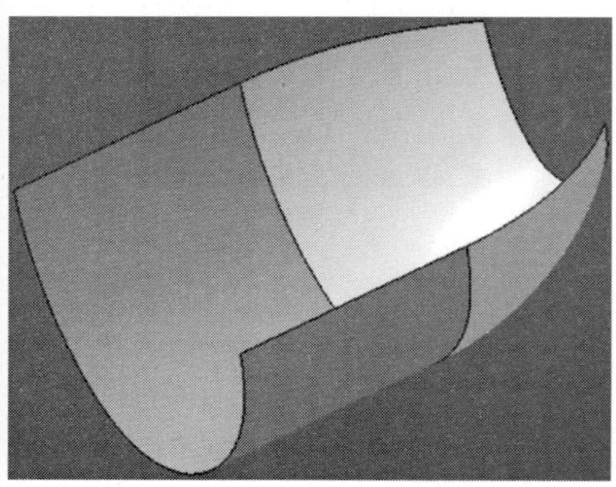

• 두개의 Guide curve를 사용하여 sweep형상을 만드는 방법을 알아보자.

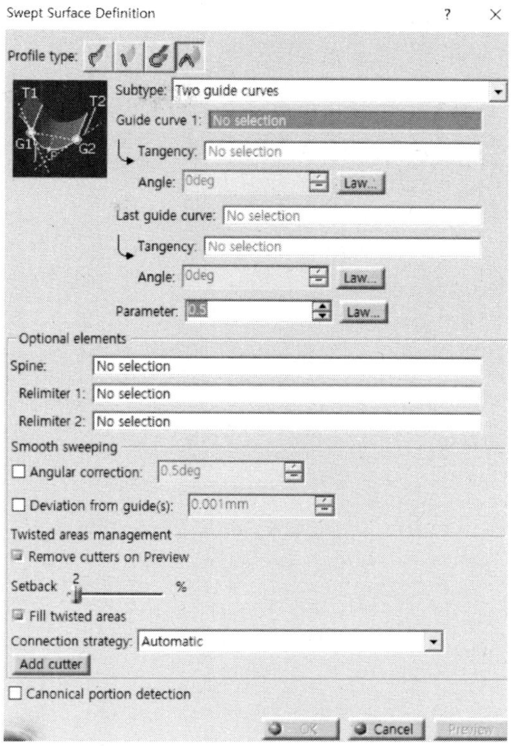


3개의 Guide curve를 사용하는 방법으로 두 개의 Guide curve는 접하는 두 개의 Surface를 선택할 수 있고, 나머지 한 개의 Guide curve는 이 두 개의 Guide curve 사이에 위치시킨다.

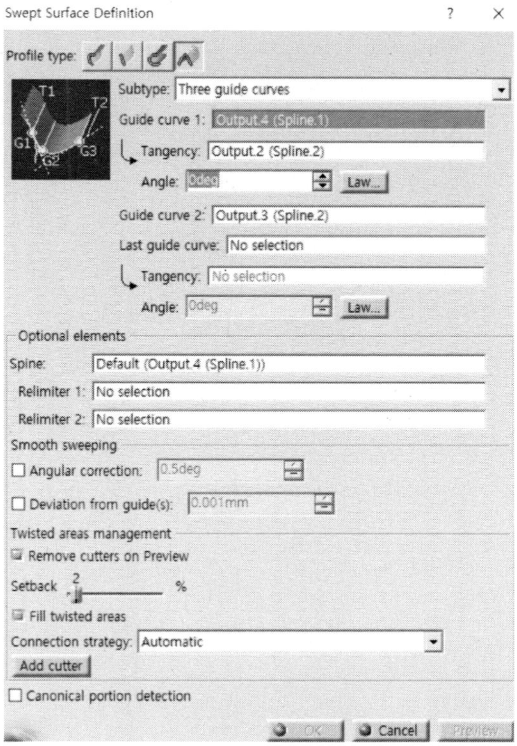

4개의 Guide curve를 사용하는 방법은 1개의 Guide curve가 접하는 Surface를 선택할 수 있고 나머지 3개의 Guide curve가 각각 Guide curve2, Guide curve3, 마지막 Guide curve로 선택된다.

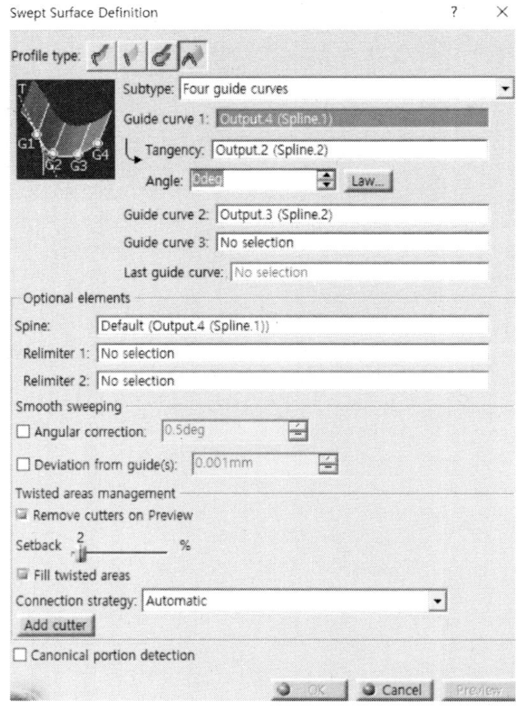


5개의 가이드 커브를 사용하는 방법은 다음과 같이 순차적으로 5개의 커브를 순서대로 선택하는 방법으로 활용한다.

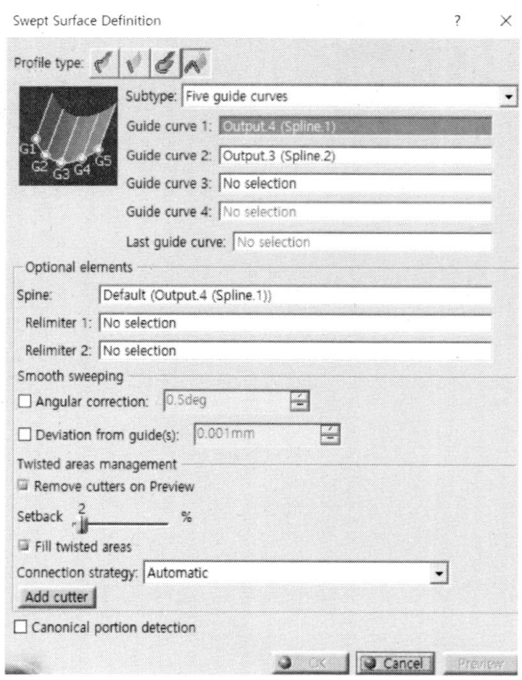

7) fill : 형상의 경계모서리나 Curve들이 닫힌 형상을 만들 때 이 부분을 Surface로 채워주는 명령이다. 클릭 시 다음의 정의창이 나타나는데 다음의 스케치를 예로 들어 보자.

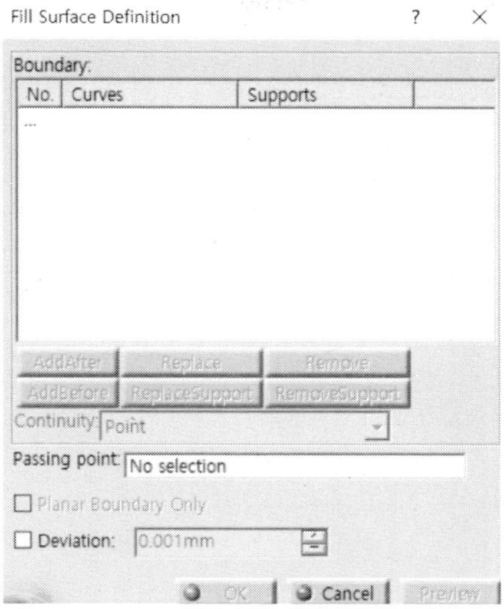


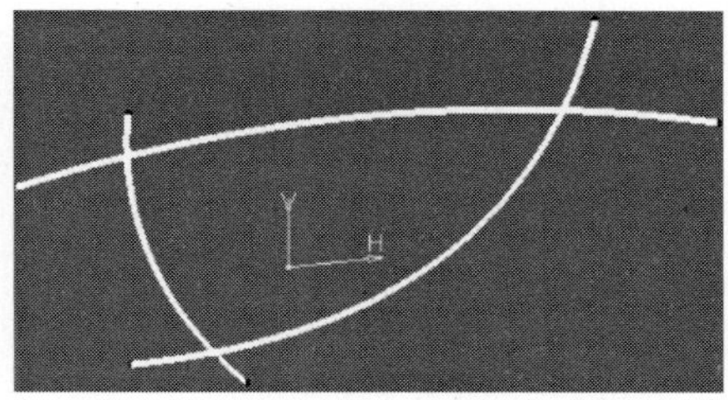

정의창과 같이 추가 후 OK클릭하면 다음과 같이 Curve의 속이 채워진 것을 확인할 수 있다.

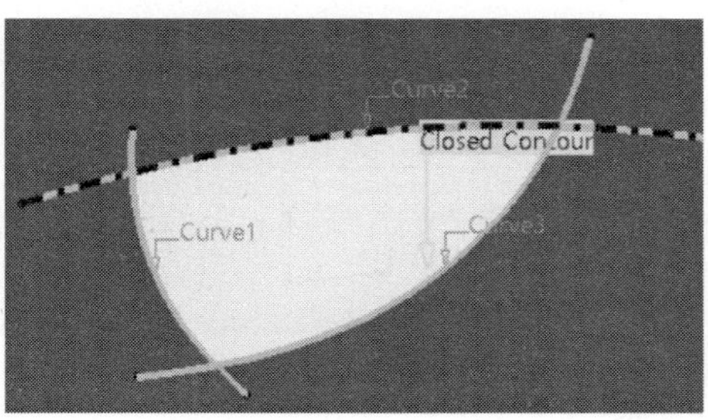


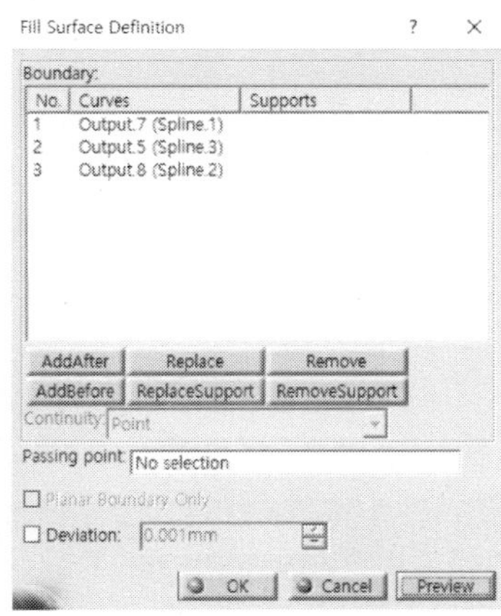


다음과 같은 원기둥을 예로 든다.

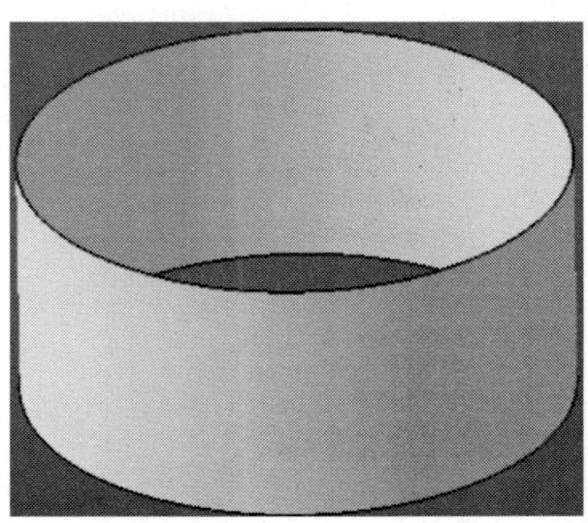

원기둥의 모서리 클릭하면 닫힌 원기둥이 된다.

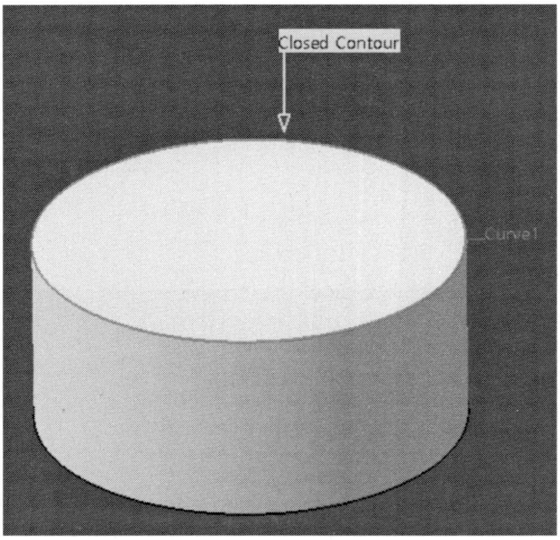


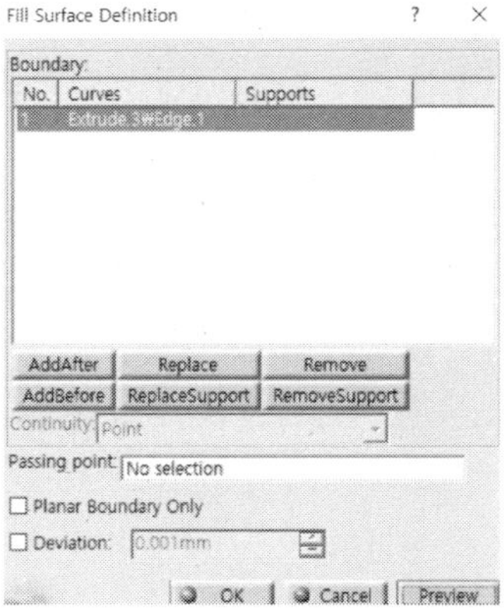


다음과 같은 3차원 곡선도를 그린다.

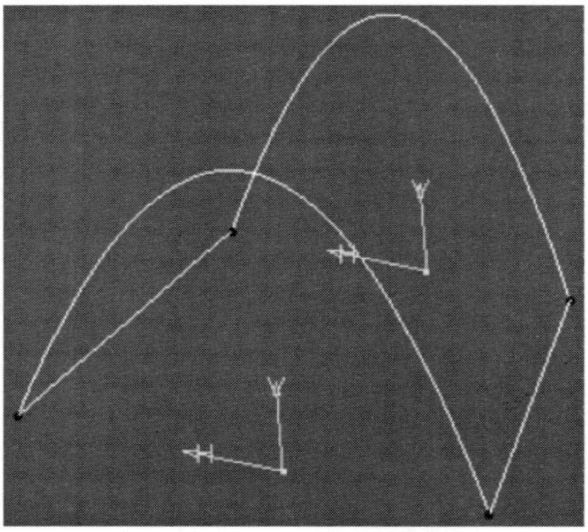

다음의 결과를 얻을 수 있다.

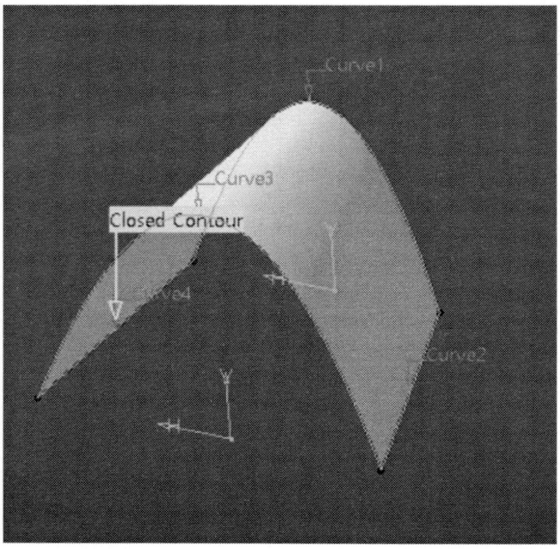


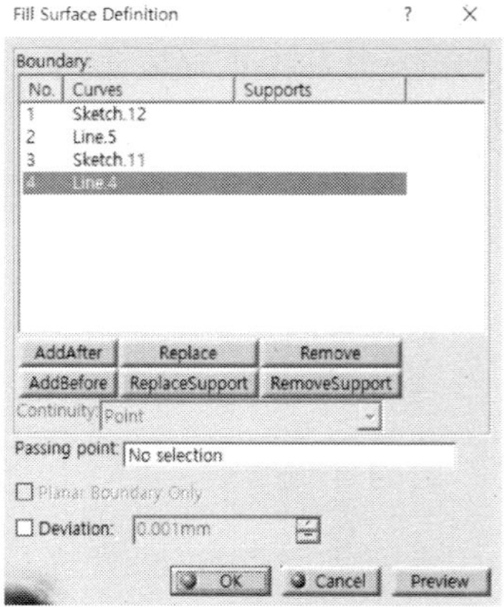

8) Multi-Sections surface : 여러 개의 단면 Profile을 이용하여 Curve를 만드는 명령이다. 다음과 같은 이와 같이 면을 생성 후 스케일로 조정하여 스케치한다.

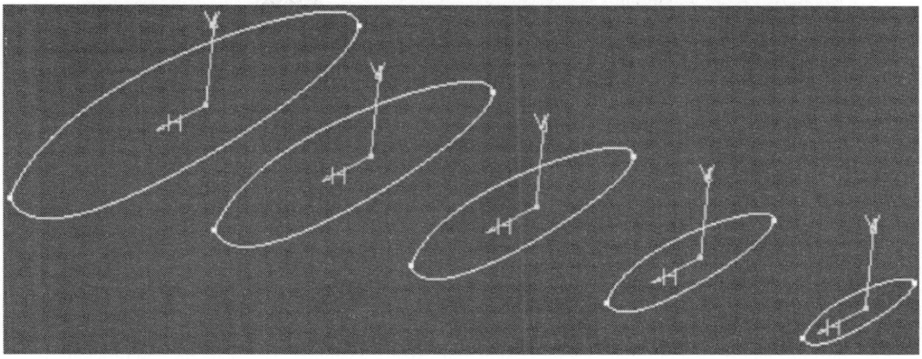

를 클릭하면 다음의 정의창이 나타난다.

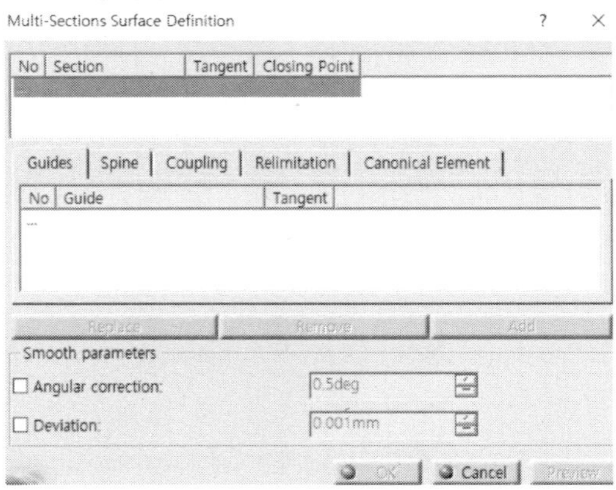


다음과 같이 같이 각각의 스케치를 추가한다.

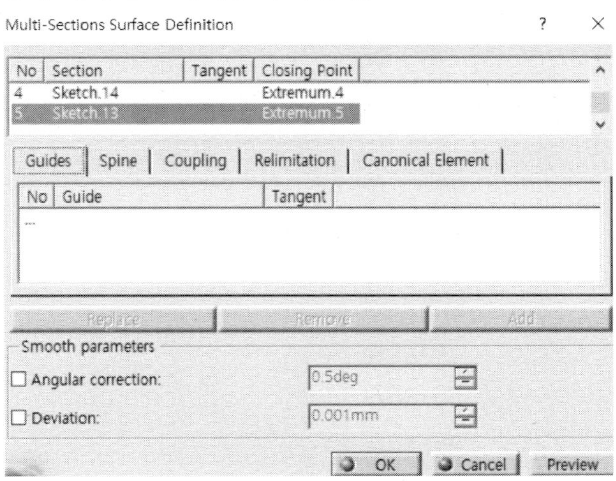

다음의 결과를 얻을 수 있다.

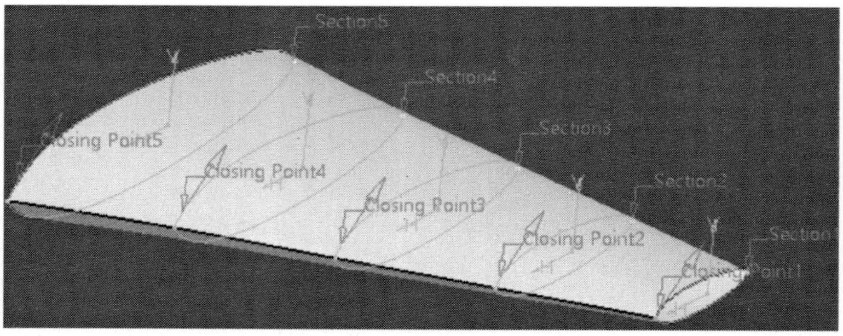


각각의 단면 Profile의 형상을 잇는 선을 활용하여 임의로 Guide line을 작도하였을 때 다음과 같이 추가할 수 있다.

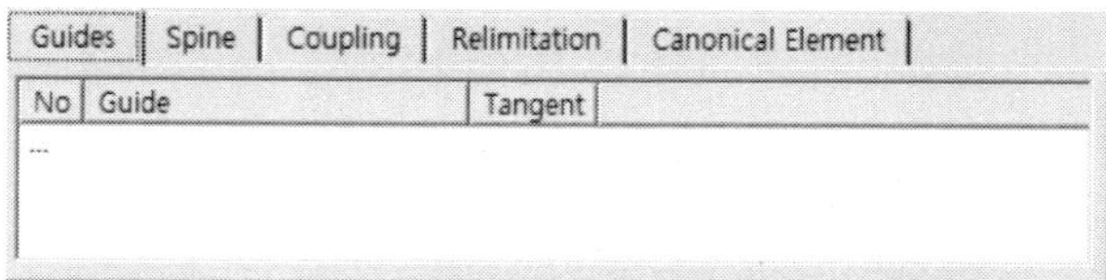


단면형상을 가로지르는 Center curve를 추가할 때 Spine을 선택해준다.

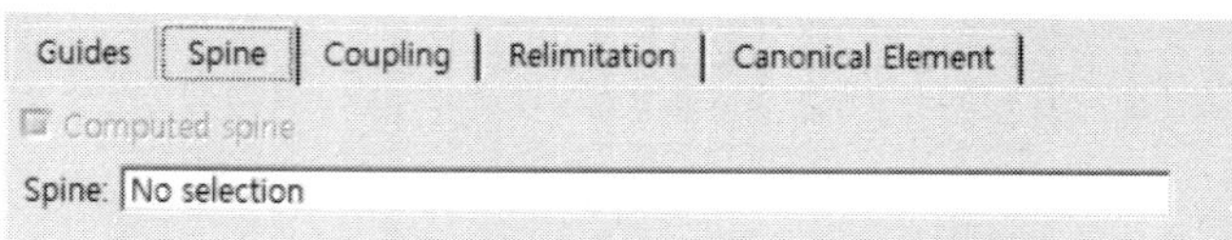


각각의 단면 Profile의 꼭짓점들을 각각의 위치에 맞게 이어주는 작업 방식은 Coupling을 이용한다.

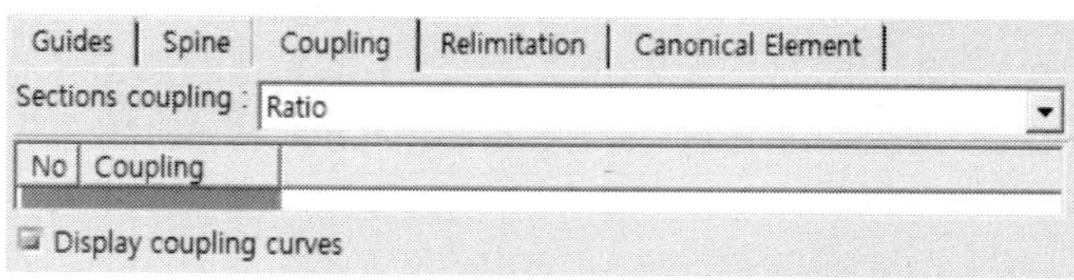

9) Blend : Curve와 Curve 사이를 블렌딩으로 연결할 때 사용한다. 다음의 형상을 예로 들어 보자.

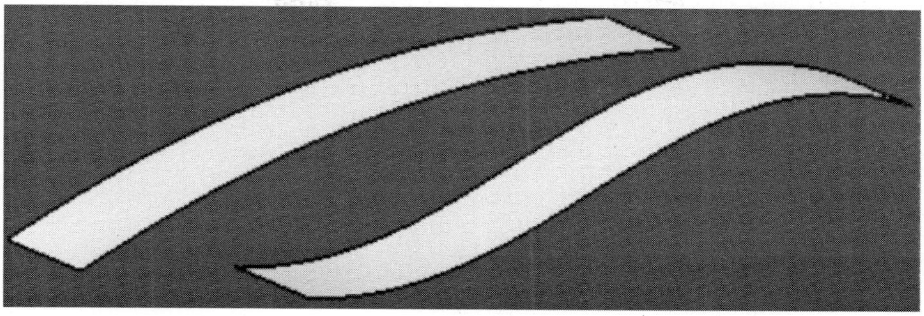

Blend 클릭 시 다음의 정의창이 나타난다.

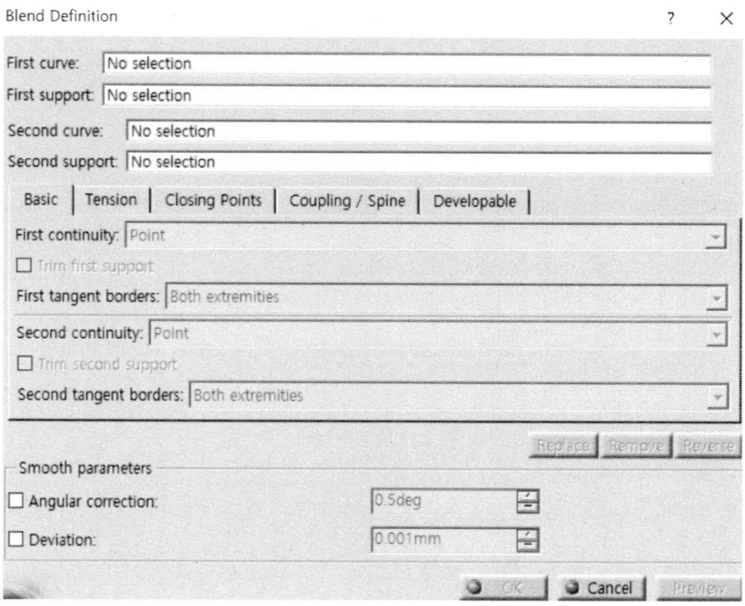


다음의 결과를 얻을 수 있다.

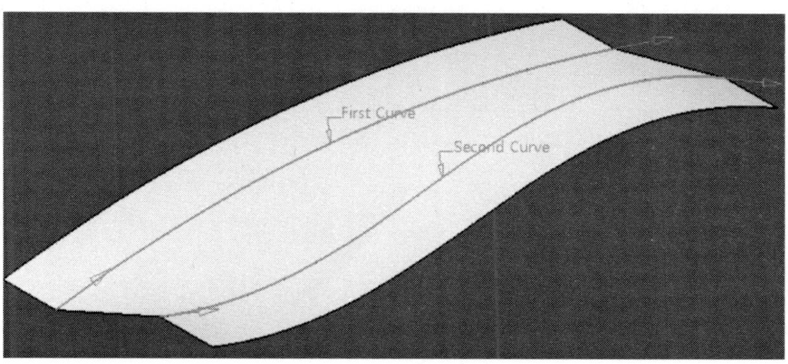

다음의 Basic 선택 시 각 커브의 연속성에 대한 정의와 Trim supporter를 지원한다.

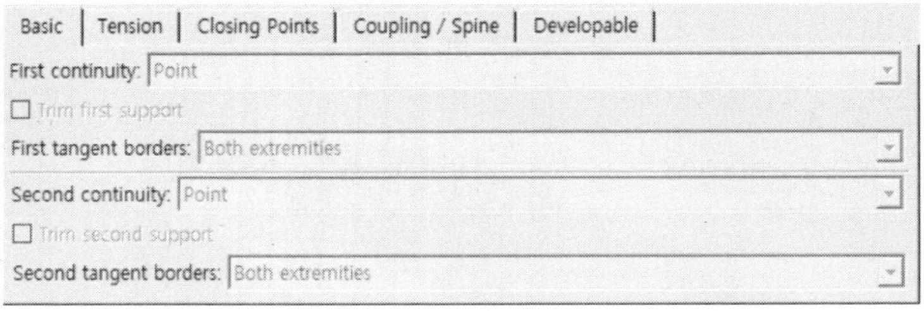


다음의 Tension 선택 시 각 Curve 지점의 Tension 값을 조절할 수 있다.

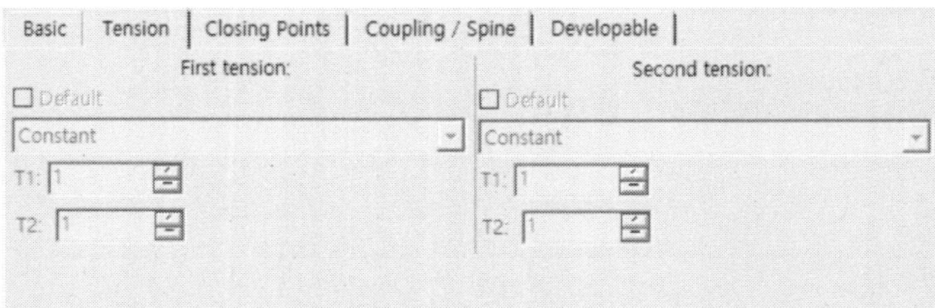


다음의 Closing Points 선택 시 닫혀있는 Curve 요소를 선택할 경우 Closing Points의 위치를 지정이 가능하다.

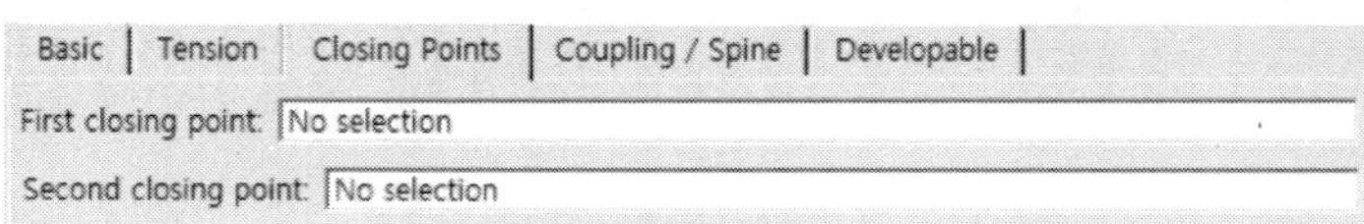


다음의 Coupling / Spine 선택 시 여러 개의 마디로 나눠진 복잡한 Curve 형상의 경우 각 지점으로의 연결 위치를 Coupling으로 잡아주거나 Curve 요소 사이에 Spline을 지정할 수 있다.

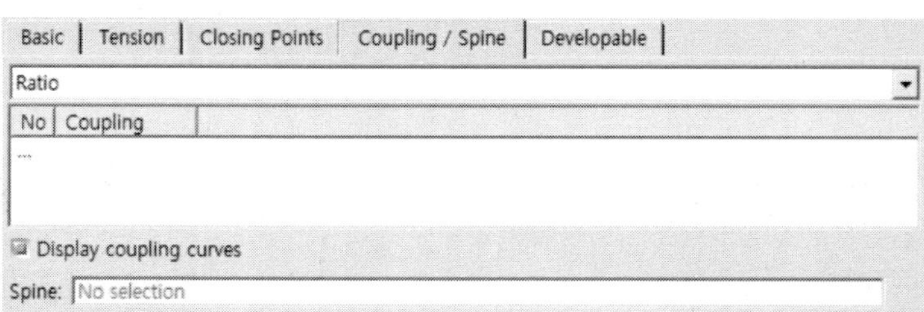

## 다. Operation : 총 5개의 아이콘으로 구성된다.

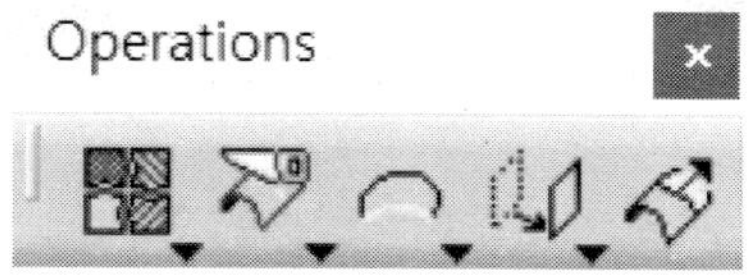


### 1) Join-Healing

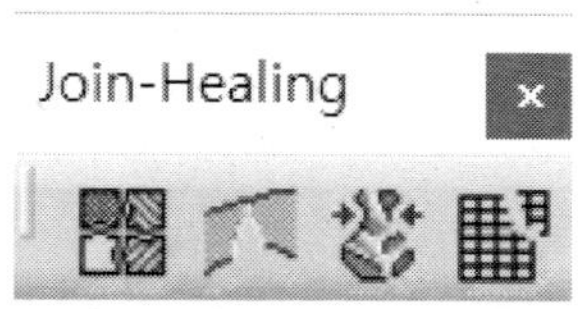

가) Join : 하나 또는 여럿의 형상들을 이어주는 작업시 사용한다. 이웃하더라도 이어져 있지는 않은 여러 개의 Surface로 구성된 다음을 예로 들어 보자.

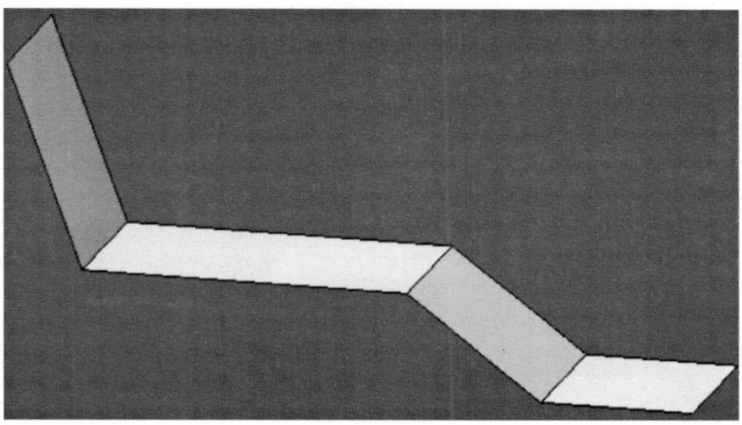

Join 선택 시 다음의 정의창이 나타난다.

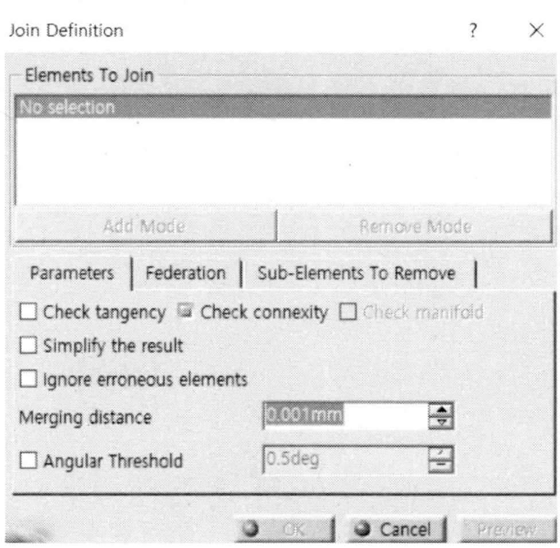

4개의 Surface를 설정창에 추가한다.

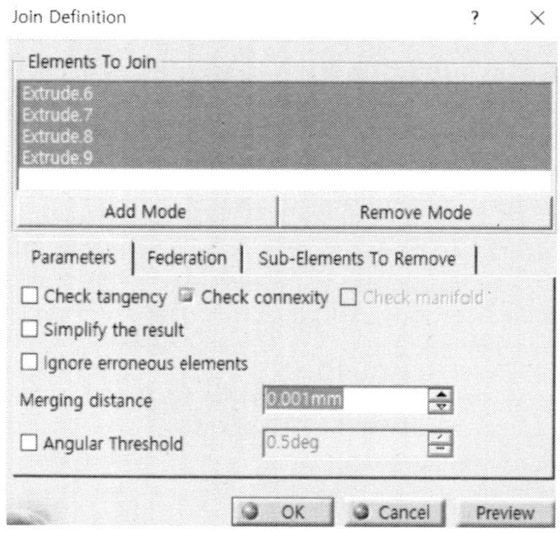


여러 개의 Surface를 다음과 같이 하나의 Surface로 Join 시킬 수 있다.

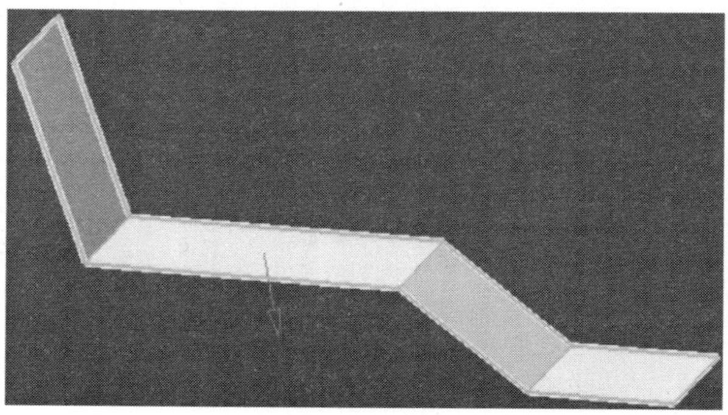

상기 결과 얻으면  서브트리에 Join이 추가 되며, 클릭시 Join된 Surface가 한꺼번에 선택된다.

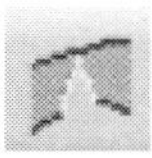

**나) Healing** : Surface와 Surface를 하나로 합쳐주는 명령이다. 클릭 시 다음의 정의창이 나타나며 2개의 Surface를 추가한다.

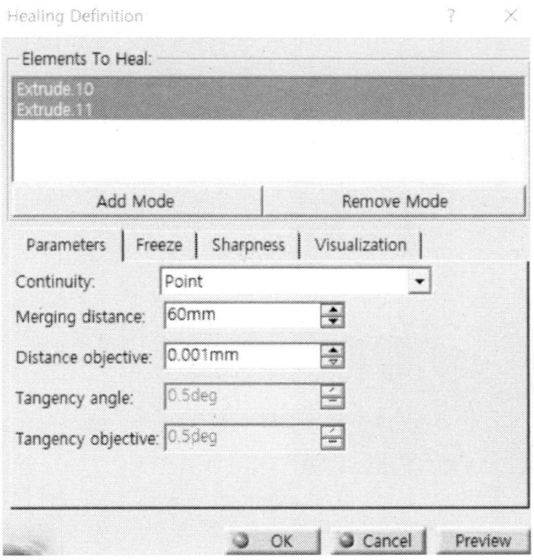


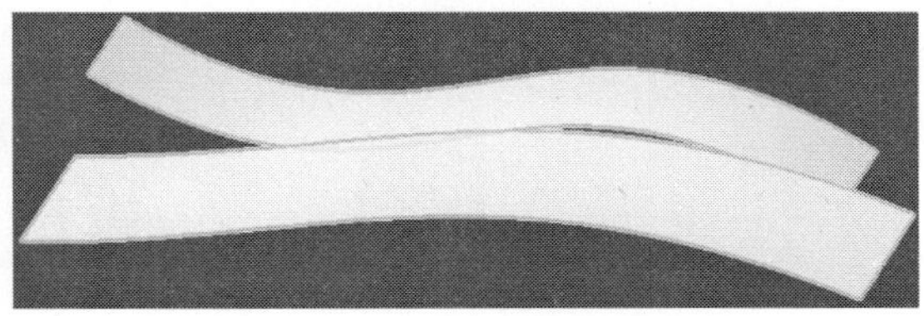

다음창에서 확인을 클릭한다.

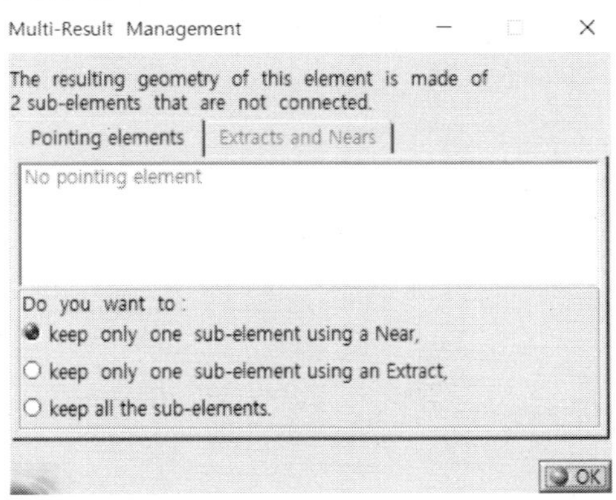


다음 창에서 Reference Element를 선택한다.

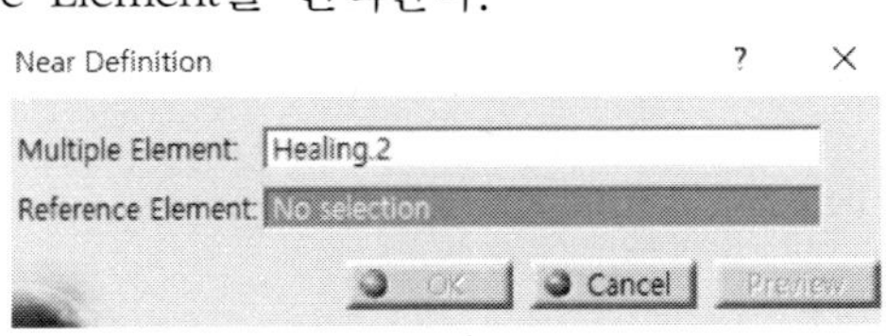


상기 작업 완료 시 서브트리에 Healing이 생성된 것을 확인할 수 있다.

다) untrim : Surface를 Split  하거나 Break Surface of curve로 절단 후 사라진 부분을 복구하는 명령이다. 다음과 같이 절단된 Surface 형상을 가정하자.

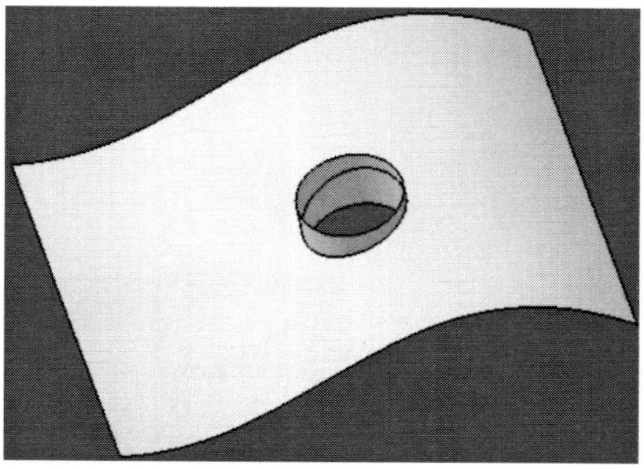

Untrim 실행 후 복구하고자 하는 Surface를 클릭한다.

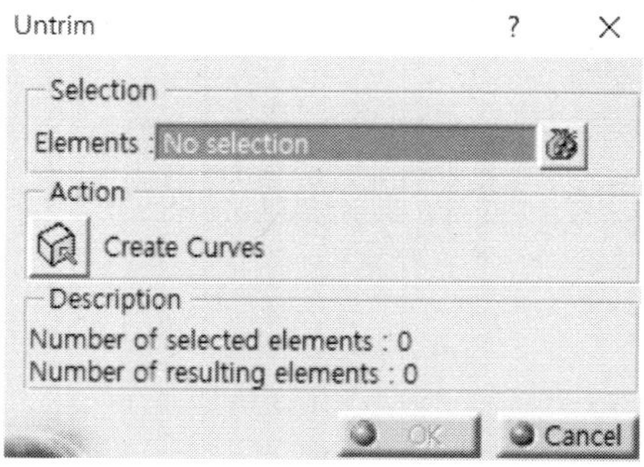


1개의 Split된 요소를 선택한다.

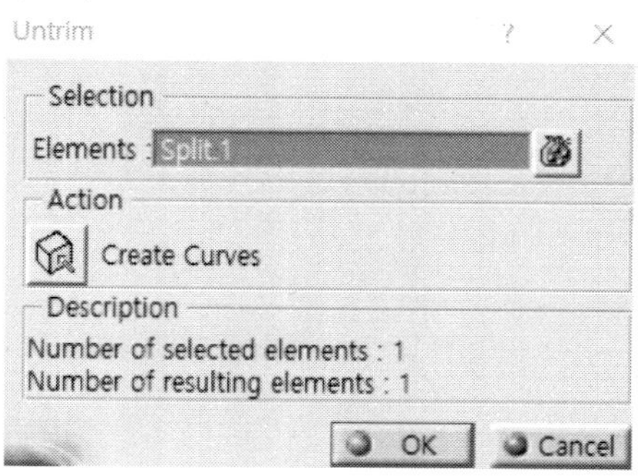


다음 그림과 같이 복구된 것을 확인할 수 있다.

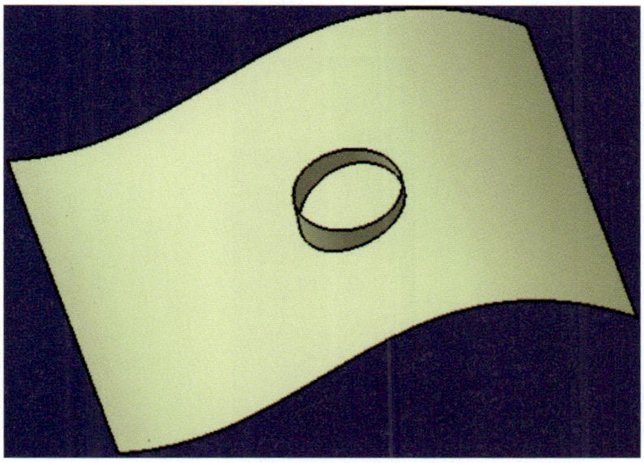

라) disassemble : 여러 개의 서브 element로 이러진 Surface나 Curve를 domain을 기준으로 분리하는 명령이다. 다음의 Surface를 예로 든다. 한 개의 Surface 형태임을 서브트리에서 확인 가능하다.

모든 element단위로 분리시키면 7개로 분리(Disassemble)된다.

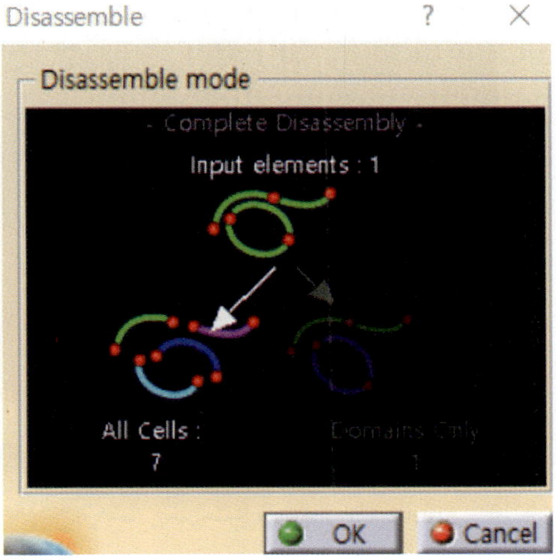

서브 트리에서 7개로 분리된 결과를 확인할 수 있다.

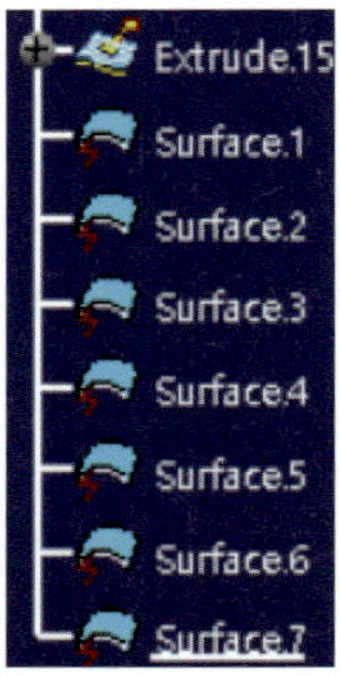


다음 그림과 같이 개별 Surface로 분리된 것을 확인 가능하다.

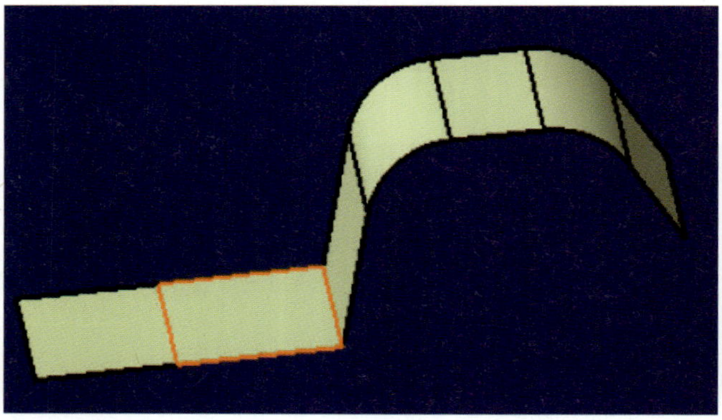

다음과 같이 Domain단위로 분리하는 기능도 있다.

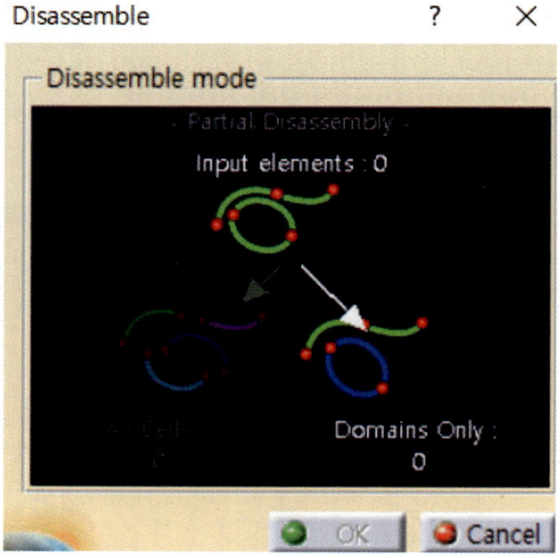

2) Trim–Split

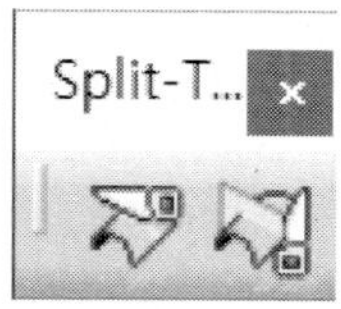


가)  Split : 이 명령은 Surface 또는 Curve의 형상을 임의의 기준 요소를 경계로 하여 분리하는 명령이다. 다음의 정의창에서 분리하고자 하는 형상들을 모두 선택한다.

Other side 선택 시 다른 경우의 수도 확인 가능하다.

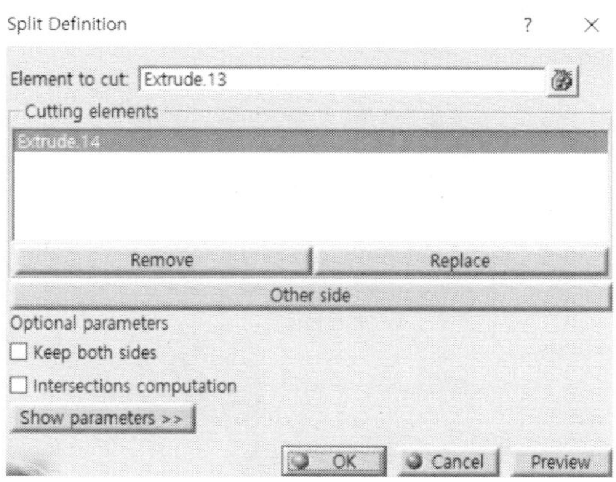


첫 번 째 경우의 수와 그 결과는 다음과 같다.

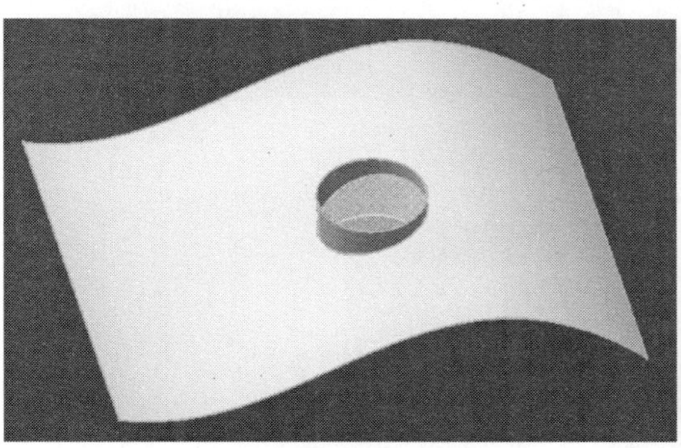

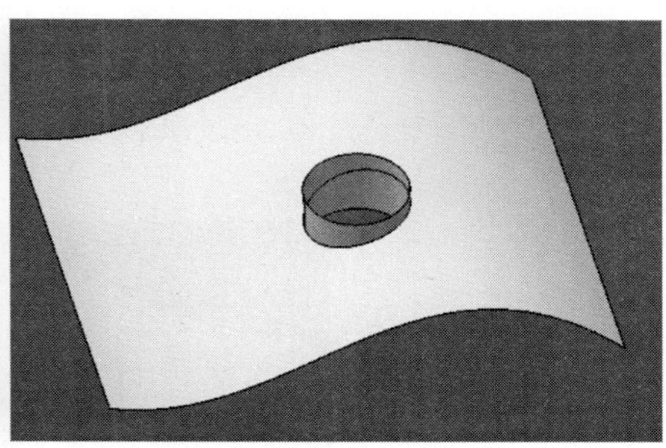

두 째 경우의 수와 결과는 다음과 같다.

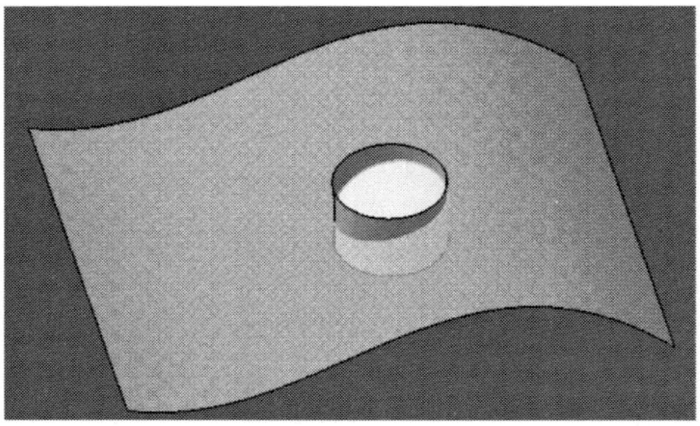

나) Trim : 절단과 동시에 하나의 요소로 합쳐주는 명령이다. 클릭 시 다음의 정의창에 Trim 및 합치고자하는 형상을 추가한다.

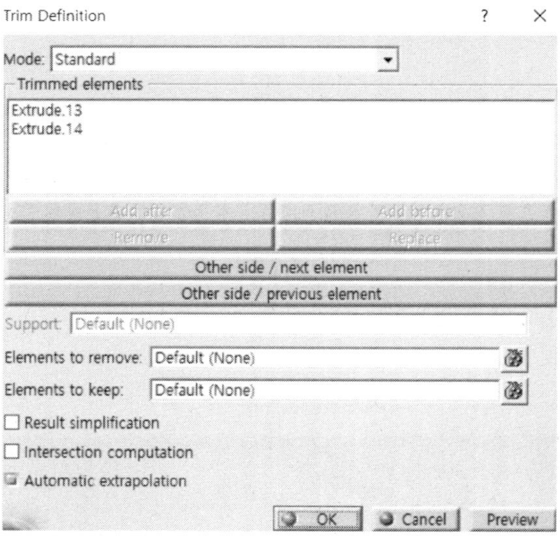


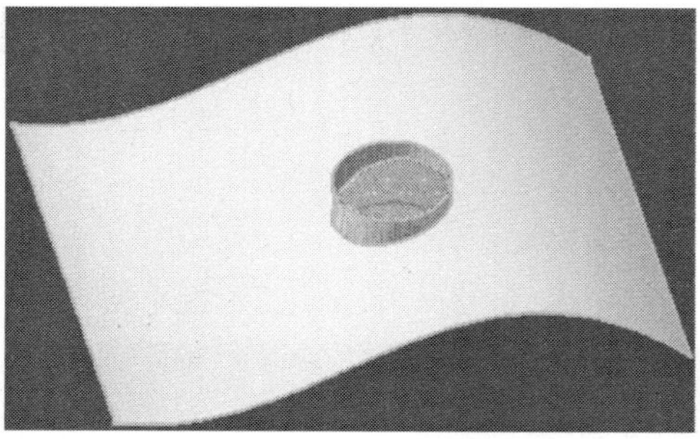

다음과 같이 분리된다.

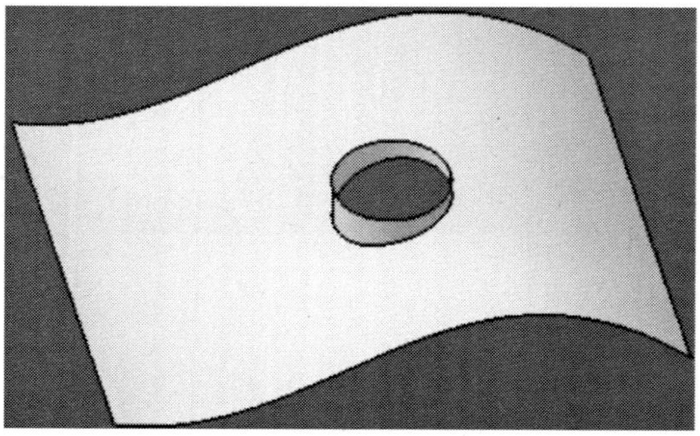

3) Boundary & Extracts sub Toolbar는 2개의 명령으로 구성된다.

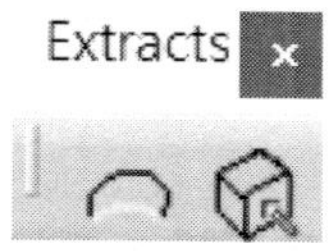

가) **Boundary** : Surface나 Solid 형상의 모서리를 Curve 요소로 추출하는 명령이다. 다음의 스케치를 예로들어 보자.

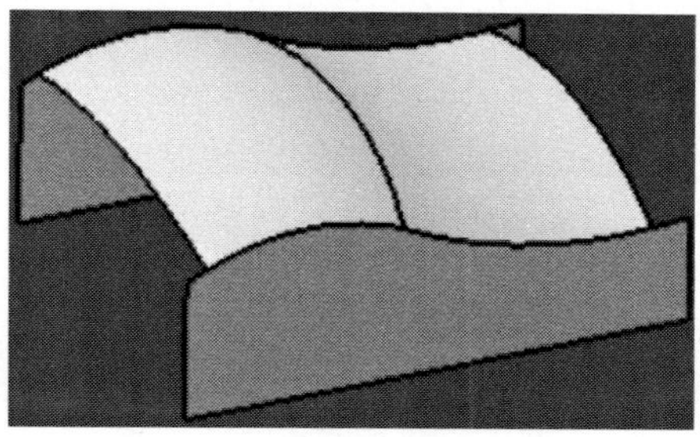

클릭 시 다음의 정의창이 나타난다.

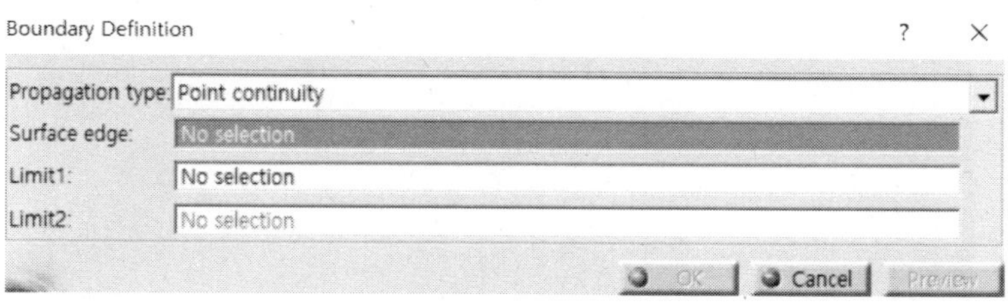


다음과 같이 추출하고자 하는 선을 선택한다.

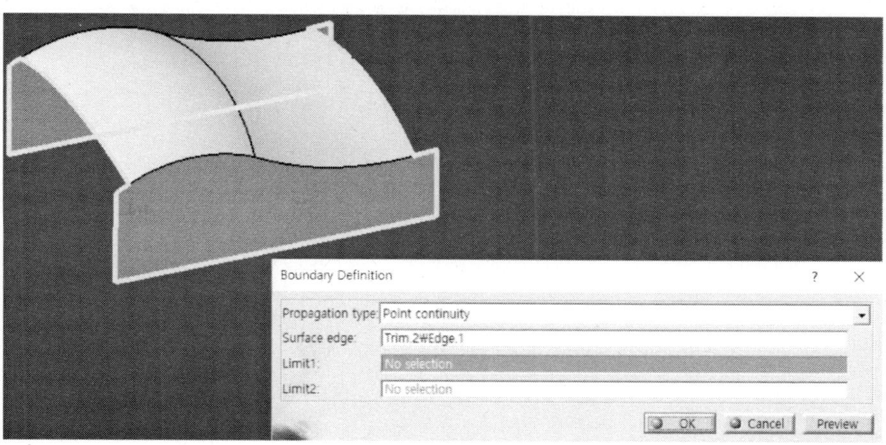

다음의 결과를 얻을 수 있다.

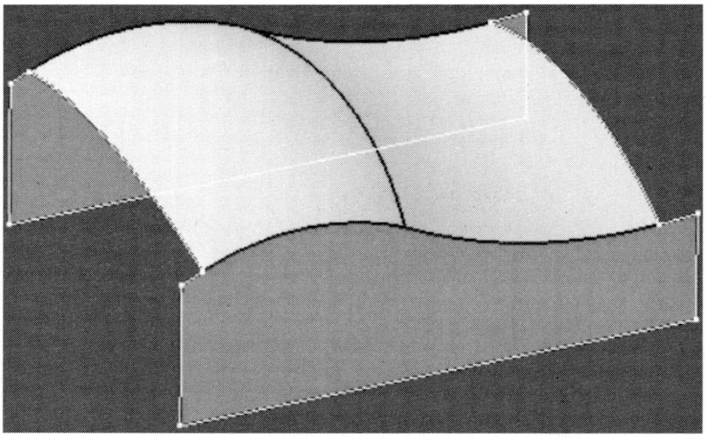

Surface 형상만 Hide 시켰을 때 다음과 같이 나타난다.

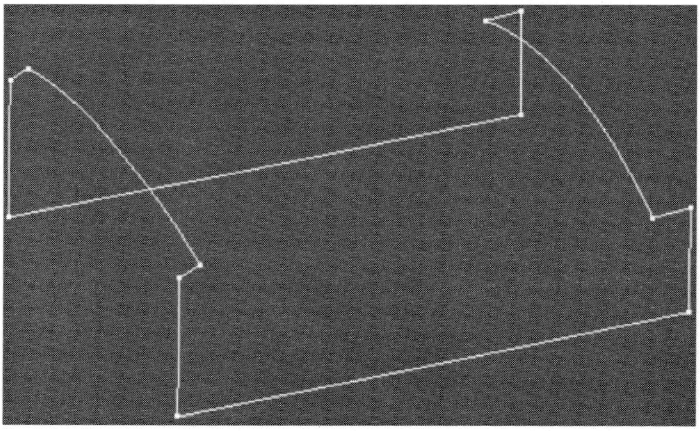

나) Extract : 이 명령은 3차원 형상에서 Sub element를 추출하는 명령이다. 클릭 시 다음의 정의창이 나타난다.

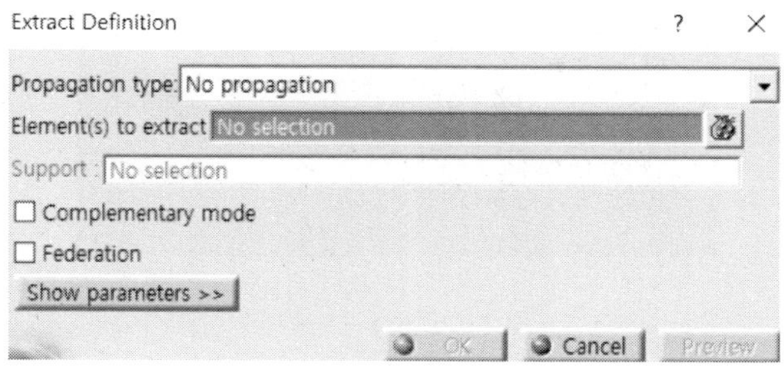


다음과 같이 Element를 선택한다.

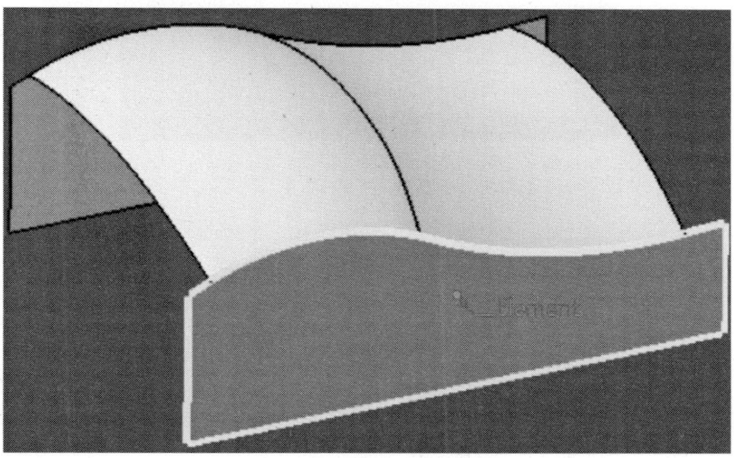

다음의 정의창에 Extract할 면이 선택된 것을 확인할 수 있다.

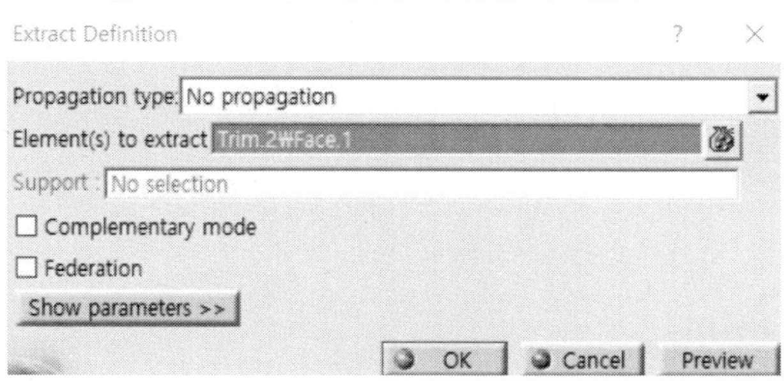


이를 이용해 다음의 결과를 얻을 수 있다.

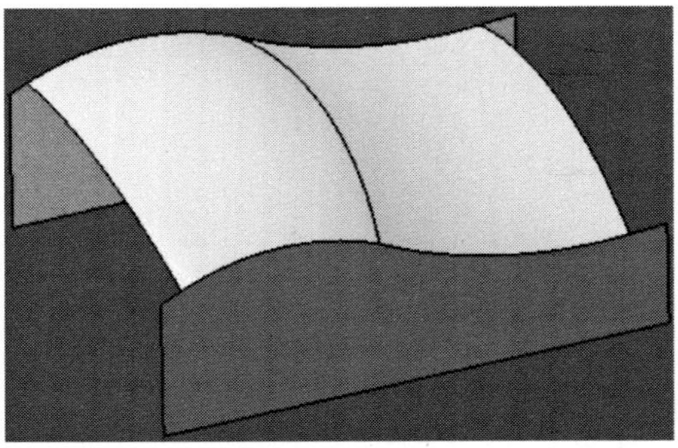

형상을 Hide 시키면 다음만 화면에 나타난다.

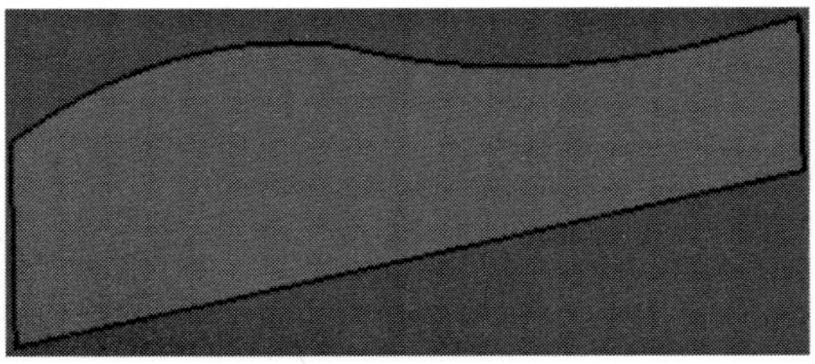

4) Transformations Toolbar는 총 6개의 아이콘으로 구성된다.

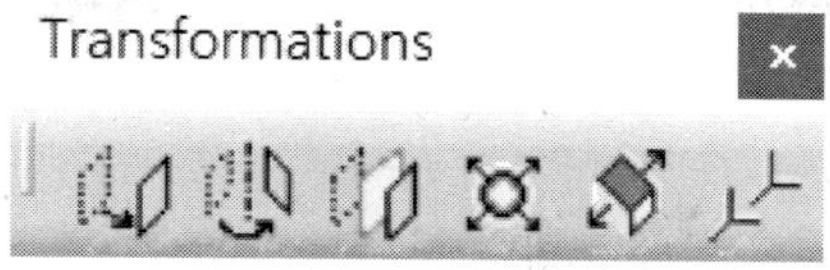

가) Translate : 형상을 이동시킬 때 사용하는 명령이다. 클릭 시 다음의 정의창이 나타나면 이동시키고자 하는 형상을 선택하고 이동거리(Distance)를 입력한다.

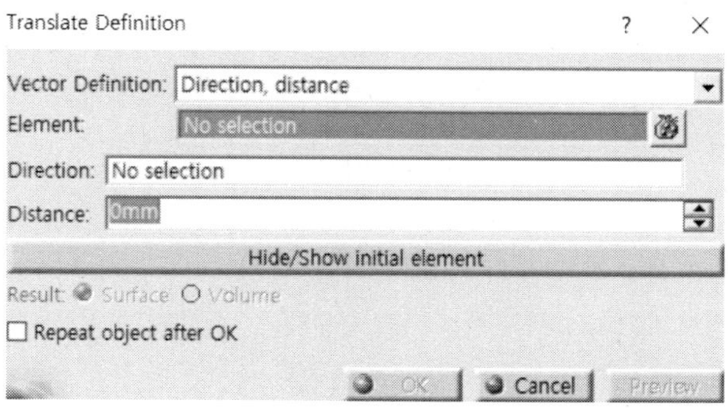


설정시 다음과 같이 이동되는 것을 확인할 수 있다.

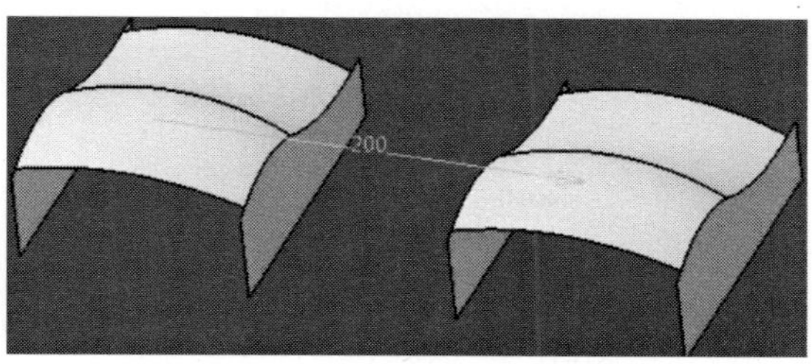


Point to point는 점에서 점으로 형상을 이동시킬 때 사용한다.

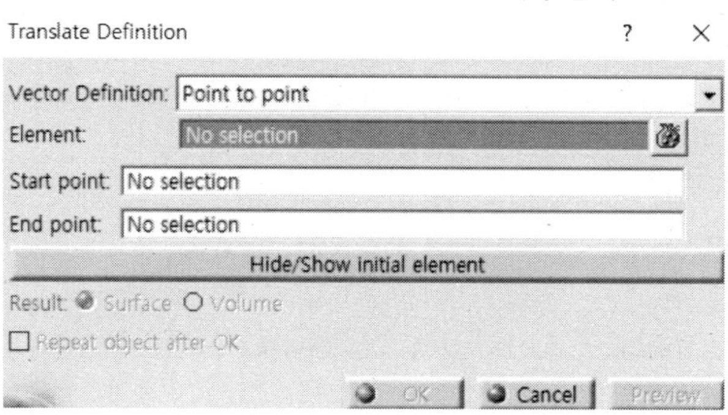

Coordinates를 선택 시 원하는 위치의 X, Y, Z 좌표값을 설정하여 이동시킨다.

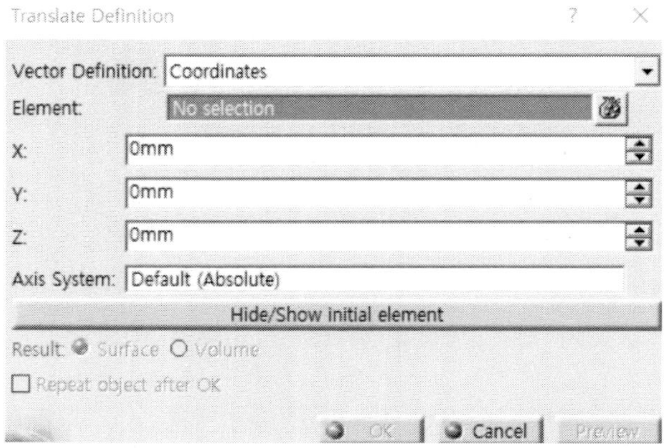


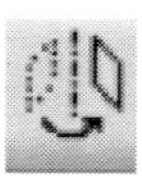

나) Rotate : 형상을 회전시킬 때 사용하는 명령이다. 클릭 시 다음의 정의창이 나타난다. 회전시키고자 하는 형상 및 기준축을 선택하고 각도를 입력한다.

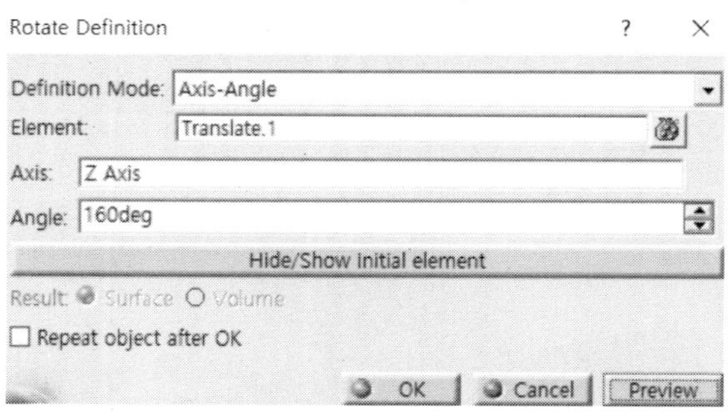


다음의 회전된 결과를 얻을 수 있다.

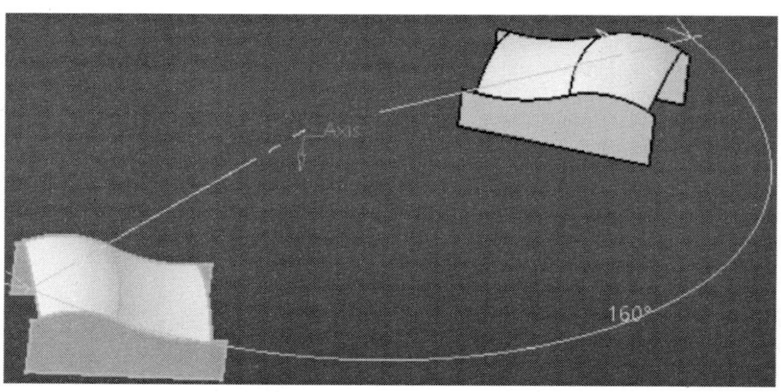

다) Symmetry : 대칭형상을 작도할 때 사용하는 기능이다. 클릭 시 다음의 정의창이 나타나며 이 때 대칭형상과 대칭면을 선택해 준다.

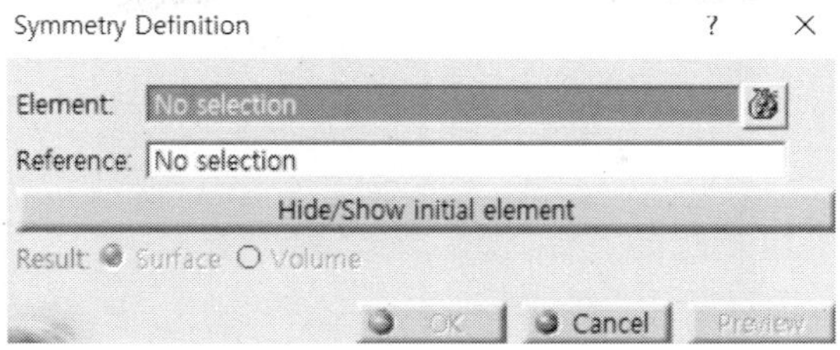


대칭면을 기준으로 다음의 대칭형상을 얻을 수 있다.

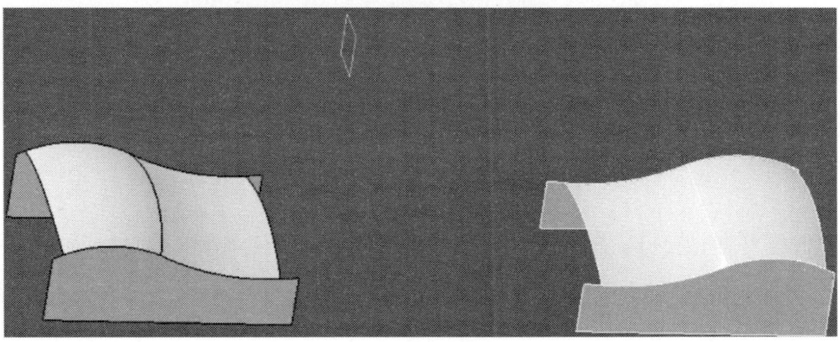

라) Scaling : 형상의 크기를 변화시킬 때 사용하는 기능이다. 선택시 다음의 정의창이 나타난다.

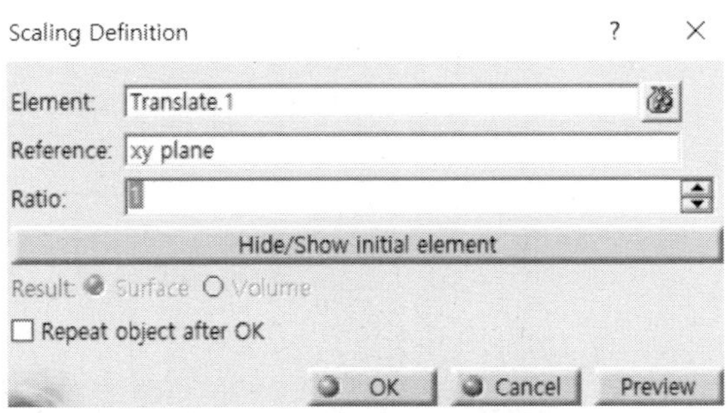


다음과 같이 정의창에서 지정된 평면으로 원하는 크기로 형상이 조정된다.

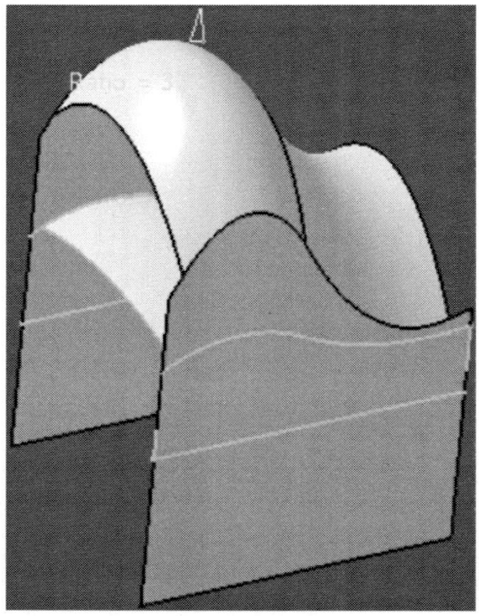

마) Affinity : 3방향으로 크기를 조절할 때 사용하는 기능이다. 다음의 정의창이 나타나면 Element 클릭후 원점, 평면, 축을 선택한 후, 각 축에 대한 크기 배율을 조절한다.

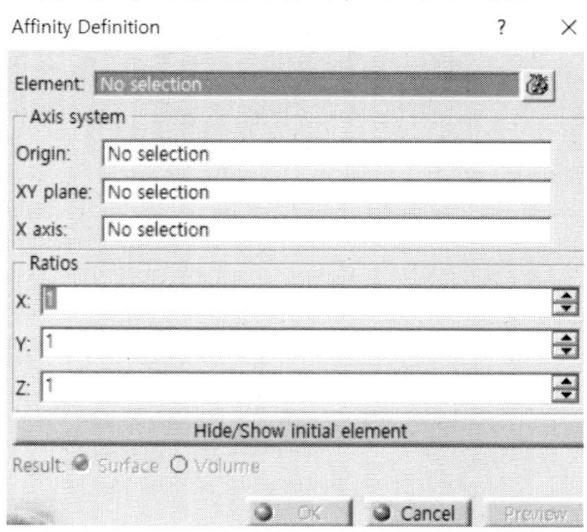


원본은 다음과 같다.

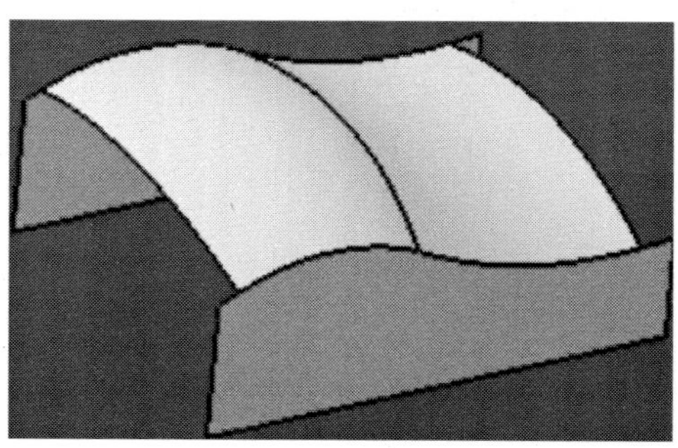

크기를 바꾼 결과는 다음과 같다.

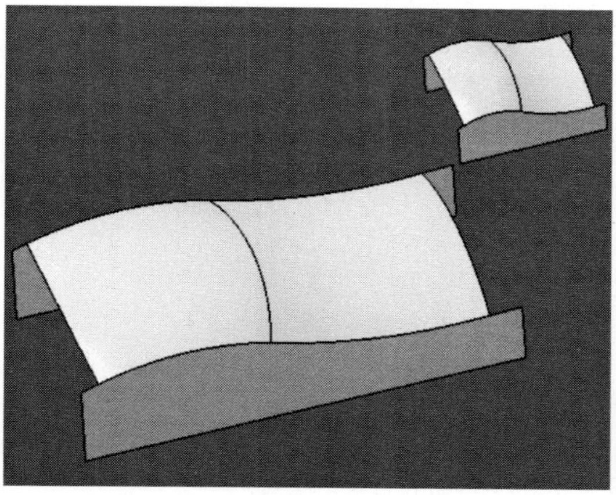

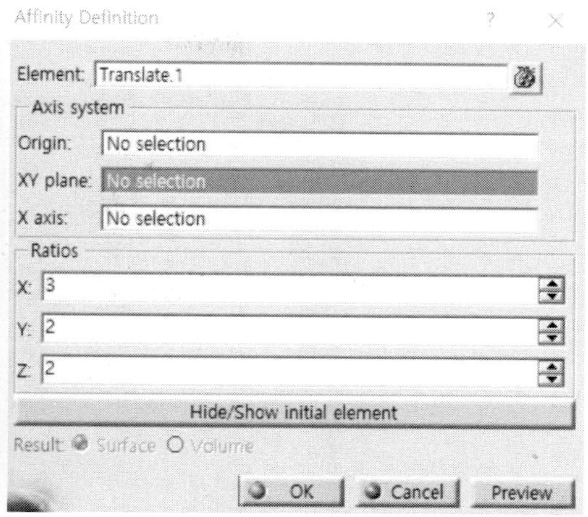

 바) Axis to Axis : 축을 이동시킬 때 사용하는 기능이다. Element를 선택하고 원본 축과 이동시키고자 하는 축을 클릭한다.

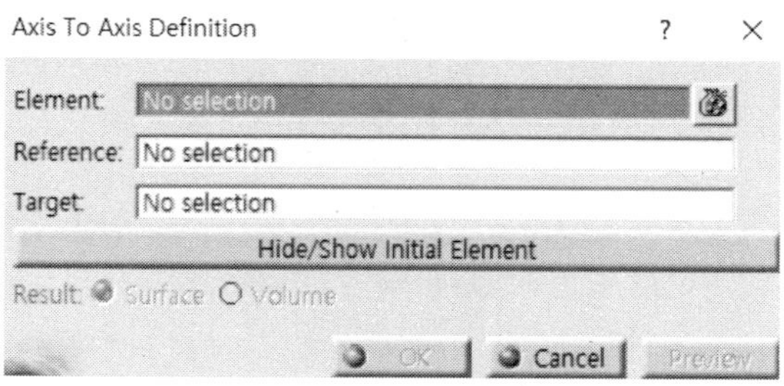


왼쪽에 있던 형상은 다음과 같으며 축의 이동을 통해 우측으로 형상이 이동된다.

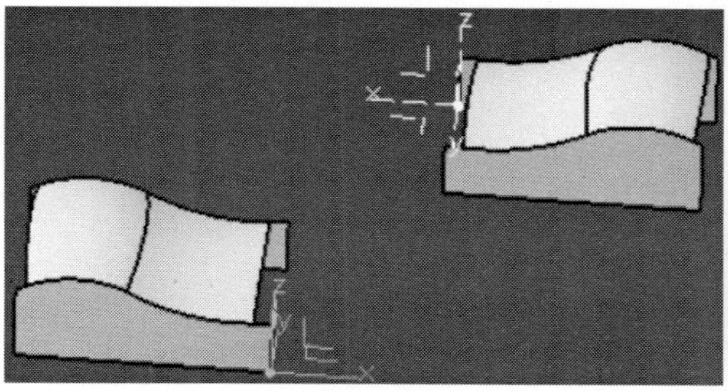

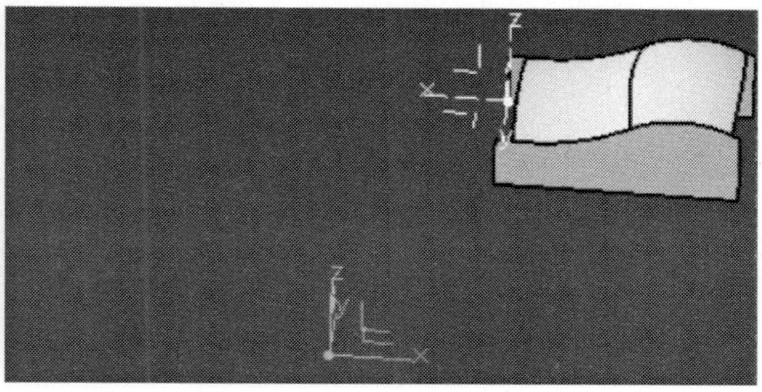

5) Extrapolate : 선택한 지점을 기준으로 길이를 외삽하여 연장시키는 기능이다. 다음의 형상을 예로 든다.

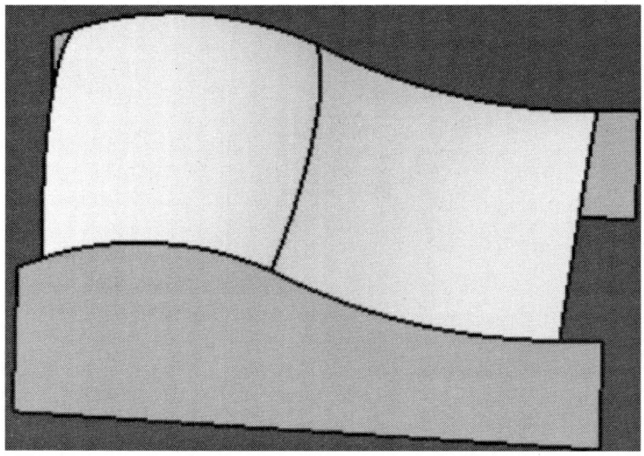

클릭 시 다음의 정의창이 나타난다.

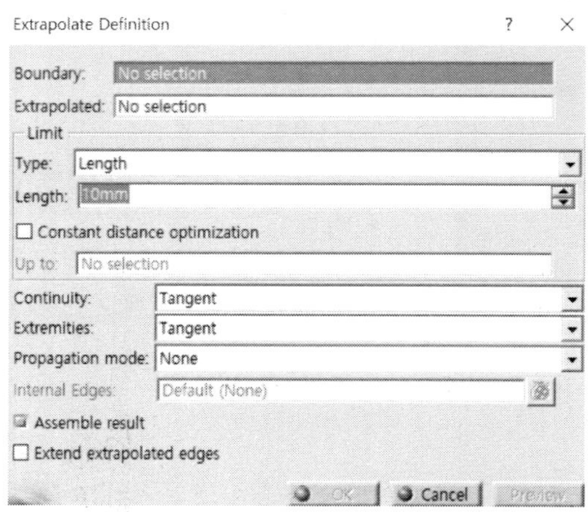


다음의 값을 입력해 보자.

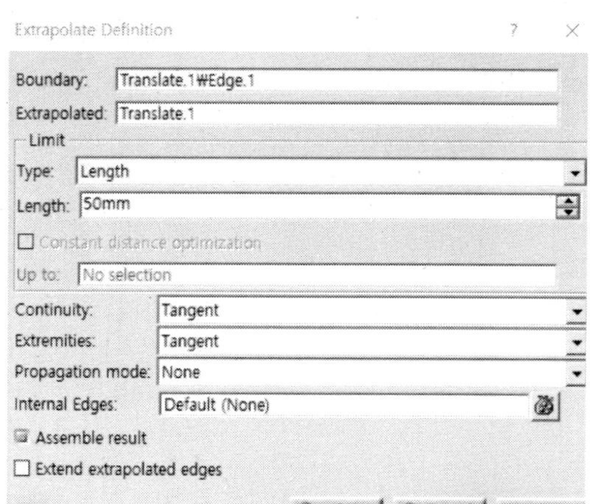

다음과 같이 선택된 요소의 길이가 50 mm 연장된 것을 확인할 수 있다.

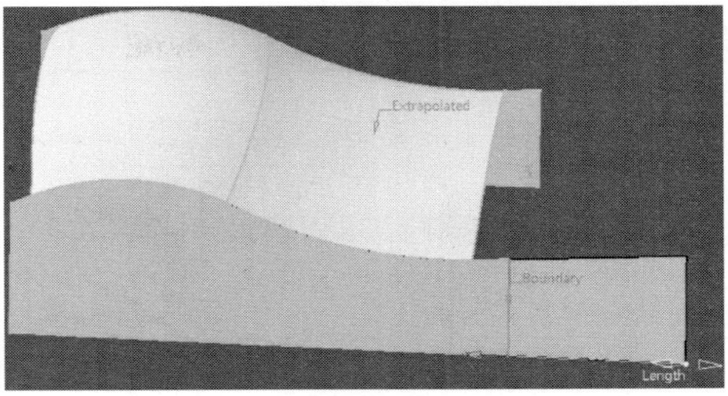


## 라. Developed Shapes은 총 3개의 아이콘으로 구성된다.

1) Unfold : 다음 그림과 같이 조립된 Surface 형상을 하나의 기준 평면에 펼치는(분해) 명령이며 선택 시 다음의 정의창이 나타난다.

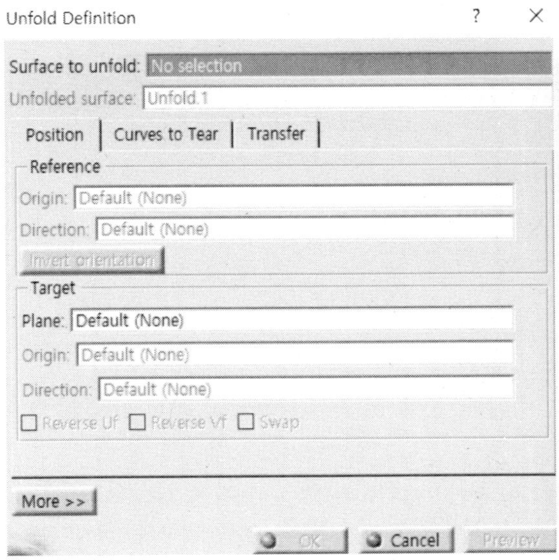


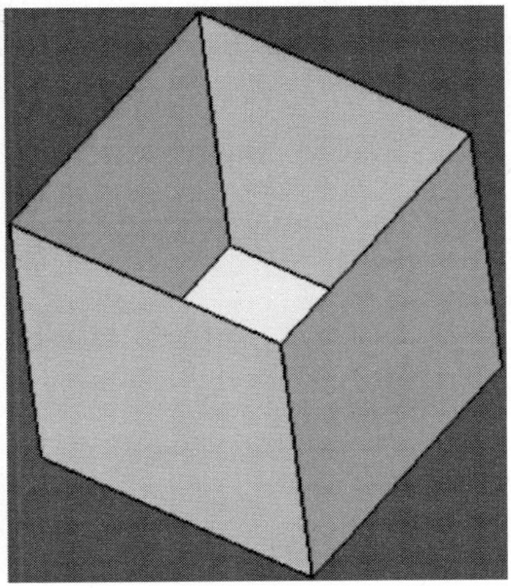

Origin 은 펼쳐지는 중심이며(Surface 위에 존재), Direction은 펼치는 방향, Target plane은 펼칠 평면을 선택한다.

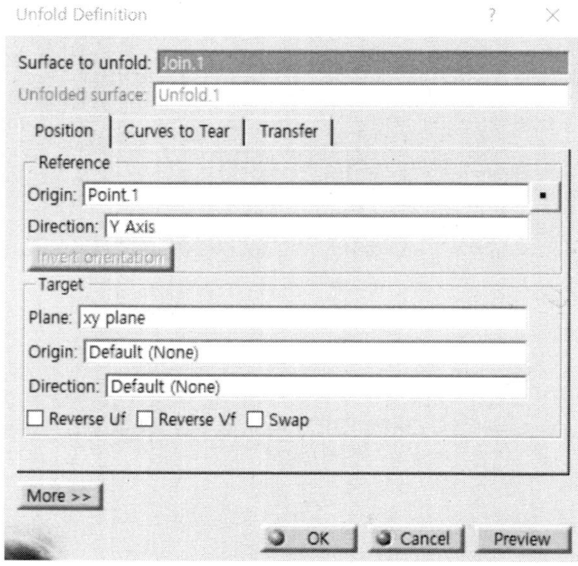


다음과 같이 분해시키고자하는 요소들을 선택하는 창이 나타난다.

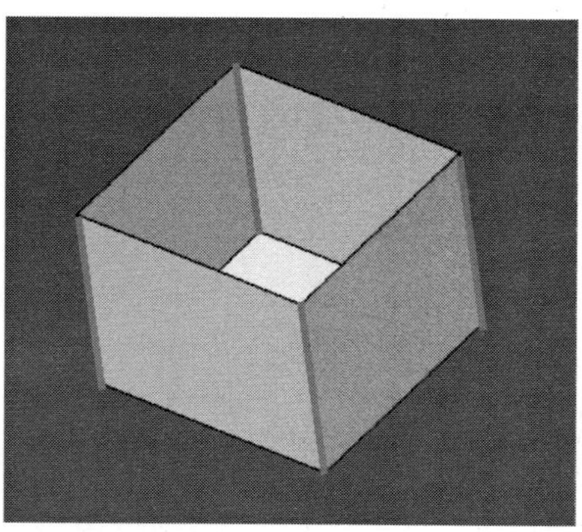

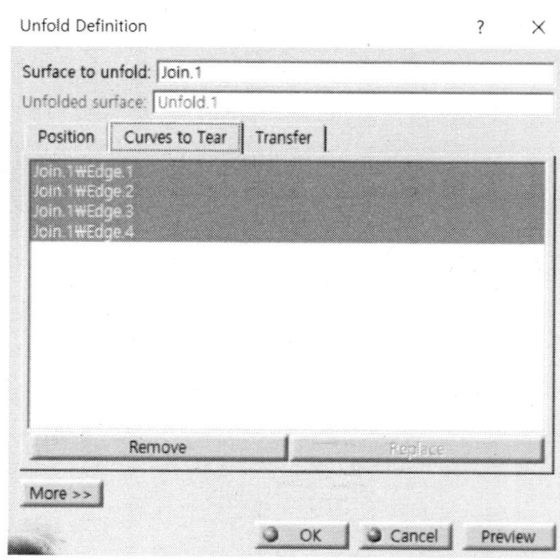


다음의 결과처럼 분리되는 것을 확인 할 수 있다.

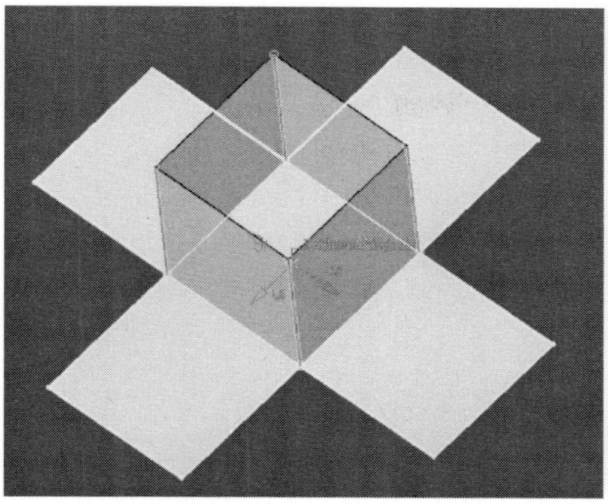

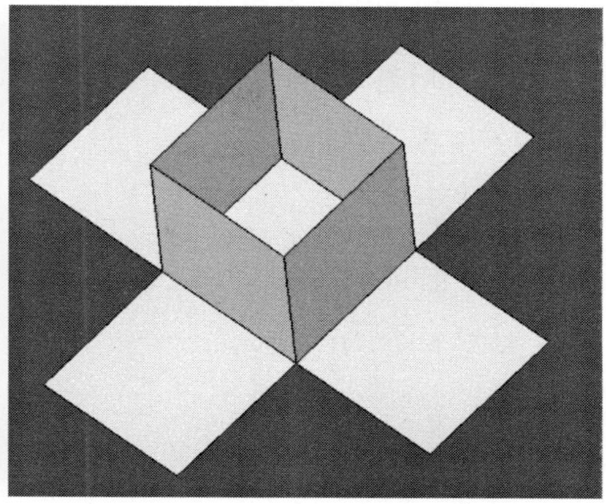

 2) Transfer : 형상에 맞추어 기존위치에서 원하는 위치로 투영시키는 기능으로 이를 설명하기 위하여 다음의 Surface를 예로 든다.

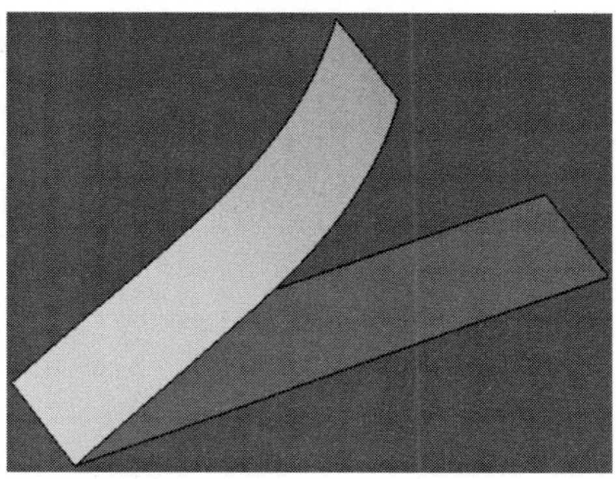

Surface에 평면의 Circle을 스케치한다.

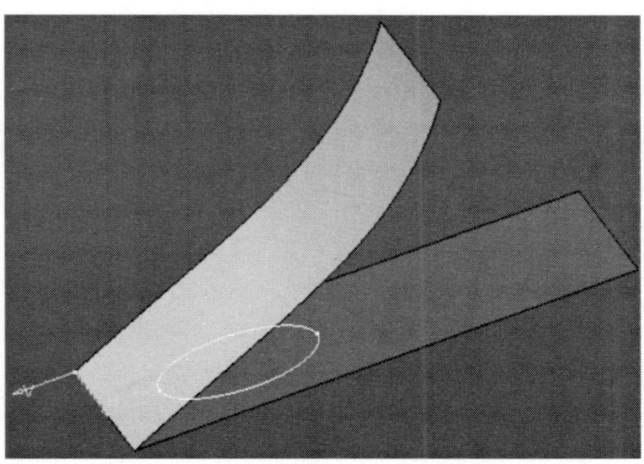

다음의 정의창에 Surface to unfold 및 Unfolded surface를 각각 선택하고 먼저그린 평면 Circle을 선택한다.

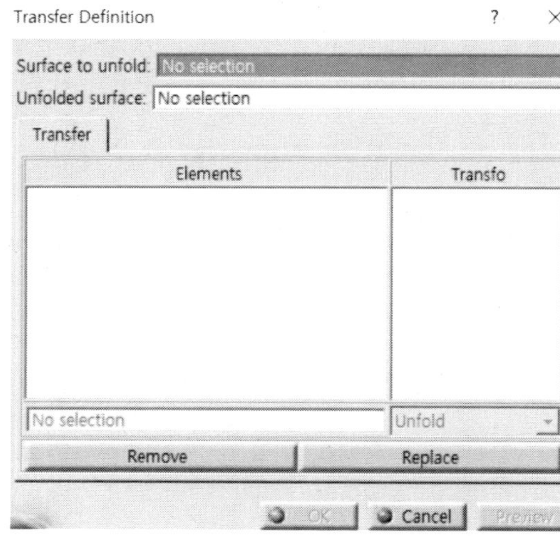


Unfold 설정값을 확인한다.

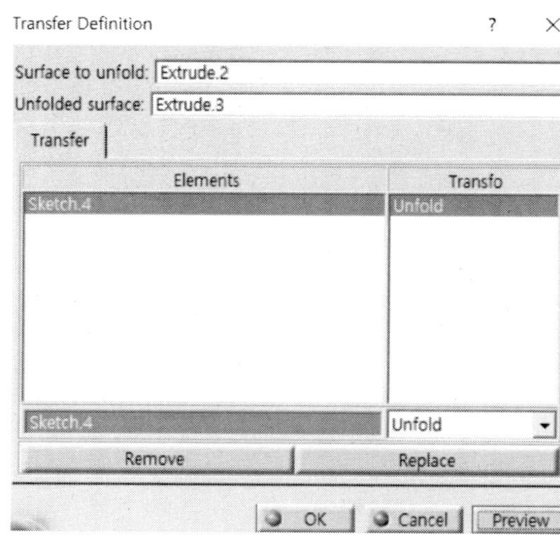


다음과 같이 Surface로 Circle이 이동되는 것을 확인할 수 있다.

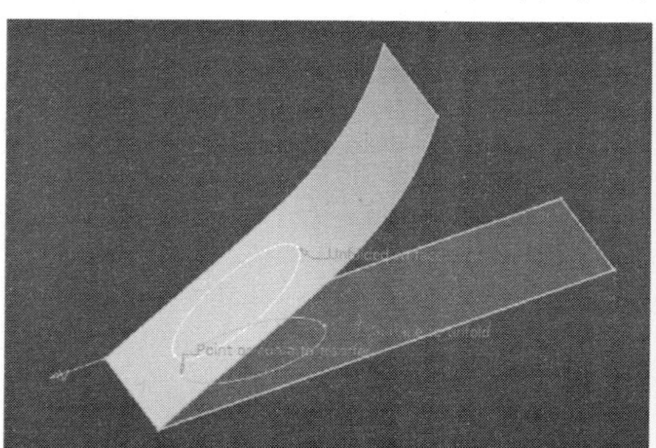

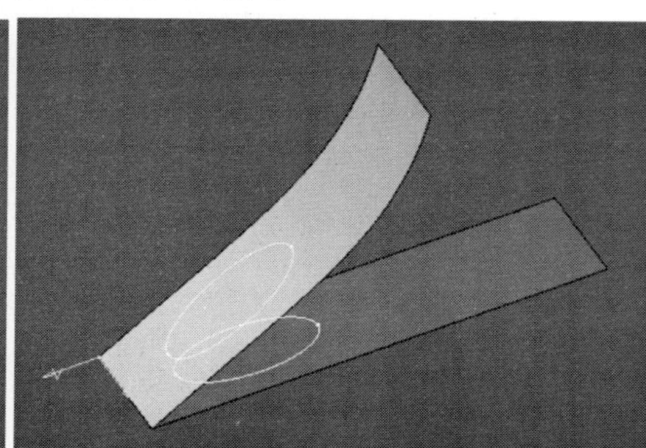

3) Develop : 회전체의 곡면 형상 표면에 형상을 전개할 때 사용하는 기능이다. 다음의 정의창에 스케치 클릭 후 옮겨지고자 하는 Surface를 클릭한다.

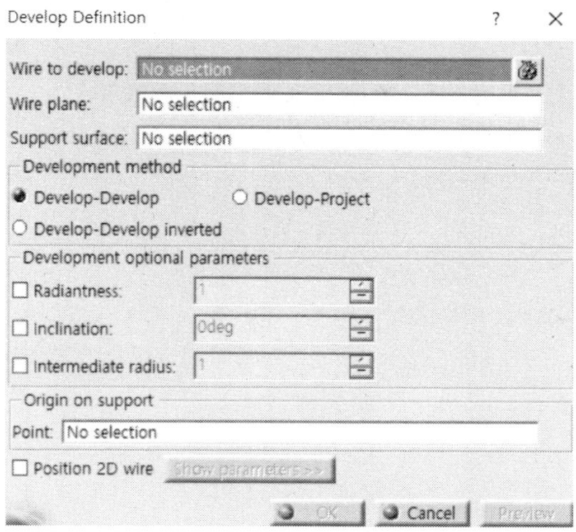


다음은 다른 평면에 스케치된 형상이다.

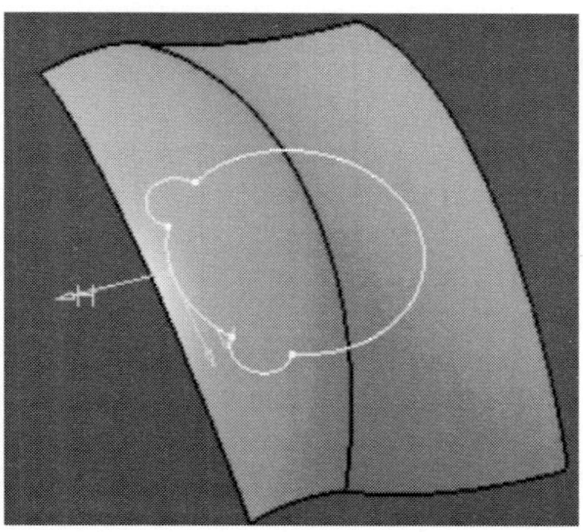

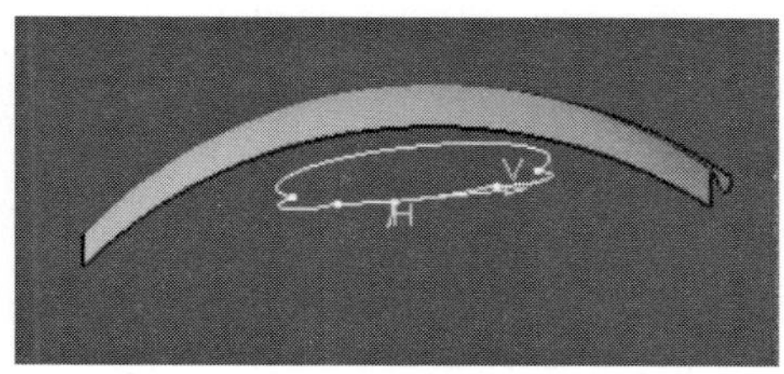

다음의 정의창에 설정값을 입력한다.

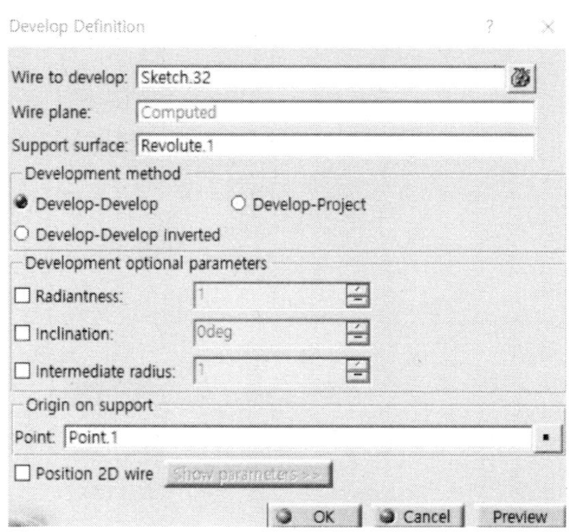

다음의 결과로 전개된 스케치를 확인할 수 있다.

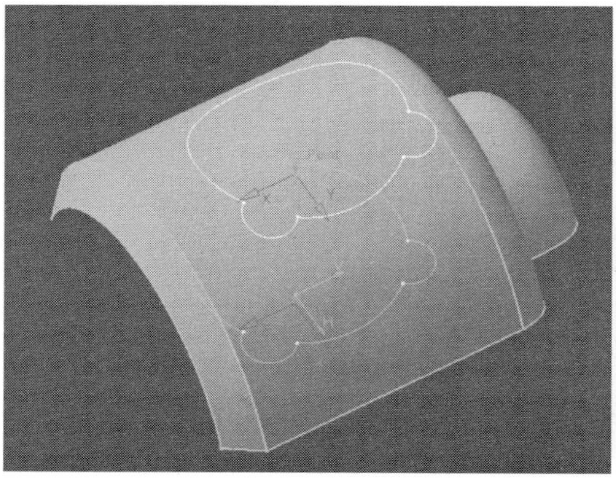

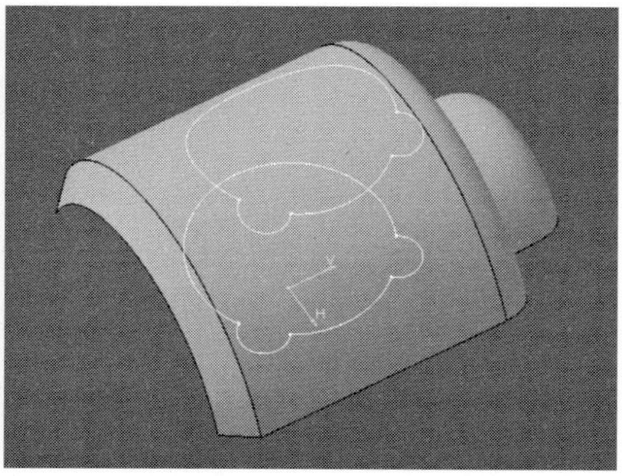

# 2.3 Wireframe & Surface Design 따라하기

## 따라하기 1 Join을 이용한 Surface 생성

Join, Fill

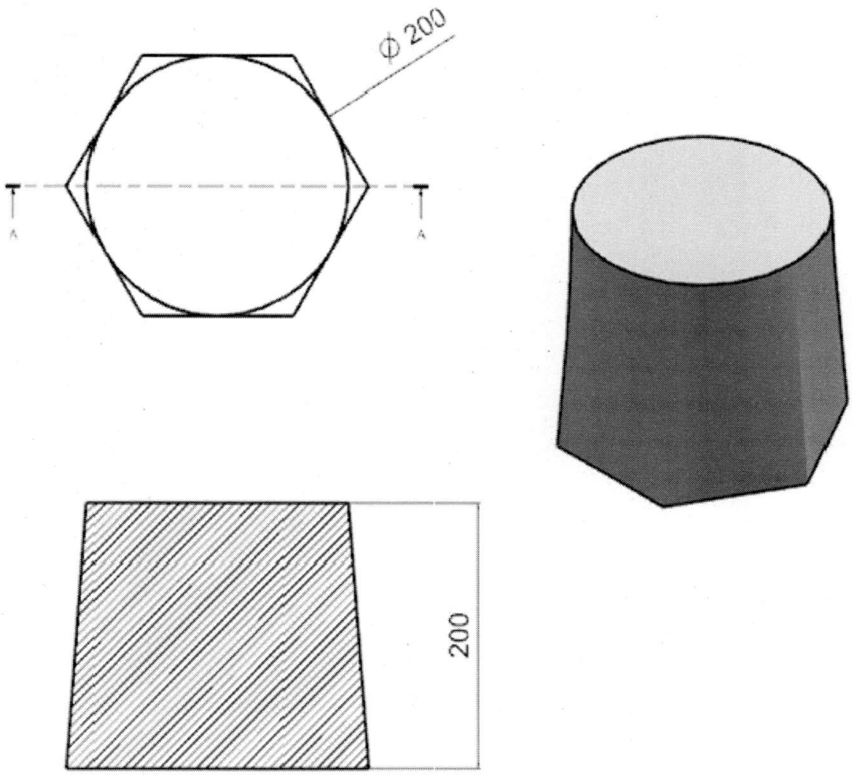


SECTION A-A

### 1) 모델링할 요소 분석

카티아의 Surface Design은 Solid를 기본으로 하는 모델링 기법이므로 작업할 요소를 다수의 기본모양으로 나누어본 후 작업하는 것이 작업오류를 줄이고 작업시간을 단축할 수 있다.

## 2) 기본 모양 모델링하기

Start → Part Design으로 입장한다.

✓ sketcher 아이콘을 click 후, 단면을 그릴 2D(xy평면)를 선택 (순서를 바꿔도 됨)한다. 한변의 길이가 115.47이며 원의 지름이 200 mm인 원에 내접하는 육각형을 다음 스케치와 같이 그린다.

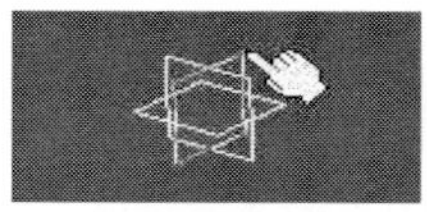

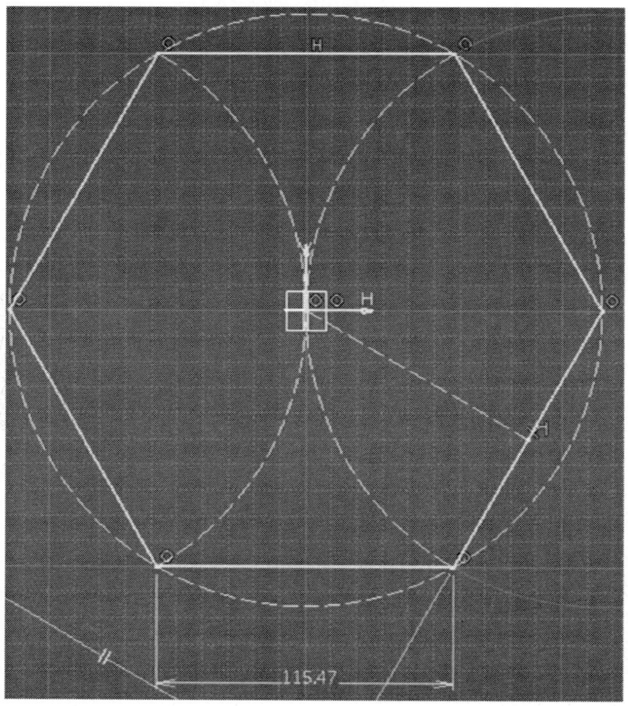


스케치 워크벤치를 빠져나온 후 다음화면과 같이 View → Toolbar → Reference Elements (Extended)를 체크하여 툴바를 오픈한다.

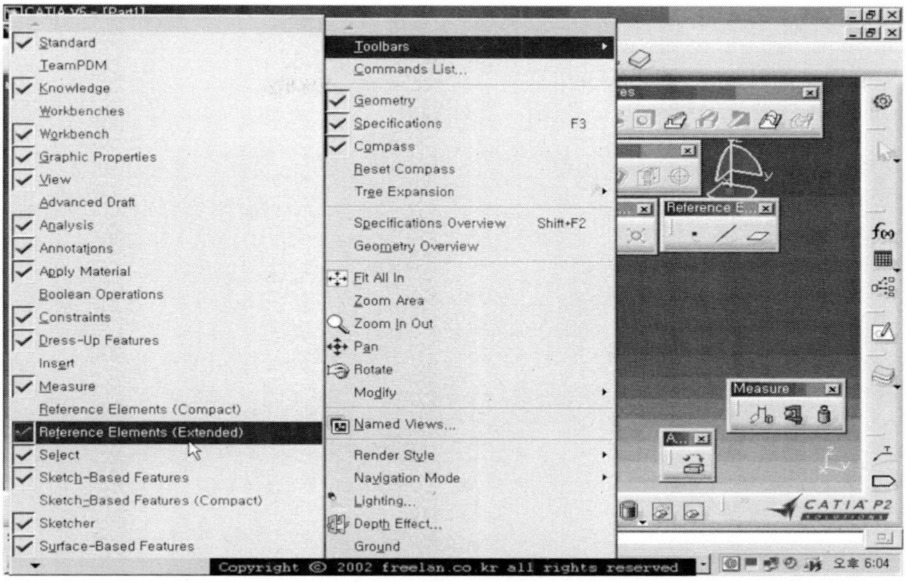

### 3) 신규 Plane 생성

Reference Elements (Extended) 툴바의 세 번 째 아이콘인 Plane을 다음과 같이 클릭하여 Plane type을 Offset from plane로 설정 후 Reference를 xy plane을 선택하고 Offset 거리를 200 mm로 설정하고 OK 버튼 클릭하면 다음 그림과 같이 새 평면이 생성된다.

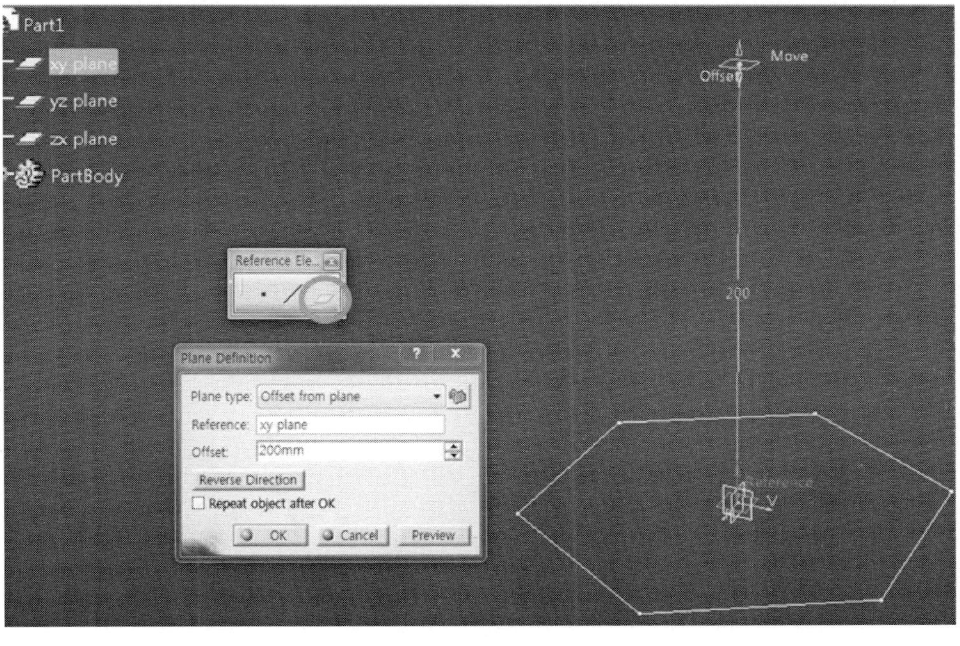

### 4) Circle 스케치

새로이 생성된 xy plane에서 200mm 떨어진 Plane을 클릭하여 다시 스케치 워크벤치로 입장하여 다음과 같이 반지름이 100mm인 원을 그려준다.

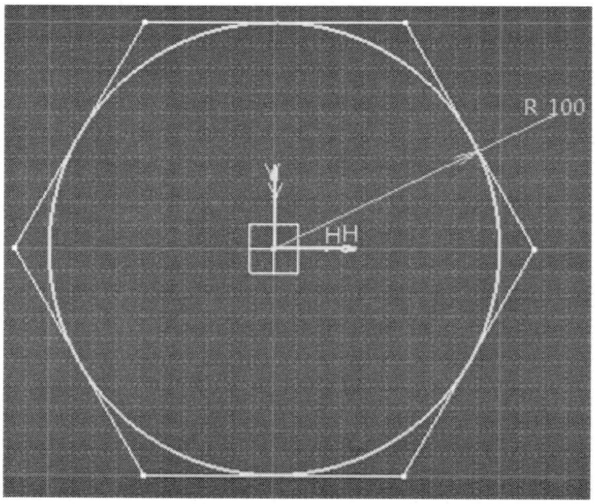


Start → Wireframe & Surface Design으로 입장한다.

### 5) Point 생성

Wireframe 툴바의 첫 번 째 아이콘인 Point를 클릭하면 다음의 정의창이 나타난다.
다음의 정의창에 Point type은 On plane을, Plane을 새로이 생성된 Plane.1을, H는 0, V벡터는 100 mm인 Point를 OK버튼 클릭하여 생성시킨다.

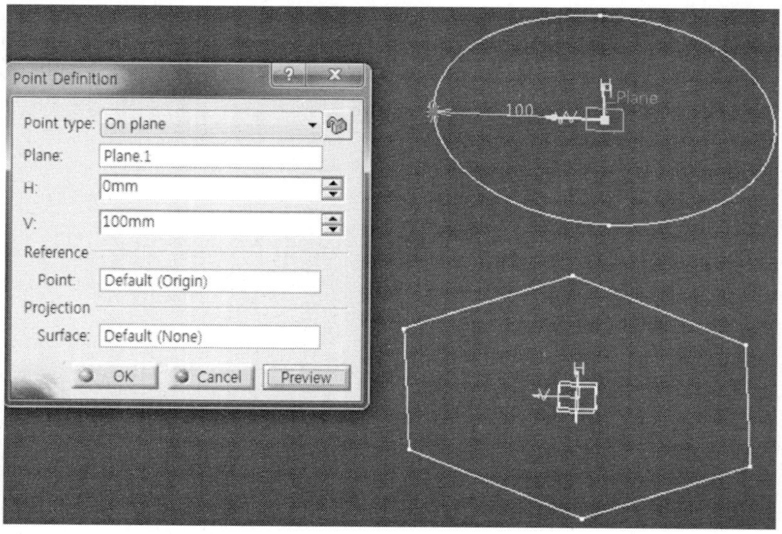

다음은 육각형 스케치 상에 Point를 생성시키는 방법인데 Point type을 Between으로 Point 1은 다음 그림과 같이 육각형 중 Point 1으로 표시된 부분을 클릭하고 나머지 Point도 클릭하면 두 점의 중간에 그림과 같이 Point가 생성된다.

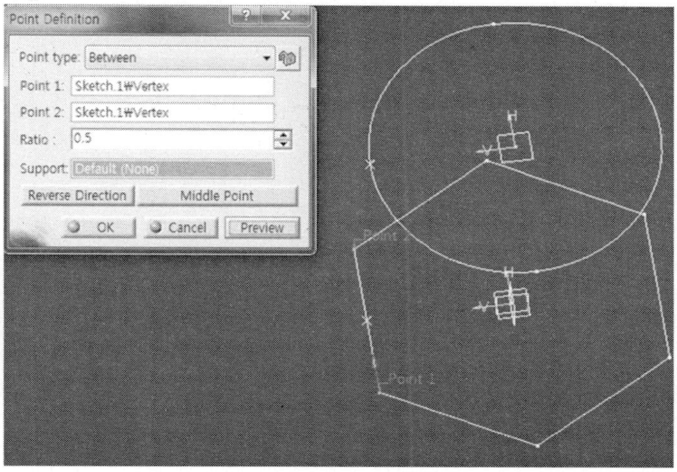


## 6) Multi-Sections Surface 생성

Surfaces 툴바의 8번 째 아이콘인 Multi-Sections Surface Definition 아이콘을 클릭하면 다음의 정의창이 나타나며 원과 육각형 스케치를 선택해준다. 이 때 Closing Point를 선택해 주는 것이 중요한데 원의 경우 앞서 생성한 Point를 동시 선택하며 육각형의 경우도 앞서 생성한 두 번 째 Point를 Closing Point로 동시 선택해주고 OK 버튼을 클릭한다.

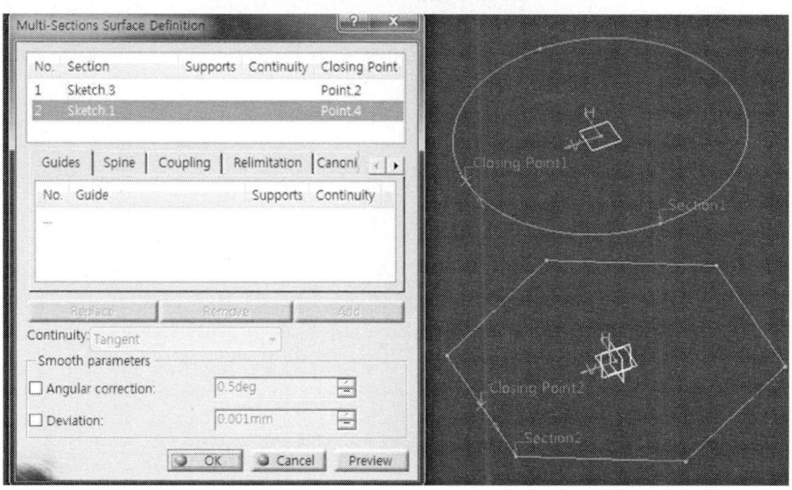

다음의 형상이 Surface로 생성된다.

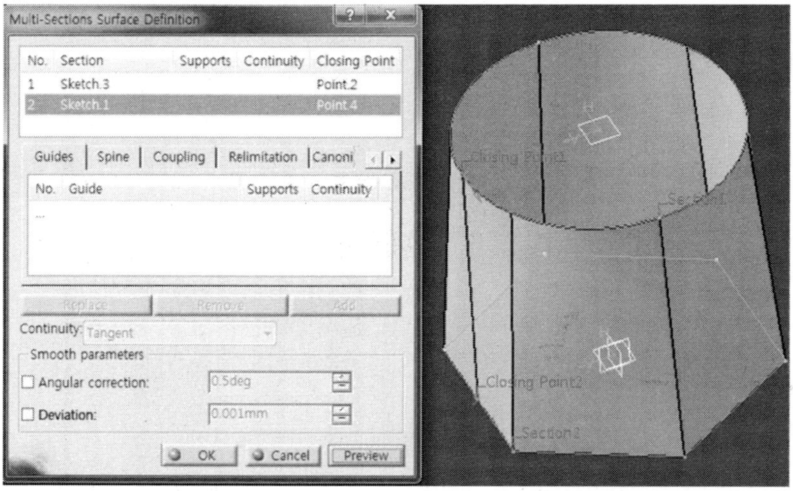

## 7) Fill로 속 채우기

이후 다음과 같이 Surfaces 툴바의 7번 째 아이콘인 Fill을 선택하여 윗면과 바닥면의 스케치를 각각 선택하며 순서대로 채운다.

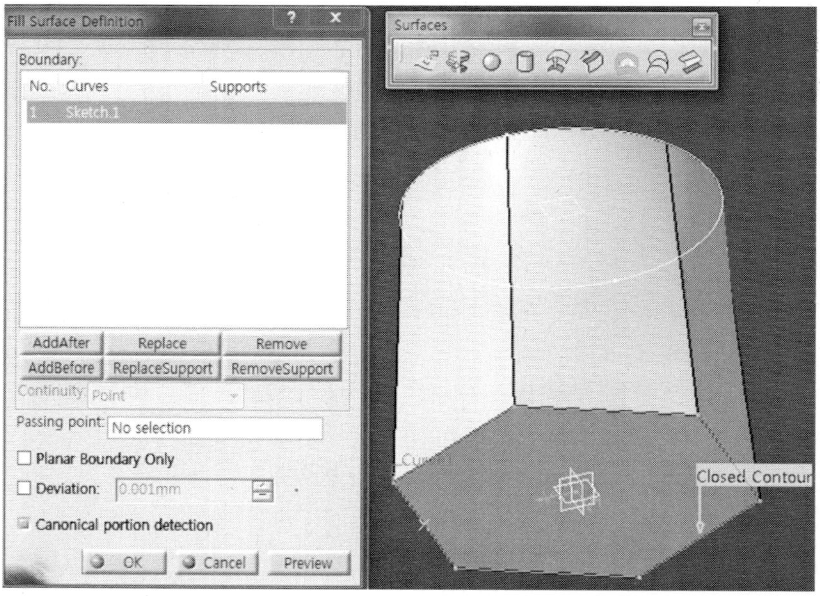

## 8) Join으로 Surface끼리 한 Surface로 묶어주기

Operation 툴바의 첫 번째 Join 아이콘을 클릭하여 정의창이 나타나면 앞서 만든 윗면(Fill.1), 아랫면(Fill.2) 및 옆면(Multi-Sections Surface.1)을 선택하여 하나의 Surface로 묶어준다.

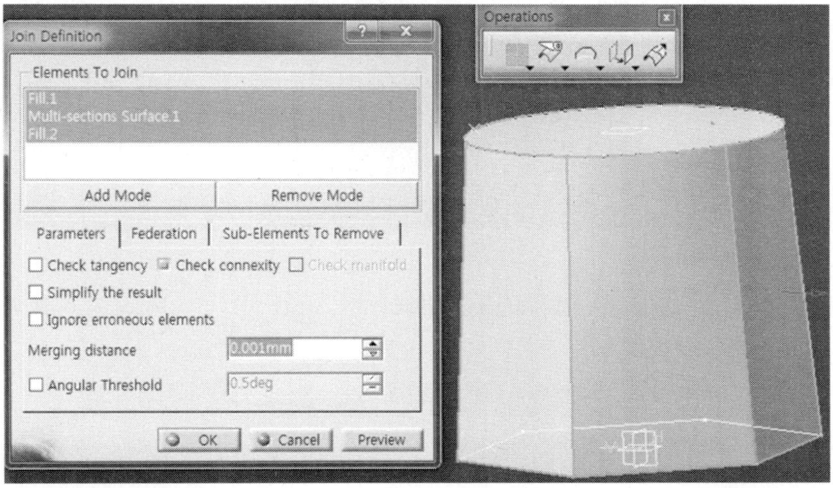


Start → Part Design으로 입장한다.

## 9) Close Surface

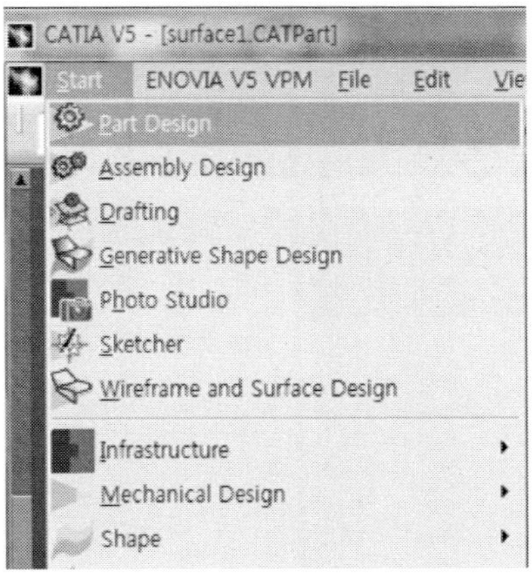


Surface 툴바의 삼각형 모양을 선택하면 Close Surface 아이콘이 나타나며 이를 선택하여 정의창에 앞서 1개의 Surface로 합친 Join.1을 선택 후 OK 클릭 한다.

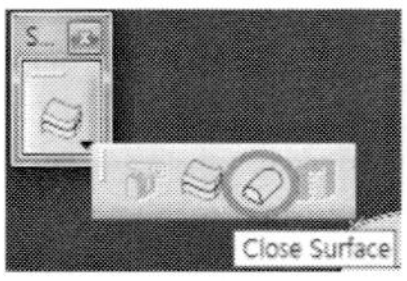


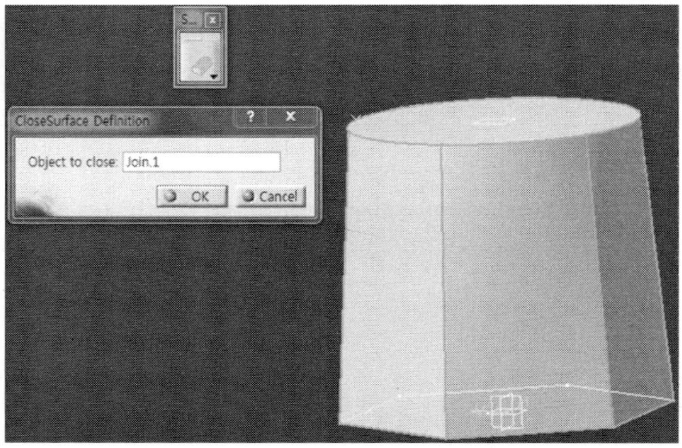


다음과 같이 Tools → Hide → All Surfaces 선택하면 덩어리 형태만 나타나며 이를 통해 도면을 완성한 것을 확인할 수 있다.

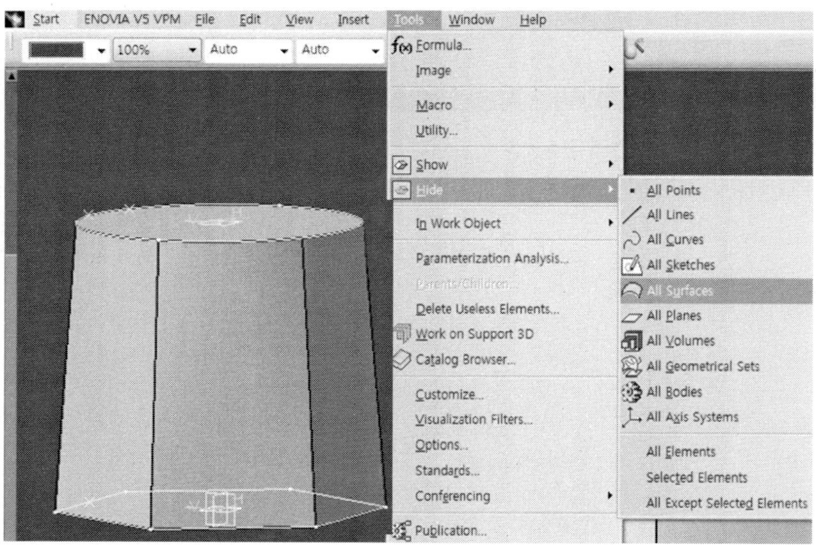

## 따라하기 2 Join을 이용한 Surface 생성Ⅱ Join , Fill

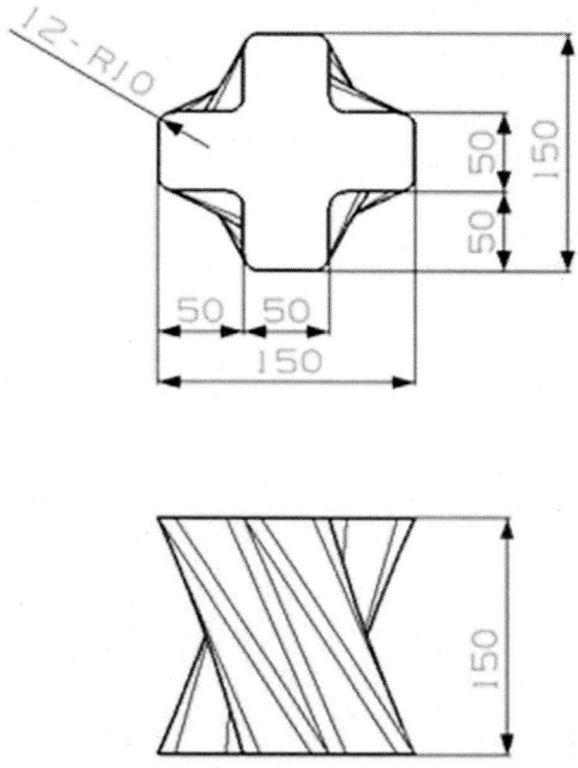


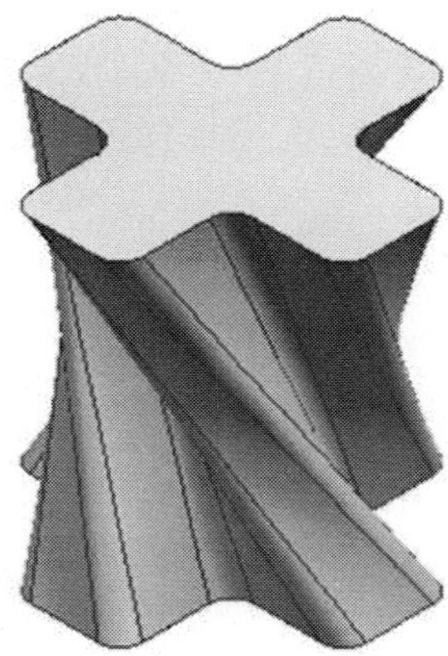

### 1) 기본 모양 모델링하기

Start → Part Design으로 입장한다.

✓ sketcher 아이콘을 click 후, 단면을 그릴 2D(xy평면)를 선택 (순서를 바꿔도 됨)한다. 한변의 길이가 150이며 원점을 중심으로 양변이 Symmetry한 십자가 모양을 다음 스케치와 같이 그린다.

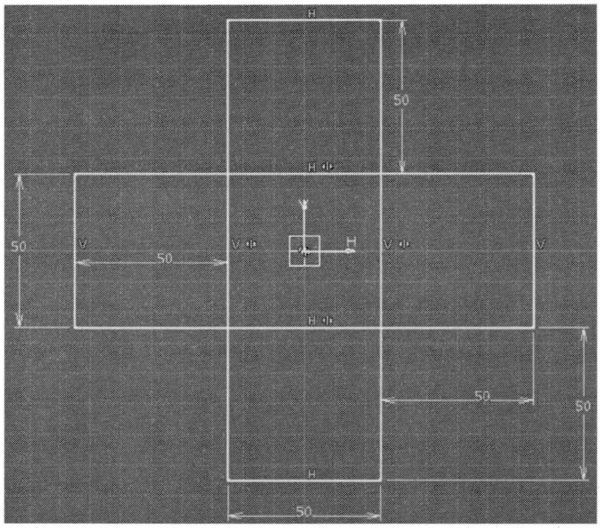

✓ 코너 부위를 R10으로 부드럽게 깎아주고 가운데 불필요한 부분을 Quick Trim으로 다음 그림과 같이 지운다.

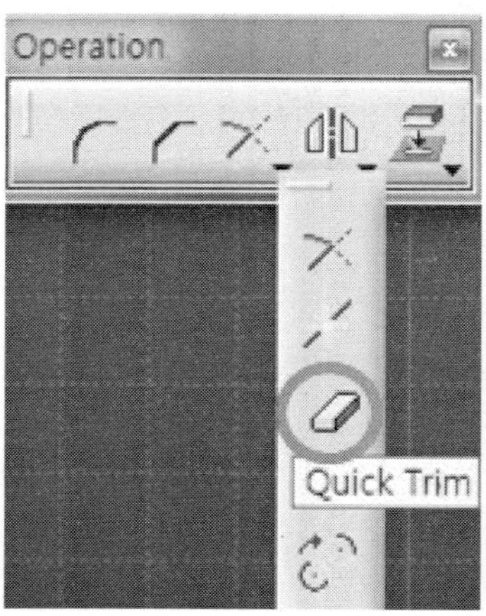


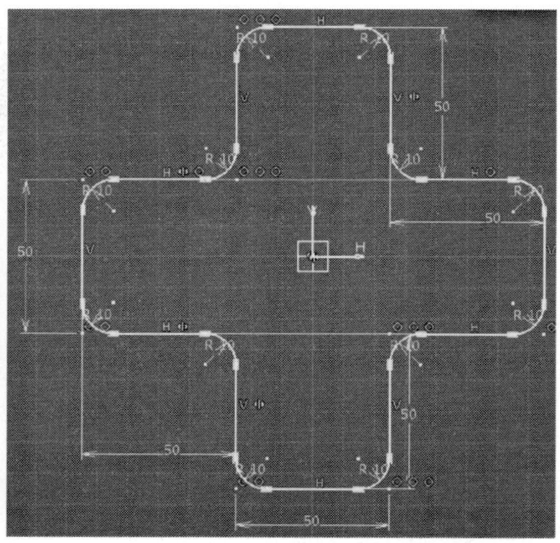

## 2) 신규 Plane 생성

Reference Elements (Extended) 툴바의 세 번 째 아이콘인 Plane을 다음과 같이 클릭하여 Plane type을 Offset from plane로 설정 후 Reference를 xy plane을 선택하고 Offset 거리를 150 mm로 설정하고 OK 버튼 클릭하면 다음 그림과 같이 새 Plane이 생성된다.

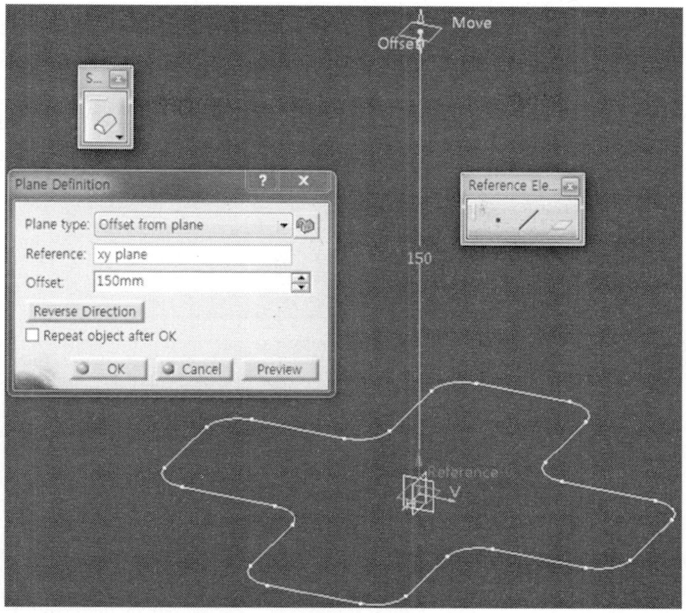


### 3) Project 3D Element 스케치

새로이 생성된 xy plane에서 150mm 떨어진 Plane을 클릭하여 다시 스케치 워크벤치로 입장하여 다음과 같이 Project 3D Element 선택 후 만든 Cross 형상을 선택하여 다음 그림과 같이 투영시킨다.

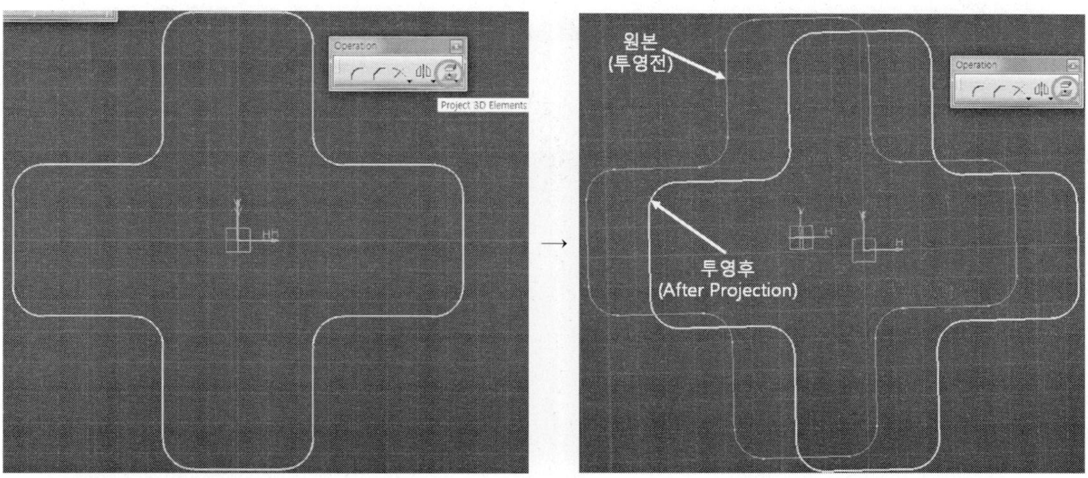


스케치 워크벤치를 빠져나온다.

Start → Wireframe & Surface Design으로 입장한다.

### 4) Multi-Sections Surface 생성

Surfaces 툴바의 8번 째 아이콘인 Multi-Sections Surface Definition 아이콘을 클릭하면 다음의 정의창이 나타나며 스케치를 선택해준다. 이 때 Closing Point를 선택해 주는 것이 중요한데 서로 꽈베기 모양으로 90도 각도로 엇갈리게 Point를 선택해주고 OK 버튼을 클릭한다.

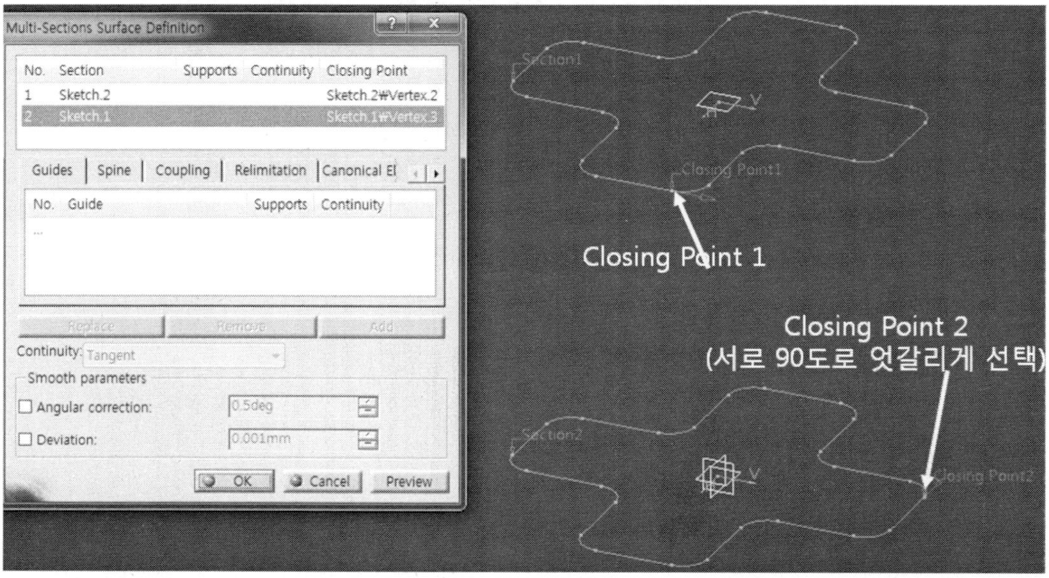


다음의 형상이 Surface로 생성된다.

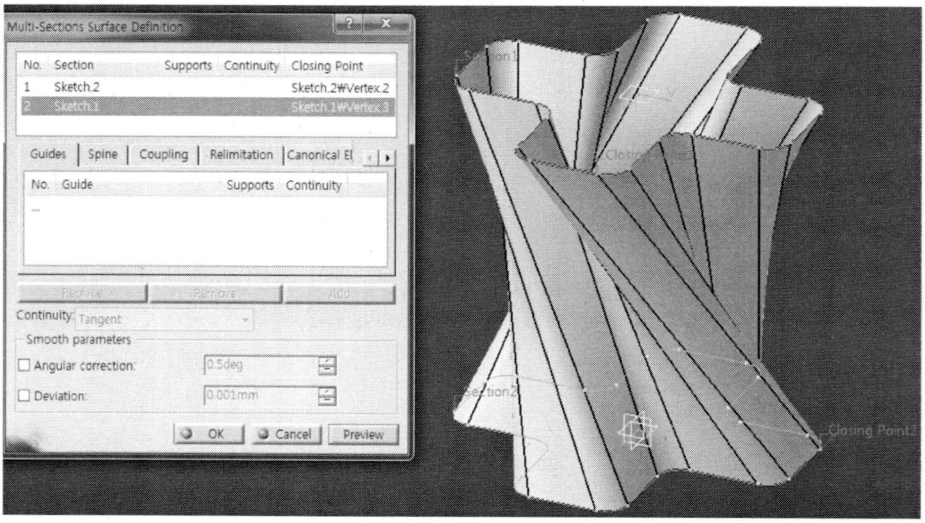

## 5) Fill로 속 채우기

이후 다음과 같이 Surfaces 툴바의 7번 째 아이콘인 Fill을 선택하여 윗면과 바닥면의 스케치를 각각 선택하며 순서대로 채운다.

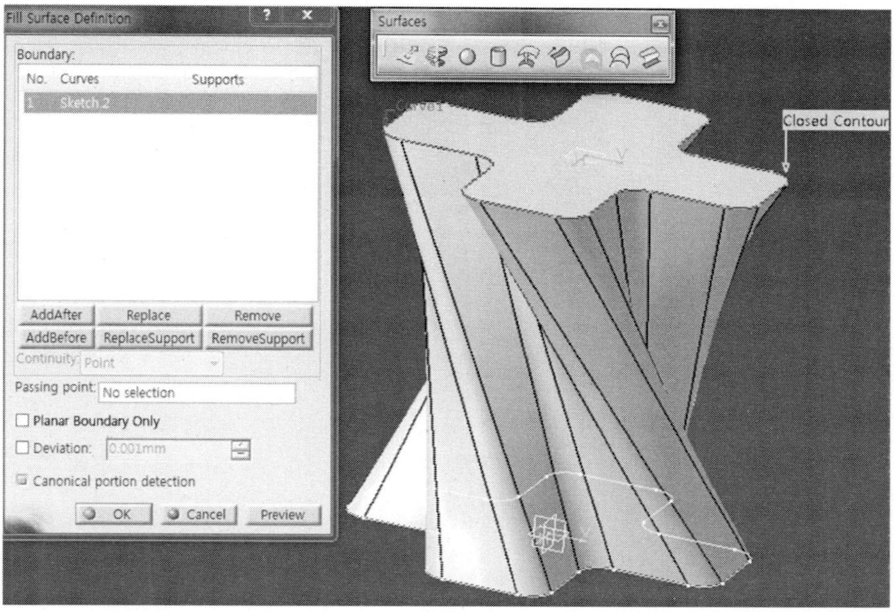


## 6) Join으로 Surface끼리 한 Surface로 묶어주기

Operation 툴바의 첫 번째 Join 아이콘을 클릭하여 정의창이 나타나면 앞서 만든 윗면(Fill.1), 아랫면(Fill.2) 및 옆면(Multi-Sections Surface.1)을 선택하여 하나의 Surface로 묶어준다.

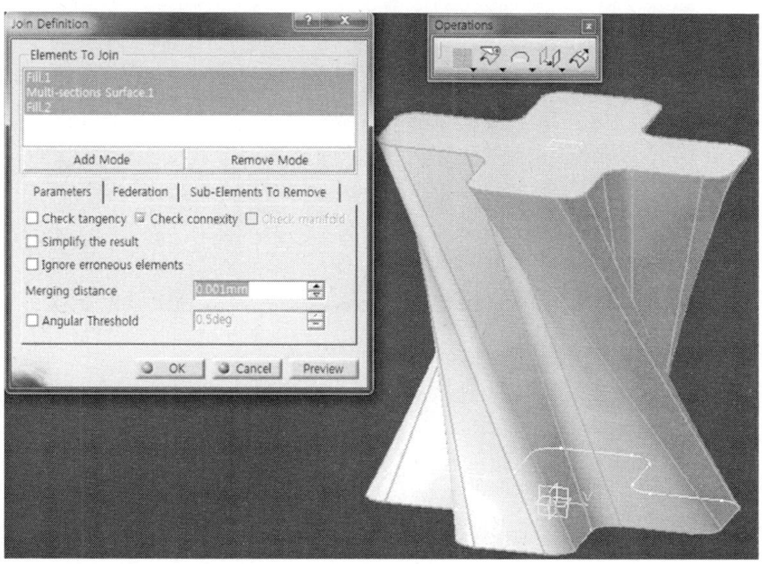


Start → Part Design으로 입장한다.

### 7) Close Surface

Surface 툴바의 삼각형 모양을 선택하면 Close Surface 아이콘이 나타나며 이를 선택하여 정의창에 앞서 1개의 Surface로 합친 Join.1을 선택 후 OK 클릭 한다.

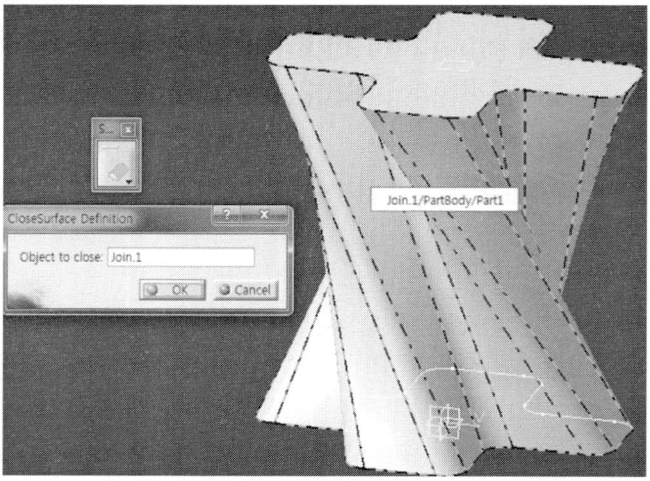


다음과 같이 Tools → Hide → All Surfaces 선택하면 덩어리 형태만 나타나며 이를 통해 도면을 완성한 것을 확인할 수 있다.

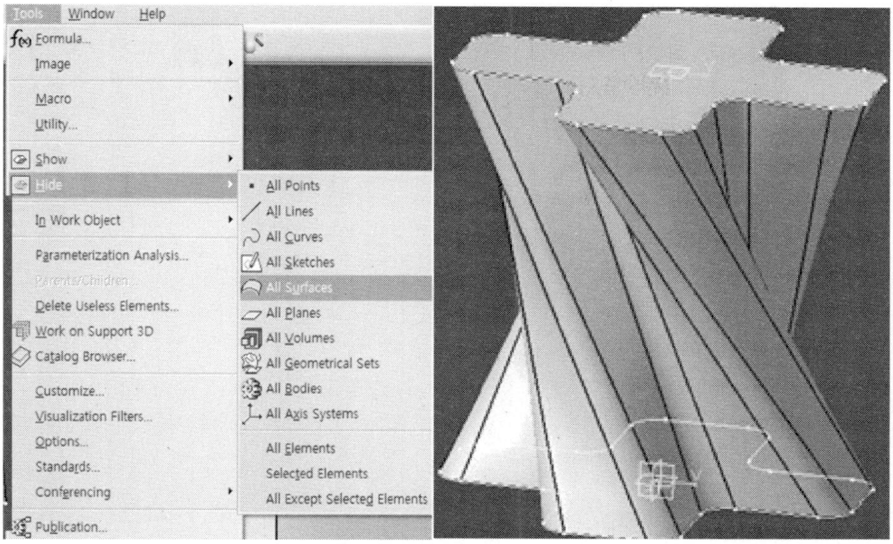
Tools
Window
Help
Formula...
Image
Macro
Utility...
Show
Hide
In Work Object
Parameterization Analysis...
Parents/Children...
Delete Useless Elements...
Work on Support 3D
Catalog Browser...
Customize...
Visualization Filters...
Options...
Standards...
Conferencing
Publication...
All Points
All Lines
All Curves
All Sketches
All Surfaces
All Planes
All Volumes
All Geometrical Sets
All Bodies
All Axis Systems
All Elements
Selected Elements
All Except Selected Elements

## 따라하기 3 물병 그리기

Join , Extrude Revolve

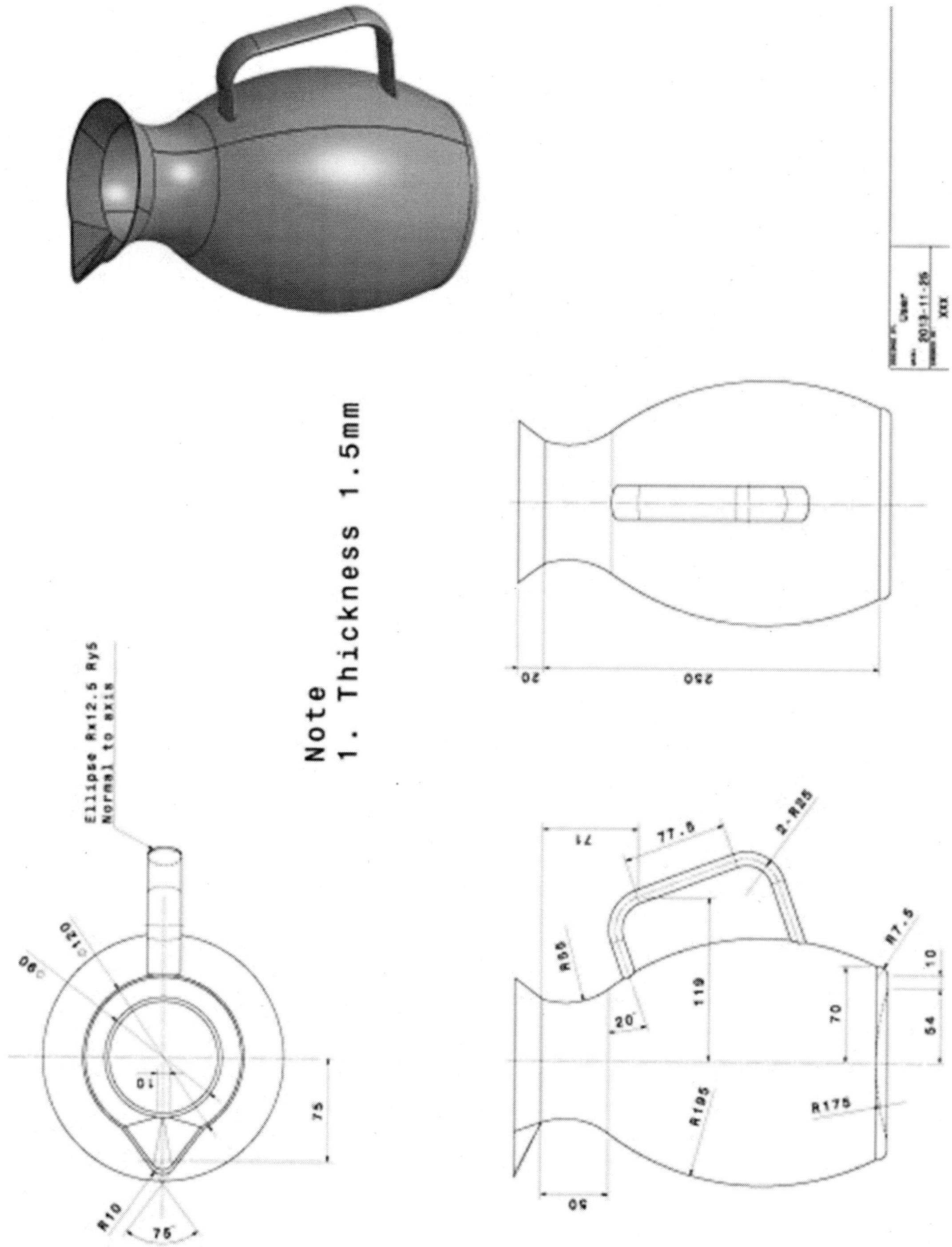

### 1) 기본 모양 모델링하기

Start → Part Design으로 입장한다.

### 2) 신규 Plane 생성

Reference Elements (Extended) 툴바의 세 번 째 아이콘인 Plane을 다음과 같이 클릭하여 Plane type을 Offset from plane로 설정 후 Reference를 xy plane을 선택하고 Offset 거리를 250 mm, 270 mm로 2개 설정하고 OK 버튼 클릭하면 다음 그림과 같이 새 Plane이 2개 생성된다.

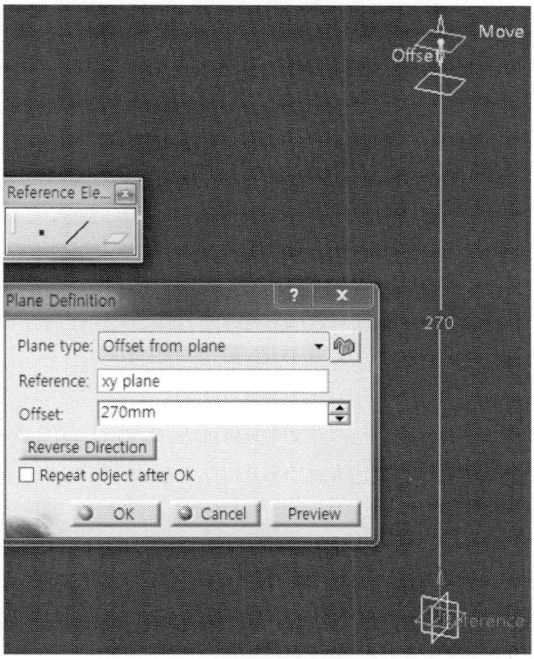


✓ 병 입구부터 그려보자. 270 mm짜리 Plane을 클릭하고 sketcher 입장 후, 원점을 중심으로 다음 스케치와 같이 그린다. 불필요한 Circle은 Operation 툴바에 있는 Trim을 이용해 제거한다.

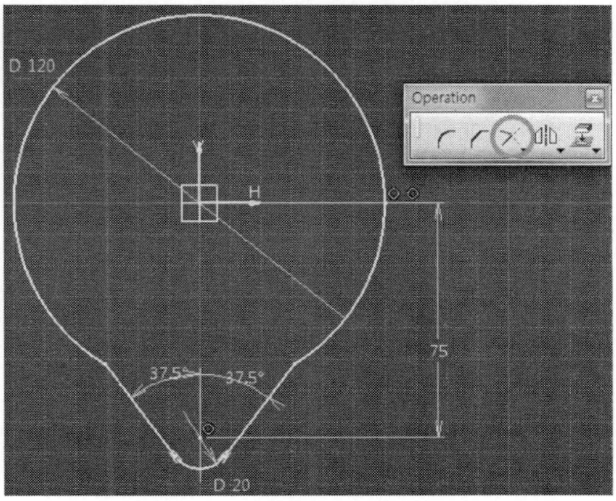

✓ 250 mm짜리 Plane을 클릭하고 sketcher 입장 후, 원점을 중심으로 다음 스케치와 같이 그린다. 반지름 45 mm인 Circle을 생성시키고 간격이 10 mm인 Point를 2개 Circle Line 상에 일치(Coincidency) 하게 생성시킨다.

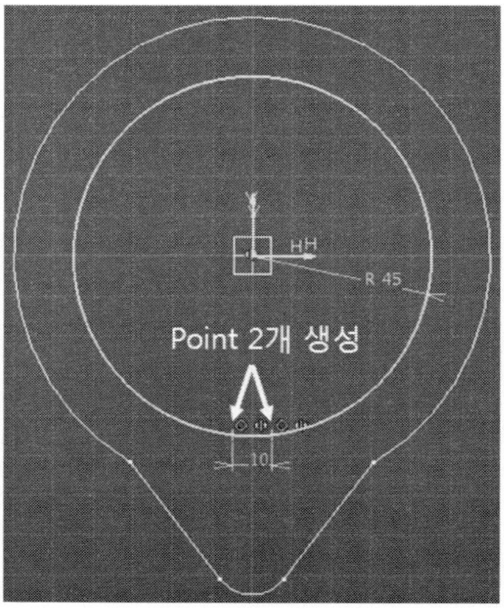


## 3) Multi-Sections Surface 생성

Wireframe & Surface Design 메뉴로 이동하여 Surfaces 툴바의 8번 째 아이콘인 Multi-Sections Surface Definition 아이콘을 클릭하면 다음의 정의창이 나타나며 스케치 2개를 선택해준다. 이때 Coupling 메뉴를 선택하여 Add 클릭 후 Couple이 되는 Point 2개씩(Guide Line 만들기)을 하기와 같이 엇갈리지 않게 선택해주고 OK 버튼을 클릭한다.

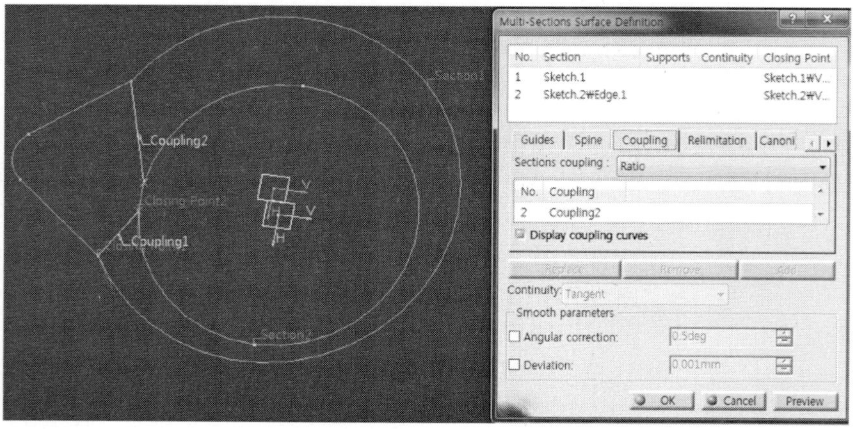


다음과 같이 물병 입구 형상이 Surface로 생성된다.

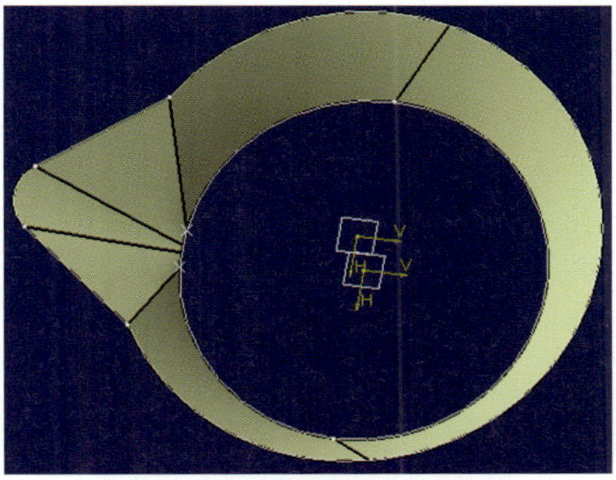

### 4) 물병 Body 만들기

✓ yz plane 선택하여 스케치 워크벤치로 입장하여 다음과 같이 스케치 한다.

물병의 오른쪽 Body 윗부분은 R55로, 중하단부는 R195로 Three Point Arc를 이용해 작도한다. Body의 상부 끝부분은 먼저 그렸던 물병 입구 하단부에서 Projection 시켜 Line을 하나 만들어 Coincidency를 이용해 일치 시킨다.

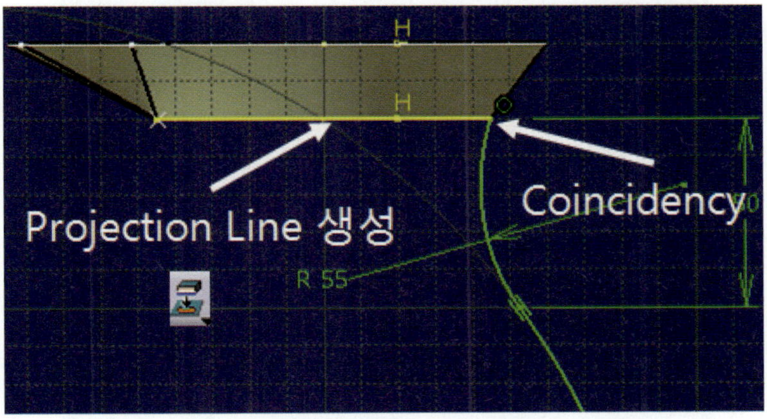

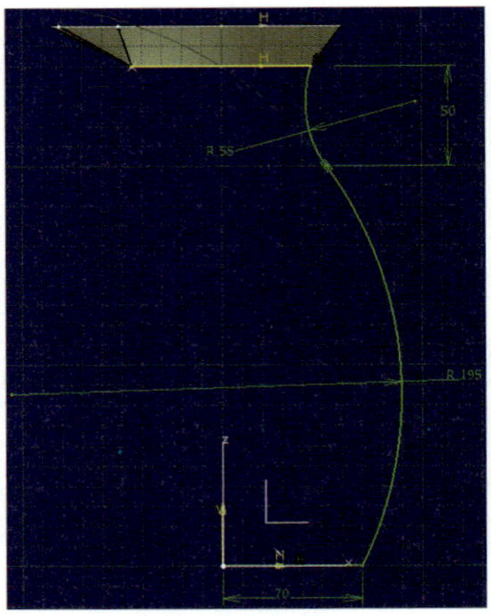

## 5) Revolve 이용해 Body Surface 생성하기

Surfaces 툴바의 두 번 째 아이콘인 Revolve 클릭하여 정의창이 나타나면 Revolution axis에 Z axis를 선택하고 Angular Limits메뉴 중 Angle 1에 360도를 입력하면 다음과 같이 Body가 생성된다.

## 6) 물병 하단 바닥 지지부 생성하기

xz Plane 선택하여 스케치 워크벤치로 입장하여 다음 그림과 같이 스케치 한다. R7.5, R175인 코너와 길이 10 mm인 직선을 다음과 같이 그려준다. 앞서와 마찬가기로 Revolve를 이용해 바닥면을 완성한다.

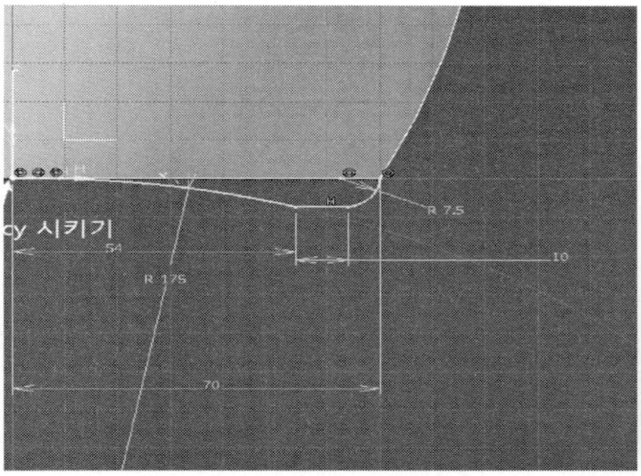


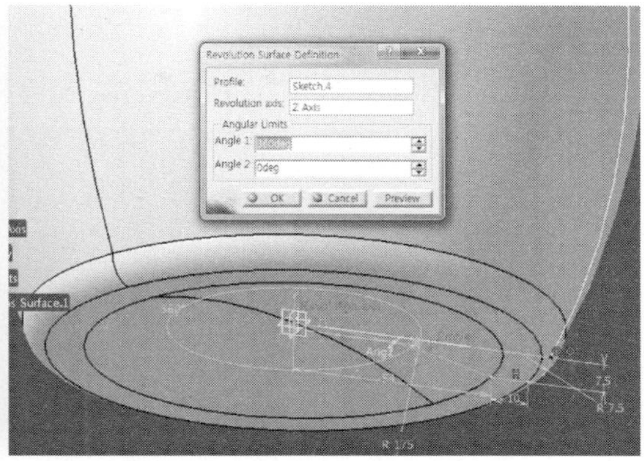


## 7) Join으로 Surface끼리 한 Surface로 묶어주기

Operation 툴바의 첫 번째 Join 아이콘을 클릭하여 정의창이 나타나면 앞서 Revolve로 만든 Body (Revolute.1), 바닥면(Revolute.2) 및 물병 입구(Multi-sections Surface.1) 총 3개의 Surface를 한 개로 묶어준다.

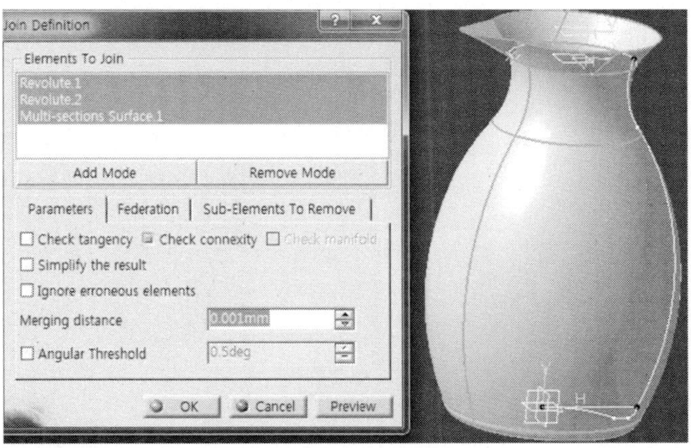

### 8) 물병 손잡이 만들기

yz Plane 선택하여 스케치 워크벤치로 입장하여 다음과 같이 스케치 한다.

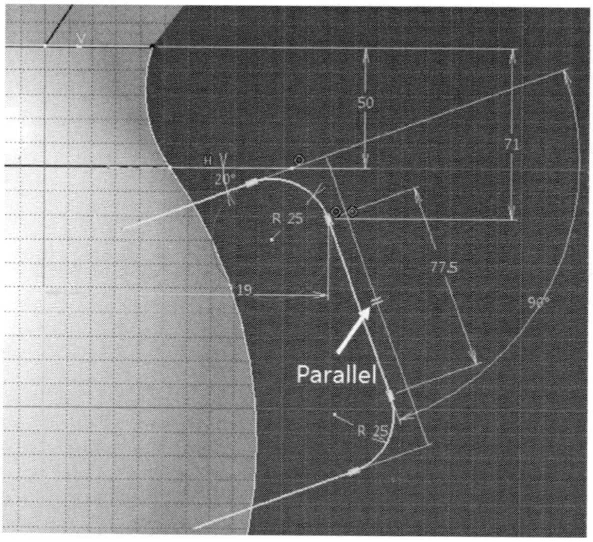


Sketcher를 빠져나와 Wireframe 툴바 3번째 아이콘인 Plane 클릭하면 다음의 정의창이 나타난다. Plane type을 Normal to curve로 선택하고, Curve를 앞서 그린 Sketch.5를 지정 후 Point를 손잡이 윗부분 시작점을 다음과 같이 선택하고 OK를 클릭 한다.

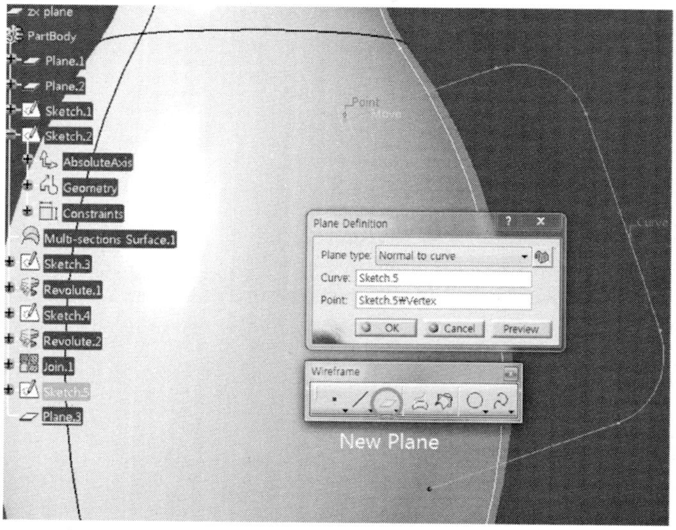


New Plane 선택하여 Sketcher로 입장후 타원을 작도하는데 긴쪽에 25를 짧은 쪽에 10mm를 다음과 같이 입력하고 타원의 중심을 앞서 만든 Point와 일치시킨다. 단반경 선택 시 구속조건을 두 번 클릭하고 마우스 3번 버튼을 클릭하면 단반경(semiminor axis) 선택이 가능하다.

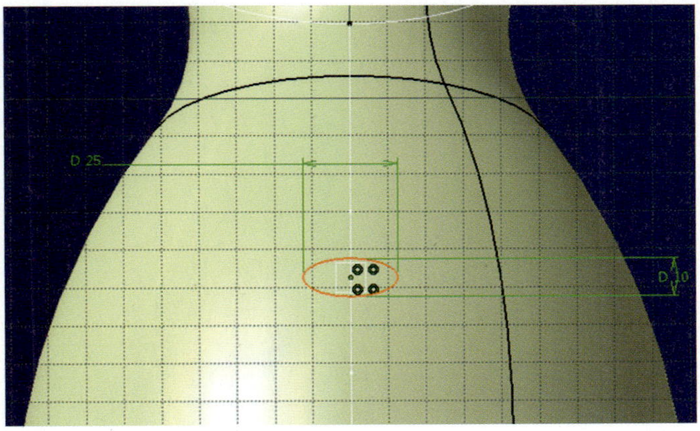


Surfaces 툴바 6번 째 아이콘인 Sweep 클릭하여 다음의 정의창이 나타나면 Profile을 앞서 8)에서 그린 타원을 선택하고 Guide curve는 앞서 7)에서 그린 손잡이를 선택하고 OK클릭하면 다음과 같이 손잡이가 완성된다.

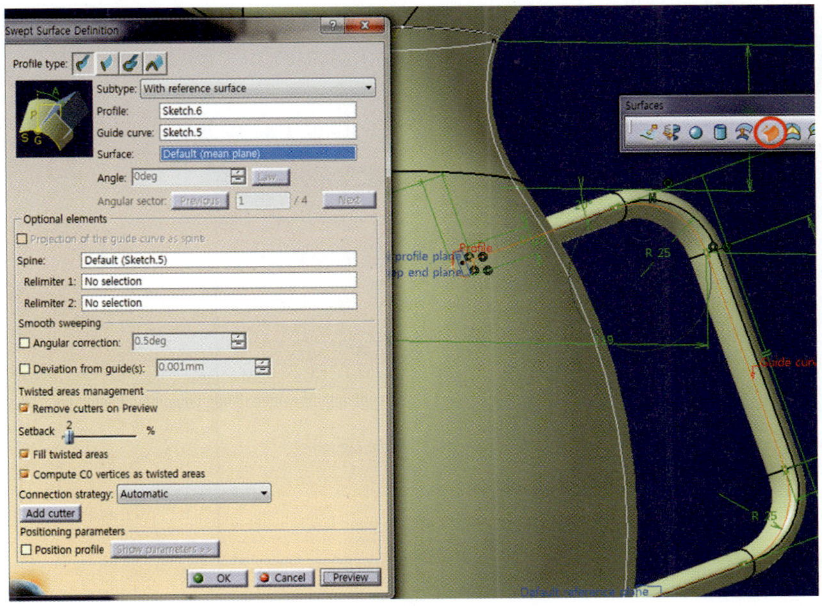


Operation 툴바에 있는 Trim을 활용하여 손잡이 끝단부를 물병 Body 표면에 맞게 잘라준다. 앞서 생성된 물통 Body (Join.1)와 타원단면을 이용해 생성한 손잡이(Sweep.1)를 선택해준다. Other side를 클릭하면 Trim할 Element를 바꿀 수 있다.

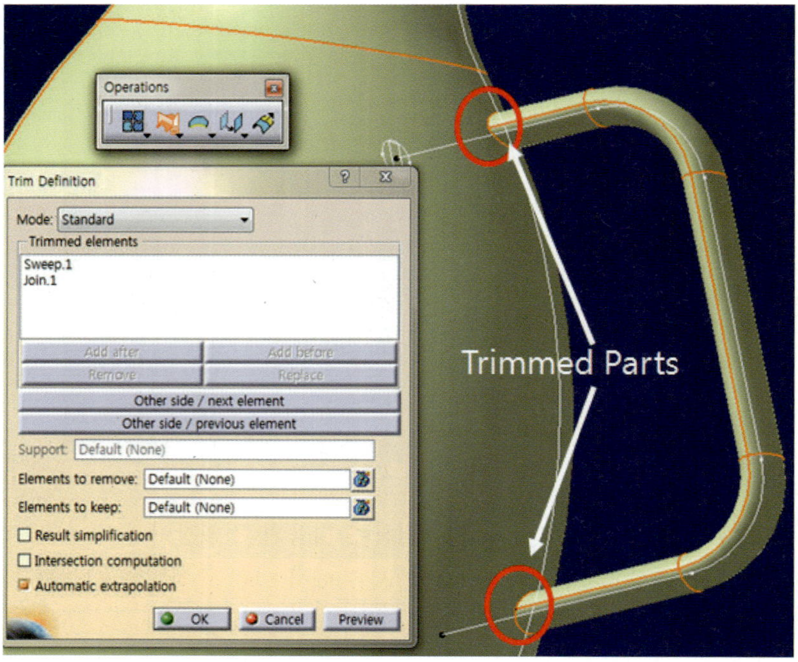


9) Close Surface

Start → Part Design으로 이동한다.

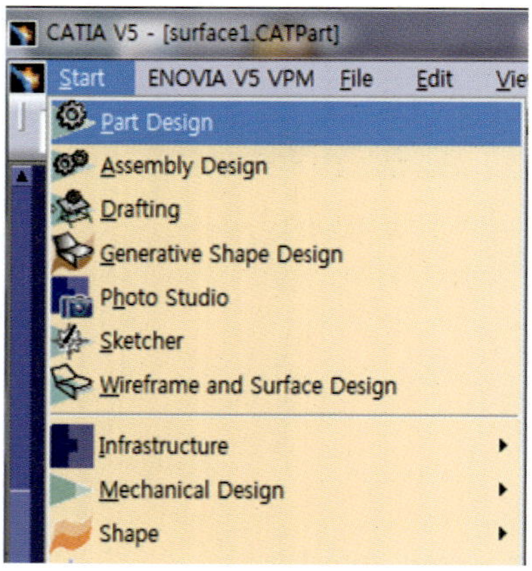


Surface 툴바의 삼각형 모양을 선택하면 Close Surface 아이콘이 나타나며 이를 선택하여 정의창에 앞서 Body와 손잡이를 Trimming 시켜 1개의 Surface로 만든것을 선택 후 OK 클릭 하면 다음의 형상으로 물병입구가 Solid로 막힌다(Close Surface). 다음과 같이 Tools--> Hide--> All Surfaces 선택하면 덩어리 형태만 나타난다.

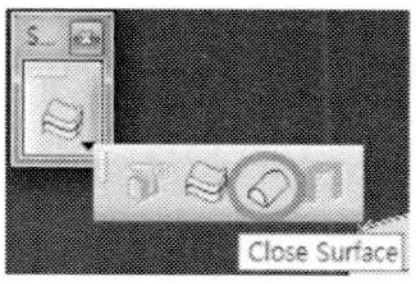


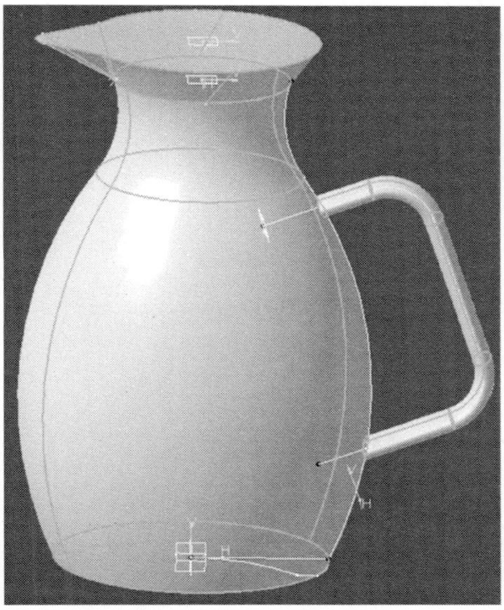

나며 이를 통해 도면을 완성한 것을 확인할 수 있다.

## 10) 벽두께 주기

Dress-Up Features 툴바의 4번 째 아이콘인 Shell을 클릭하여 정의창이 나타나면 안쪽두께를 1.5 mm, 제거할 면을 병 입구 부분면을 선택해주고 OK 버튼을 클릭하면 속이 빈 벽두께 1.5 mm짜리 물병이 완성되는 것을 알 수 있다.

## 따라하기 4 캐찹병 그리기

Join , Extrude Revolve

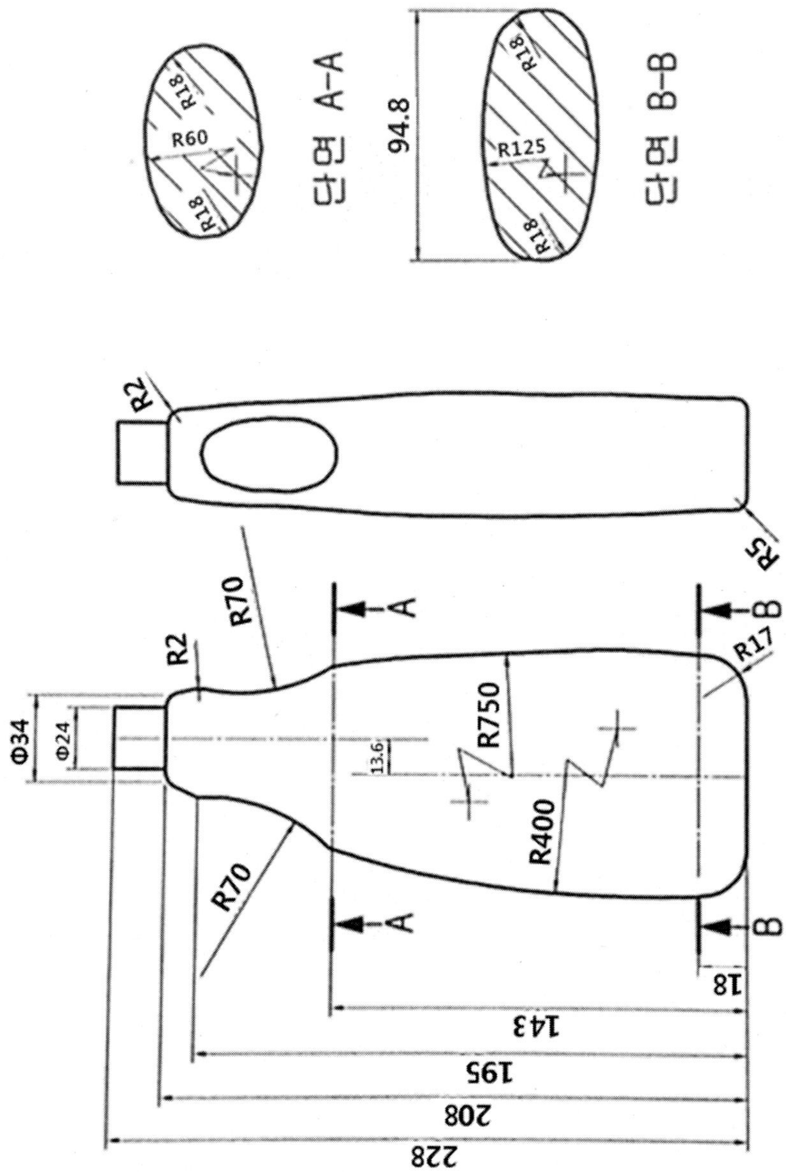


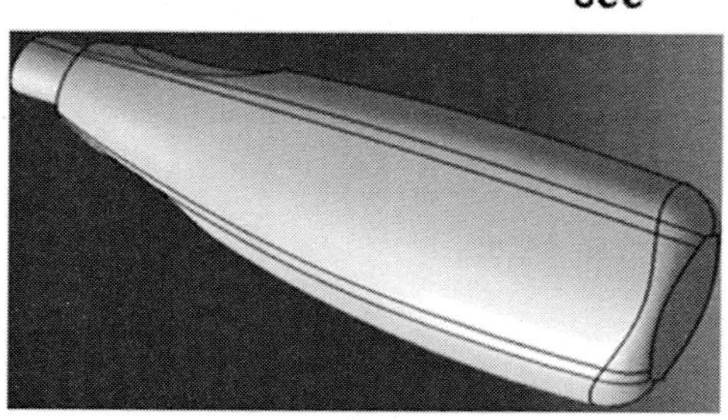

## 1) 기본 모양 모델링하기

Start → Wireframe & Surface Design으로 입장한다.

yz plane을 스케치 워크벤치로 입장한다. 다음과 같이 도면을 작성하고 구속조건을 부여한다.

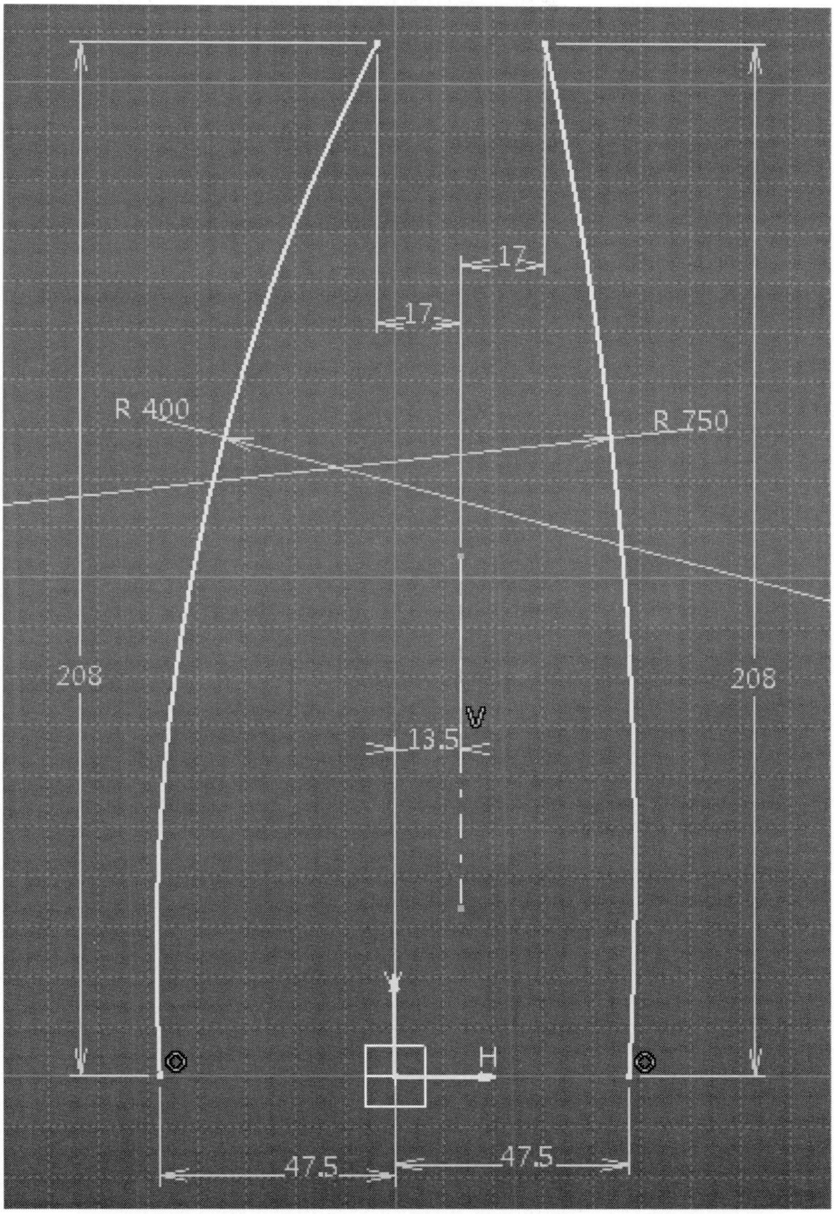


✓ 4개의 Intersection Points를 그려보자.

먼저 Profile에 있는 Three Point Arc를 선택하여 2개의 호를 임의로 그려준다.

✓ 2개의 호가 교차하는 4교차점에 다음의 Point by Clicking 클릭하여 교차점 4개를 선택해 준다.

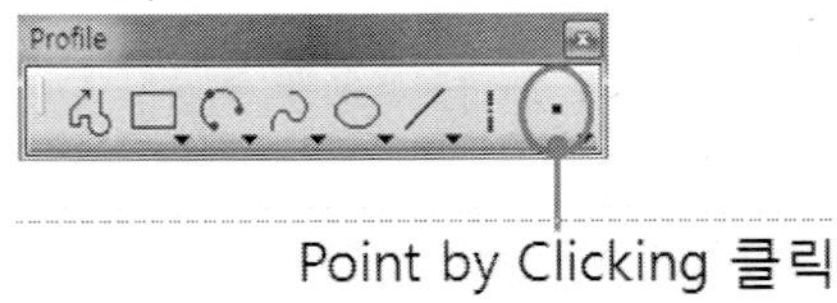


각 교차점의 위치를 다음의 치수로 구속한다.

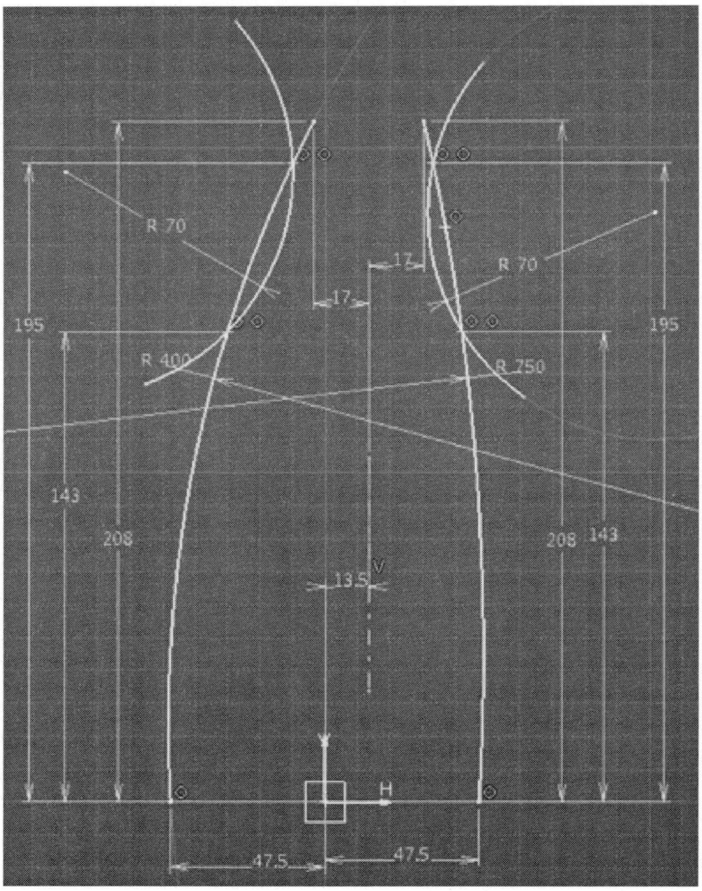

### 2) 스케치1을 4개의 별도 스케치로 분리(추출; Extract) 하기.

스케치 워크벤치를 빠져나온다. 이제는 앞서 스케치한 4개의 선들을 각각 따로 스케치 한 것처럼 추출하기 위하여 먼저 ①번 호를 다음과 같이 선택한다. 선택된 호의 색상이 주황색으로 바뀐다. Operation 툴바에서 3번 째에 위치한 Boundary 밑 화살표를 클릭하면 Extract 메뉴가 하기와 같이 나오는데 이를 클릭한다.

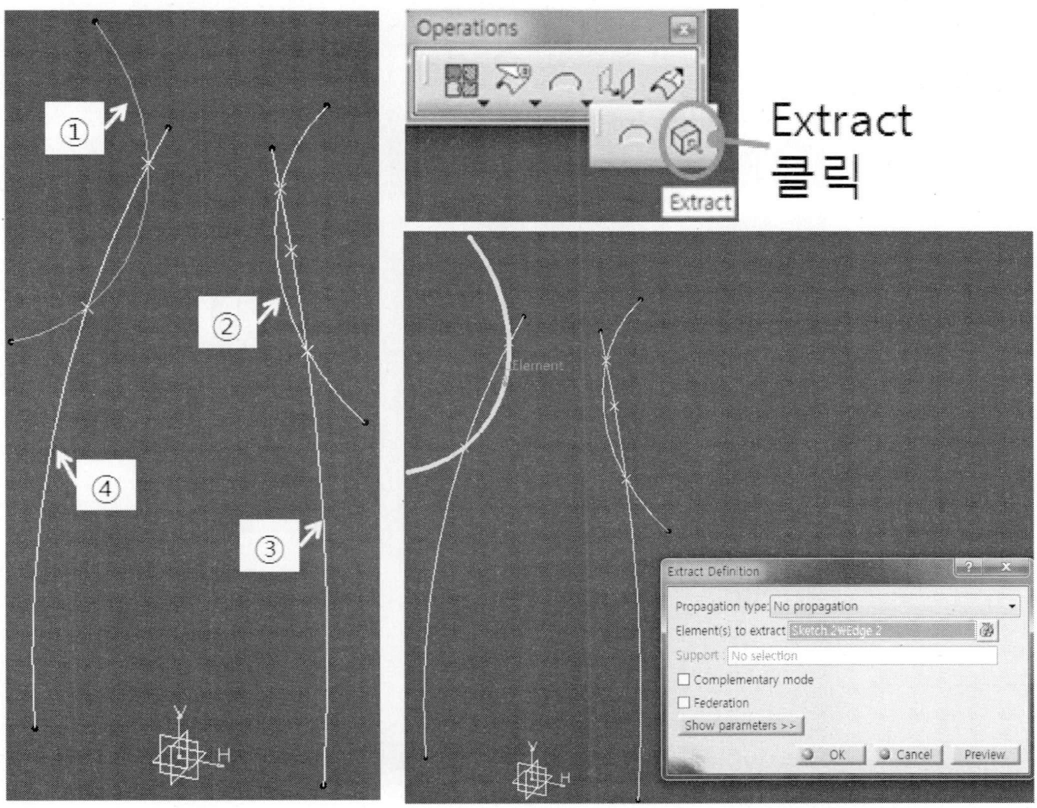


동일한 방법으로 ②번, ③번, ④번 호도 모두 Extract 시켜 각 4개의 호가 별개의 스케치로 분리되도록 만든다.

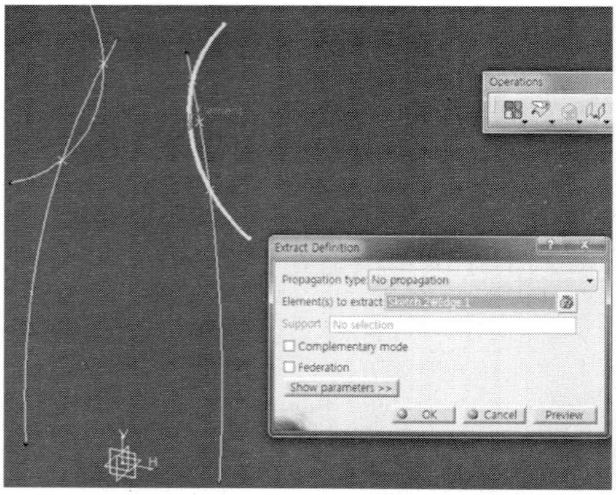
Operations
Element
Extract Definition
Propagation type: No propagation
Element(s) to extract: Sketch.2₩Edge.1
Support : No selection
Complementary mode
Federation
Show parameters >>
OK
Cancel
Preview

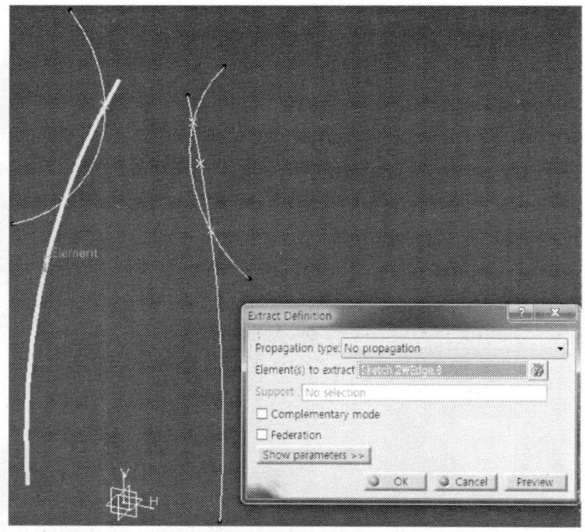
Element
Extract Definition
Propagation type: No propagation
Element(s) to extract: Sketch.2₩Edge.3
Support : No selection
Complementary mode
Federation
Show parameters >>
OK
Cancel
Preview

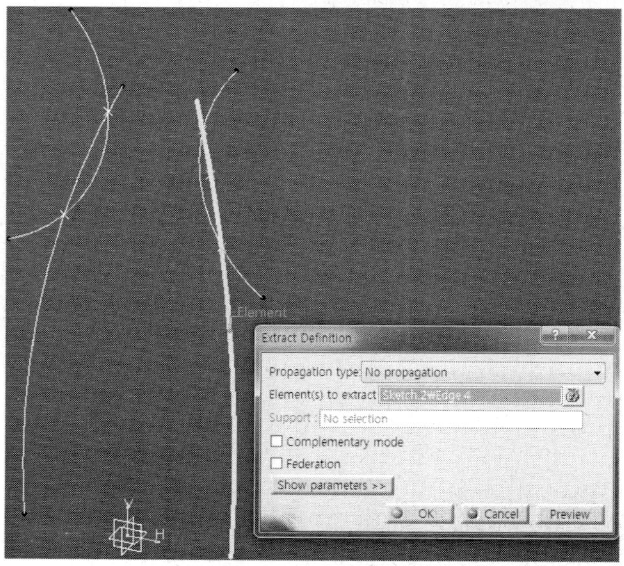
Element
Extract Definition
Propagation type: No propagation
Element(s) to extract: Sketch.2₩Edge.4
Support : No selection
Complementary mode
Federation
Show parameters >>
OK
Cancel
Preview

### 3) 케찹병 섹션 만들기

✓ yz plane 선택하여 스케치 워크벤치로 입장하여 다음과 같이 스케치 한다. Constraints로 일치시키고 Tangent하게 호 4개를 그린다.

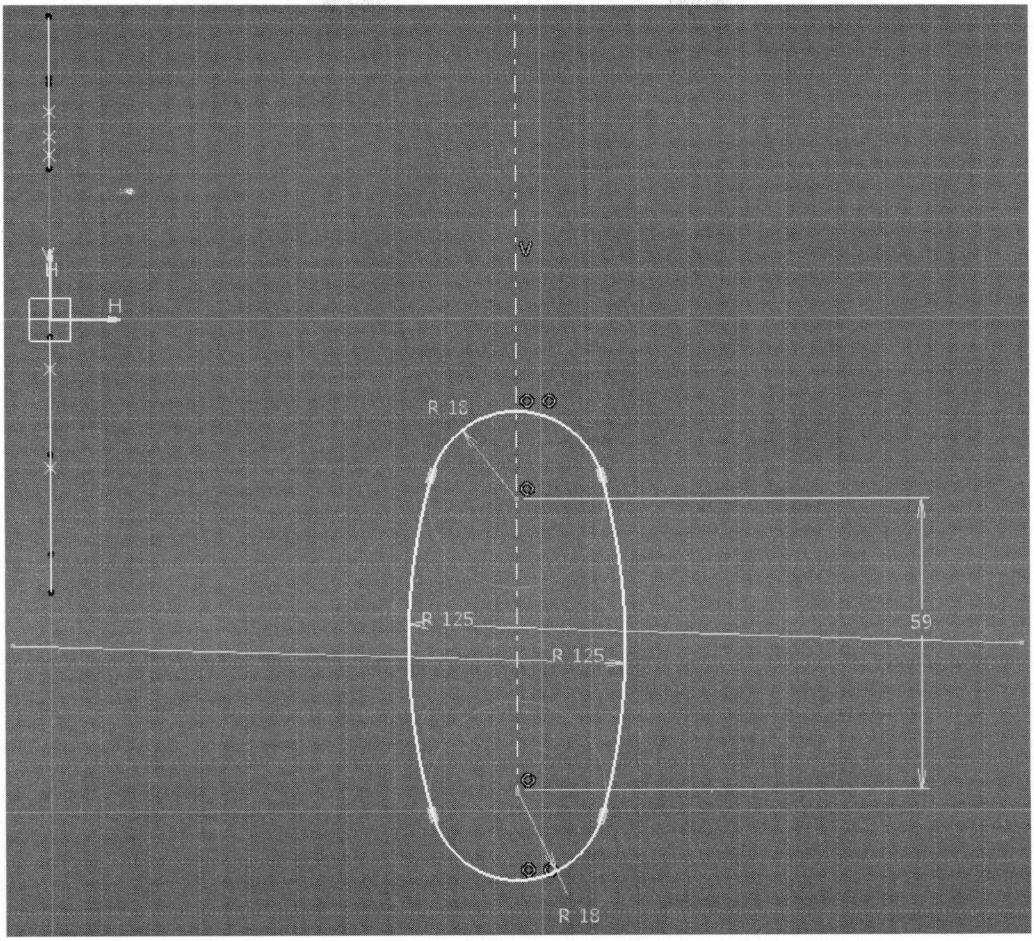


✓ 상기 그림을 케찹병 몸체와 다음과 같이 일치시킨다. 스케치 화면을 약간 회전시키면 다음 그림과 같이 케찹병 몸체 부분이 잘 보인다. R125인 호의 중심점과 H벡터를 일치시키면 위치구속이 완성된다.

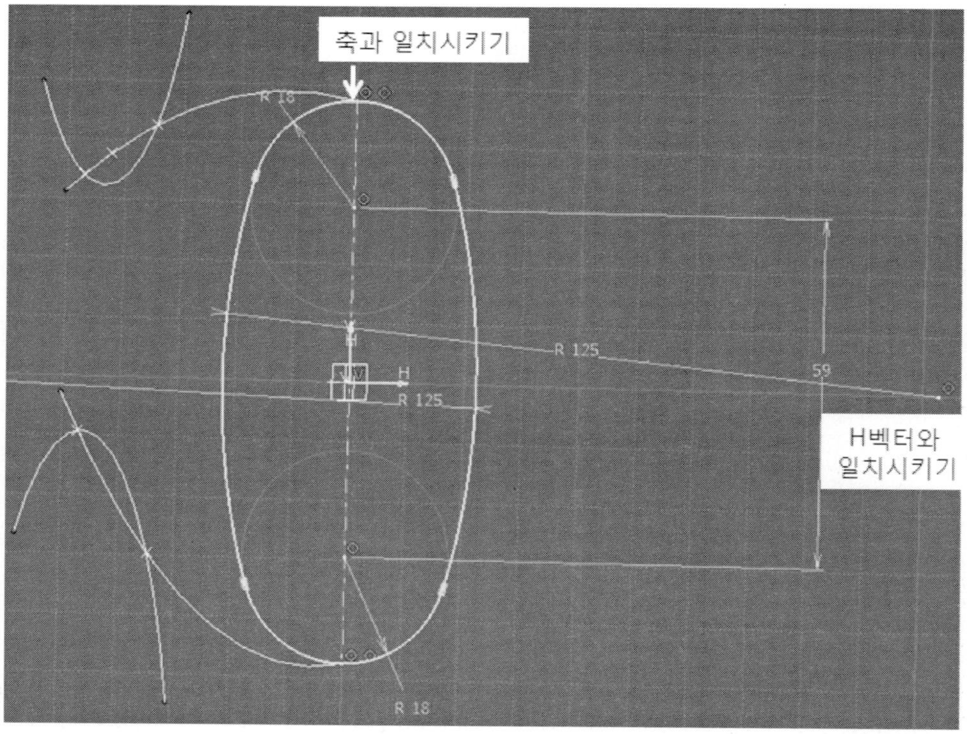


다음과 같이 타원의 반쪽만 남기고 Trim으로 지운다.

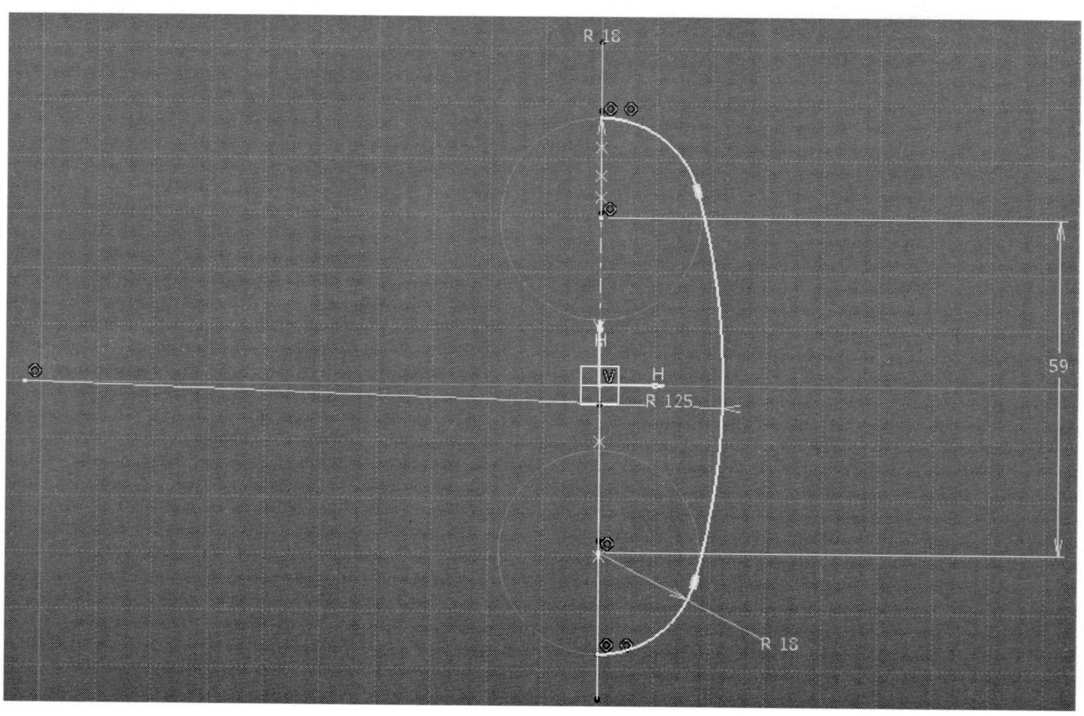

스케치 워크벤치 빠져 나와 xy-plane에서 143 mm 떨어진 곳에 새 Plane을 하나 만들고 그 Plane을 선택하여 스케치워크벤치로 입장하여 호 3개를 지닌 새 섹션을 다음 크기로 스케치 한다.

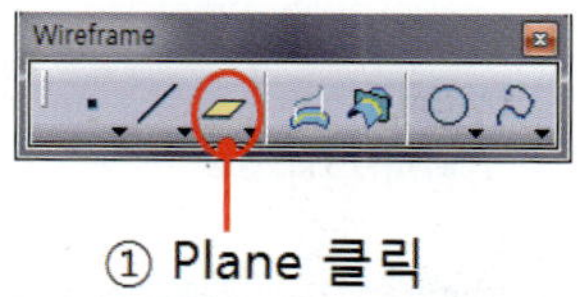


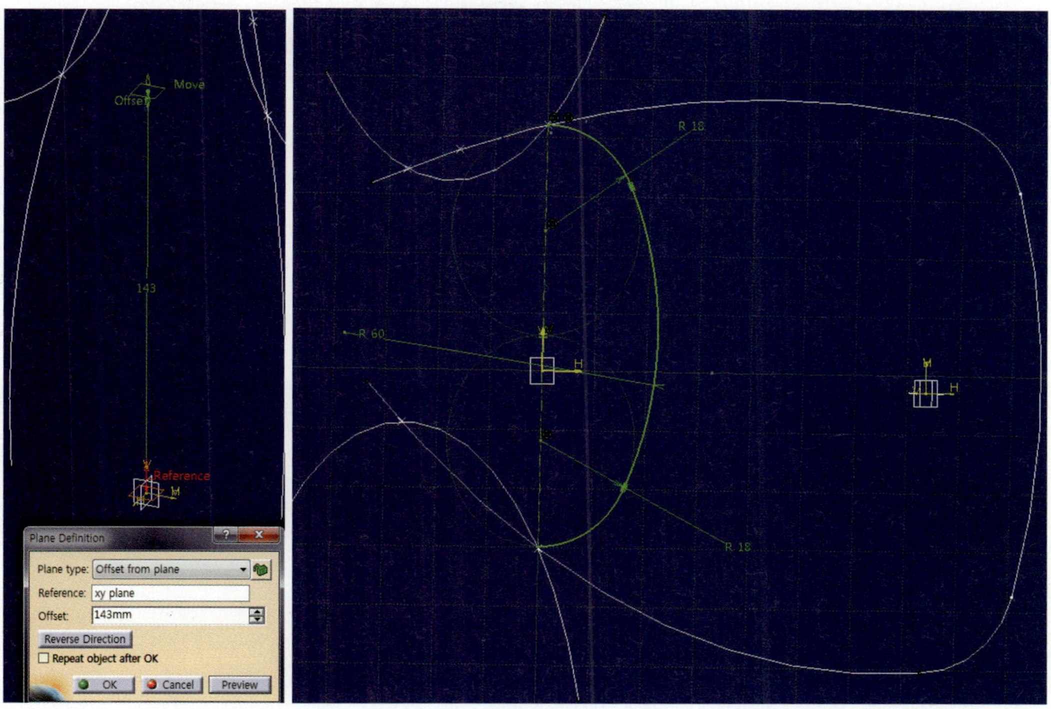


상기 그림은 스케치 화면넹서 화면을 약간 Tilting (Rotating) 시킨 것인데 이것을 다시 원위치 시키려면 Normal view 버튼  을 클릭하면 원위치 된다.

✓ 다음은 병 윗부분에 원을 그려준다. 원을 그리기 위해서는 Wireframe 툴바에 Circle을 선택해 준다. Circle 대화창이 다음과 같이 나타난다.

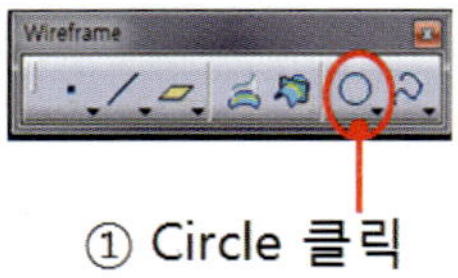


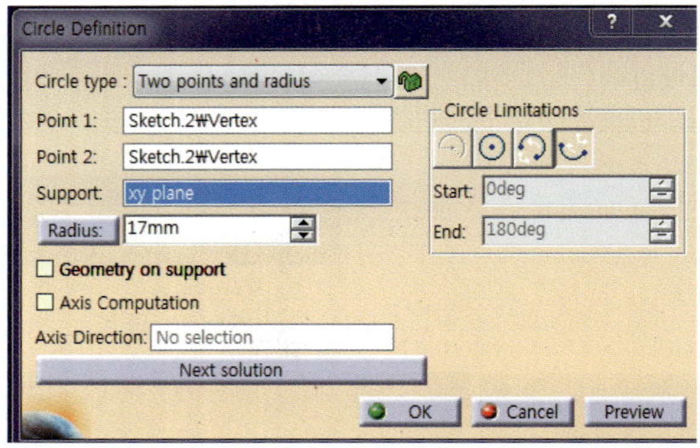


Circle type에 Two points and radius를 선택해주고 Point 1은 캐찹병 Body 맨 윗부분 Point를 선택해주고 두 번 째 Point 2는 반대편을 다음 그림과 같이 선택해 준다. Support는 xy plane을 선택해주며 반지름은 17을 입력한다. 또한 Circle Limitation은 네 번째 Complimentary Circle을 선택한다.

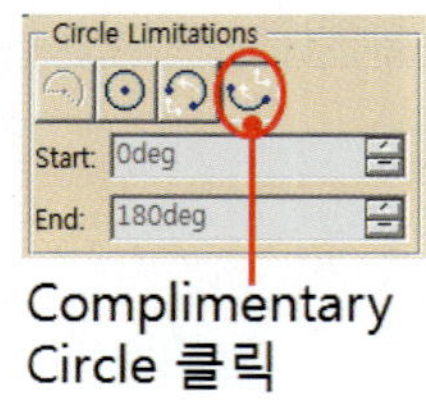


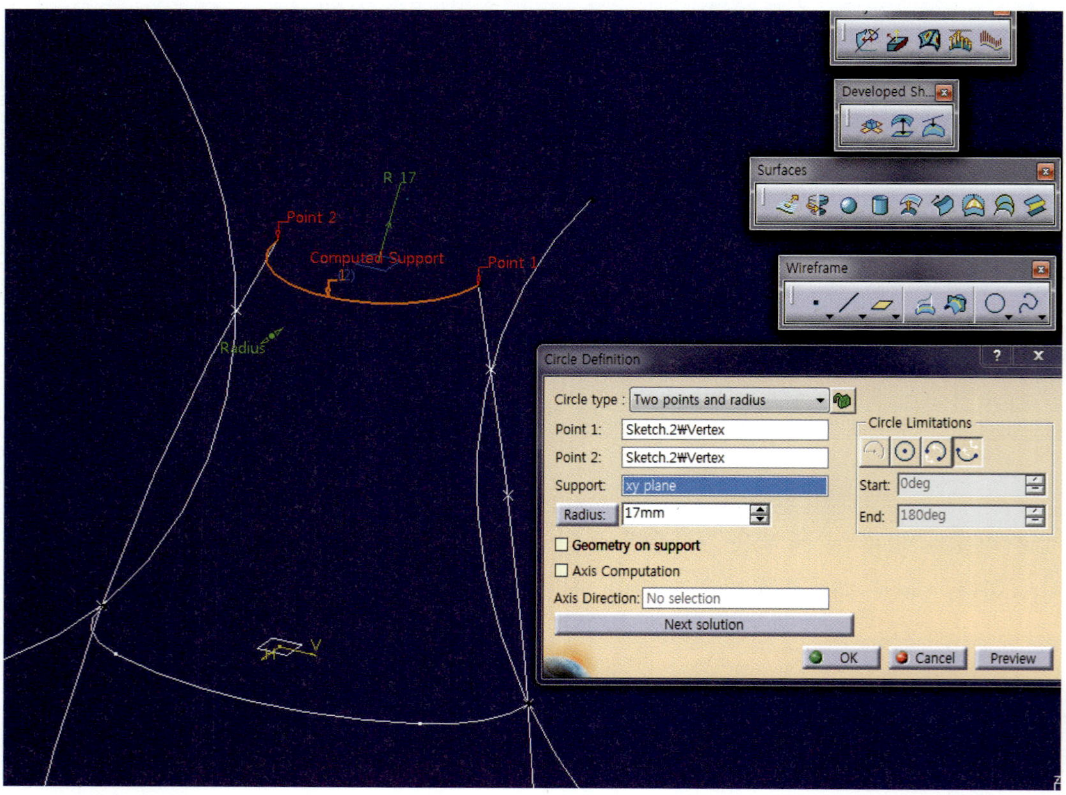

이상과 같이 캐찹병 Body 부분과 섹션부분 3개를 완성한 모습을 다음 그림에 나타내었다.

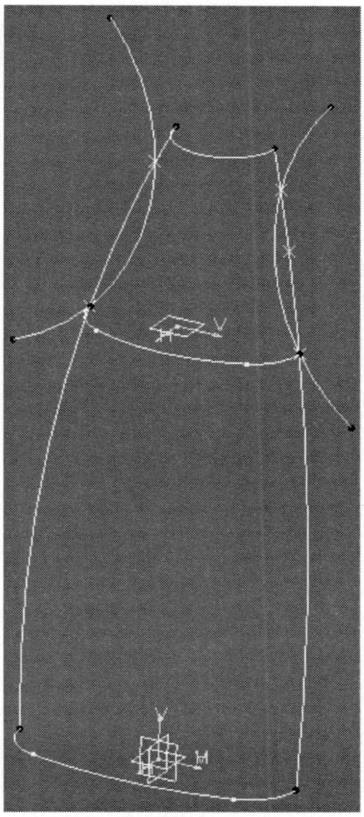

### 4) 캐찹병 Body에 Surface 입히기

이제는 캐찹병 몸체에 Surface를 입혀보자. 다음과 같이 Surfaces 툴바의 8번째 아이콘인 Multi-Sections Surface Definition (다중 섹션 서피스 정의)을 클릭하면 대화창이 나타난다.

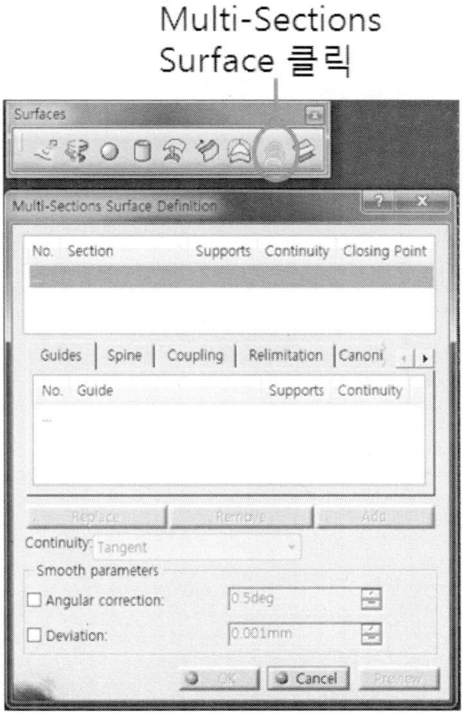

대화창에 섹션 3개와 Guide 2개를 다음 그림과 같이 선택해 준다.

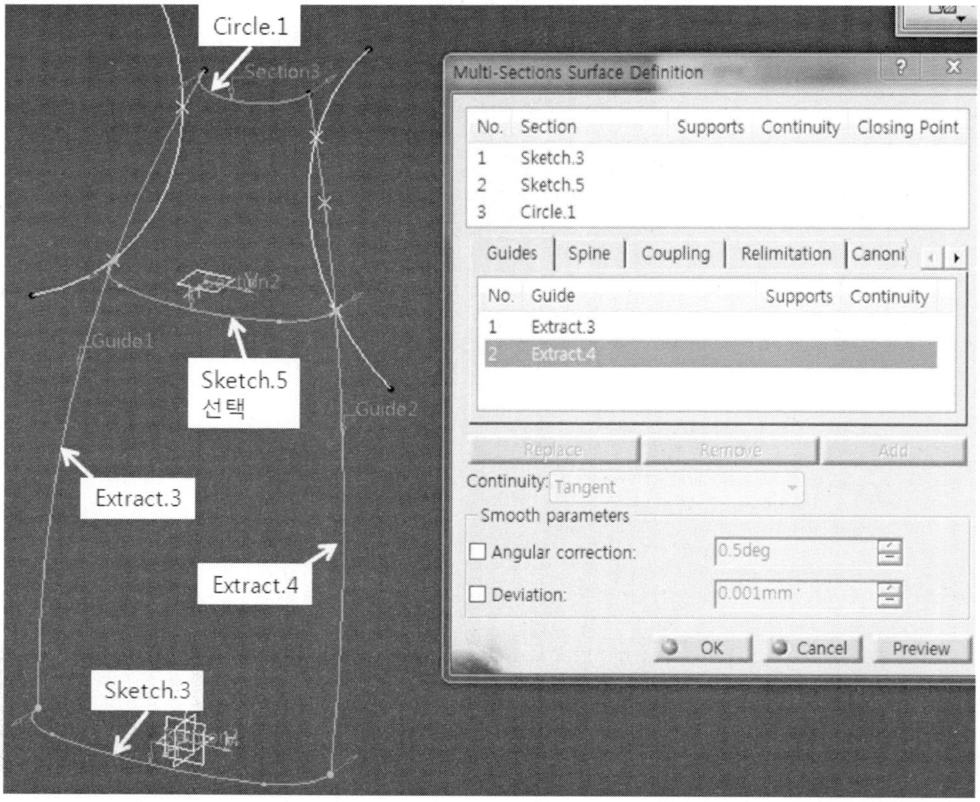


OK 클릭하면 다음과 같이 Surface가 입혀진 것을 확인할 수 있다.

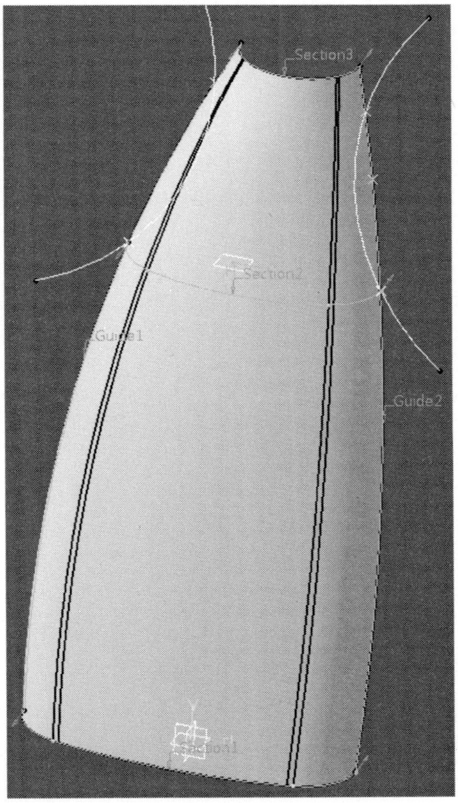


다른 면은 다음 그림에 나타낸 Operations 툴바에 있는 Symmetry (대칭)버튼 클릭하여 완성시킨다. Element는 앞서 형성한 다중 단면 서피스를 선택해주고 Reference는 yz plane을 선택한다.

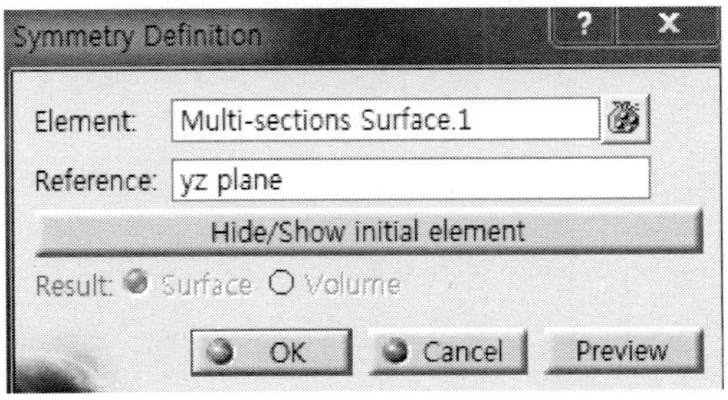

다음과 같이 대칭 Surface가 입혀진 것을 확인할 수 있다.

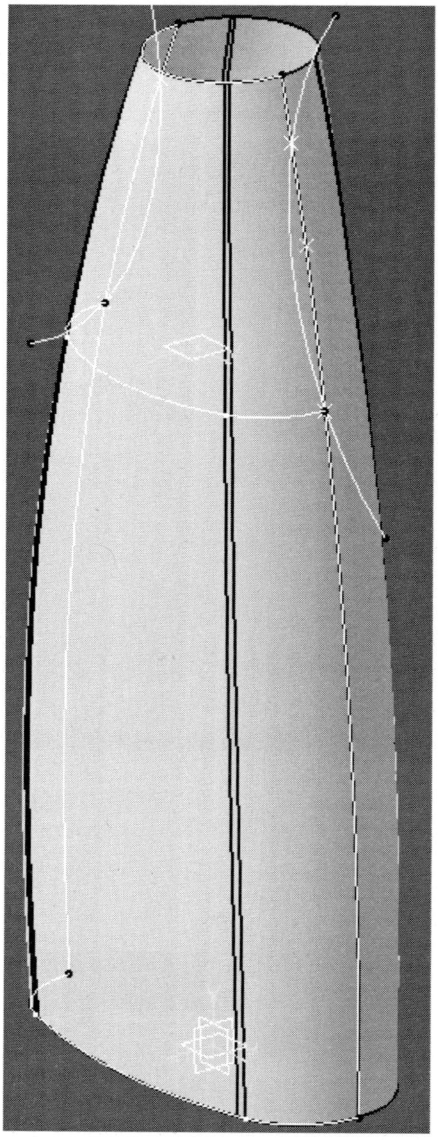

Operations 툴바의 Join 아이콘을 선택하여 앞서 대칭을 통해 만든 Surface와 Multi-Sections Surface를 결합시킨다. 다음과 같이 Elements to Join에 선택해주고 OK버튼 클릭하면 된다.

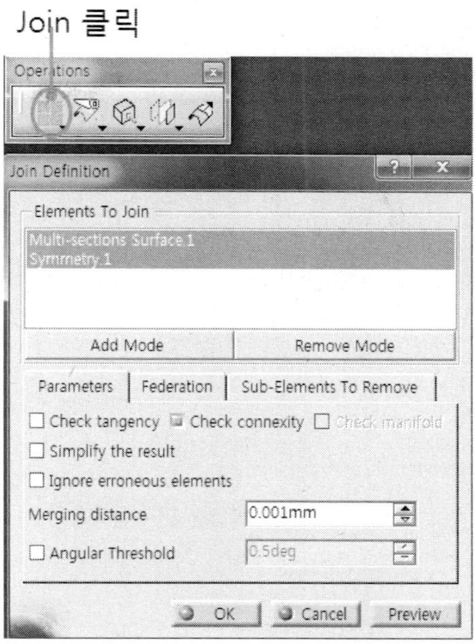


다음과 같이 Wireframe 툴바에 있는 Point를 선택하고 Point type을 Circle/Sphere/Ellipse로 선택하고 Circle/Sphere/Ellipse에 그림에 나타낸 반원을 선택하면 반원의 시작점과 끝점의 가운데에 Point가 생성된다.

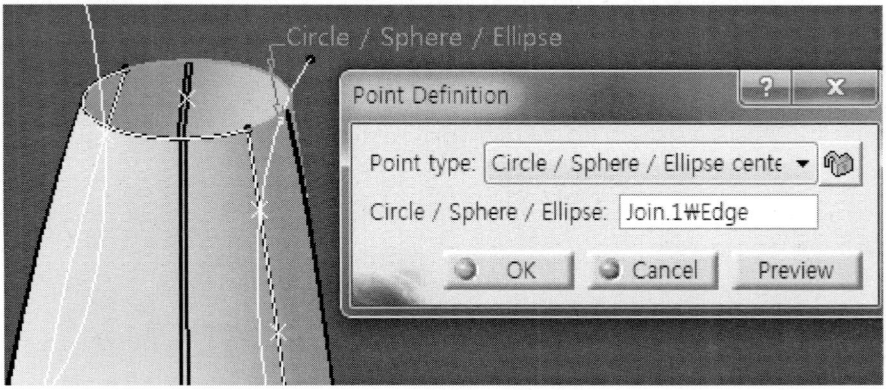


이제는 캐찹병 Body 끝부분에 반지름 12 mm인 원을 그린다. 먼저 Wireframe 툴바에 있는 Circle을 선택하고 원유형은 Center and radius를 선택하고 Center는 이전 화면에서 만든 가운데 점을 선택(Point.1)하고 Support는 xy plane으로 반지름은 12 mm를 키인 한다. 또한 Circle Limitations은 이번에는 Whole Circle을 선택한다.

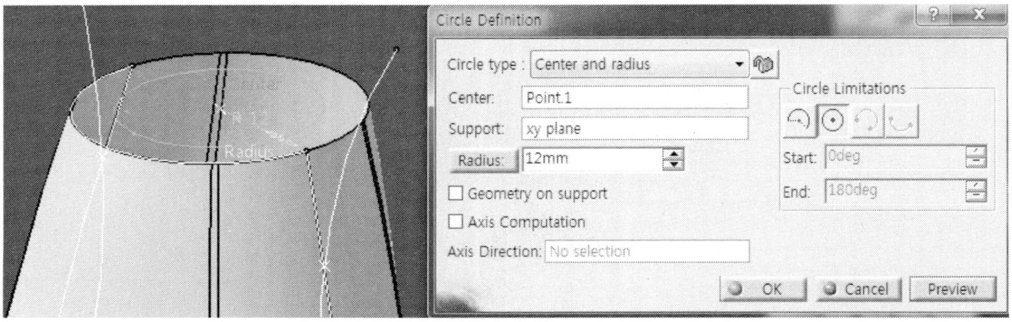


## 4) 병 꼭지 부분 만들기

다음 그림에 나타냈듯 Extrude를 클릭한다.

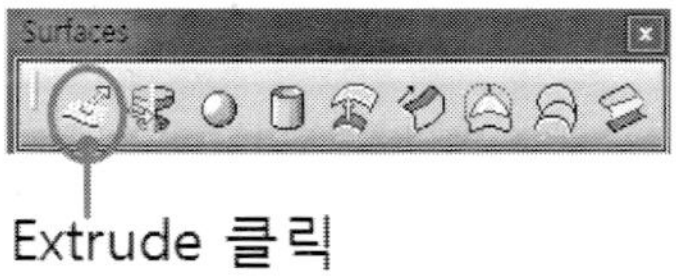


다음의 대화창이 나타나는데 Profile은 Circle을 클릭하고 Direction은 Z Component를, Dimension은 20 mm를 입력하여 돌출시킨다.

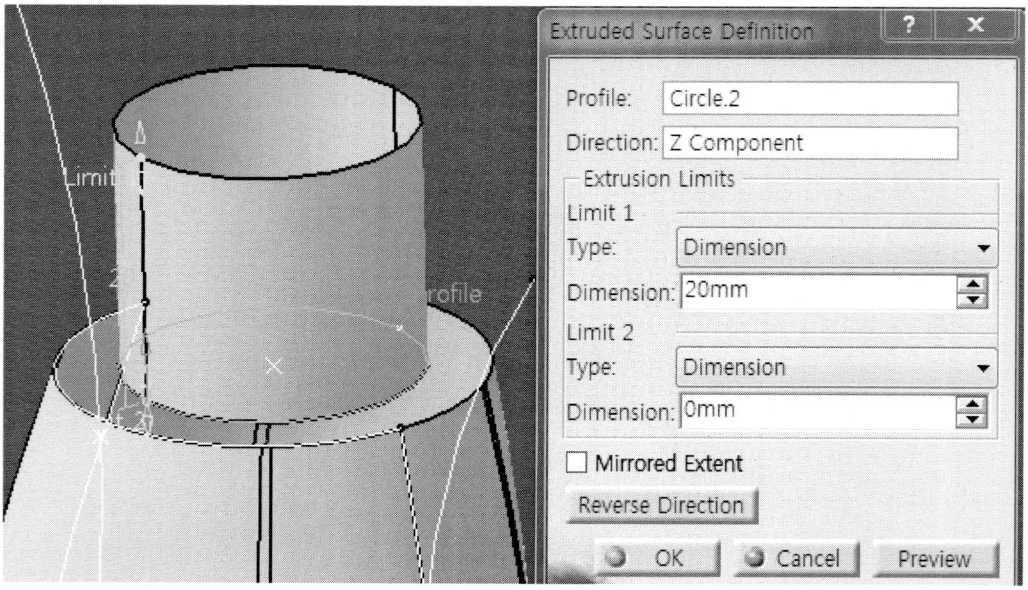


다음과 같이 Fill을 선택한다.

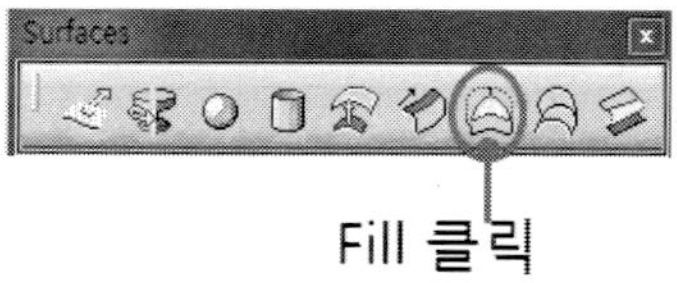

다음과 같이 Fill Surface 대화창이 나타나면 마우스 3번 버튼을 클릭하면 Create Boundary를 선택해준다.

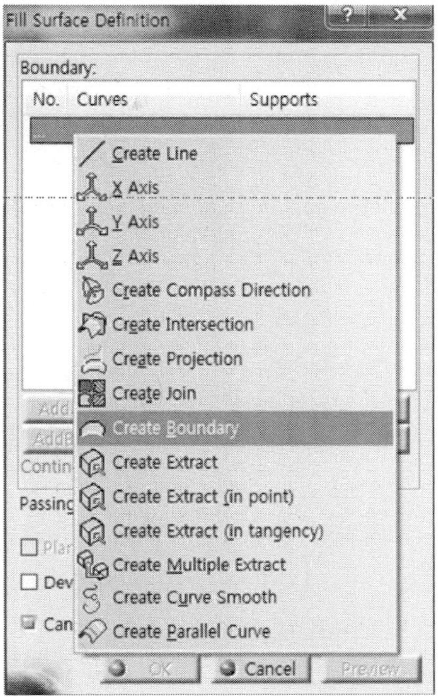


다음과 같이 Boundary Definition 대화창이 나타나면 전파유형은 Tangent continuity를 선택하고 서피스 모서리는 다음 그림과 같이 Edge.2를 선택하고 OK클릭하면 Closed Contour가 나타난다(반원이 정원으로 경계가 바뀐다).

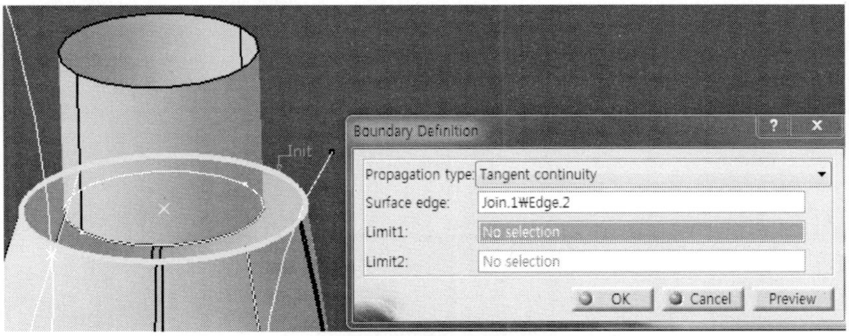


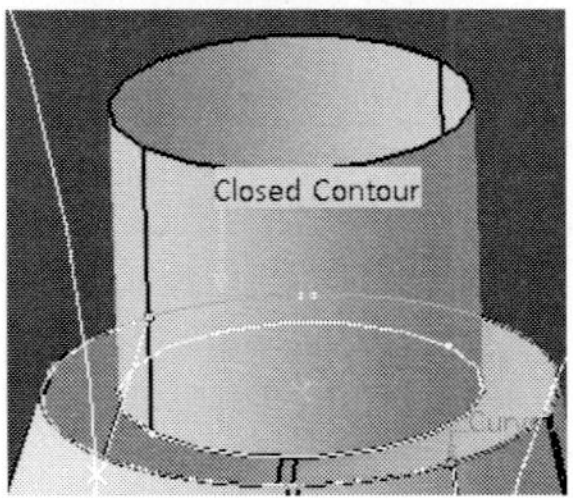

정원으로 바뀐부분이 Outer Boundary로 작은 원을 Inner Boundary로 선택해준다.

다음은 캐찹병 꼭지 아래부분 빈 곳을 Surface로 막아준다. 먼저 Fill 클릭하여 먼저 만든 Boundary를 선택해주고 OK 클릭한다.

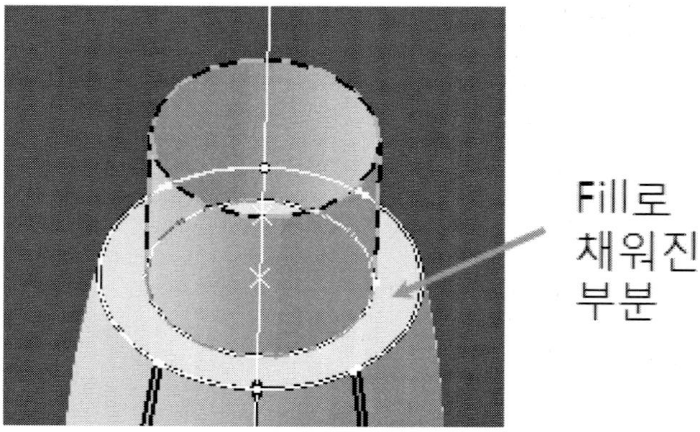


꼭지부분이 캐찹병 몸통 부분과 서로 통하지 않으므로 Operation 툴바의 Split을 사용하여 캐찹이 잘 흐를 수 있도록 중심을 분리하여 제거해 보자. Element to Cut은 다음 그림과 같이 Circle.2를 선택해주고 Cutting elements는 먼저 20 mm 돌출시켰던 Extrude.1을 선택하고 OK클릭한다.

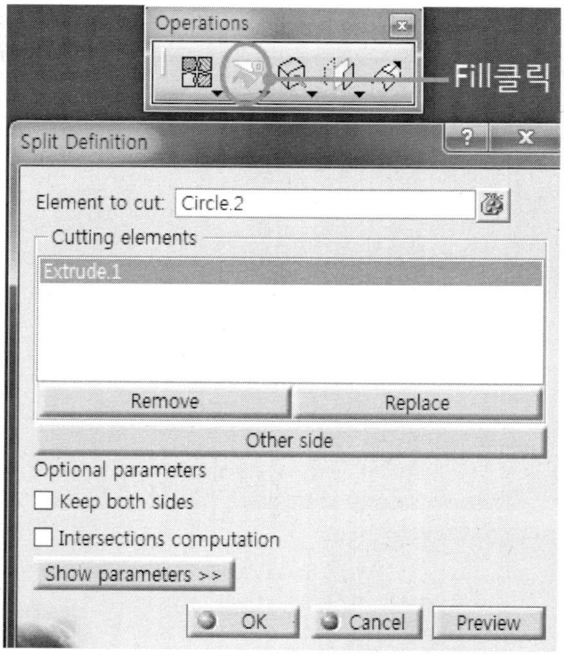


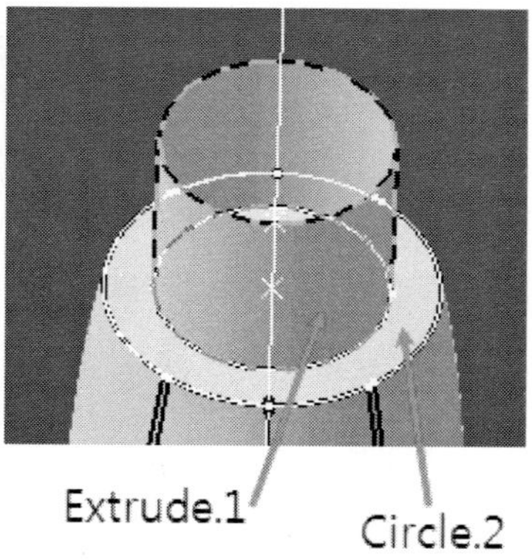

먼저 만든 Circle.2 Surface가 2개로 분리된 것을 확인할 수 있다. 두 Surface 중 캐찹 몸통 부분과 통하도록 안 쪽 부분의 Surface를 delete를 이용하여 다음 그림처럼 제거해 준다.

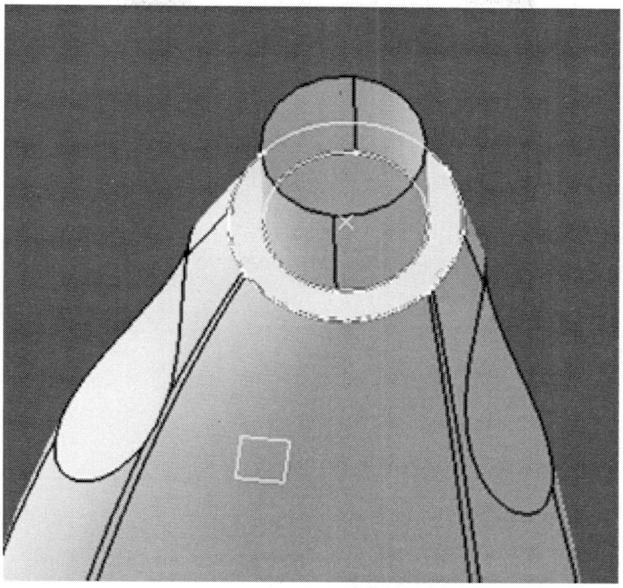

이제는 다음과 같이 Boundary 클릭하여 캐찹병 바닥 경계를 만들어준다.

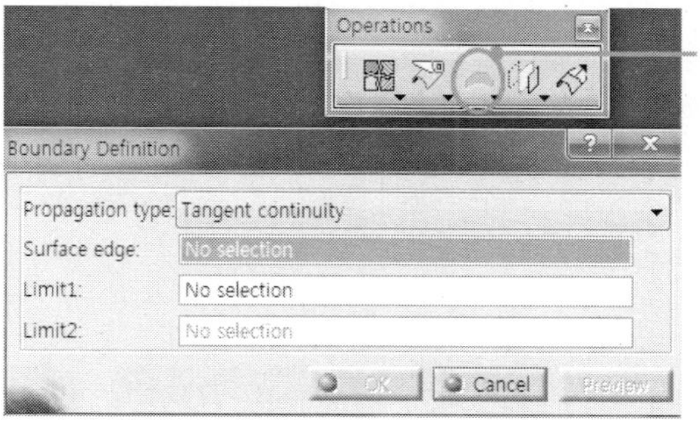


Boundary 생성 시 다음과 같이 반타원이 정타원으로 바뀌는 것을 알 수 있다.

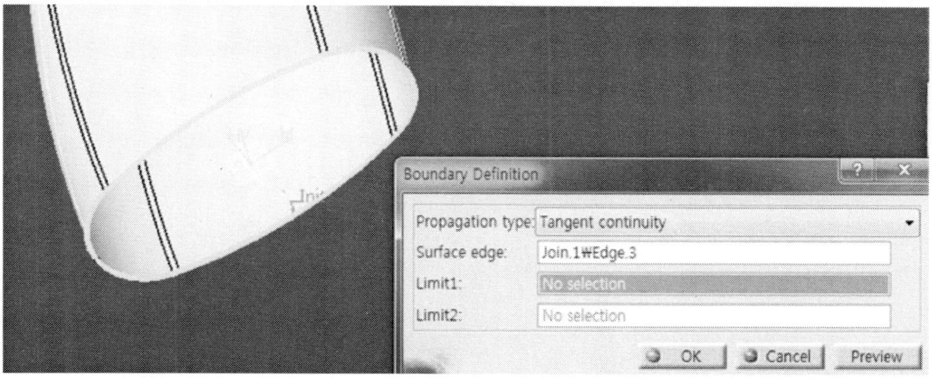

다음은 Extrapolate을 클릭한다.

Boundary에 Boundary.2를 클릭하고 Extrapolated에 Join.1을 선택하고 외삽길이는 18 mm 입력한다.

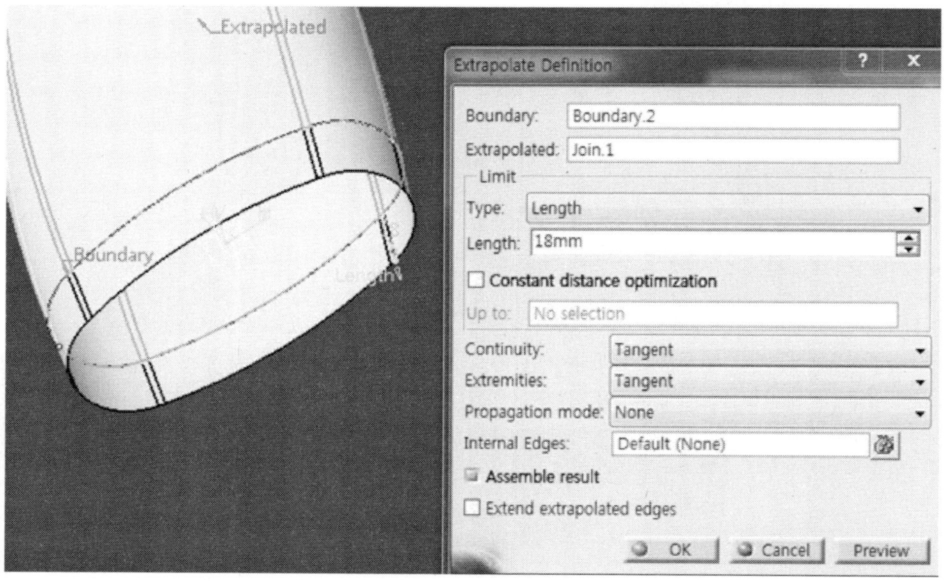


다음은 Extrude를 클릭한다.

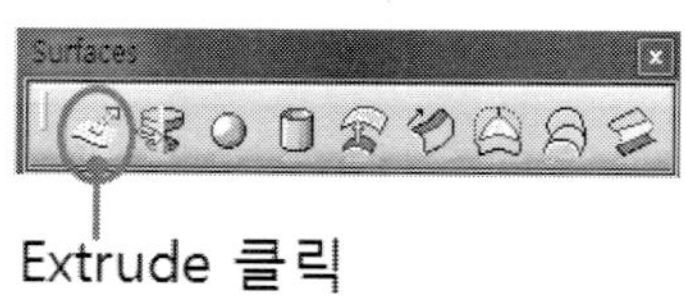


Profile은 다음 그림을 선택하고 Direction은 X Component를 Limit 1, 2에 각각 20 mm를 키인한다.

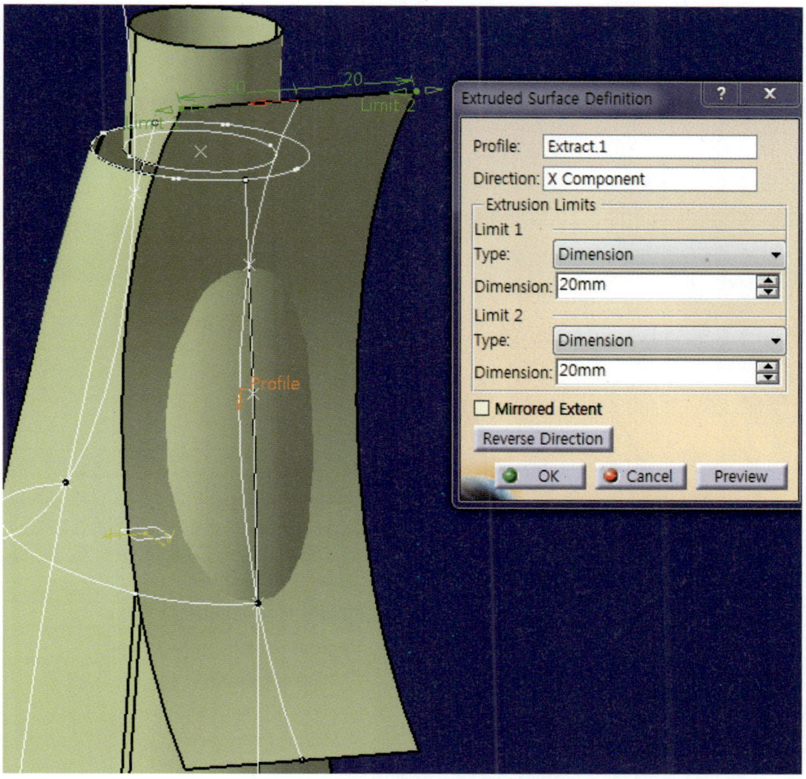


나머지 면도 Extruded 시킨다.

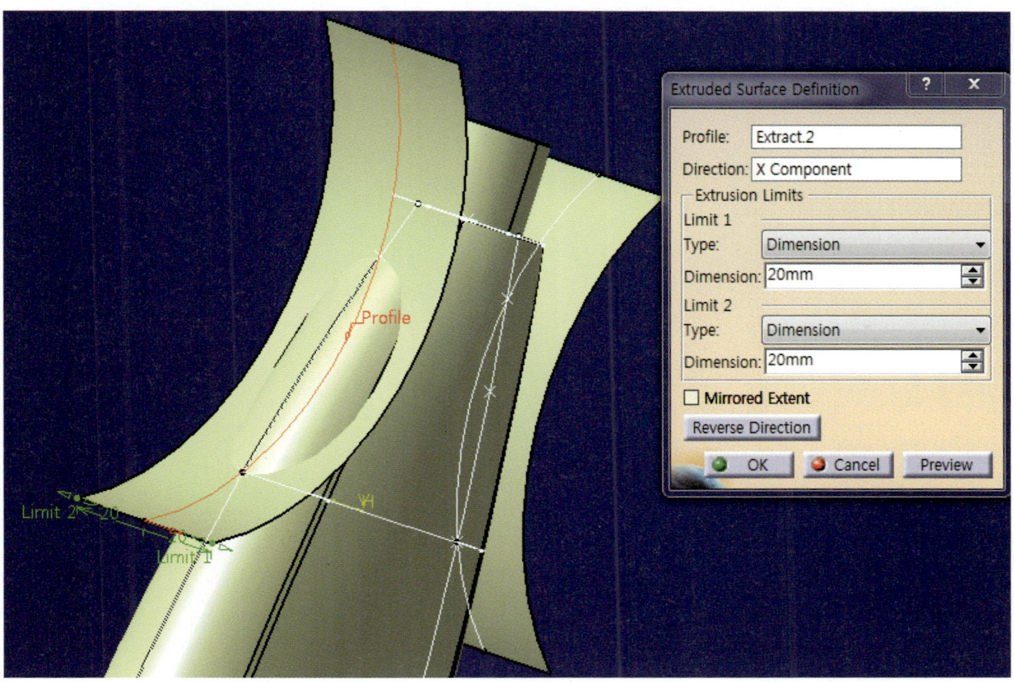

이제는 Trim을 선택하고 Extrude.1, Extrapol.1을 선택하고 Preview해서 원하는 면이 아니면 Other side를 클릭하면 잘라질 반대면이 나타난다. OK클릭한다.

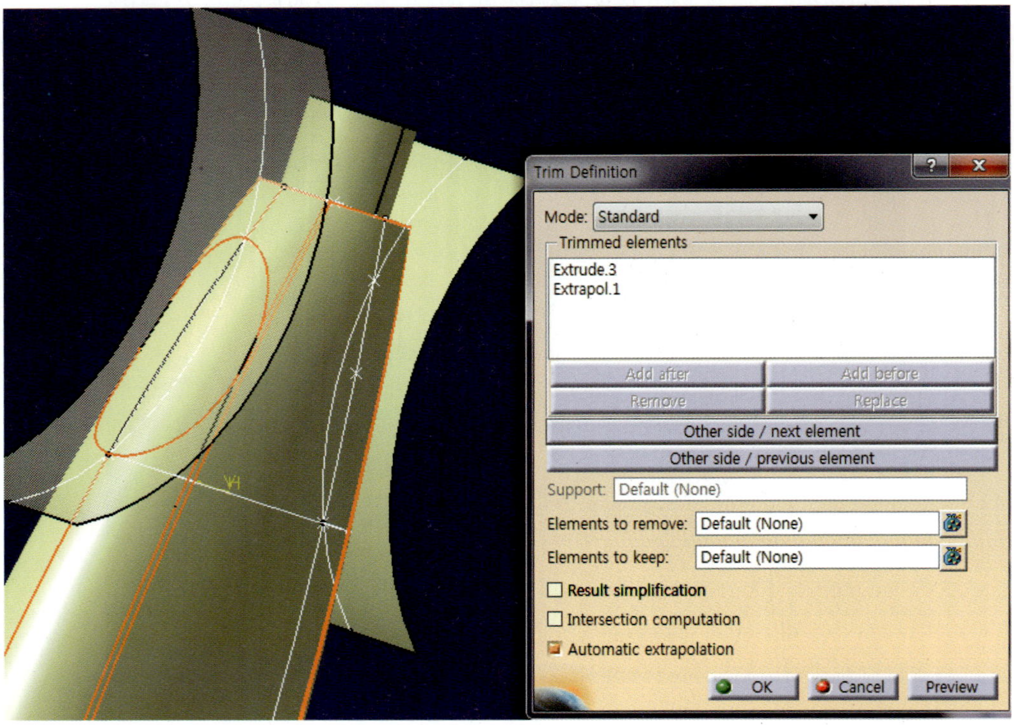


나머지 다른 면도 Trim 시켜 완성시킨다.

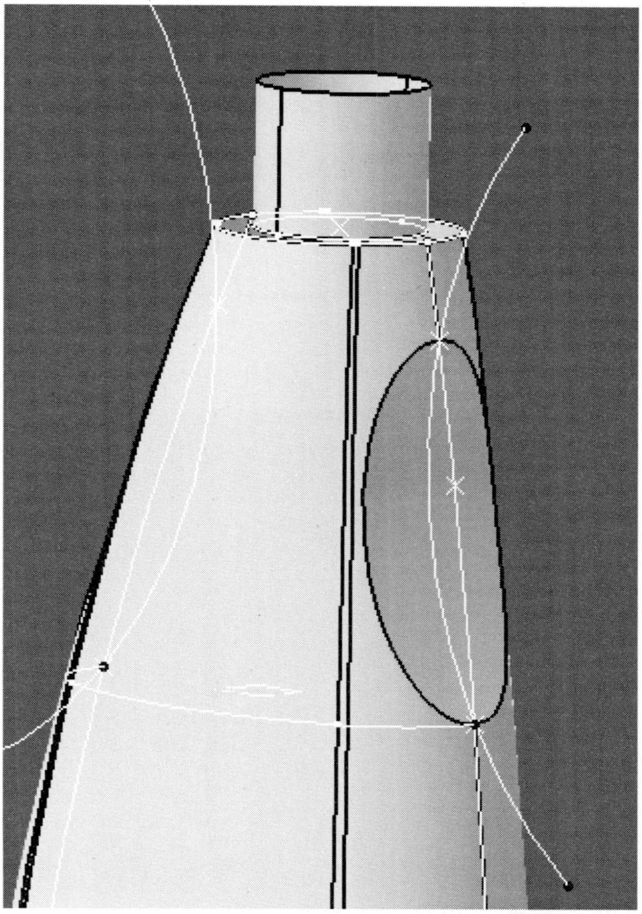

이제까지 만든 Surface들을 연결하기 위하여 Join 아이콘을 클릭하여 생성된 Surface 4개를 Elements to Join에 삽입하고 OK클릭하면 다음의 그림이 나타난다.

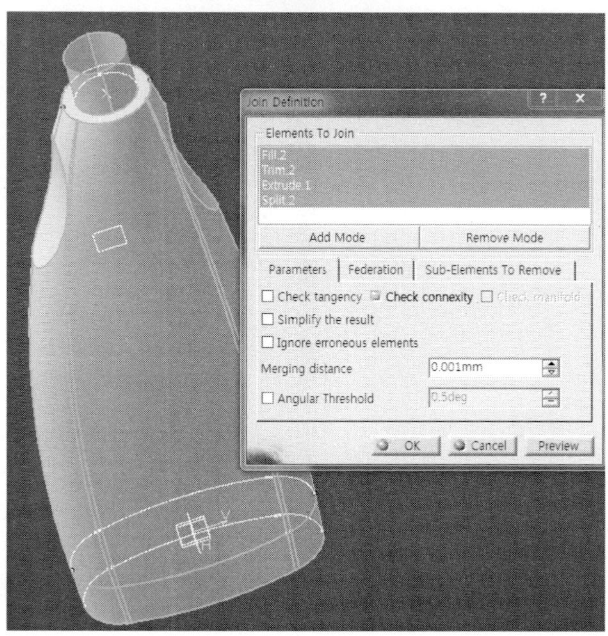

이제 Part Design으로 가서 Surface Based Feature (Extended) 툴바에 있는 Close Surface 아이콘을 클릭한다. 대화창이 나타나면 다음 그림처럼 Object to close 메뉴에 4개의 Surface Join시켜 한 면으로 결합시킨 Join.2를 선택해준다.

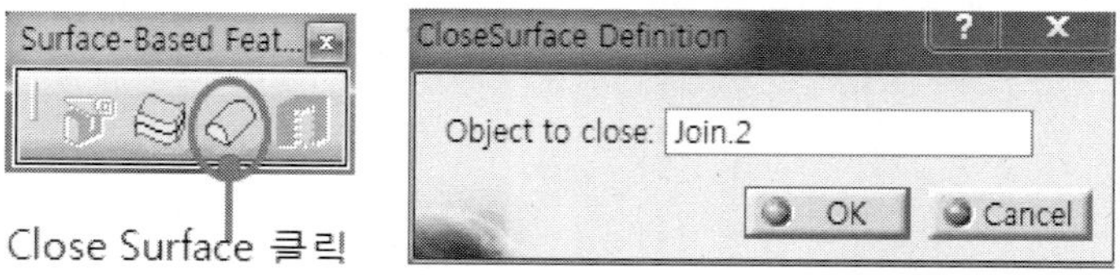


View메뉴에서 Hide all surface 시키면 다음 그림과 같이 Solid 채워진 덩어리가 나타난다.

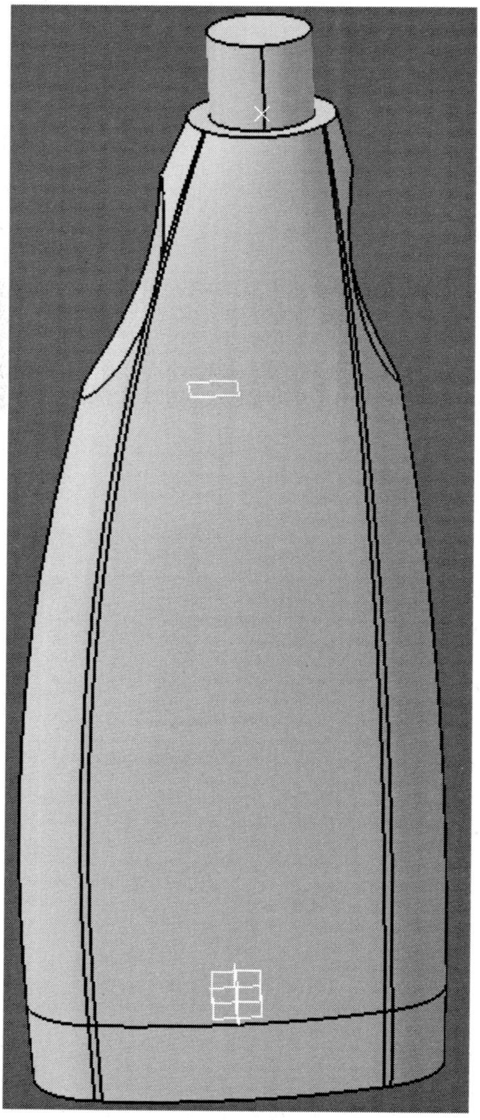

Dress-Up Features 툴바에 있는 Shell 선택하여 병 윗부분 클릭하고 두께 1.5 mm 부여하면 다음과 같이 완성된다.

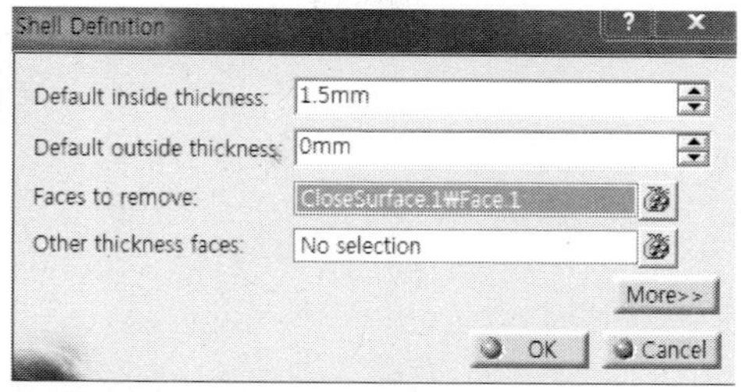


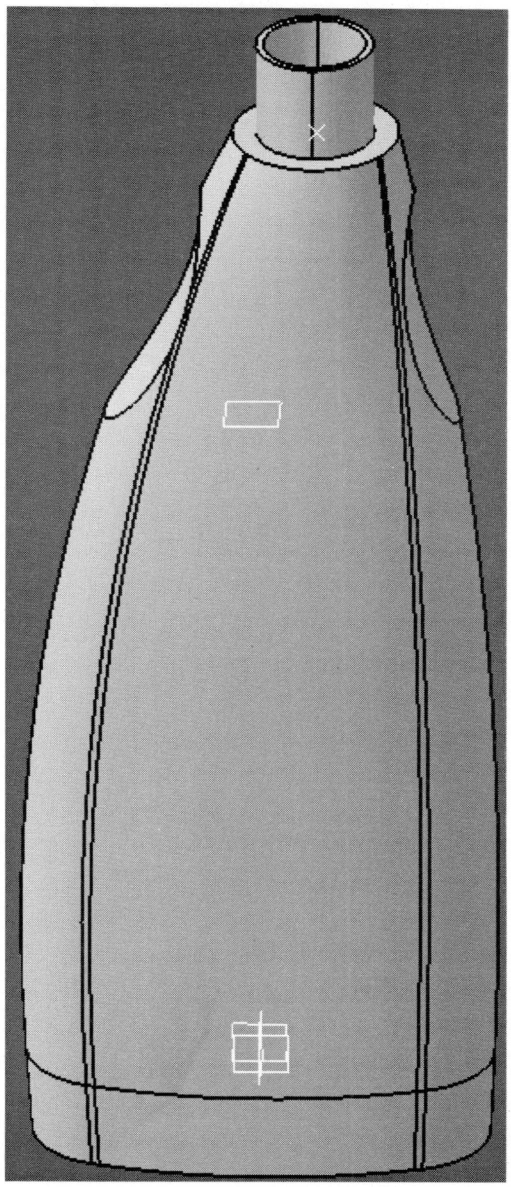

C A T I A / 응 용 과 실 습

DASSAULT SYSTEMES

# Part Ⅱ

# CAE

## CATIA CAE 따라하기


3. CAE 응용 및 구조해석 04 [Analysis]

3.1 유한요소해석 개요
3.2 1-D Problem (Beam Design)
3.3 2-D Element Shell 해석 - 샤워의자
3.4 3-D Element 해석 (Cantilevered Beam)
3.5 3-D Element 해석 (L-Shape Beam)
3.6 3-D Element 해석 (Offset Bearing)
3.7 3-D Element 해석 (Connecting Rod)

4. CATIA 국제공인 자격증(다쏘시스템)기출문제

Chapter 3

# CAE 응용 및 구조해석 [Analysis]

## 3.1 유한요소해석 개요

### 가. 공학문제

일반적으로 공학문제는 물리적인 현상에 대한 수학적인 모델이다. 수학적인 모델은 관련된 경계조건과 초기조건을 가지는 미분방정식으로 주어진다. 미분 방정식은 시스템이나 검사체적(Control Volume)에 대해서 기본적인 법칙과 원리를 적용하여 유도될 수 있다. 이 지배방정식은 질량, 힘 또는 에너지의 평형을 나타내며 이런 방정식의 엄밀해는 주어진 조건에서 시스템의 상세한 거동을 나타낸다.

### 나. 수치적 방법

공학문제 중에는 엄밀해를 얻을 수 없는 실제적인 문제들이 많이 있다. 엄밀해를 얻을 수 없는 것은 지배 미분 방정식의 복잡성 또는 경계조건이나 초기조건을 다룰 때 생기는 어려움 때문이라고 할 수 있다. 이런 문제를 다루기 위해서는 수치적인 근사가 필요하다. 시스템 내 특정 지점에서의 엄밀한 거동을 나타내는 해석적인 해와는 대조적으로 수치적인 해는 '절점(Node)'이라고 불리는 이산화된 점에서 엄밀해를 근사한다. 수치적 절차의 첫 번 째 단계는 이산화(Discretization)이다. 이 과정을 통해서 관심대상을 부영역과 절점으로 분할하며 이러한 수치적 방법으로 유한차분법(Finite difference methods)과 유한요소법(Finite element methods)의 두가지 방법이 있다. 유한차분법에서는 미분 방정식이 각 절점에서 표현되고, 도함수는 차분방정식(Difference equation)으로 바꾸어진다. 이 과정을 통해서 연립 선형 방정식이 유도된다. 유한차분법은 이해하기 쉽고, 간단한 문제에 적용하기 쉽지만, 복잡한 형상이나 복잡한 경계조건을 갖고 있는 문제에는 적용하기 어렵다는 단점이 있다. 반대로 유한요소법은 대수 방정식을 만들기 위해서 차분방정식을 사용하는 것이 아니라 적분과정(Integral formulations)을 사용한다. 또한 근사 연속함수는 각 요소의 해를 나타내는 것으로 가정한다. 완전한 해는 각각의 해를 조합해서 얻을 수 있는데 이 때 각 요소 경계에서 연속성이 보장되어야 한다.

## 다. 유한요소법의 간단한 역사

유한요소법은 다양한 공학문제들의 해를 얻기 위해 적용시킬 수 있는데 정상상태(Steady state ; 어떤 물리적 현상이 변한 후 오랜 시간이 지난 상태, 즉 온도, 압력, 전류 등의 변화가 없는 안정적인 상태), 과도상태(Transient state ; 물리적 현상이 변하는 순간의 상태), 선형(Linear)해석(① 정적가정을 적용한 해석으로 여기서 정적가정은 정용되는 하중이 시간에 따라 바뀌지 않고 일정속도로 회전하거나 일정 가속도로 이동하는 물체의 구조적 응답을 계산하기 위해 사용, ② 하중과 발생하는 응답 간의 관계가 선형이며 구하는 변위량이 하중에 의한 강성 변화를 무시해도 될 만큼 적은 경우임) 또는 비선형(Non-linear) 응력해석문제(예: ① 해석하고자 하는 대상이 시간에 따라 하중조건이 변하는 경우, ② 시간에 따라 하중의 크기가 변하는 경우, ③ 해석의 결과가 대변형을 나타내는 경우, ④ 해석 대상이 지닌 재료 특성이 후크의 법칙(Hook's Law)을 만족하지 못하는 경우, ⑤ 해석 대상이 접촉을 일으키는 경우 등) 및 열전달, 유체유동, 전자기장 문제들은 유한요소법을 통해 해석할 수 있다. 현대 유한요소법의 기원은 이산화된 등가 탄성봉을 이용하여 탄성 연속제들을 모델링하고 근사화한 1900년대 초로 거슬러 올라가나 Courant(1943)이 유한요소법을 최초로 개발한 사람으로 간주되고 있다. 1940년대초에 발간된 논문에 의하면 Courant은 비틀린 문제를 연구하기 위해서 삼각형 부영역에 대한 다항식 보간법을 사용하였다. 향후 보잉사는 비행기 날개를 모델링하기 위하여 삼각 응력요소를 사용하였으며 1960년대 들어서 비로소 유한요소(Finite element)라는 용어가 Clough에 의하여 대중화되었다. 1960년대에 특히 연구자들은 열전달이나 침투유동문제 같은 공학의 다른 영역에도 유한요소법을 적용하기 시작했다. Zienkiewicz와 Cheung (1967)은 1967년에 전체적으로 유한요소법에 중점을 둔 첫 번 째 책을 발표하였다.

## 라. 유한요소해석의 기본 단계

유한요소 해석의 해석절차는 크게 3가지로 나눌 수 있으며 그에 대한 설명은 다음과 같다.

1) <u>전처리 과정 (Pre Processor)</u> : 전처리는 모델링이라고도 명명하며 크게 다음의 5가지 과정으로 나뉜다.

가) **형상모델 작성** : 형상모델은 CATIA에서 직접 모델링하거나 다른 시스템을 통하여 생성한 후 중립파일 형식으로 변환하여 불러오며 여기서 형상은 CAE시스템이 제공하는 각종 요소들의 집합체를 말한다.

나) **요소 생성** : 형상모델을 컴퓨터에서 해석할 수 있는 상태로 만들기 위하여 유한개의 요소로 분할한다. 1, 2, 3차원 기본 요소뿐만 아니라 강체요소, 음향요소, 감쇄요소, 질량 및 스프링 요소, 열전달 요소 등의 라이브러리(Library)를 제공한다.

다) **재료 특성 설정** : 형상모델을 구성하는 각 요소에 대하여 요소의 특성치나 재료특성을 설정한다. 재료 특성은 재료의 역학적 성질을 수학 모델(수식)이나 데이터로서 설정한다. 구체적으로는 Young's Modulus이나 포아송비(Poisson's Ratio), 밀도 (Density) 등이다. 응력 및 변형률의 관계(Stress-strain curve)를 데이터로 설정하는 경우도 있다.

라) **구속조건 설정** : 문제에 적합한 구속조건(경계조건이라고도 함)을 모델에 설정한다. 대칭인 문제를 다루는 경우 대칭조건도 여기서 설정하며 문제와 관련 없는 절점의 자유도를 구속한다(Constraints).

마) **하중조건 설정** : 문제에 적합한 하중조건을 모델에 적용하며 하중이 절점하중이나 분포하중, 온도하중, 원심력 등 다양한 종류의 하중을 취급하는 경우 이러한 것들을 하중그룹으로 정의하고 이름을 붙여 설정할 수 있다. 해석처리를 이행하는 Solver는 이러한 하중 그룹 단위로 처리를 행하고 또 결과를 서로 맞춰보는 기능이 있기 때문에 해석처리를 효율적으로 행할 수 있다.

2) <u>수치연산(Solving)</u> : Solver가 내부연산을 통하여 계산을 수행하는데 이 부분에서는 컴퓨터가 자원을 소모하여 연산을 수행하므로 따로 조작할 필요가 없으나 컴퓨터 성능이 이 계산시간을 좌우한다. 에러(Error)로 종료된 경우 다시 프리프로세서(Preprocessor; 전처리기)로 돌아가 작성모델을 수정한다.

3) <u>후처리 과정(Post Processor)</u> : 결과확인 및 분석을 하는 과정으로 포스트프로세서 기능을 이용하여 변위나 응력을 표시한다. 우선, 결과가 예측한 형상을 나타내고 있는지를 평가한다. 변위량이 현실적인지, 응력치나 그 분포가 타당한지, 하중치와 구해진 반력이 일치하고 있는지 등을 점검하여 원하는 해를 구한다.

## 마. 해석모델의 구성요소

유한요소 모델에는 5개의 주요 구성요소가 있다.

1) **형상** : 물리적 형상(실제형상)과 이산화된 형상(물리적 형상의 근사 형상)이 구분되어야 한다.

2) **물성치** : 재료물성치(Material properties)와 형상을 완성하는 물성치(Section properties) 2종류가 있다.

3) **해석이력** : 해석과정은 각 스텝과 연결되어 있다.

4) **결과** : 유한요소 모델은 많은 양의 결과들을 만들어 낼 수 있으며 모델에 대한 해석을 수행하기 전에 관심이 있는 결과가 어떠한 것들인지 결정해야 한다. 이는 결과를 검사하기 쉽게 할 뿐만 아니라 컴퓨터 리소스(Resource)를 효율적으로 사용하게 한다. 여기서 많이 사용되는 Contour plot은 반응의 전체적인 결과를 나타낸다.

5) **하중과 경계조건** : 일반적으로 하중은 구조가 초기조건으로부터 변화를 생기게 하는 어떤 것을 말한다. 이는 플럭스(예: 집중하중, 분포하중, 열 플럭스 등)와 경계조건(예: 변위나 온도 등, 값은 0이 될 수도 0이 아닐 수 도 있음)을 포함한다.

## 바. 모델링을 위한 문제의 이해

해석하는 문제를 이해하는 데 종이와 연필을 가지고 약간의 시간을 투자한다면 많은 시간과 비용을 절약할 수 있다. 컴퓨터로 수치적인 유한요소 모델을 생성하기 전에 그 문제를 전반적이고 직관적으로 이해하는 것이 반드시 필요하다. 우수한 엔지니어라면 모델작성과정 전에 생각하는 많은 질문들이 있다. 예를 들어 재료가 축력을 받고 있는가, 물체가 굽힘 모멘트를 받고 있는가, 비틀림 모멘트를 받고 있는가, 또는 두 가지 모멘트를 동시에 받고 있는가, 좌굴에 대해서 신경을 써야 하는가, 2차원 모델을 가지고서 그 재료의 거동을 근사시킬 수 있는가, 문제에서 열전달이 중요한 부분을 차지하는가, 열전달의 어떤 모드가 지배적인가 등이다. 유한요소해석에서 사전계산은 문제의 이해에 상당히 도움이 될 것이며 따라서 합당한 유한요소 모델을 만드는 데 특히 요소를 선택함에 있어서 도움이 될 것이다. 재료역학과 열전달 분야에서 엄밀해가 존재하는 문제들을 현장 엔지니어들은 유한요소 해석을 이용하여 풀고 있는 경우도 있다. 이 점을 이해하기 위하여 다음의 예제를 고려해 보자.

# 3.2 1-D Problem (Beam Design)

## 가. 빔 해석을 위한 Analysis Program 사용 준비

단면 속성에 따른 Beam 문제를 해석해보자. 본 교재의 예제에서는 독자들이 모델링 능력을 어느 정도 보유한 상태로 가정하고 해석작업를 하는 방법을 설명하고자 하며 이 점을 참고하여 실습에 장애가 없도록 충분한 모델링 배경 지식을 실습해 두기 바란다. 우선 기본저긍로 해석에 필요한 설정을 해야 하는 데 한번 설정해 두면 해석작업에서 용이하므로 설정해 두기를 권장한다. Full down menu-〉 Tools-〉Options-〉Analysis & Simulation -〉 General 탭을 선택하며 여기서 다음의 두 가지 값을 선택한다.

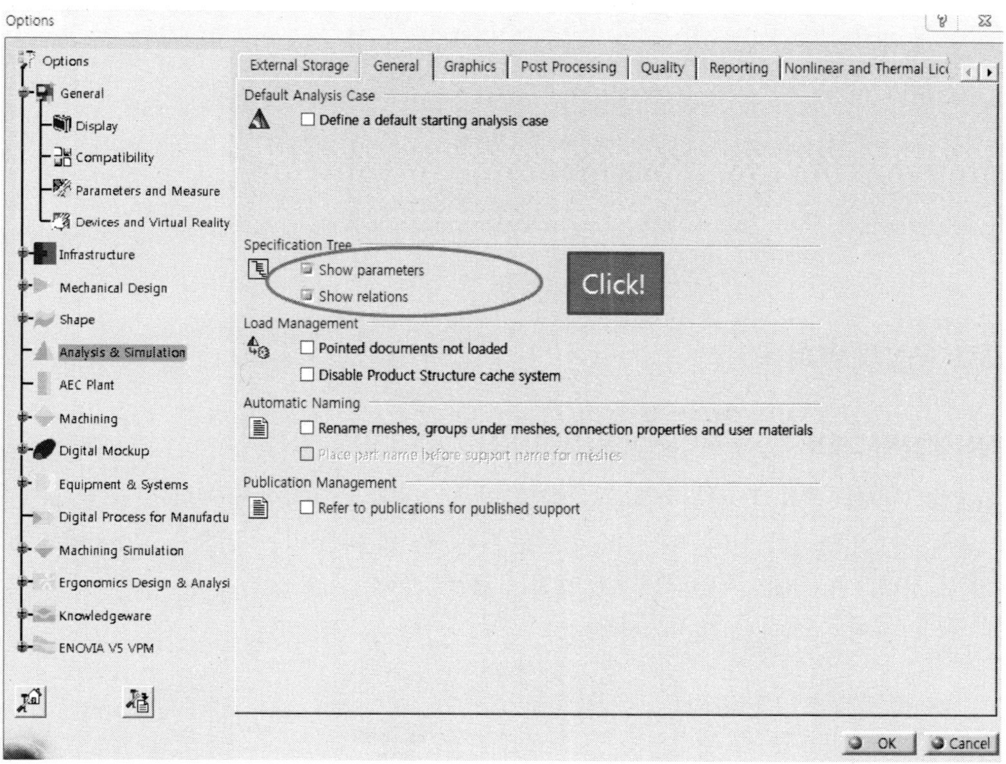


1차원 요소 중 Beam은 인장과 압축, 굽힘하중을 지지할 수 있는 요소(Element)이며 기본적으로 물성치, 단면적, 단면 2차 모멘트 등을 필요로 한다.

## 나. 모델링 수행

해석하기에 앞서 모델링을 수행하는데 우선 Generative Shape Design (GSD) 워크벤치로 입장하여 길이 200mm의 직선을 원점에서 Y방향으로 다음과 같이 생성해 보자.

## 다. 재료 물성치 부여

### 1) 재료 물성치 부여

① Apply Material 버튼을 클릭하고 Default Material Catalog 대화창의 여러 메뉴 중 Metal Tap을 클릭 후 ② Steel을 선택한다. OK 버튼은 아직 활성화되지 않는다. Spec. Tree에서 ③ PartBody를 선택하면 Catalog 대화창에 OK 버튼이 활성화되며 이 때 OK 버튼을 클릭한다. 다음 그림과 같이 PartBody에 Material이 설정된다.

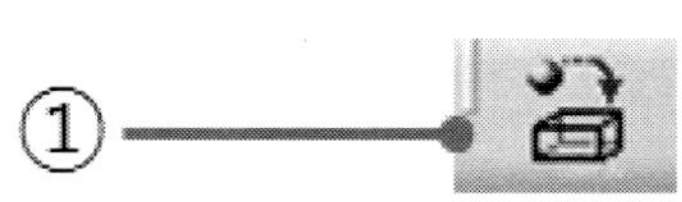

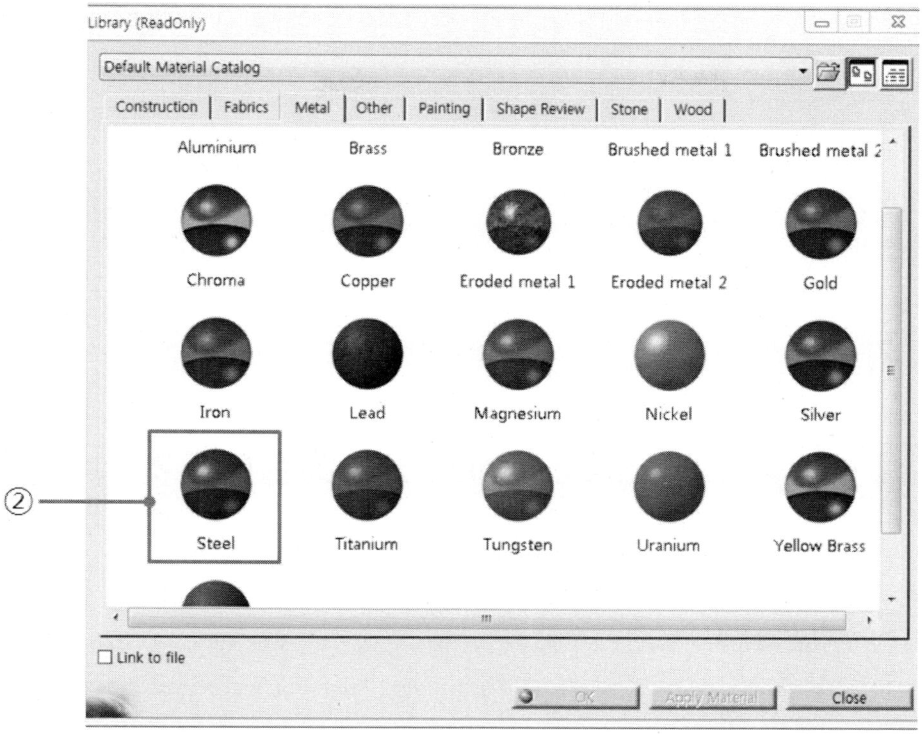
Library (ReadOnly)
Default Material Catalog
Construction
Fabrics
Metal
Other
Painting
Shape Review
Stone
Wood
Aluminium
Brass
Bronze
Brushed metal 1
Chroma
Copper
Eroded metal 1
Eroded metal 2
Gold
Iron
Lead
Magnesium
Nickel
Silver
Steel
Titanium
Tungsten
Uranium
Yellow Brass
Link to file
Close
②

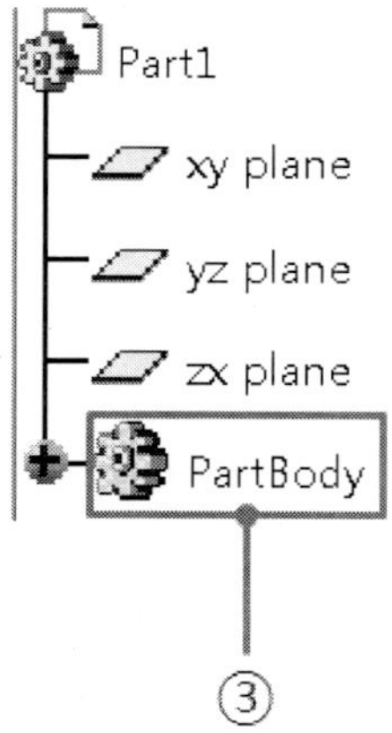
Part1
xy plane
yz plane
zx plane
PartBody
③

## 2) View Mode 선택

View Mode의 변경은 다음의 아이콘으로 가능하며 재료 물성치 부여된 View Mode로 선택하면 PartBody의 색상이 달라진다. View Mode는 총 7개(Shading, Shading with Edge, Shading with Edge without Smoothing Edges, Shading with Edge without Hidden Edges, Shading with Material, Wireframe (NHR), Customize with Parameters) 가 있으며 각 모드별 Viewing 형태의 변화는 직접 실습해 보면 쉽게 그 차이를 알 수 있다.

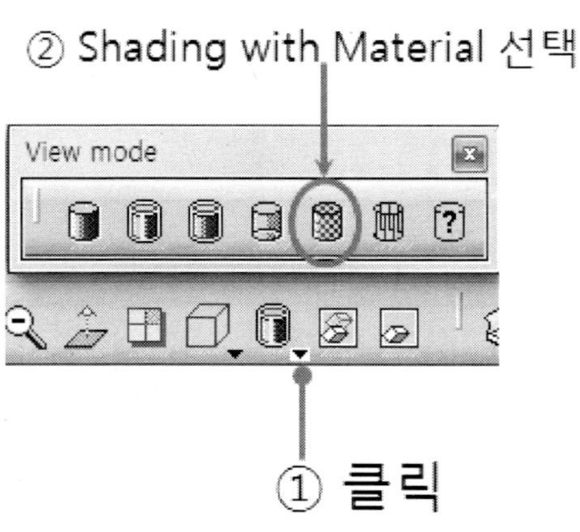


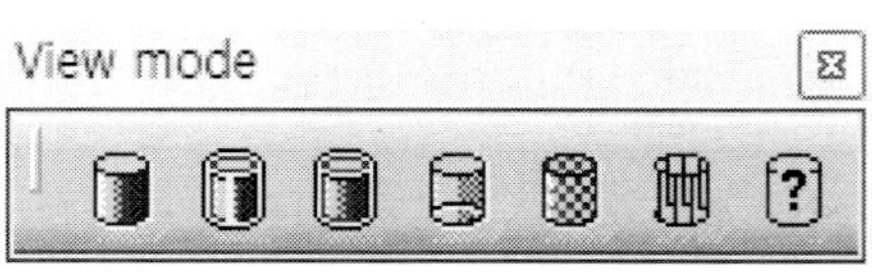


## 3) 재료(Steel) 물성치 확인

Spec. Tree에서 이전 화면에서 입력했던 Steel 물성치를 확인하려면 다음 그림과 같이 Steel을 더블 클릭하면 다음과 같이 Properties 대화창이 활성화 된다.

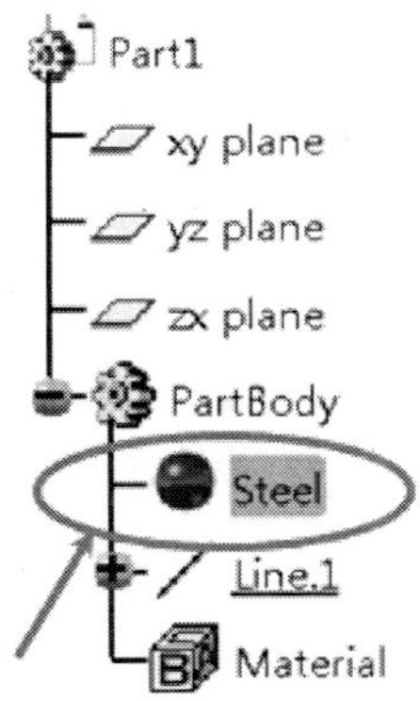


**더블 클릭하면 Properties 대화창 활성화**

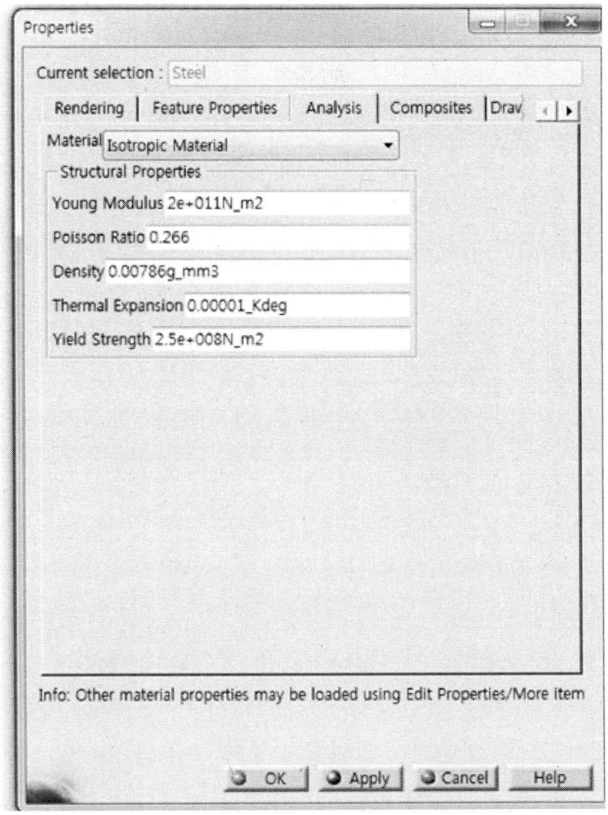

## 다. Pre-Processing

### 1) GSA 워크벤치 실행

다음 그림과 같이 Generative Structural Analysis (GSA) 워크벤치를 실행시킨다. GSA 워크벤치에서는 형상에 메쉬(Mesh)가 자동으로 정의되며 설정을 변경할 수 있다. Advanced Meshing Tools (AMT) 워크벤치에서는 메쉬를 일일이 지정하여 원하는 형상별로 메쉬를 생성하여 Modeling을 완성할 수 있다. 다음과 같이 Analysis & Simulation 메뉴창에서 Generative Structural Analysis를 선택하면 Spec. Tree에 Static Case가 생성되는데 이 때 Static Analysis를 선택하고 OK 버튼을 클릭한다.

▌ Statics (정역학) : Linear Statics 해석에서 힘과 경계조건은 항상 정적 평형을 이루게 되며 하중의 크기는 시간에 따라 변화하지 않고 정해진 하중에 도달할 때까지 점진적으로 가해진다. 하중의 크기가 시간에 따라 변화한다거나 충격하중과 같이 점진적으로 작용하는 하중이 아니라면 Statics 해석을 하면 안된다. 유한요소해석에서 정적평형상태(Steady State)를 정의할 때 초보자들이 다음과 같은 실수를 한다.

- 하중이 가해지지 않는 방향으로도 변위구속을 해야 한다. 다음 그림을 예로 들어 보자. Z방향으로 하중 F가 가해질 때 하단부 구속(Restraints)은 Z방향 뿐만 아니라 X, Y, Z 방향으로 모두 고정시킨(변위가 0이 되도록) 것을 볼 수 있다.

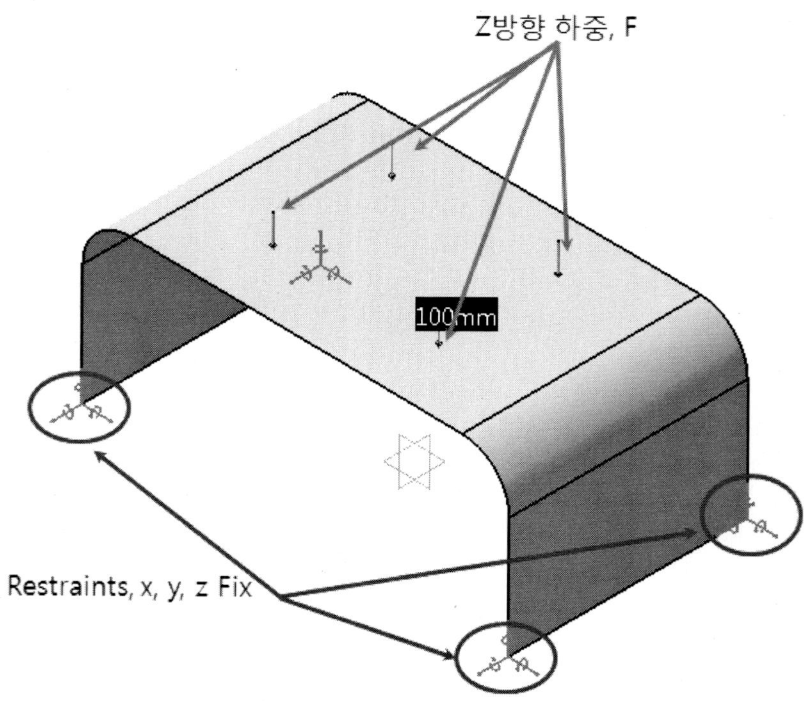

- 연결되지 않은 FE모델은 각각의 부품으로 생각해야 하고 각각이 정적 평형상태를 이루어야 한다. 여기서 어떤 모델이 연결되어 있다고 말할 수 있는가에 대해 의문이 있을 수 있는데 모델이 연결되었다는 것은 인접한 요소들끼리 노드를 공유해야 한다. 이를 노드 Connectivity라고 한다.

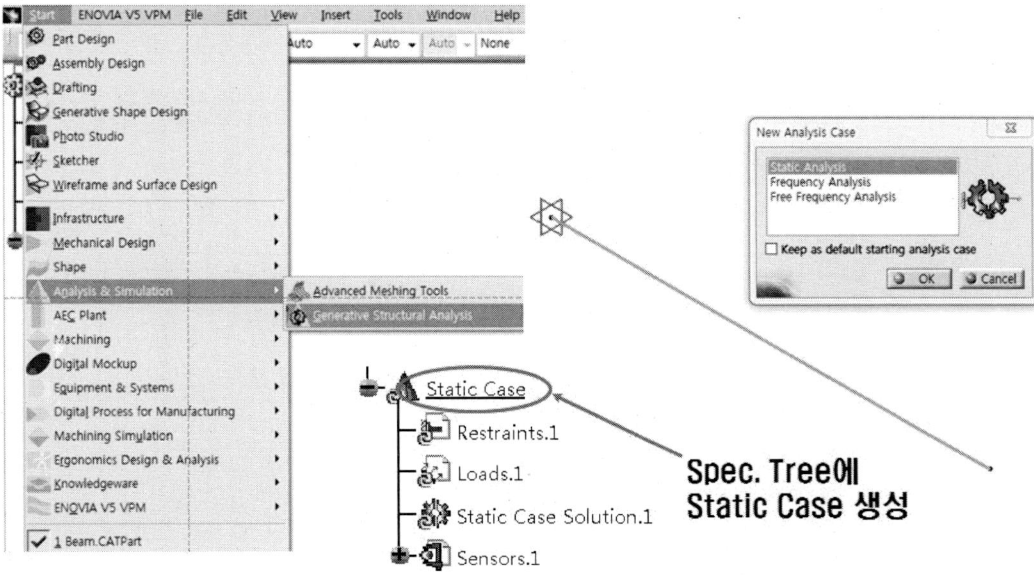


## 2) Beam Mesher 선택

다음과 같은 Model Manager 툴바에서 Beam Mesher를 클릭하면 다음의 대화창이 나타나며 Line을 선택하여 Element Type은 Linear를 선택하면 선형모델로 형상함수를 지정할 수 있다. 여기서 요소 크기(Element Size)를 5 mm로 지정하고 OK를 클릭한다.

▌ 복잡한 형상을 가지거나 곡률이 많이 들어간 형상의 경우 형상함수를 Quadratic으로 설정하는 것이 바람직한데 이는 계산시간의 증가가 수반되며 대신 보다 정확한 곡률(Curvature)가 부여된 정확한 형상으로 표현이 가능하다.

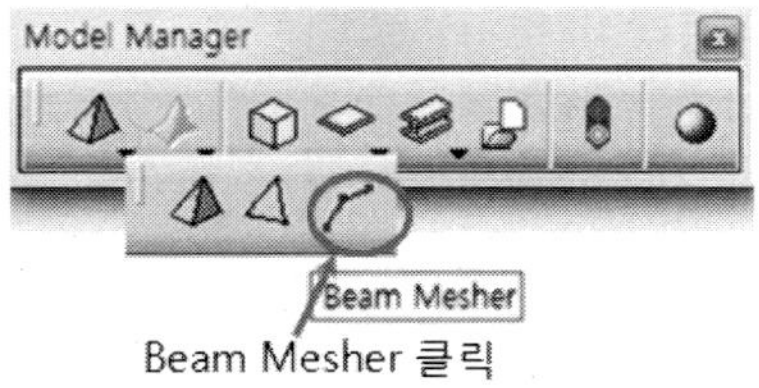


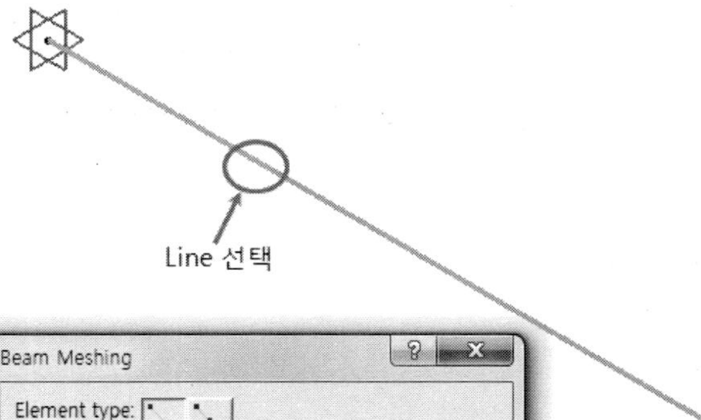


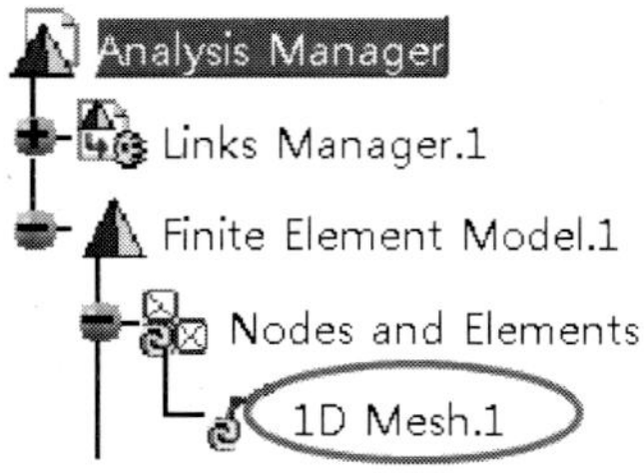


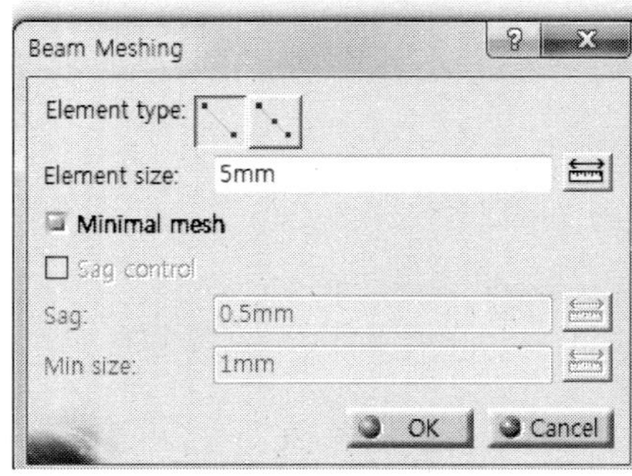


### 3) 단면 속성 부여

메쉬 작업을 완료하였으면 단면속석을 부여할 차례이다. 1차원 요소의 경우 단면 형상을 직접 모델링으로 만들어 주는 것이 아닌 속성정보를 통해 정의한다. 즉 I-Beam이나 원형, 혹은 사각단면 등의 일반화 형상의 경우 실제 모델링으로 해석하는 것보다 훨씬 정확하고 편리하다.

#### 가) Property 부여

먼저 Model Manager 툴바에서 1D Property명령을 실행한다. 여기서 Line 요소를 선택해주고(Edge로 입력된다) 단면 종류(Type)에 다음 그림과 같이 사각단면(Rectangular Beam)을 선택해 준다. 또한 Component Edition을 클릭하여 가로 세로 단면을 각각 5 mm로 입력한다.

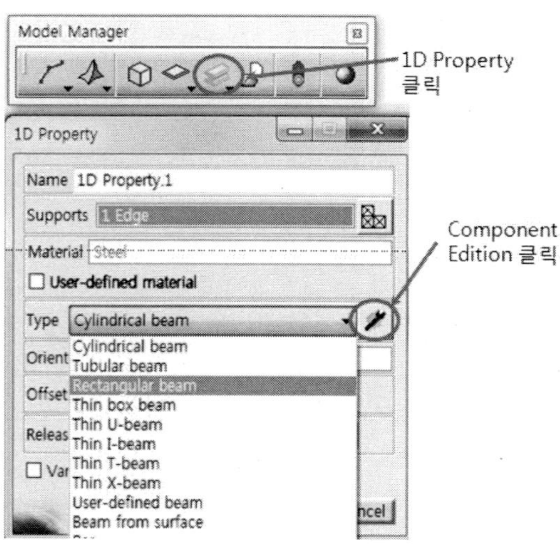

### 나) 단면의 표시

만든 단면을 수정하려면 Spec. Tree의 1D Property.1 항목을 더블클릭하여 3D 형상을 다음 그림과 같이 동시에 표시하는 것이 가능하다.

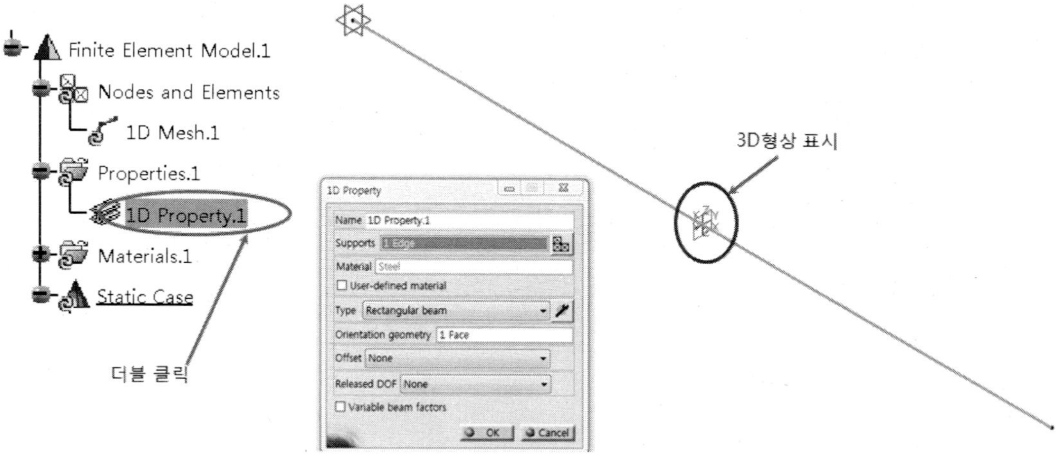


### 다) 보의 굽힘응력

다음 그림과 같은 보에 굽힘 모멘트를 작용시키면 ac쪽은 인장을 받고, bd쪽은 압축되어 굽힘 응력이 발생한다. 그러나 중립면은 아무런 변화가 없으며, 이 면을 기준으로 하여 거리 y에 비례하여 응력이 커진다.

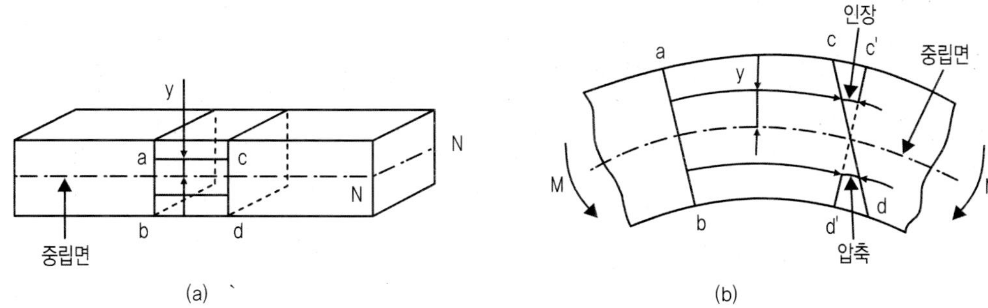

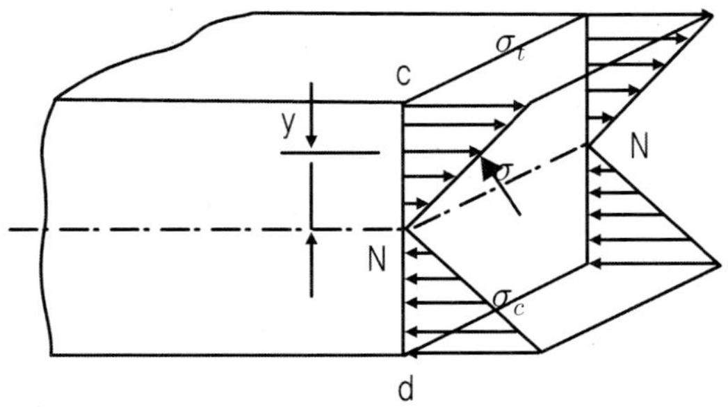


(c) 굽힘 응력

〈그림. 보의 굽힘 응력〉

인장 쪽의 최대 응력은 그 바깥의 응력 $\sigma_t$이며, 압축 쪽의 최대 응력은 그 바깥쪽 응력 $\sigma_c$이다. 단면의 모양이 중립축에 대해 대칭이면 $\sigma_t$와 $\sigma_c$의 크기가 같아지므로 이것을 $\sigma_b$로 하면

$$\sigma_c = \frac{M}{Z}$$

여기서, $Z$는 단면 계수라 하고, 그 값은 단면의 모양과 치수에 따라 결정되며, 길이의 3승 단위를 사용한다. 위 공식에서 바깥 응력 $\sigma_b$는 단면계수 $Z$에 반비례하므로 $Z$가 큰 보(beam)일수록 굽힘 작용에 대해 강해진다.

| 번호 | 1 | 2 | 3 | 4 |
|---|---|---|---|---|
| 단면 | 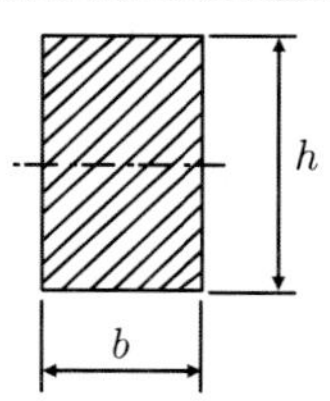 | 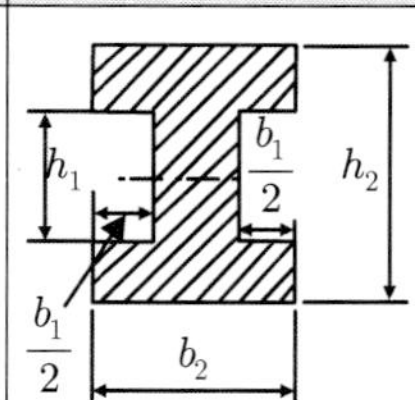 | 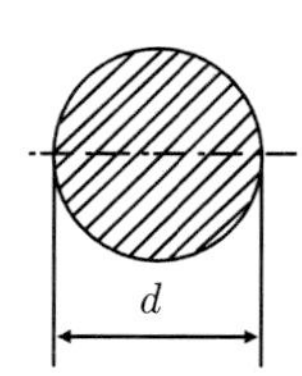 | 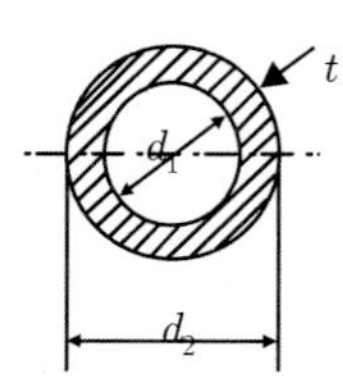 |
| $Z$ | $\frac{1}{6}bh^2$ | $\frac{1}{6} \cdot \frac{b_2 h_2{}^3 - b_1 h_1{}^3}{h_2}$ | $\frac{\pi}{32}d^3$ | $\frac{\pi}{32} \cdot \frac{d_2{}^4 - d_1{}^4}{d_3}$ |

〈그림. 단면계수 $Z$〉

여기서 독자의 이해를 돕기 위하여 기계공학에서 많이 사용하는 1D Element에서의 단면 종류에 따른 단면계수, 보의 처짐량(Z), 면적관성모멘트(I) 등에 관한 보다 상세한 사항은 기계, 건축공학과 학부과정에서 교육하는 재료역학(혹은 고체역학)을 참고하기 바란다.

## 4) 경계조건(Boundary Conditions)

### 가) Restraints (구속조건) 부여

Beam의 처짐해석을 위해서 한쪽 끝단을 고정하는 것이 필요하다. 다음 그림에 나타낸 Restraints와 Loads 툴바를 활성화 시킨다. Restraints 툴바에서 Clamp를 선택하면 대화창이 나타나며 하기 그림에 표시한 ①점을 선택하고 대화창에서 OK버튼을 클릭한다. 그러면 Clamp는 6개의 자유도(X, Y, Z, X$\theta$, Y$\theta$, Z$\theta$)가 고정된다. 여기서 밑첨자(Sub-script)로 표시된 자유도는 그 방향에서의 회전(Rotation)을 나타낸다.

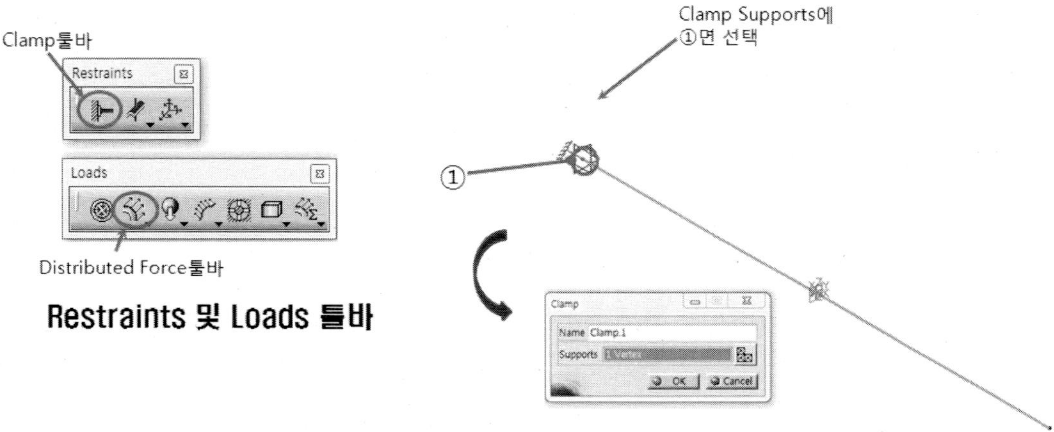


**Restraints 및 Loads 툴바**

### 나) Loads (하중조건) 부여

경계조건에서 하중은 형상의 면, 모서리, 점 등에 부여가 가능하다. 툴바에서 Distributed Force 버튼을 클릭(하중의 방향에 주의해야 함)한다. 이 예제에서는 -Z 방향으로 200 N의 하중을 부여한 것이다. 하기 그림에 나타낸 ②점을 선택 후 하중값을 200 입력하고 OK 버튼을 클릭한다.

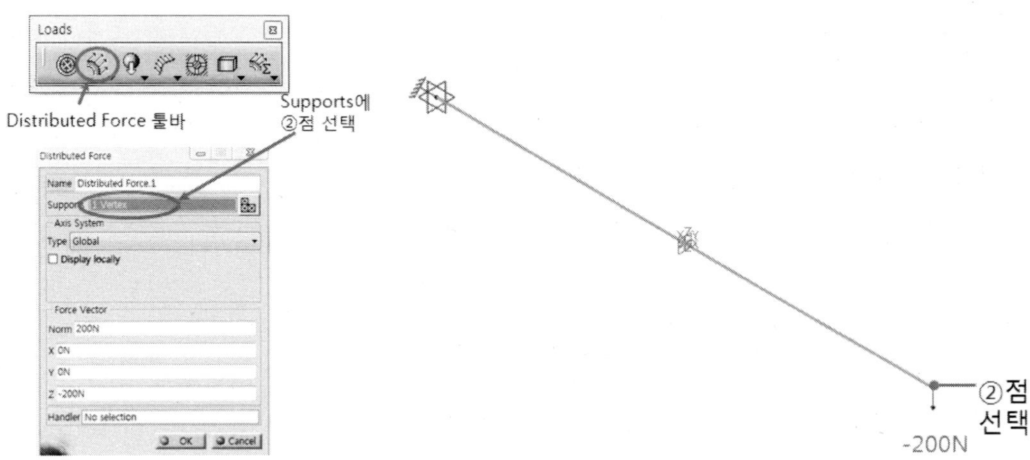

▌CATIA 해석에서는 하중조건에는 따로 집중하중 선택 메뉴가 없으므로 분포하중 값을 한 지점에 부여하면 집중하중이 부여된다.

## 라. FE 모델 확인

기본적인 사항이 정의되어 있는지 확인하기 위하여 Model Manager 툴바를 다음과 같이 활성화시킨다. Model Checker (신호등모양) 버튼을 클릭하면 대화상자의 Status 칼럼에 OK가 표시된 것을 확인 할 수 있다. 확인 후 대화상자의 OK버튼을 클릭한다.

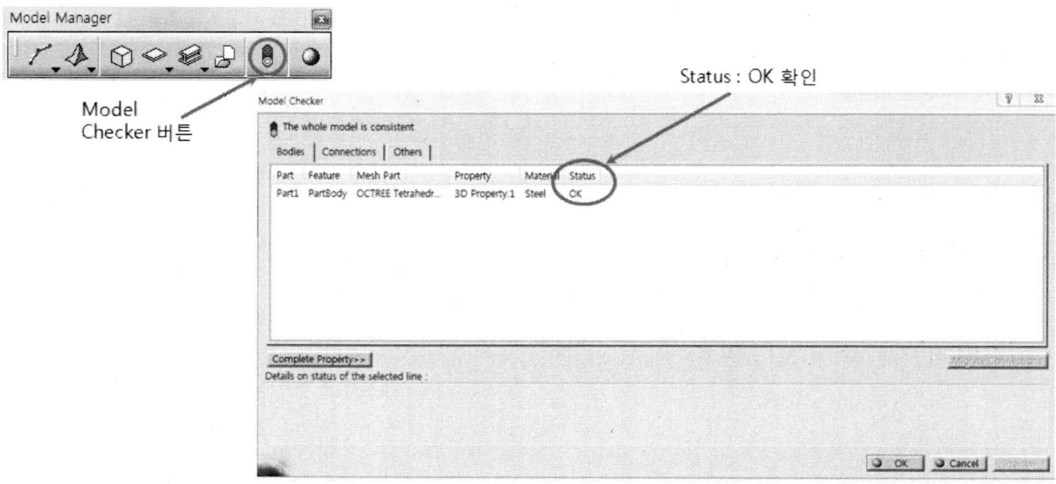


## 마. Solving

### 1) 계산하여 해 구하기 명령

앞서 정의한 FE 모델에 대한 해를 구하는 과정을 알아보자. Compute 툴바를 다음 그림과 같이 활성화시켜 버튼을 클릭한다. 대화상자에서 OK 버튼을 선택한 것은 모든 사항을 계산하겠다는 뜻이다(특정 Solution Case 만 계산할 지도 선택이 가능함). 다음 그림에 나타낸 것과 같이 계산에 필요한 Resource가 대화상자에 표시되면 Yes 버튼을 클릭하며 이 때 계산이 시작된다. 또한 Computation Status가 표시되며 계산이 완료된다.

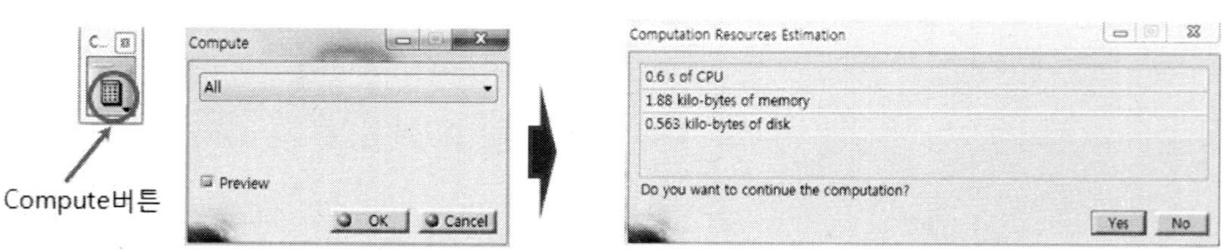

여기서 잠시 동안의 계산 수행 표시 후, 창이 사라지는 것을 확인할 수 있다. 만약 계산 중 에러가 발생하면 주어진 조건에 빠진 부분이 있거나 잘못 설정한 부분이 있는 것이므로 다시 모델링 창으로 가서 수정을 해야 한다.

Spec. Tree에서 계산결과와 Post Processing 할 결과의 저장위치 확인이 다음 그림처럼 가능하다.

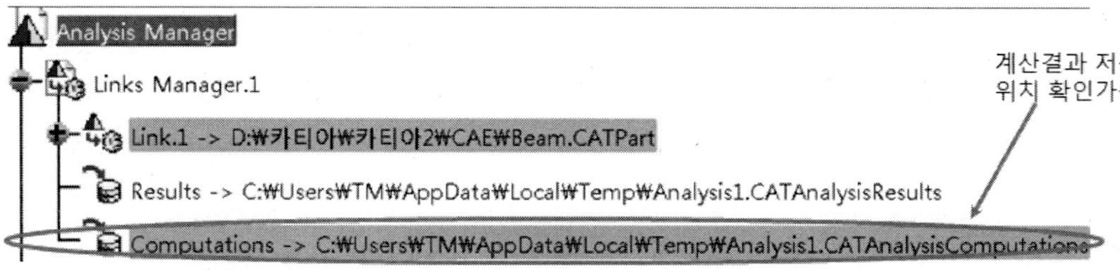


## 2) 원하는 결과값 선택하여 구하기

해석 계산을 시키기에 앞서 원하는 결과값만 선택하여 구하도록 옵션을 정의하려면 다음에 나타낸 그림과 같이 Sensor.1을 선택 후 Create Global Sensor를 클릭하여 원하는 값, 즉 Maximum Displacement 혹은 Maximum Von Mises Stress 등을 선택하여 특정 부위 계산값만 결과 파일에 도출 시킬 수도 있다.

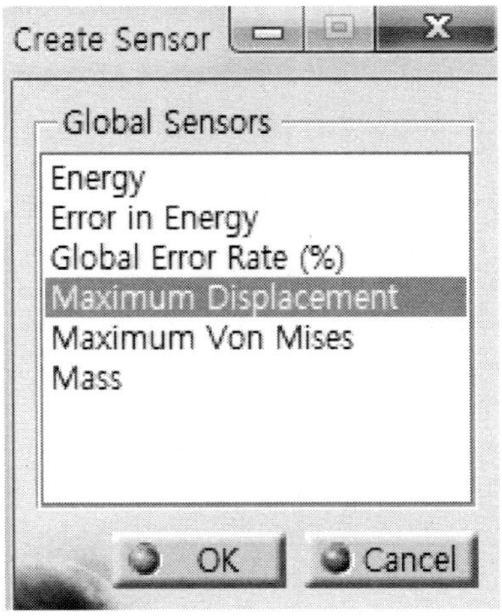

### 3) Beam theory

여기서 보(Beam)의 처짐량 계산식과 사각 단면의 관성 모멘트, I를 수계산하여 봅시다. 먼저 외팔보의 처짐량을 z라고 하면,

$$z = \frac{PL^3}{3EI} \quad \text{이다.}$$

여기서, P는 하중이고, L은 보의 길이, E는 영률(Young's Modulus; 합금 성분에 따라 다르지만 보통 해석에 사용하는 물성값 중, Steel의 경우 영률은 200 GPa이며 알루미늄 합금은 이의 3분의 1 값인 70 GPa이다), I는 면적관성모멘트이다. 다른 값은 모두 알고 있으므로 사각단면의 면적관성모멘트(I)는,

$$I = \frac{A^2}{12} \quad \text{이다.}$$

여기서 A는 보의 단면적(여기서는 앞서 가로 세로가 각각 5 mm인 사각단면을 예로 들었음)을 나타내며 5 mm × 5 mm = 25 ㎟ 이다.

그러므로 외팔보의 처짐량 $z = (200N) \times (0.2m)^3 / (3 \times 200{,}000{,}000{,}000 \times ((0.000025)^2 / 12)) = 0.0512\ m = 51.2\ mm$이다.

앞서 CATIA CAE를 이용하여 계산한 보의 처짐량은 다음에 나타낸 것과 같이 Maximum Displacement를 더블클릭하면 나타나며 해석결과값은 51.224 mm로 나와 수계산 결과와 해석결과가 정확히 일치함을 확인할 수 있다.

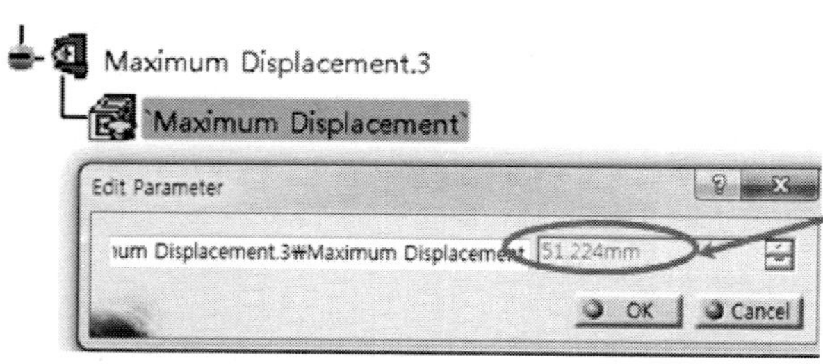


**해석결과 : 51.224 mm**
수계산결과와 해석결과가 정확히 일치함을 알 수 있다.

## 바. 후처리 (Post-Processing)

### 1) Deformation (변형량) 나타내기

해석결과를 분석해보자. 먼저 다음의 순서로 변형량을 나타내 보자.

① 변형량을 표시한다.
② Image 툴바를 꺼낸다.
③ Deformation 버튼을 클릭한다.

변형의 정도가 실제의 변형량인 약 5cm 보다 심하게 보이는지? 이것은 Scaling Factor에 의해 값이 과장되어 보이는 것인데, 대부분의 해석 소프트웨어에서 일부 해석의 경우 그 변형량이 너무 작아 육안으로 관찰이 어려워 Scaling Factor를 사용하여 과장되게 보이게 나타낸다. 그러므로 Analysis 툴바의 ④ Amplification Magnitude 명령을 다음과 같이 실행한다.

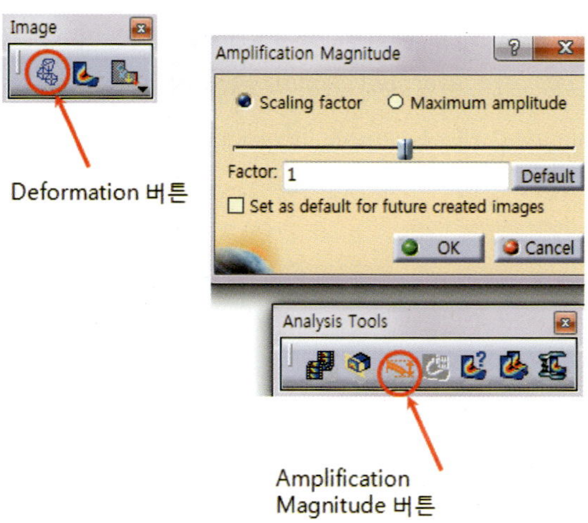


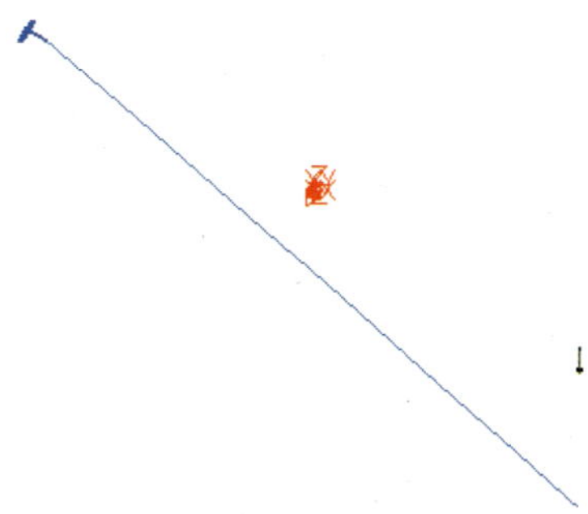

### 2) 동영상 Play 하기

다음 그림에 나타낸 것과 같이 Analysis 툴바에서 Animate 버튼을 클릭하면 변형 및 응력 결과를 동영상으로 볼 수 있다. 이는 시간을 고려한 것이 아니라 정적하중이 가해질 때와 아무런 하중이 없을 때의 변경이나 응력결과를 점진적으로 변화하도록 표시하는 것이다.

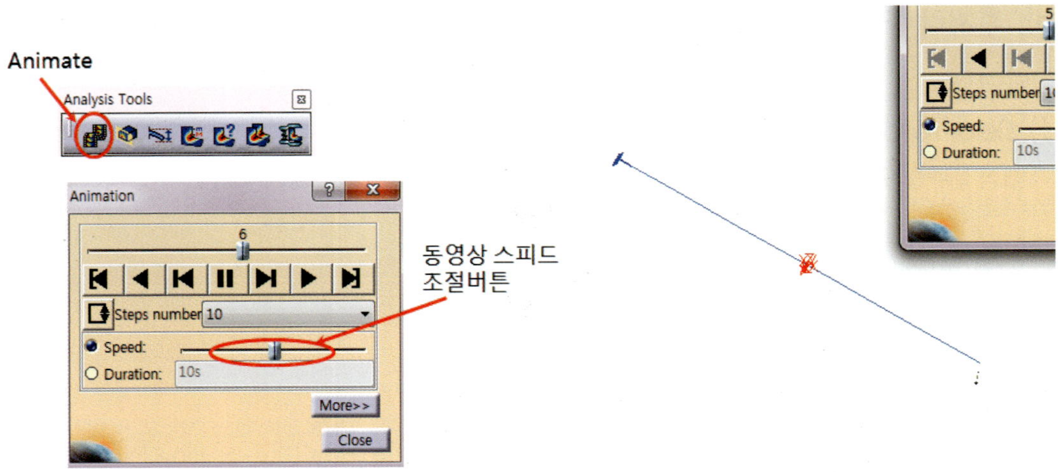


## 3) Displacement 표시

Displacement를 표시하면 각 Node에서의 변형을 방향 성분별로 표시할 수 있으며,최대 변위 값은 51.2 mm인 것을 다음의 해석결과에서 알 수 있다. 여기서 Displacement Contour가 하단 우측편에 나타나는 데 이것은 색상에 따른 변형 값으로 컴퓨터 화면 상에 Contour 색상이 파랑색에 가까우면 변형량이 0이며 붉은 색에 가까울수록 최대 변형량에 가까운 것을 나타내는 것이다. 다음 그림에 나타냇 듯이 Spec. Tree에서 Translational displacement magnitude.1을 더블클릭하면 Displace 값을 정의(Definition)할 수 있으며 표기 방법을 Symbol이나 Text 등으로 바꿀 수도 있다.

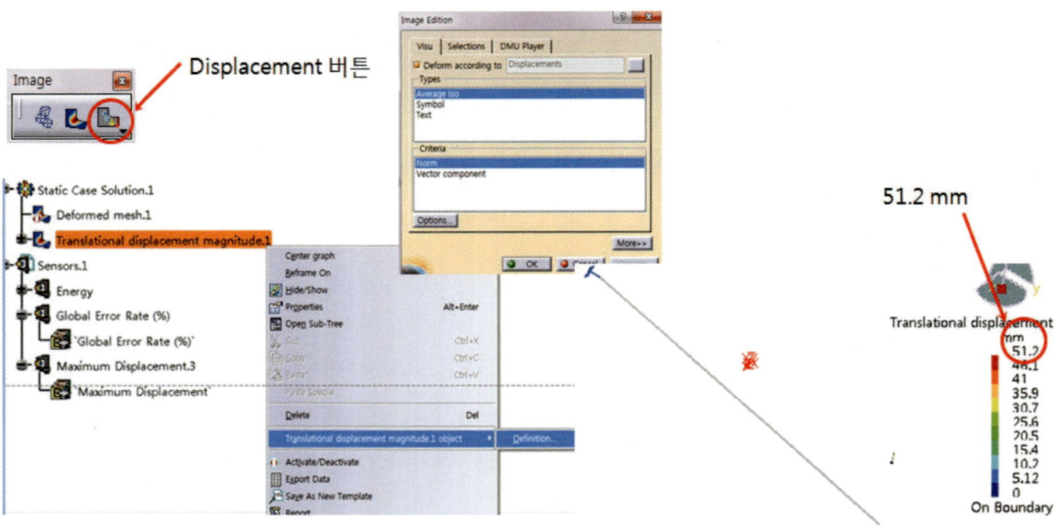

### 4) 해석 결과 리포트 생성하기

리포트 형식을 통해 해석결과를 내보내고자 할 때 Analysis Results 툴바의 Generate Report 명령을 사용하여 리포트를 생성시킨다.

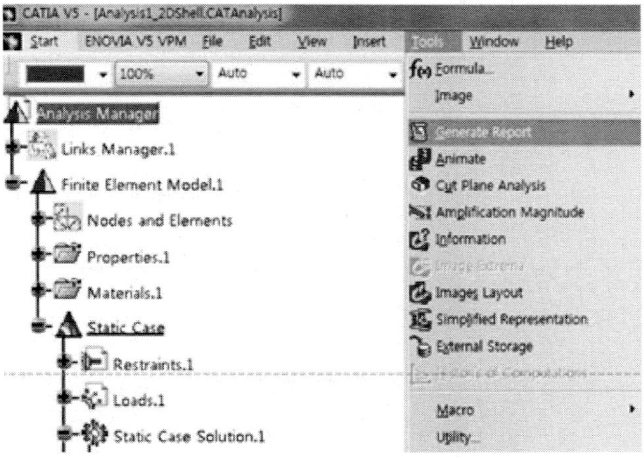


Generate Report 명령은 앞서 해석에 사용한 조건과 결과를 가지고 다음과 같은 html 형식의 보고서를 생성시킨다. 명령을 실행하고 Report 파일이 만들어질 위치를 지정해 주면 생성 후 자동으로 Report 를 열어 보여준다.

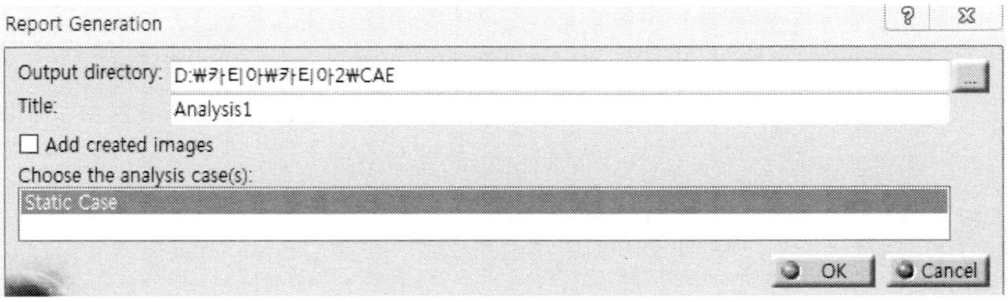

# Report

## Analysis1

**MESH:**

| Entity | Size |
|---|---|
| Nodes | 2 |
| Elements | 1 |

**ELEMENT TYPE:**

| Connectivity | Statistics |
|---|---|
| BAR | 1 ( 100.00% ) |

**ELEMENT QUALITY:**

| Criterion | Good | Poor | Bad | Worst | Average |
|---|---|---|---|---|---|

**Materials.1**

| Material | Steel |
|---|---|
| Young's modulus | 2e+011N_m2 |
| Poisson's ratio | 0.266 |
| Density | 0.00786g_mm3 |
| Coefficient of thermal expansion | 0.00001_Kdeg |
| Yield strength | 2.5e+008N_m2 |

## Static Case

**Boundary Conditions**

FACTORIZED Computation

| | | |
|---|---|---|
| Method | : | SPARSE |
| Number of factorized degrees | : | 6 |
| Number of supernodes | : | 1 |
| Number of overhead indices | : | 0 |
| Number of coefficients | : | 15 |
| Maximum front width | : | 6 |
| Maximum front size | : | 21 |
| Size of the factorized matrix (Mb) | : | 0.000114441 |
| Number of blocks | : | 1 |
| Number of Mflops for factorization | : | 1.080e-004 |
| Number of Mflops for solve | : | 9.000e-005 |
| Minimum relative pivot | : | 2.504e-001 |

Minimum and maximum pivot

| Value | Dof | Node | x (mm) | y (mm) | z (mm) |
|---|---|---|---|---|---|
| 1.5595e+004 | Tz | 1 | 0.0000e+000 | 2.0000e+002 | 0.0000e+000 |
| 2.5000e+007 | Ty | 1 | 0.0000e+000 | 2.0000e+002 | 0.0000e+000 |
| 3.4763e+001 | Ry | 1 | 0.0000e+000 | 2.0000e+002 | 0.0000e+000 |
| 5.2083e+001 | Rx | 1 | 0.0000e+000 | 2.0000e+002 | 0.0000e+000 |

Minimum pivot

| Value | Dof | Node | x (mm) | y (mm) | z (mm) |
|---|---|---|---|---|---|
| 2.5000e+007 | Ty | 1 | 0.0000e+000 | 2.0000e+002 | 0.0000e+000 |

| Value | Dof | Node | x (mm) | y (mm) | z (mm) |
|---|---|---|---|---|---|
| 5.2083e+001 | Rx | 1 | 0.0000e+000 | 2.0000e+002 | 0.0000e+000 |

Translational pivot distribution

| Value | Percentage |
|---|---|
| 10.E4 --> 10.E5 | 6.6667e+001 |
| 10.E5 --> 10.E6 | 0.0000e+000 |
| 10.E6 --> 10.E7 | 0.0000e+000 |
| 10.E7 --> 10.E8 | 3.3333e+001 |

Rotational pivot distribution

| Value | Percentage |
|---|---|
| 10.E1 --> 10.E2 | 1.0000e+002 |

DIRECT METHOD Computation

Name: Static Case Solution.1

Restraint: Restraints.1

Load: Loads.1

Strain Energy : 5.122e+000 J

Equilibrium

| Components | Applied Forces | Reactions | Residual | Relative Magnitude Error |
|---|---|---|---|---|
| Fx (N) | 0.0000e+000 | 0.0000e+000 | 0.0000e+000 | 0.0000e+000 |
| Fy (N) | 0.0000e+000 | 0.0000e+000 | 0.0000e+000 | 0.0000e+000 |
| Fz (N) | -2.0000e+002 | 2.0000e+002 | 1.1369e-013 | 5.6843e-016 |
| Mx (Nxm) | -4.0000e+001 | 4.0000e+001 | 7.1054e-015 | 1.7764e-016 |
| My (Nxm) | 0.0000e+000 | 0.0000e+000 | 0.0000e+000 | 0.0000e+000 |
| Mz (Nxm) | 0.0000e+000 | 0.0000e+000 | 0.0000e+000 | 0.0000e+000 |

# 연습문제

## Q 과제 1

① 앞서 해석한 Beam의 단면을 원형단면으로 단면속성을 변경하여 해석하시오. 원형단면의 반지름은 3mm로 Component Edition을 선택해 입력해 준다.
② 사각단면보다 동일 조건하에서 더 많이 처짐이 발생하는 것을 확인하시오.
③ 수계산을 하여 해석결과와 비교하시오.

▌ 원형단면의 면적관성모멘트(I)와 처짐량(z) 계산식은 다음 식을 활용해 수계산 한다.

$$I = \frac{\pi r^4}{4} \qquad z = \frac{PL^3}{3EI}$$

④ 비교값을 나타내는 다음의 Table을 완성하고 비교해 보시오.

| 구 분 | 보의 길이 200 mm, 사각단면 가로 세로 길이 5 mm x 5 mm 적용 시(사각단면) | 보의 길이 200 mm, 원형단면 반지름 3 mm (단면적 28.3㎟) 적용 시(원형단면) |
|---|---|---|
| 수계산 결과 처짐량(mm) | 51.2 | |
| 해석 결과 처짐량(mm) | 51.2 | |

## Q 과제 2

① 앞서 해석한 Beam의 단면을 원형중공단면(Tubular beam)으로 단면속성을 변경하여 해석하시오. 원형단면의 외부반지름은 3mm로 내부반지름은 1.5mm로 Component Edition을 선택해 입력해 준다.
② 중공단면보다 동일 조건하에서 더 많이 처짐이 발생하는 것을 확인하시오.
③ 수계산을 하여 해석결과와 비교하시오.

▌ 중공 원형단면의 면적관성모멘트(I)와 처짐량(z) 계산식은 다음 식을 활용해 수계산 한다.

$$I = \frac{\pi({r_o}^4 - {r_i}^4)}{4} \qquad z = \frac{PL^3}{3EI}$$

**Here, $R_0$ = Outer radius, $R_i$ = inner radius**

④ 비교값을 나타내는 다음의 Table을 완성하고 비교해 보시오.

| 구 분 | 보의 길이 200 mm, 사각단면 가로 세로 길이 5 mm x 5 mm 적용 시(사각단면) | 보의 길이 200 mm, 원형단면 바깥 반지름 3 mm, 안쪽 반지름 1.5 mm 적용 시(중공단면) |
|---|---|---|
| 수계산 결과 처짐량(mm) | 51.2 | |
| 해석 결과 처짐량(mm) | 51.2 | |

# Q 과제 3

① 과제1의 소재를 Steel에서 알루미늄으로 재질 변경하여 해석하시오. 알루미늄합금과 Steel 소재의 처짐량을 비교하시오.

② 어느 소재가 더 처짐이 크게 발생하나요?

③ 수계산을 하여 해석결과와 비교하시오.

▌ 원형단면의 면적관성모멘트(I)와 처짐량(z) 계산식은 다음 식을 활용해 수계산 한다.

$$I = \frac{\pi r^4}{4} \qquad z = \frac{PL^3}{3EI}$$

④ 비교값을 나타내는 다음의 Table을 완성하고 비교해 보시오.

| 구 분(원형단면) | 보의 길이 200 mm, 원형단면 반지름 3 mm (단면적 28.3㎟) 적용 시(CATIA Steel 소재 적용) | 보의 길이 200 mm, 원형단면 반지름 3 mm (단면적 28.3㎟) 적용 시(CATIA의 알루미늄 적용 시) |
|---|---|---|
| 수계산 결과 처짐량(mm) | | |
| 해석 결과 처짐량(mm) | | |

# Q 과제 4

① 먼저 해석한 사각단면 소재를 Steel에서 알루미늄으로 재질 변경하여 해석하시오. 알루미늄합금과 Steel 소재의 처짐량을 비교하시오.

② 어느 소재가 더 처짐이 크게 발생하나요?

③ 수계산을 하여 해석결과와 비교하시오.

▌ 사각단면의 면적관성모멘트(I)와 처짐량(z) 계산식은 다음 식을 활용해 수계산 한다.

$$I = \frac{A^2}{12} \qquad z = \frac{PL^3}{3EI}$$

④ 비교값을 나타내는 다음의 Table을 완성하고 비교해 보시오.

| 구 분 (사각단면) | 보의 길이 200 mm, 사각단면 가로 세로 길이 5 mm x 5 mm (단면적 25㎟) 적용 시(CATIA Steel 소재 적용) | 보의 길이 200 mm, 사각단면 가로 세로 길이 5 mm x 5 mm (단면적 25㎟) 적용 시(CATIA의 알루미늄 적용 시) |
|---|---|---|
| 수계산 결과 처짐량(mm) | 51.2 | |
| 해석 결과 처짐량(mm) | 51.2 | |

# Q 과제 5

① 먼저 해석한 사각단면 Beam의 길이를 500 mm로 늘려 해석하시오. 길이 차이에 따른 처짐량을 비교하시오.

② 어느 길이의 보가 더 처짐이 크게 발생하나요?

③ 수계산을 하여 해석결과와 비교하시오.

▌ 사각단면의 면적관성모멘트(I)와 처짐량(z) 계산식은 다음 식을 활용해 수계산 한다.

$$I = \frac{A^2}{12} \qquad z = \frac{PL^3}{3EI}$$

④ 비교값을 나타내는 다음의 Table을 완성하고 비교해 보시오.

| 구 분 (사각단면) | 보의 길이 200 mm, 사각단면 가로 세로 길이 5 mm x 5 mm 적용 시 | 보의 길이 500 mm, 사각단면 가로 세로 길이 5 mm x 5 mm 적용 시 |
|---|---|---|
| 수계산 결과 처짐량(mm) | 51.2 | |
| 해석 결과 처짐량(mm) | 51.2 | |

# Q 과제 6

① 앞서 해석한 사각단면 Beam의 길이를 200 mm로, 단면의 가로 세로 길이를 10 mm씩으로 변경하여 해석하시오. 단면 크기 변화에 따른 처짐량을 비교하시오.
② 어느 단면 크기를 갖는 보가 더 처짐이 크게 발생하나요?
③ 수계산을 하여 해석결과와 비교하시오.

▌ 사각단면의 면적관성모멘트(I)와 처짐량(z) 계산식은 다음 식을 활용해 수계산 한다.

$$I = \frac{A^2}{12} \qquad z = \frac{PL^3}{3EI}$$

④ 비교값을 나타내는 다음의 Table을 완성하고 비교해 보시오.

| 구 분 (사각단면) | 보의 길이 200 mm, 사각단면 가로 세로 길이 5 mm x 5 mm 적용 시 | 보의 길이 200 mm, 사각단면 가로 세로 길이 10 mm x 10 mm 적용 시 |
|---|---|---|
| 수계산 결과 처짐량(mm) | 51.2 | |
| 해석 결과 처짐량(mm) | 51.2 | |

# Q 결과값 비교

다음의 표를 완성하여 과제1~과제6의 결과값을 비교해 보시오. 길이의 변화, 단면의 변화(단면은 사각단면을 원형단면으로, 사각단면의 크기를 25㎟에서 100㎟로 변화 시), 재질의 변화 등의 차이를 비교하고 어느 인자(Parameter)가 가장 처짐량에 영향을 주는 지 확인하여 제품 설계시 고려해야할 중요인자를 뽑아 내 고찰하시오.

| 구 분 | | 해석 결과 처짐량 (mm) | 사각단면 (기본단면대비) 처짐량 비교(처짐량 %) |
|---|---|---|---|
| 기본해석 | 기본단면(사각단면, Steel 소재, 길이 200 mm, 단면적 25㎟) | 51.2 | 100% |
| 과제1 | 원형단면(원형단면, Steel 소재, 반지름 3 mm, 단면적 28.6㎟) | | |
| 과제2 | 원형중공단면(원형중공단면, Steel 소재, 바깥지름 3mm, 안지름 1.5mm) | | |
| 과제3 | 원형단면(원형단면, Aluminum 소재, 반지름 3mm, 단면적 28.6㎟) | | |
| 과제4 | 기본단면(사각단면, Aluminum 소재, 길이 200mm, 단면적 25㎟) | | |
| 과제5 | 사각단면(사각단면, Steel 소재, 길이 500 mm, 단면적 25㎟) | | |
| 과제6 | 사각단면(사각단면, Steel 소재, 길이 200 mm, 단면적 100㎟) | | |

▌본 고찰을 통하여 설계시 고려해야할 인자가 단면적, 단면형상, 재질, 보의 길이 중 어느 것이 중요인자(Major Parameter)인지를 파악하여 설계 변경시 중요하게 보의 처짐을 방지하는데 기여할 부분이 무엇인지 결론 내릴 수 있다. 또한 과제1~과제6의 처짐량을 그래프로 그려 상호 비교해 보자.

# 3.3 2-D Element Shell 해석 - 샤워의자

## 가. 모델링 수행

해석하기에 앞서 모델링을 수행하는데 우선 Part Design 워크벤치로 입장하여 xy-plane에 다음과 같은 형상으로 스케치 후 구속조건을 부여해 보자.

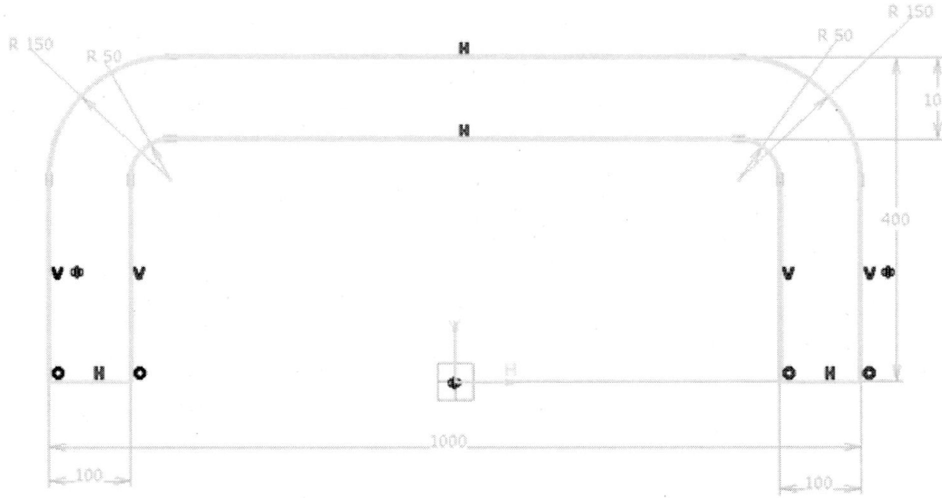


스케치가 완성되었으면 Pad 기능을 이용하여 양쪽방향으로 250 mm씩 돌출시킨다(Mirror Extent옵션 이용). 다음의 형상으로 3차원 형상의 샤워의자 모델링이 완성된다.

## 나. 2D Shell Element 생성을 위한 중간 Surface 생성

1) Start 버튼 클릭, Mechanical Design Wireframe & Surface Design 선택한다.

2) Surfaces 툴바에서 Offset 버튼을 클릭한다.

3) Offset Surface Definition창의 Surface 선택창에 MB3 → Create Join 선택 후 다음 그림과 같이 바깥쪽 5개 Surface (①②③④⑤) 선택 후 OK클릭한다.

▌ MB3 : Mouse 3번 Button

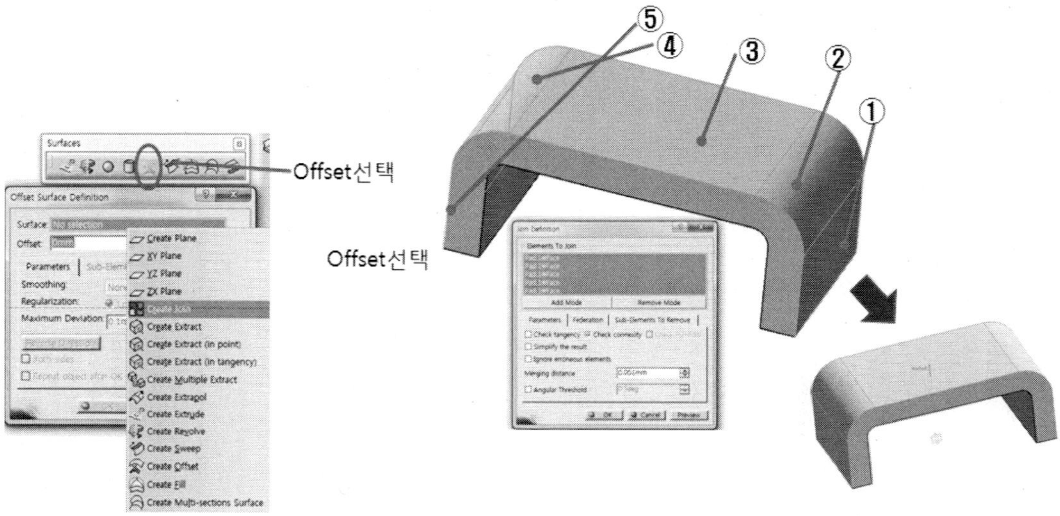


4) Offset Surface Definition 대화창의 Offset값을 50 mm로 입력한다. 두께의 절반이다.

5) Offset 방향 확인 후 OK클릭한다. 이 때 방향이 다르면 Reverse Direction 클릭한다.

6) Pad를 Hidden 시키면 다음의 그림처럼 중간 Surface가 생성되는 것을 확인할 수 있다.

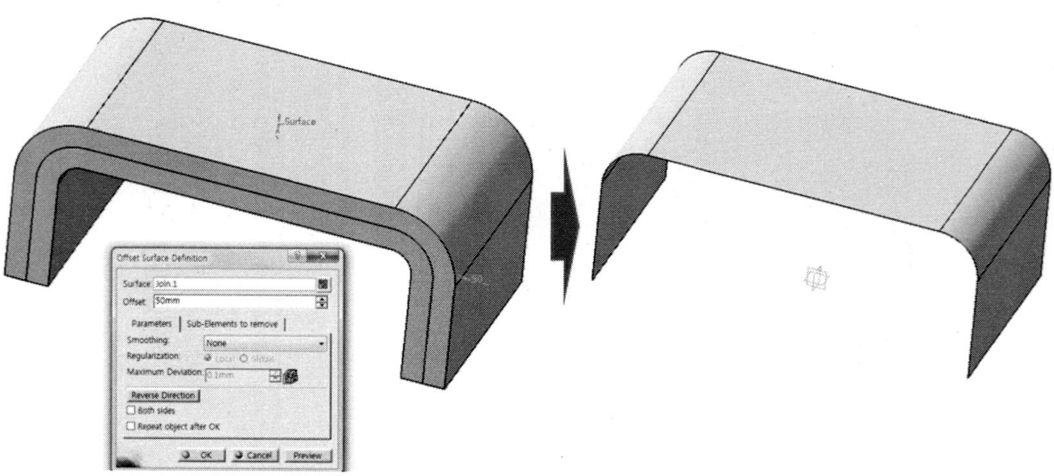

## 다. 재료 물성치 부여

### 1) 재료 물성치 부여

① Apply Material 버튼을 클릭하고 Default Material Catalog 대화창의 여러 메뉴 중 Metal Tap을 클릭 후 ② Aluminum을 선택한다. OK 버튼은 아직 활성화되지 않는다. Spec. Tree에서 ③ PartBody를 선택하면 Catalog 대화창에 OK 버튼이 활성화되며 이 때 OK 버튼을 클릭한다. 다음 그림과 같이 PartBody에 Material이 설정된다.

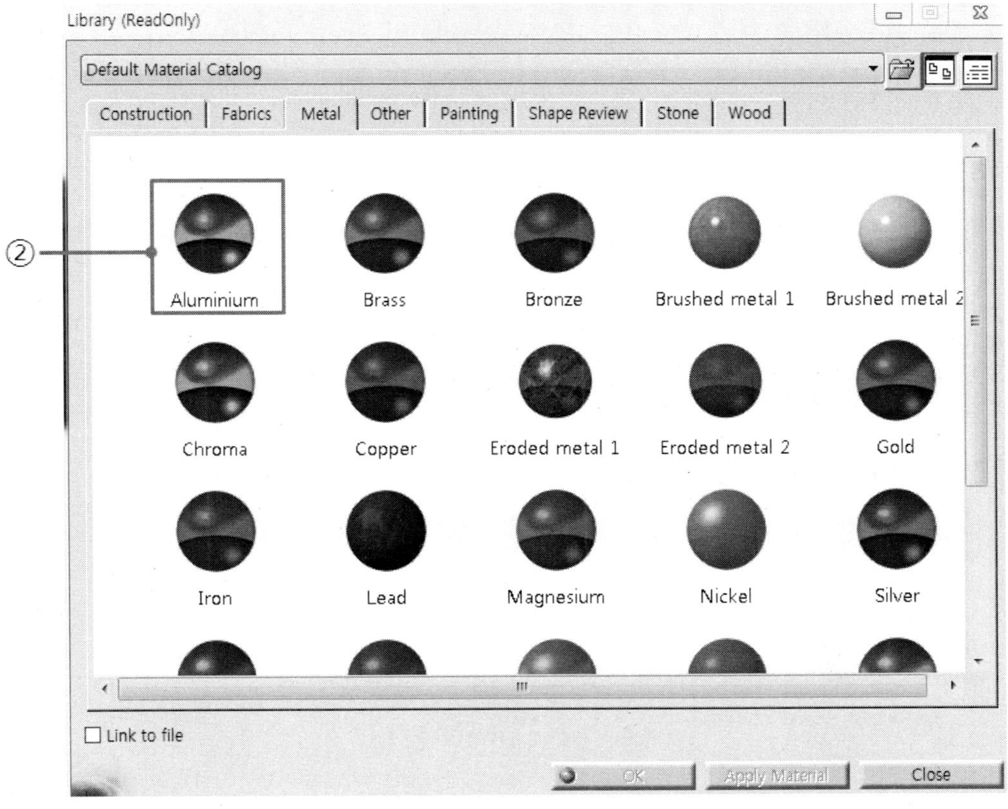

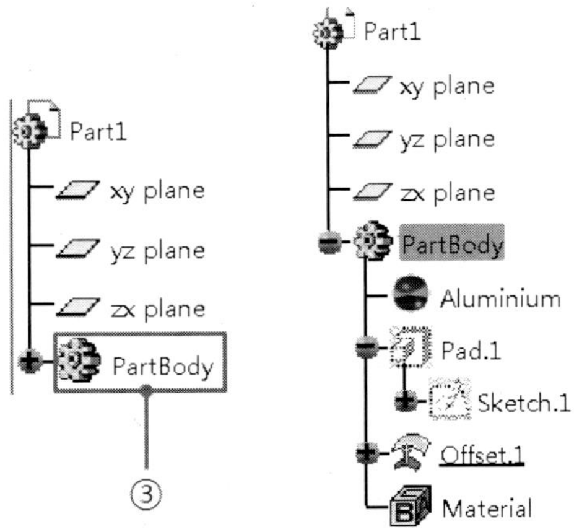


만약 부여한 Aluminum 재질의 영률(Young's Moldulus), Density, Poisson Ratio를 확인하고 싶고 항복강도를 확인하고 싶으면 다음 그림처럼 PartBody Tree 밑의Aluminum을 선택하고 MB3 버튼을 클릭하면 Properties를 선택할 수 있으며 다음의 Properties 대화창이 나타난다. 대화창에서 알 수 있듯이 영률이 70 GPa, 항복강도 95 MPa, Poisson Ratio(프아송비) 0.346 등의 값을 확인할 수 있다.

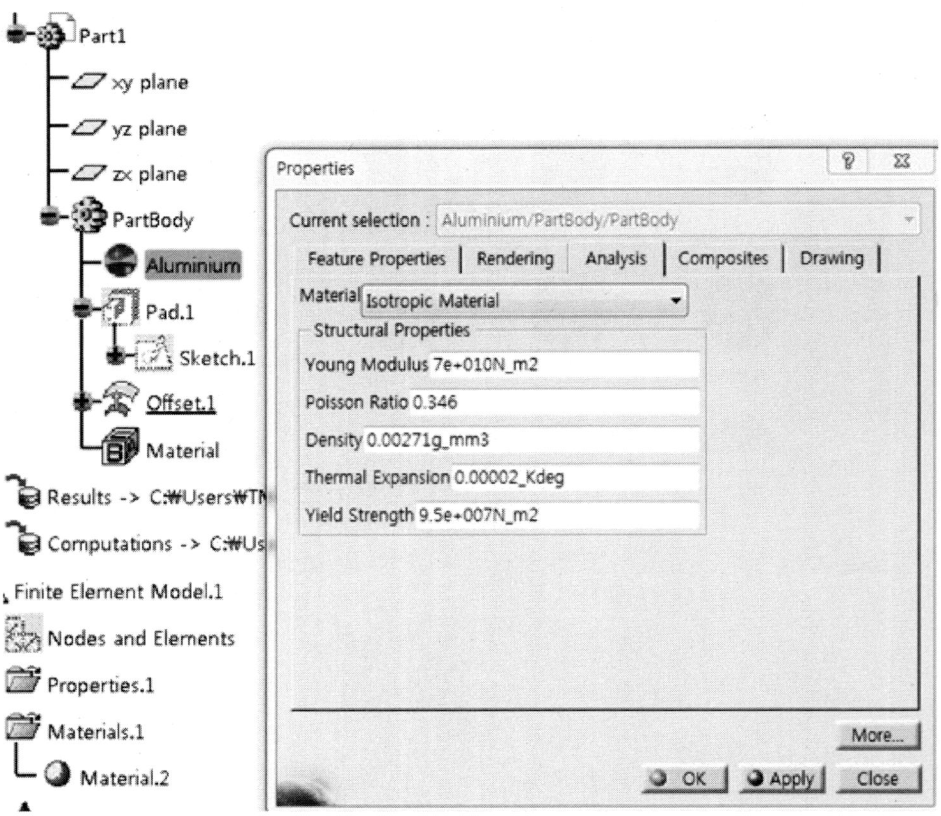

### 나) View Mode 선택

View Mode의 변경은 다음의 아이콘으로 가능하며 재료 물성치 부여된 View Mode로 선택하면 PartBody의 색상이 달라진다. View Mode는 총 7개(Shading, Shading with Edge, Shading with Edge without Smoothing Edges, Shading with Edge without Hidden Edges, Shading with Material, Wireframe (NHR), Customize with Parameters) 가 있으며 각 모드별 Viewing 형태의 변화는 직접 실습해 보면 쉽게 그 차이를 알 수 있다.

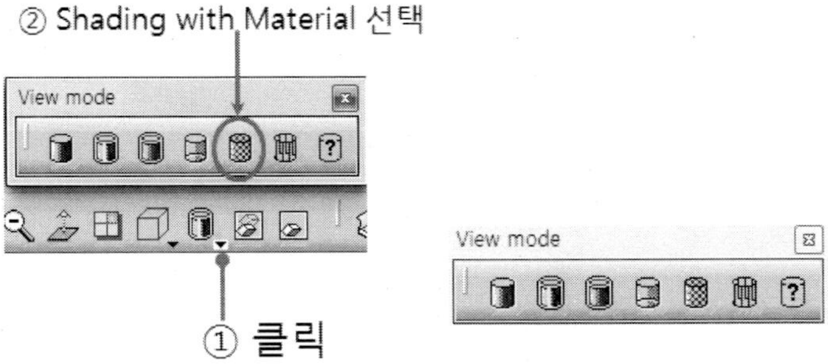


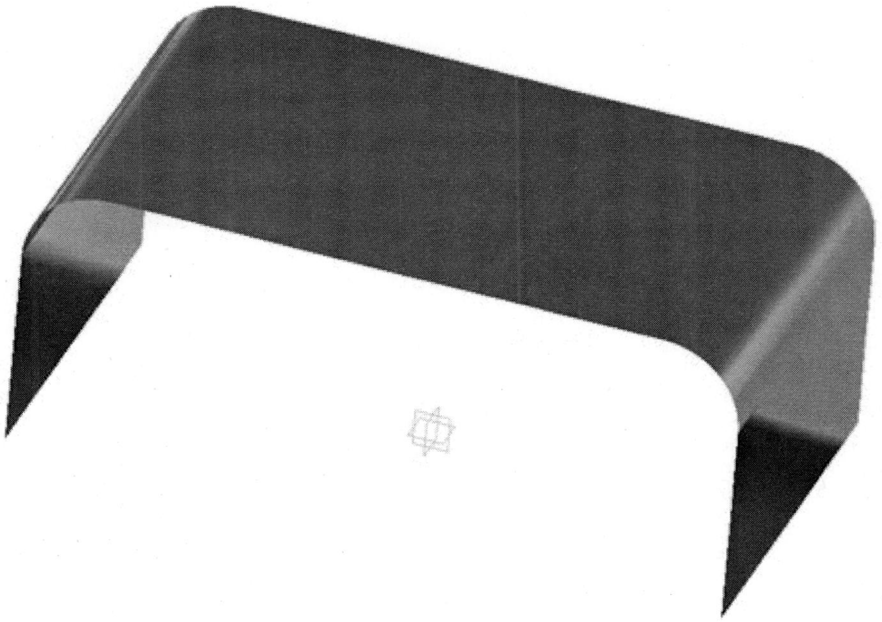

### 다) 재료(Steel) 물성치 확인

Spec. Tree에서 이전 화면에서 입력했던 Steel 물성치를 확인하려면 다음 그림과 같이 Steel을 더블 클릭하면 다음과 같이 Properties 대화창이 활성화 된다.

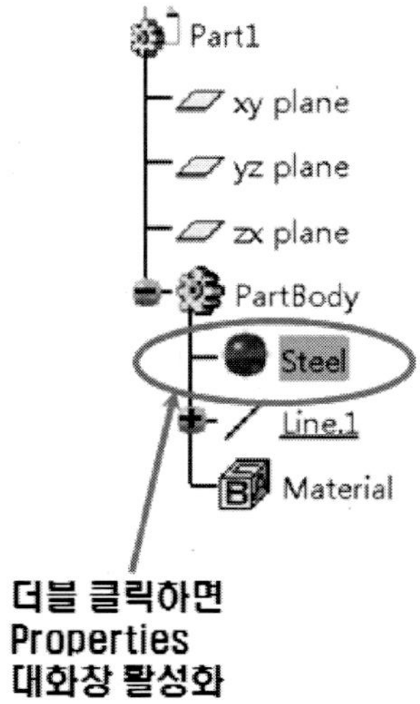


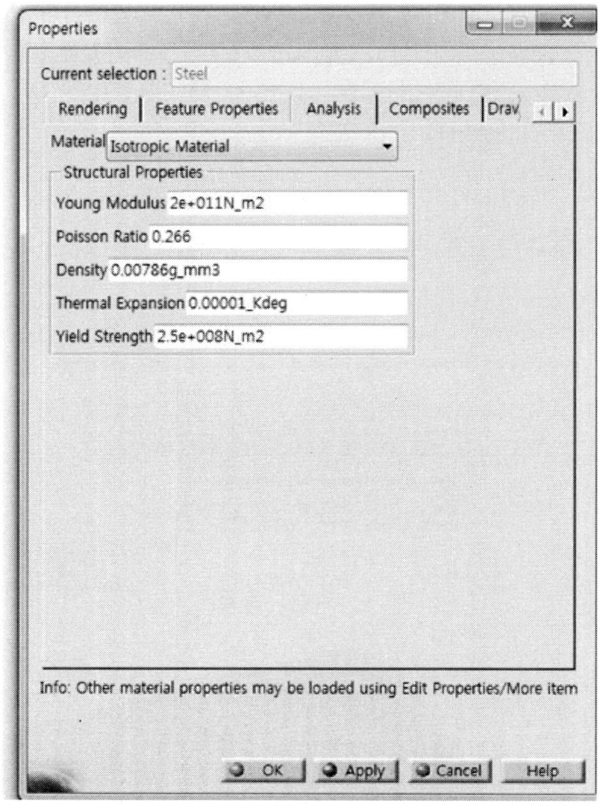


## 라. Pre-Processing

### 1) GSA 워크벤치 실행

다음 그림과 같이 Generative Structural Analysis (GSA) 워크벤치를 실행시킨다. GSA 워크벤치에서는 형상에 메쉬(Mesh)가 자동으로 정의되며 설정을 변경할 수 있다. 다음과 같이 Analysis & Simulation 메뉴창에서 Generative Structural Analysis를 선택하면 Spec. Tree에 Static Case가 생성되는데 이 때 Static Analysis를 선택하고 OK 버튼을 클릭한다.

Spec. Tree 펼치면 그림과 같이 OCTREE Tetrahedron Mesh(우리는 2D Shell Mesh를 생성해야 하는데 GSA 워크벤치를 실행시키면 자동으로 3D Mesh인 Tetrahedron Mesh.1이 자동생성되므로 이를 삭제)가 정의되어 있는데 이를 Delete 시키고 Properties.1을 펼쳐 3D Property도 삭제한다(2D Shell Mesh를 새로 생성시킬 준비를 마친다).

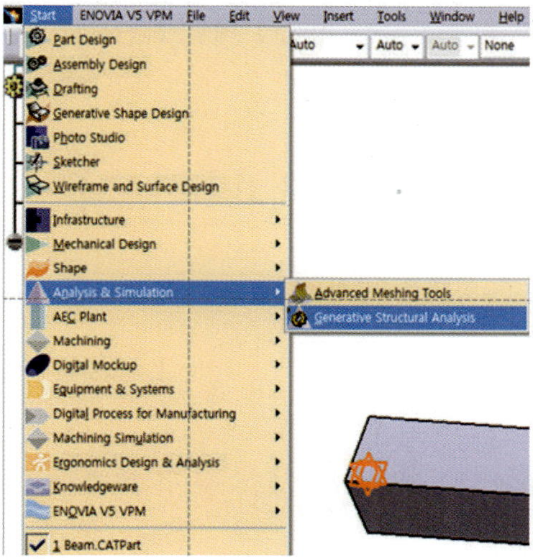

## 2) Shell Mesh 정의

**가)** 메뉴바에서 Start 클릭 후 Analysis & Simulation Advanced Meshing Tools (AMT)선택한다.

**나)** Analysis Case로 Static Analysis 선택 후 OK 클릭한다. AMT에서는 메쉬생성 관련 고급기능을 설정한다. GSA에서는 Octree Triangle Mesh 생성할 수 있지만 AMT에서는 사각형 Shell Mesh 생성이 가능하다.

**다)** Mesh Method툴바에서 Surface Mesher 버튼 클릭 서피스를 선택한다.

**라)** 대화창 Mesh Size를 50 입력하고, Quad Only 옵션을 선택한다. 모델에 나타나는 빨강화살표는 Shell 요소 Upper 방향을 의미한다. OK버튼을 클릭한다.

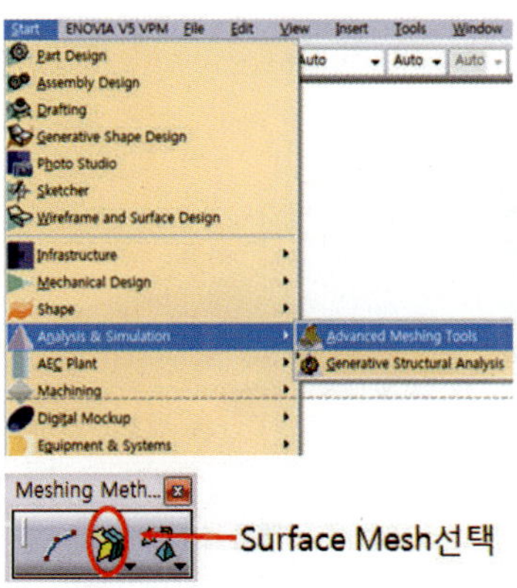

### 3) Mesh의 화면 표시 (View Mode에 따른)

메쉬를 화면에 나타내보자. 이 과정 없이도 해석을 수행할 수는 있으나 메쉬 화면표시법을 익히기 위하여 실행한다.

**가)** 먼저 GSA워크벤치에 입장한다.

**나)** Spec. Tree의 Nodes and Elements에 MB3 Mesh Visualization을 선택한다.

**다)** Warning 메시지 확인 후 OK버튼을 클릭한다.

다음과 같이 View Mode를 바꾸면 Mesh 가 다양한 형태로 변경된다.

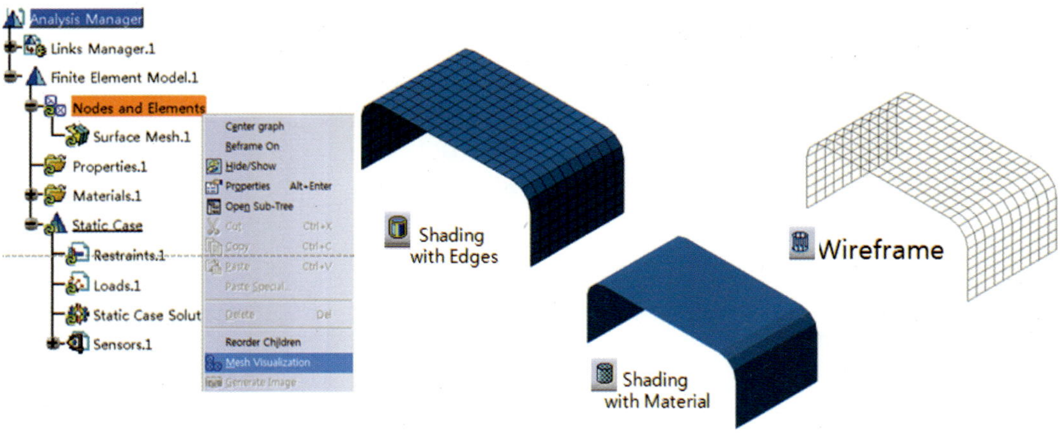


### 4) Shell Property (두께) 설정

**가)** Shell 두께를 설정하기 위하여 Model Manager 툴바에서 2D Property를 클릭한다.

**나)** Links Manager.1에 MB3 Hide/Show로 나타나게 한다.

**다)** Mid Surface 선택 후 Thickness 100 mm 입력 후 OK를 클릭한다.

3D 모델과 메쉬를 동시에 화면에 나타내 보자. Spec. Tree의 Links Manager.1항목에 MB3>Show/Hide선택하면 다음과 같이 3D 형상을 동시에 표시가 가능하다.

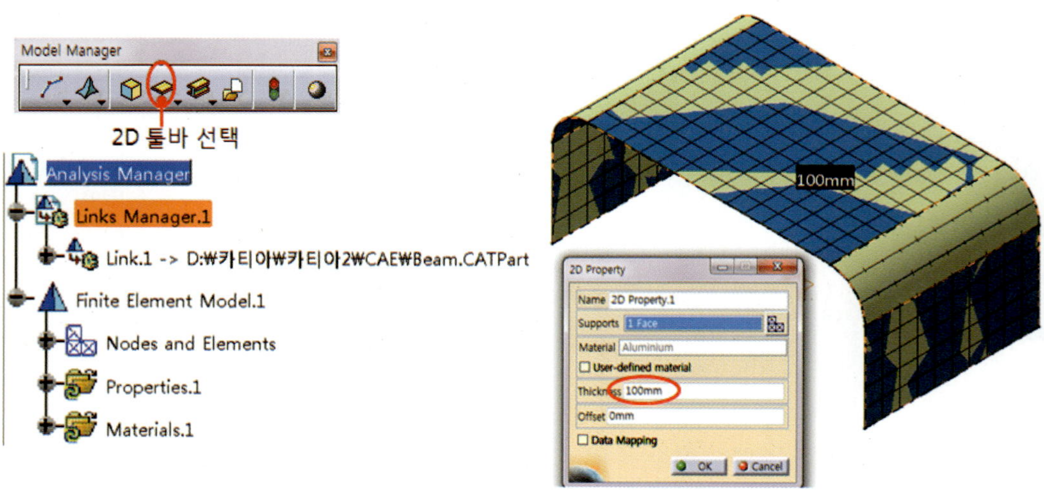

## 5) 경계조건(Boundary Conditions)

### 가) Restraints (구속조건) 부여

경계조건과 하중은 형상의 면, 모서리, 점 등에 부여가 가능하다.

경계조건을 제품 형상에 부여하기 위하여 Nodes and Elements 그룹에서 Mesh와 2D Property를 Hide 시킨다(Mesh를 숨기고 형상만 보이게 한다).

Restraints 툴바에서 User-defined Restraint를 클릭하고 하기 그림에 표시한 모서리①②를 선택하고 대화창에서 OK버튼을 클릭한다. 그림에 나타냈듯 샤워의자 하단부 2개 모서리에 자유도 6개를 모두 Fix 시켰다.

User-defined Restraint툴바

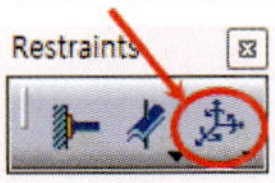


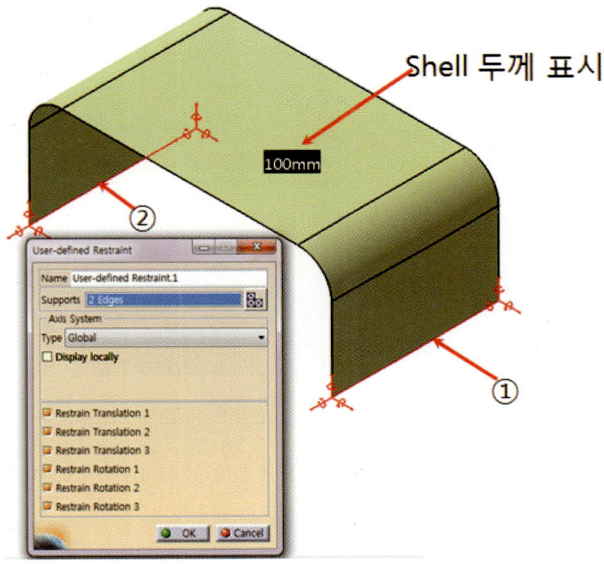


### 나) Loads (하중조건) 부여

경계조건에서 하중은 형상의 면, 모서리, 점 등에 부여가 가능하다. 툴바에서 Distributed Force 버튼을 클릭(하중의 방향에 주의해야 함)한다. 이 예제에서는 -Z 방향으로 1,0000 N의 하중을 부여한 것이다. 하기 그림에 나타낸 ②면을 선택 후 하중값을 1,000 입력하고 OK 버튼을 클릭한다.

Distributed Force 툴바

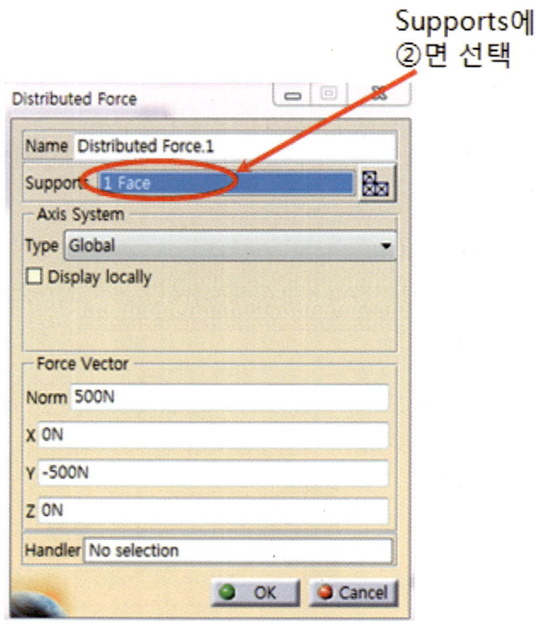
Supports에
②면 선택
Distributed Force
Name Distributed Force.1
Supports 1 Face
Axis System
Type Global
Display locally
Force Vector
Norm 500N
X 0N
Y -500N
Z 0N
Handler No selection
OK
Cancel

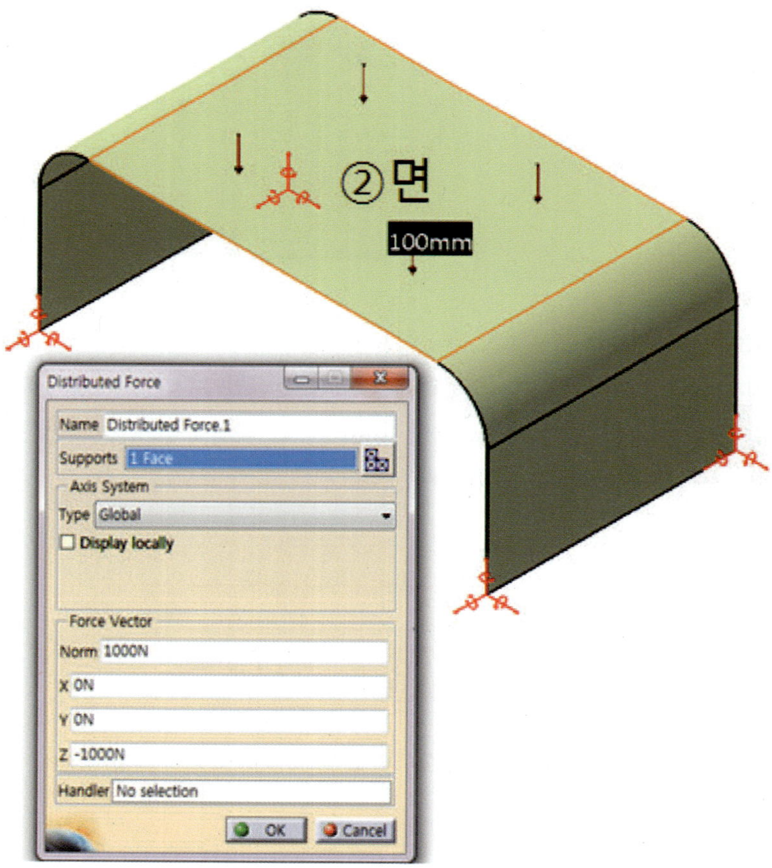
②면
100mm
Distributed Force
Name Distributed Force.1
Supports 1 Face
Axis System
Type Global
Display locally
Force Vector
Norm 1000N
X 0N
Y 0N
Z -1000N
Handler No selection
OK
Cancel

## 6) FE 모델 확인

기본적인 사항이 정의되어 있는지 확인하기 위하여 Model Manager 툴바를 다음과 같이 활성화시킨다. Model Checker (신호등모양) 버튼을 클릭하면 대화상자의 Status 칼럼에 OK가 표시된 것을 확인 할 수 있다. 확인 후 대화상자의 OK버튼을 클릭한다.

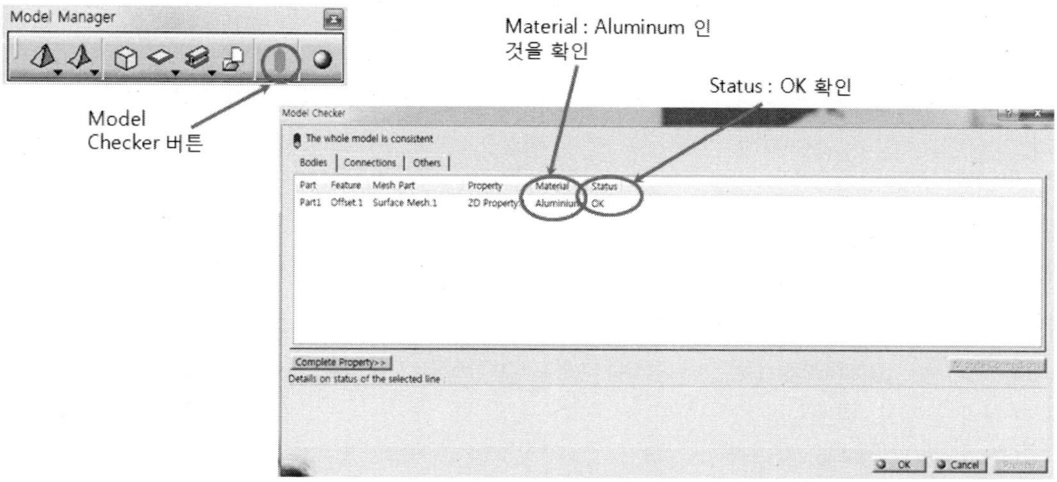


# 마. Solving

## 1) 계산하여 해 구하기 명령

앞서 정의한 FE 모델에 대한 해를 구하는 과정을 알아보자. Compute 툴바를 다음 그림과 같이 활성화시켜 버튼을 클릭한다. 대화상자에서 OK 버튼을 선택한 것은 모든 사항을 계산하겠다는 뜻이다(특정 Solution Case 만 계산할 지도 선택이 가능함). 다음 그림에 나타낸 것과 같이 계산에 필요한 Resource가 대화상자에 표시되면 Yes 버튼을 클릭하며 이 때 계산이 시작된다. 또한 Computation Status가 표시되며 계산이 완료된다.

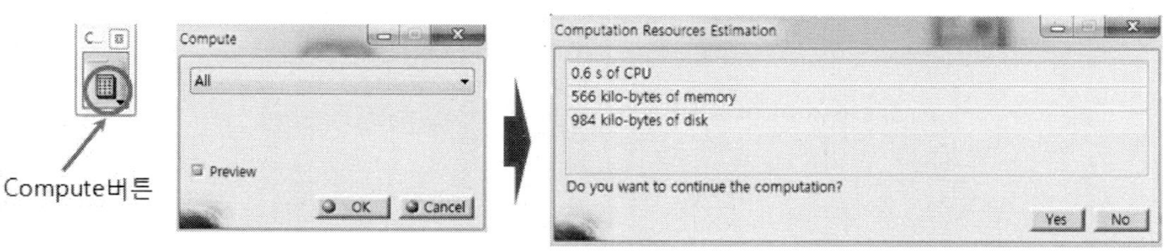


여기서 잠시 동안의 계산 수행 표시 후, 창이 사라지는 것을 확인할 수 있다. 만약 계산 중 에러가 발생하면 주어진 조건에 빠진 부분이 있거나 잘못 설정한 부분이 있는 것이므로 다시 모델링 창으로 가서 수정을 해야 한다.

Spec. Tree에서 계산결과와 Post Processing 할 결과의 저장위치 확인이 다음 그림처럼 가능하다.

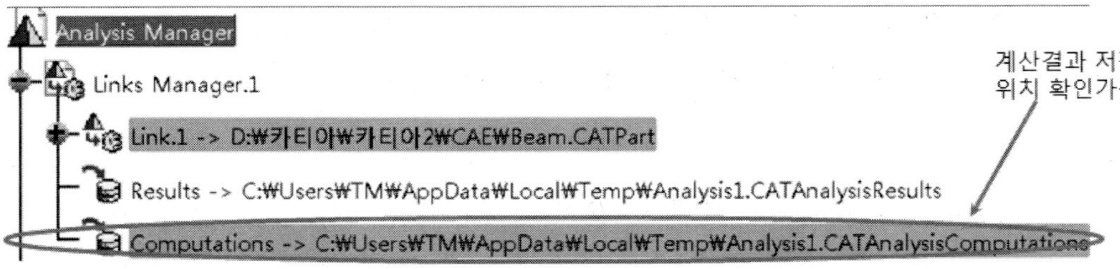


## 바. 후처리 (Post-Processing)

### 1) Deformation (변형량) 나타내기

해석결과를 분석해보자. 먼저 다음의 순서로 변형량을 나타내 보자.

다음의 순서로 변형량을 표시한다.

① Image 툴바를 꺼낸다.

② Deformation 버튼을 클릭한다.

③ Mesh.1에 MB3〉 Activate/Deactivate 선택한다.

- 하기 그림에 Mesh와 Deformation 결과를 함께 표시하였다.
- 변형 전후 차이를 알기 위해 다음 그림 형태로 본다.

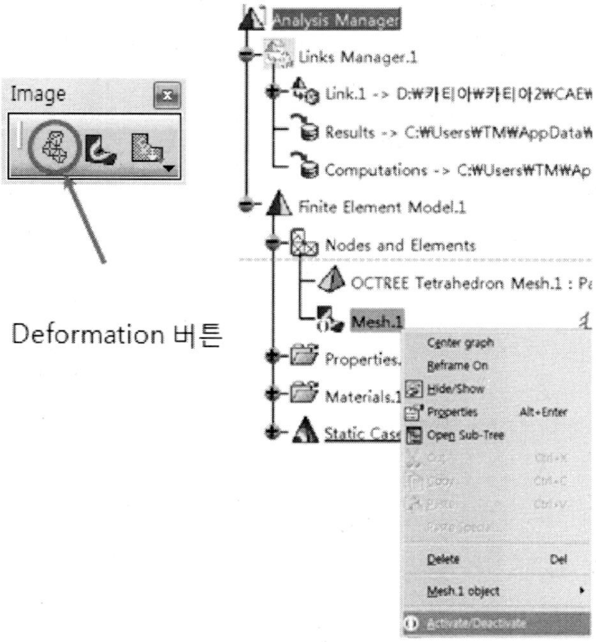

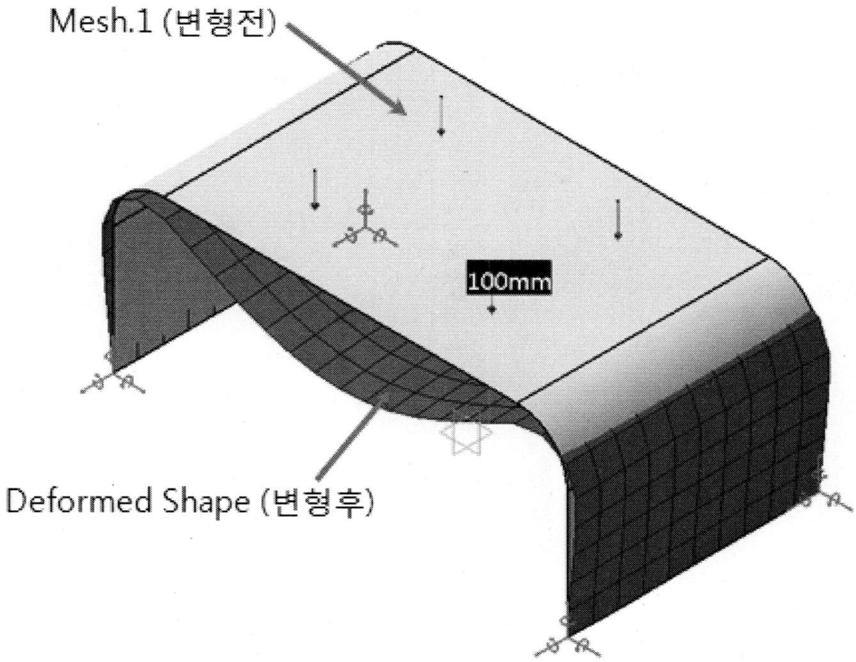


2) Von Mises Stress 표시

Image 툴바에서 von Mises Stress 버튼을 클릭하면 다음 그림과 같이 응력이 표시된다. 화면 오른 쪽은 색깔별 수준을 표시해 준다. 앞서 생성한 Deformed 모델은 숨기고 Display Type을 다양하게 변경해 본다.

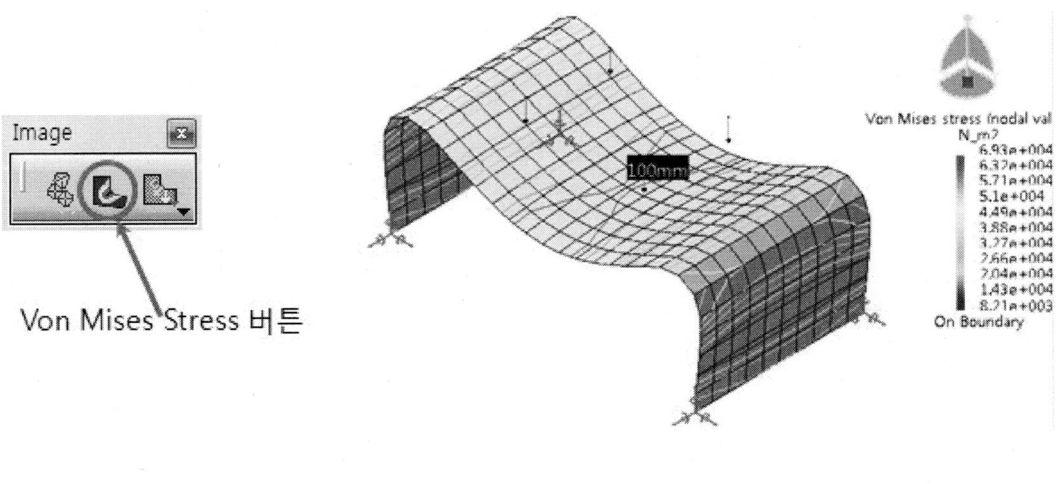

View Mode를 Shading with Material로 표시하면 다음 그림과 같다.

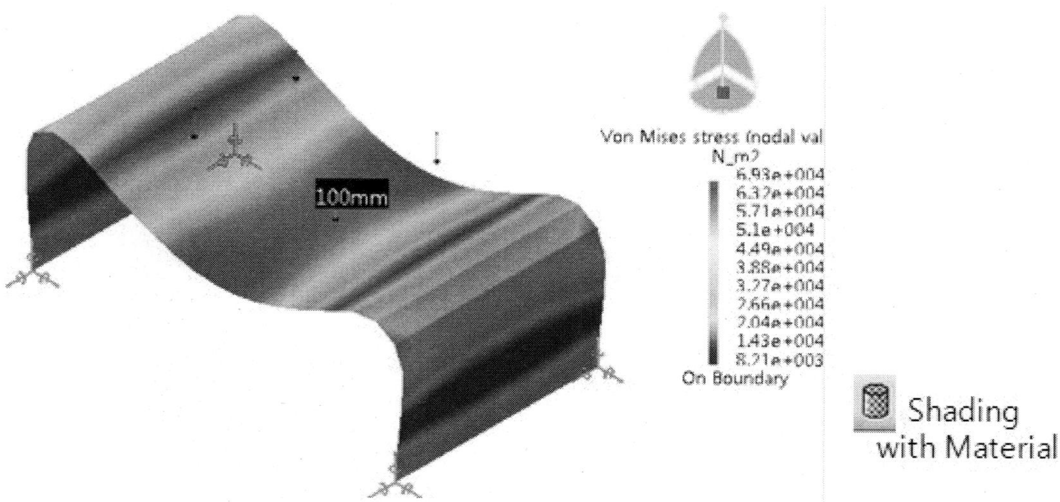


결과가 표시된 모델에 마우스 포인터를 대고 더블클릭한다. Image Edition 대화창에 Type을 Discontinuous iso를 선택하면 요소마다 같은 색깔로 다음과 같이 표시되도록 할 수도 있다.

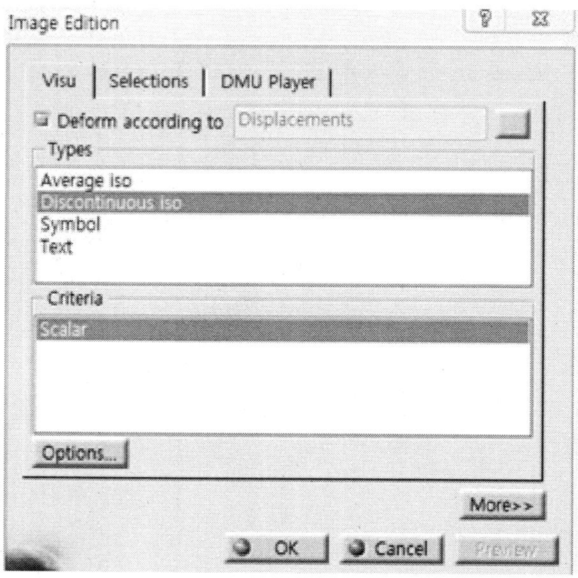

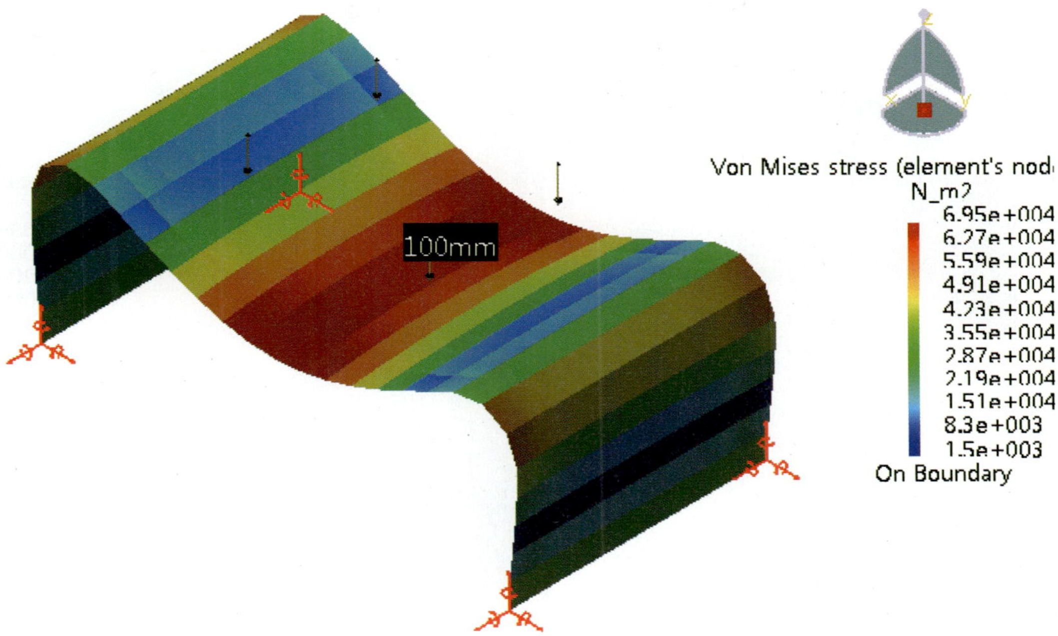


Image Edition 대화창에서 Deform according to 옵션을 하기와 같이 해제하면 다음 그림과 같이 변형되지 않은 3D모델에 응력을 표시할 수 있다.

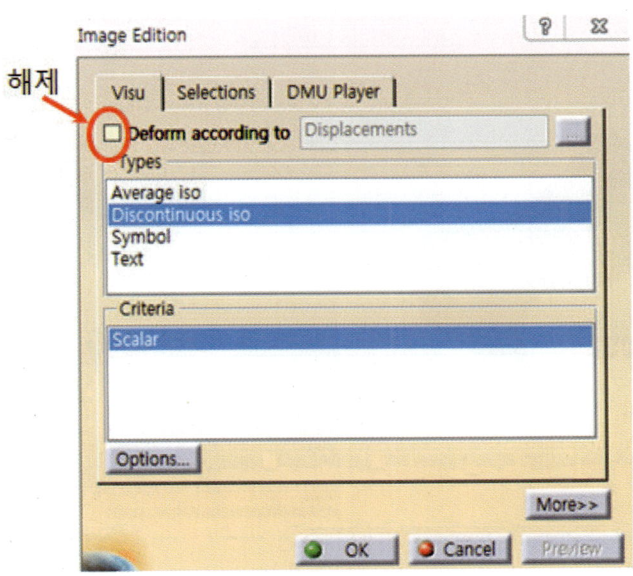

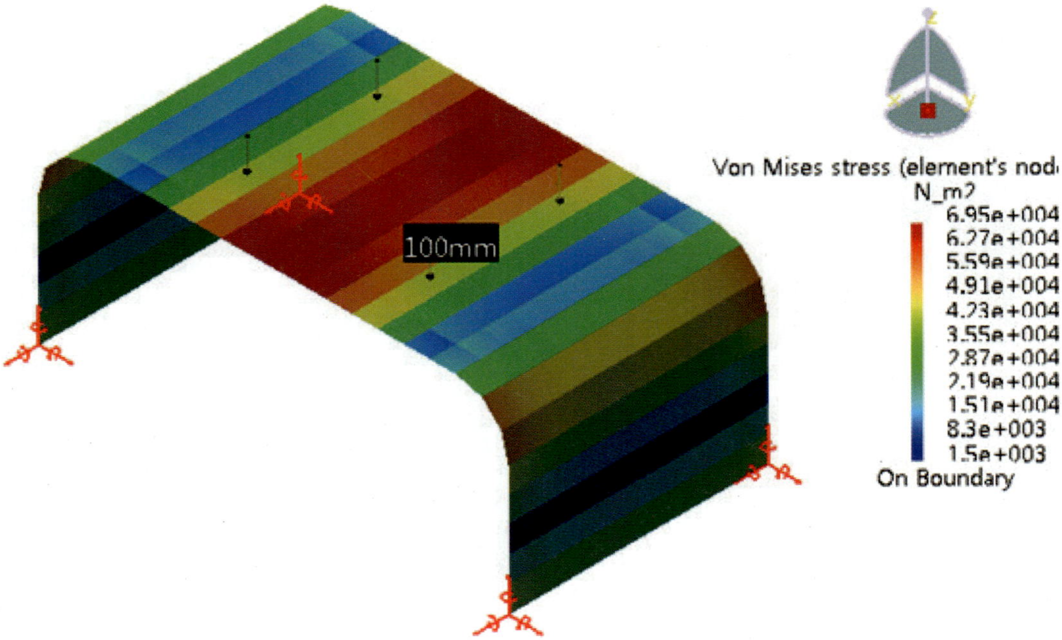


Shell 요소의 결과는 Upper, Lower 및 Mid 위치에 대해서도 Stress를 표시할 수 있다. 3차원 요소는 형상의 안쪽 어느 위치에서든 Cut plane을 이용해 표시할 수 있다. 일반적으로 구조물 파괴는 표면에서 발생하므로 형상 안쪽 응력은 결과 분석에 큰 영향을 주지 않는다.

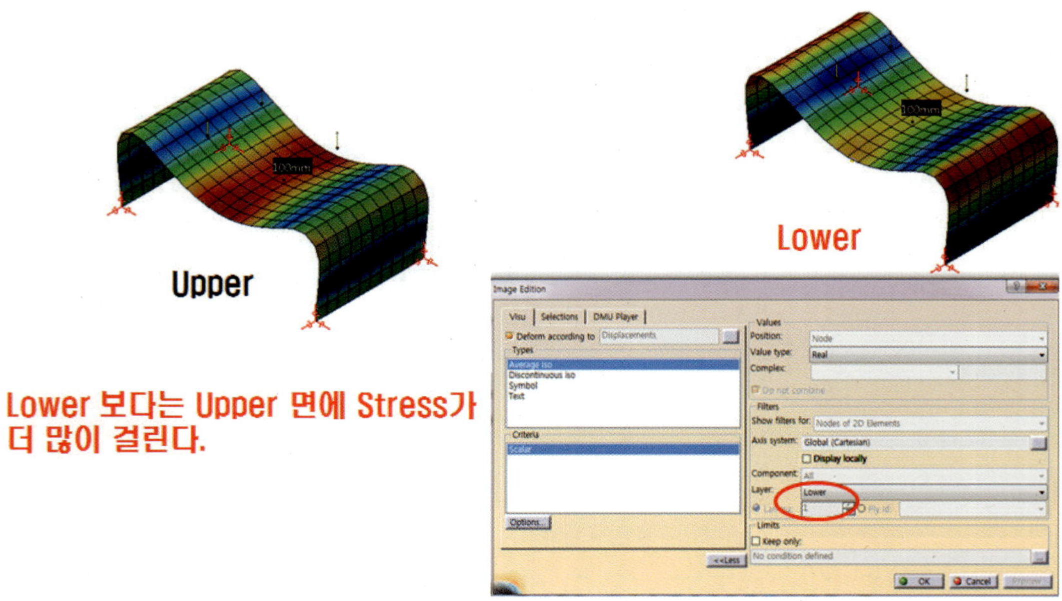

Display Type을 Average iso로 설정하고 View Mode를 다음 과 같이 Customize view parameter로 설정하면 Element Edge와 해석결과를 함께 표시할 수 있다.

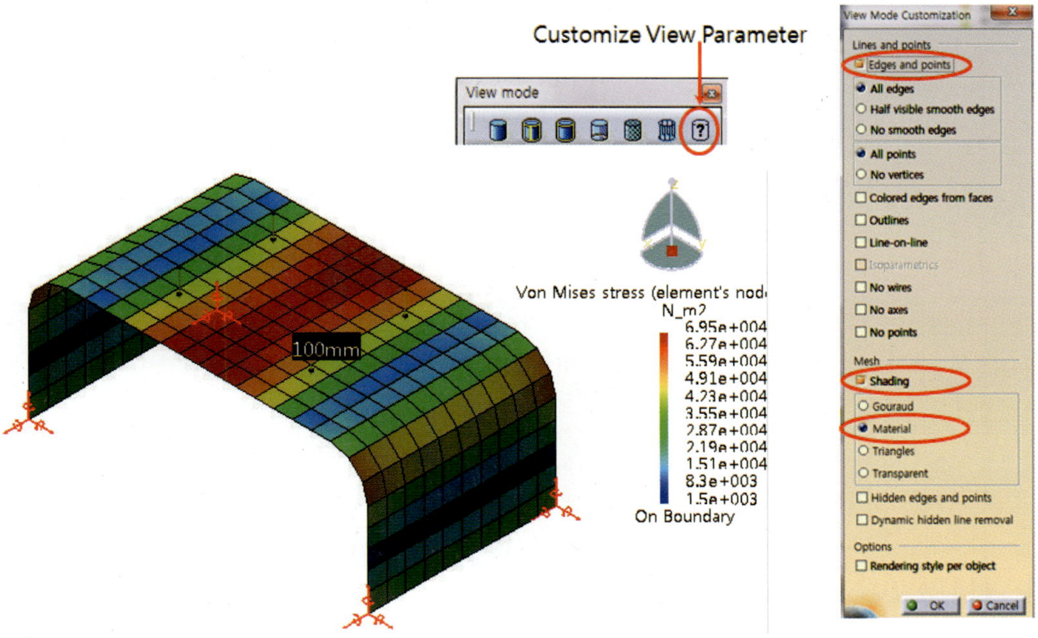


### 3) Analysis Toolbar

Analysis 툴바에서 Animate 버튼을 클릭하면 변형 및 응력 결과를 동영상으로 볼 수 있다. 이는 시간을 고려한 것이 아니라 정적하중이 가해질 때와 아무런 하중이 없을 때의 변경이나 응력결과를 점진적으로 변화하도록 표시하는 것이다.

Cut Plane 기능을 이용하면 결과를 표시한 모델을 잘라서 안쪽의 결과를 볼 수 있다. 일반적으로 구조물의 파손은 표면에서 시작되므로 결과분석에 큰 영향을 주지는 않는다.

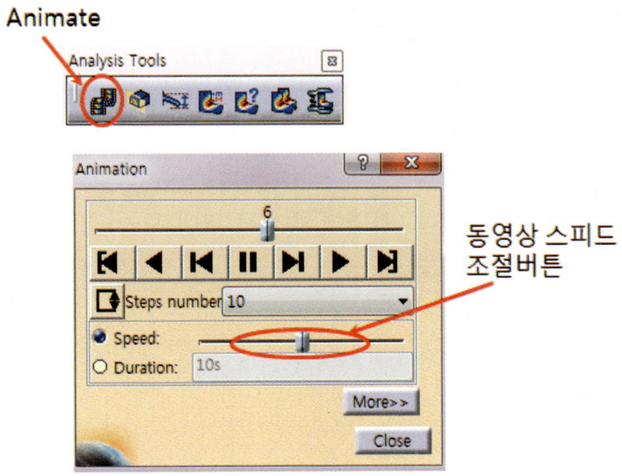

Image Extrema 버튼 선택하면 von Mises Stress의 최대값과 최소값을 다음과 같이 표시할 수 있을 뿐만 아니라 최대값(빨강색)과 최소값(파랑색)이 나타나는 위치를 색상과 함께 표시할 수 있다.

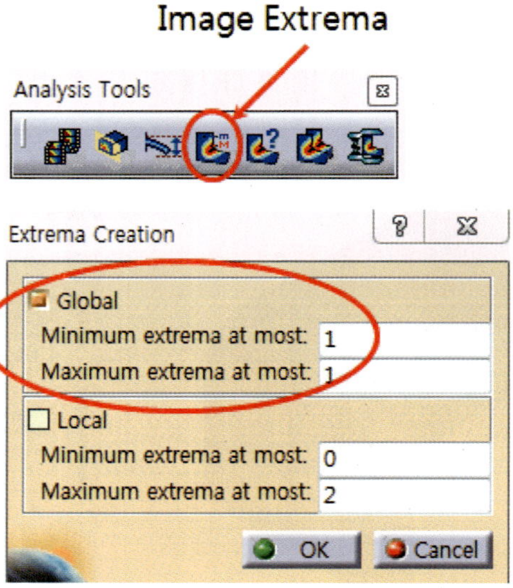


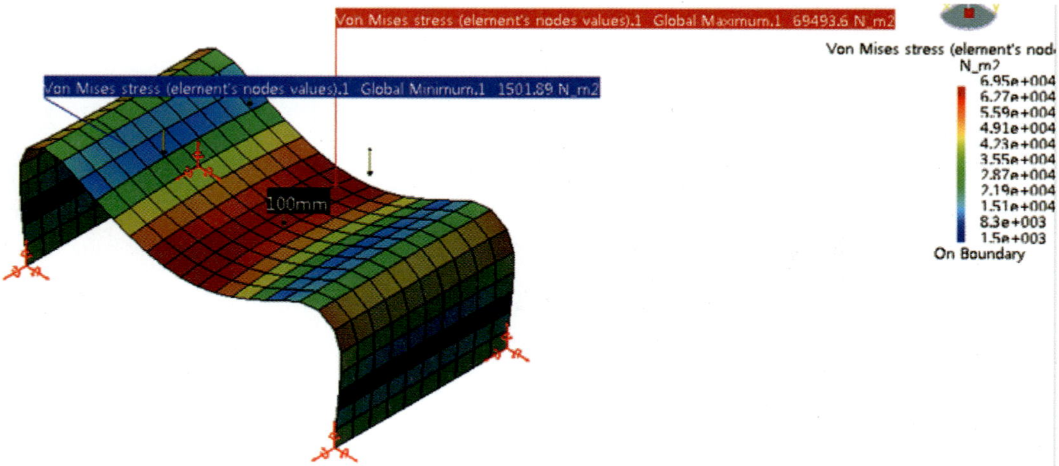


Extrema 값은 Spec. Tree에 표시된다. 화면에 표시된 최대 도는 최소값 라벨을 더블 클릭하면 Extremum Edition 대화상자가 나타나고 Show Label 옵션을 사용하여 라벨을 화면에 표시하거나 숨길 수 있다.

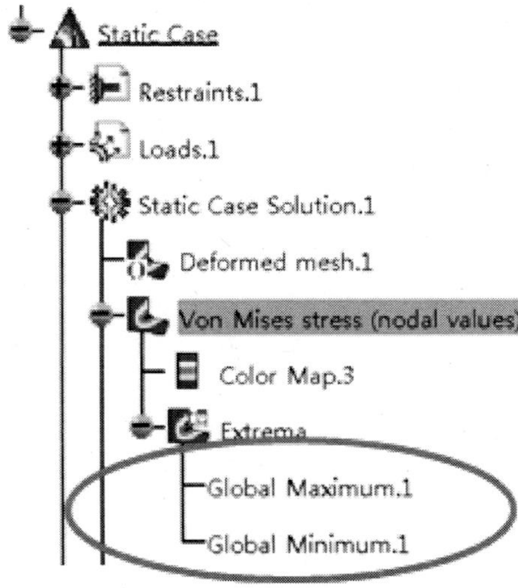


Information 버튼 클릭 시 특정 Element 또는 Node의 기본정보와 화면표시의 결과값을 표시해 준다.

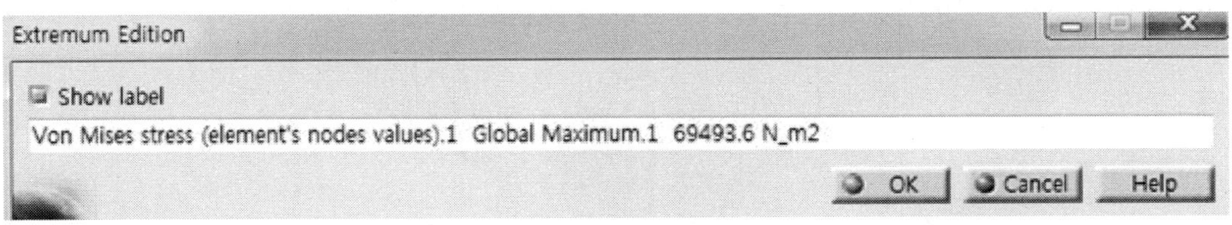


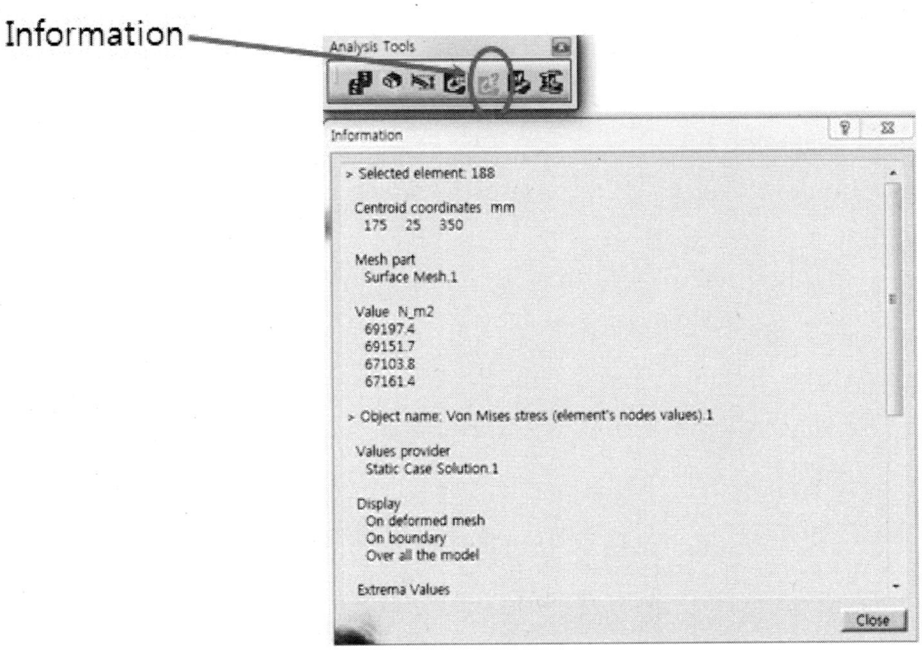

Image Layout 기능을 이용하면 두 가지 이상의 결과를 서로 떨어져서 표시할 수 있다. 변형결과와 Von Mises Stress 결과를 함께 표시해 보자.

Spec. Tree에서 두 개의 결과를 모두 Activate 시킨 후 Image Layout 버튼 클릭하며 다음 그림과 같이 Explode 값을 700mm 입력 후 OK 클릭한다.

다음 그림과 같이 두 개의 결과가 동시에 표시되는 것을 확인할 수 있다.

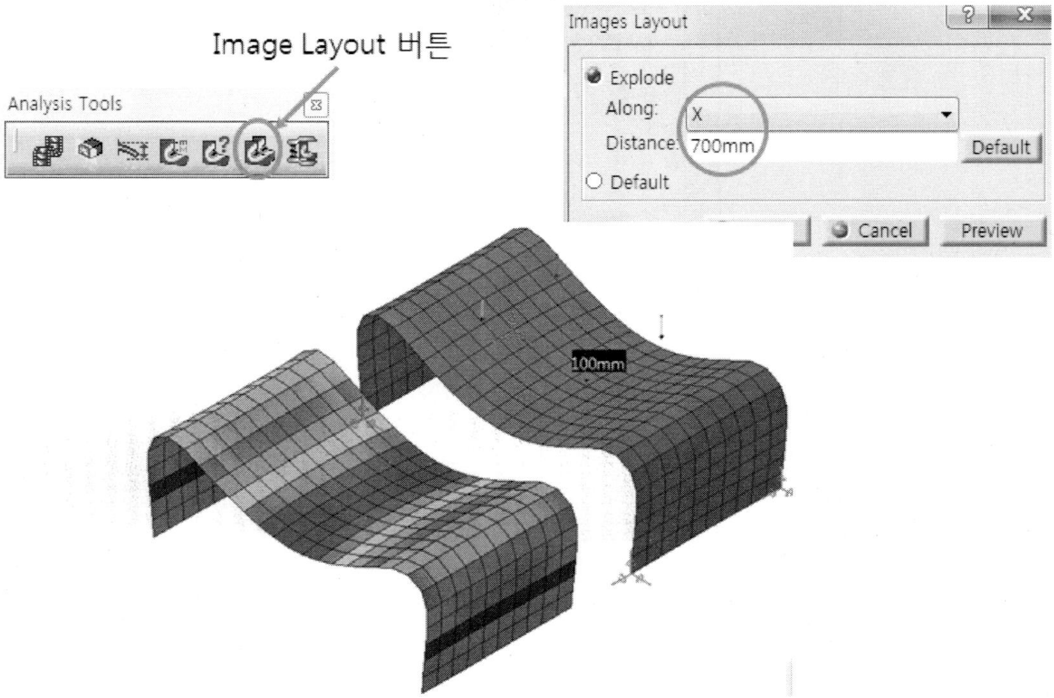


## 4) Displacement 표시

Displacement를 표시하면 각 Node에서의 변형을 방향 성분별로 표시할 수 있다.

변형의 특정방향성분 표시하려면 다음과 같다.

① 결과가 표시된 모델에 마우스 포인터 가져간 다음 더블클릭하거나 또는 Spec. Tree에서 해당 항목을 더블클릭한다.

② Image Edition 상자에서 Visu 탭 선택 후 More 버튼을 클릭한다.

③ Component 목록에서 원하는 방향 성분 표시, C1은 X방향, C2는 Y방향, C3는 Z방향을 의미 함.

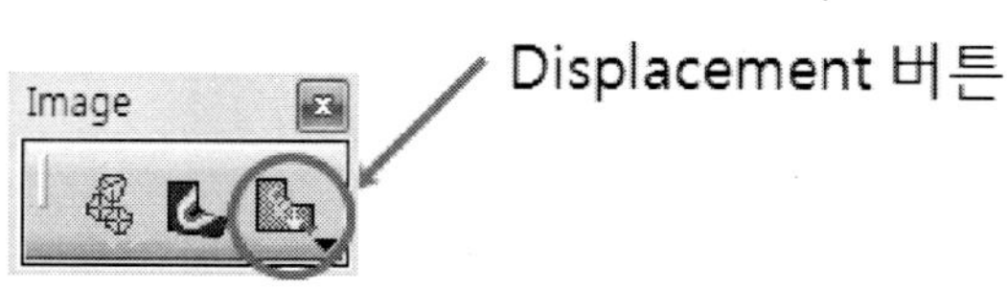

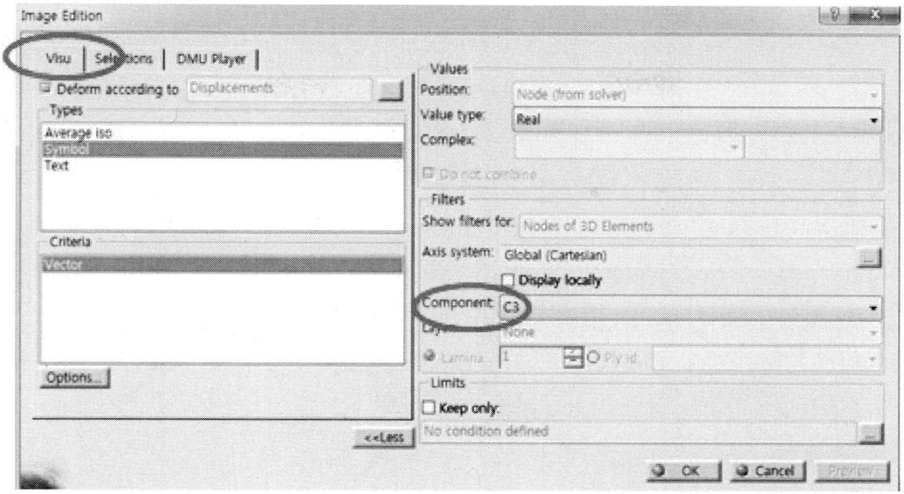



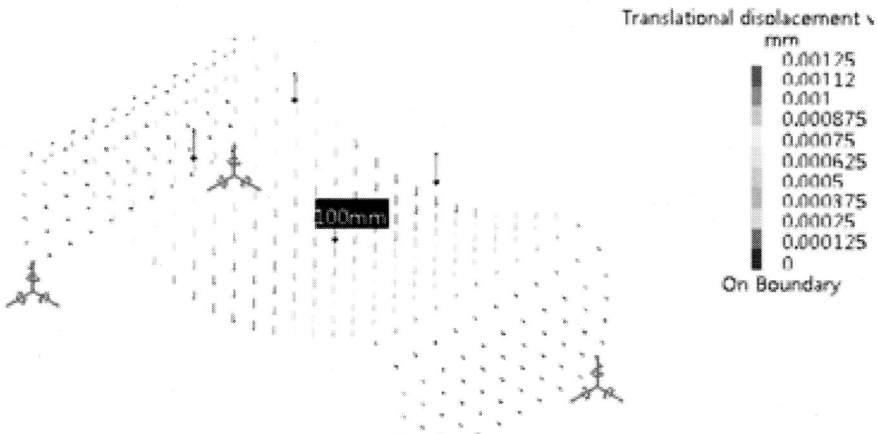



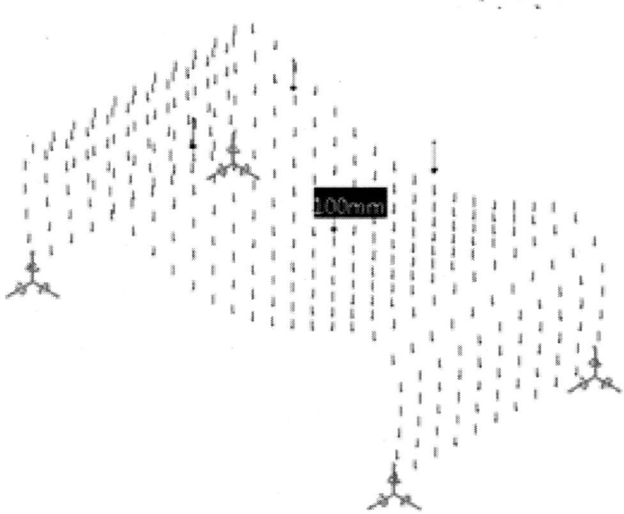



〈Z-방향(C3) 변위 성분만 표시한 결과〉

## 사. 결과 분석

앞서 두 타입에서 결과값이 다르게 나타나는데 어떤 결과값을 기준으로 판단할 지 결정해야 한다. 변위결과는 Node 에 대한 값을 표시하고 응력결과는 Element에 대한 값을 계산하게 되어 있으므로 Discontinuous iso 타입 결과를 이용한다.

Aluminum의 항복강도는 Material Properties를 이용해 다음과 같이 확인 가능하다.

Spec. Tree에서 Link Manager를 하기와 같이 확장한다.

Aluminum에 MB3〉 Properties 선택하고 Analysis 탭 클릭하면 Yield Strength 확인 가능하다.

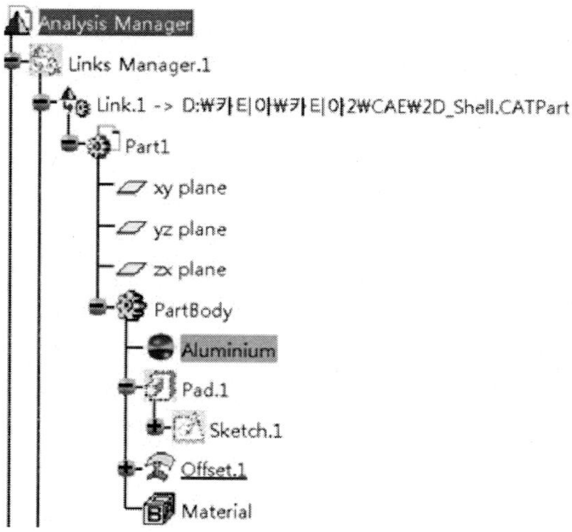


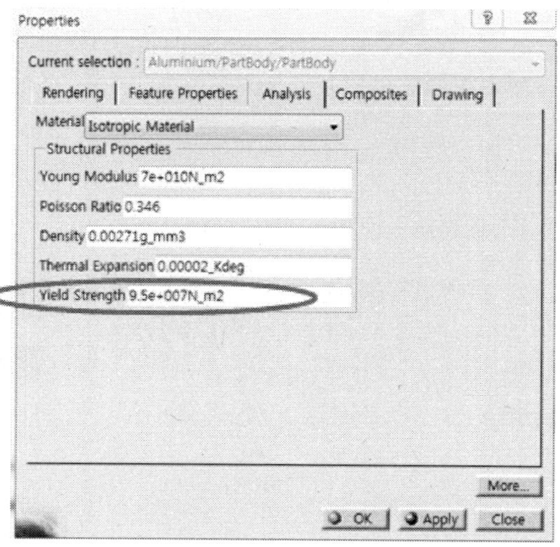


확인결과 Aluminum의 Yield Strength는 95MPa이고 앞서 최대 Von Mises Stress는 0.695 MPa 였으므로 1,000N의 하중이 부여되었을 때 이 구조물은 항복이 발생하지 않는다.

# 연습문제

## Q 과제 1

① 앞서 해석한 Shell의 단면을 단면두께를 10 mm로 단면속성을 변경하여 해석하시오. Properties.1을 선택해 두께값을 바꾸어 준다.
② 동일 조건하에서 더 많이 처짐이 발생하는 것을 확인하시오.
③ 비교값을 나타내는 다음의 Table을 완성하고 비교해 보시오.

| 구 분 | Shell의 단면 두께 100 mm에서의 최대 처짐량(Aluminum 소재) | Shell의 단면 두께 10 mm에서의 최대 처짐량(Aluminum 소재) |
|---|---|---|
| 해석 결과 처짐량(mm) | 0.00125 mm | |

## Q 과제 2

① 앞서 해석한 Shell의 Mesh Size를 5 mm로 변경하여 해석하시오.
② Mesh가 Fine해 질 수록 동일 조건하에서 Maximum Stress 값이 더 낮아지는 것을 확인해 보시오.
③ 비교값을 나타내는 다음의 Table을 완성하고 비교해 보시오.

| 구 분 | Shell의 Mesh Size 50 mm에서의 최대 Stress 값(Aluminum 소재) | Shell의 Mesh Size 5 mm에서의 최대 Stress 값(Aluminum 소재) |
|---|---|---|
| 해석 결과 최대 von Mises Stress 값 | 69,493.6 Pa | |

# Q 과제 3

① 앞서 기본 해석의 소재를 알루미늄에서 Steel로 재질 변경하여 해석하시오. 알루미늄합금과 Steel 소재의 처짐량을 비교하시오.

② 어느 소재가 더 처짐이 크게 발생하나요?

③ 비교값을 나타내는 다음의 Table을 완성하고 비교해 보시오.

| 구 분 | Shell의 단면 두께 100 mm에서의 최대 처짐량(Aluminum 소재) | Shell의 단면 두께 100 mm에서의 최대 처짐량(Steel 소재) |
|---|---|---|
| 해석 결과 처짐량(mm) | 0.00125 mm | |

# Q 과제 4

① 앞서 기본 해석의 Element를 당초 Quad(사각형)에서 삼각형으로 요소모양을 변경(Nodes and Elements를 더블 클릭하면 하기 Global Parameters가 나타남)하여 해석하시오. Element의 차이에 따른 처짐량을 비교하시오.

② 어느 Element가 더 처짐이 크게 발생하나요?

③ 비교값을 나타내는 다음의 Table을 완성하고 비교해 보시오.

| 구 분 | Quad(사각) Element로 Mesh한 모델의 최대 처짐량(Aluminum 소재) | 삼각 Element로 Mesh한 모델의 최대 처짐량(Aluminum 소재) |
|---|---|---|
| 해석 결과 처짐량(mm) | 0.00125 mm | |

▌다음 그림은 저자가 해석한 element size의 변화에 따른 유한요소모델이다. Case1의 Mesh가 가장 거칠며 Case4의 Mesh가 가장 Element의 수가 많도록 모델링한 것이다.

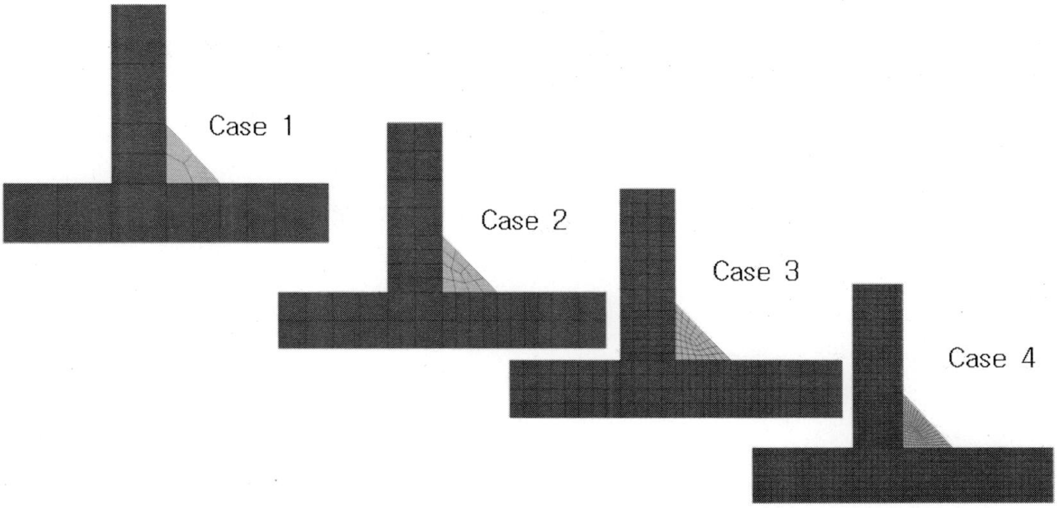


| | Case 1 | Case 2 | Case 3 | Case 4 |
|---|---|---|---|---|
| No. Node | 58 | 174 | 586 | 2130 |
| No. Element | 15 | 60 | 240 | 960 |

상기 모델을 해석한 결과를 다음에 나타내었는데 동일 형상에서 Element 크기가 촘촘하게 작고 많을수록 Stress 값이 커지는 것을 확인할 수 있다.

Section A

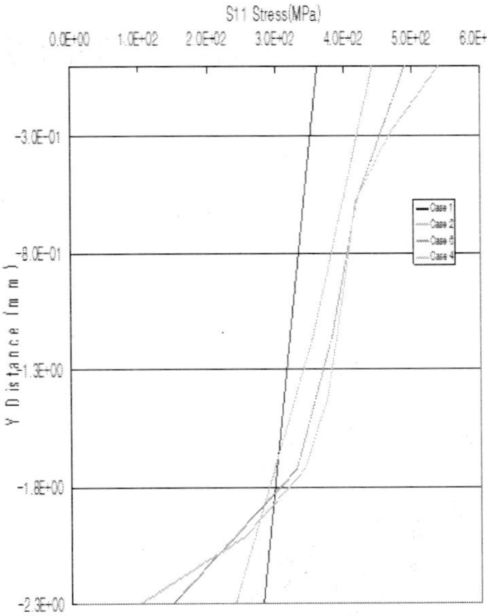


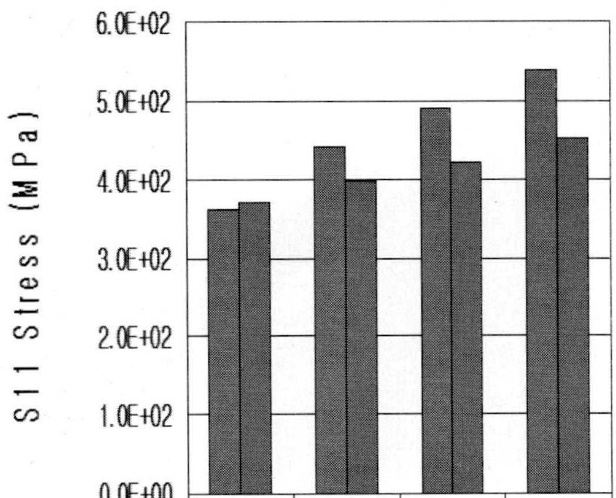


| | Case 1 | Case 2 | Case 3 | Case 4 |
|---|---|---|---|---|
| Full INT. | 361.489 | 441.204 | 489.774 | 539.004 |
| Reduced INT. | 371.031 | 397.759 | 422.717 | 452.611 |

# 3.4 3-D Element 해석 (Cantilevered Beam)

## 가. 모델링 수행

해석하기에 앞서 모델링을 수행하는데 우선 Part Design 워크벤치로 입장하여 xy-plane에 다음과 같은 형상으로 스케치 후 구속조건을 부여해 보자.

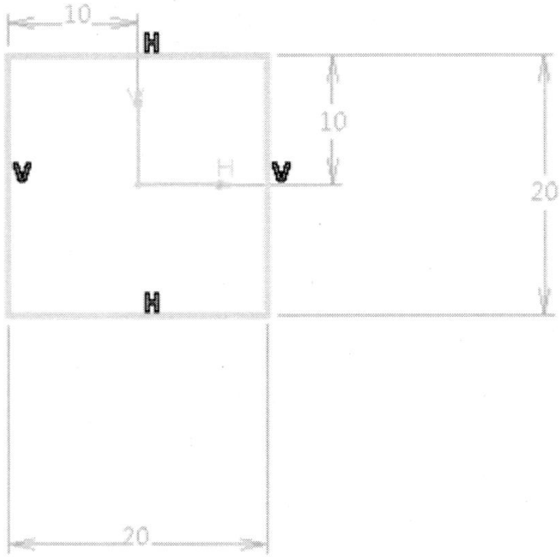


스케치가 완성되었으면 Pad 기능을 이용하여 양쪽방향으로 200 mm 돌출시킨다. 다음의 형상으로 3차원 형상의 Cantilever 빔 모델링이 완성된다.

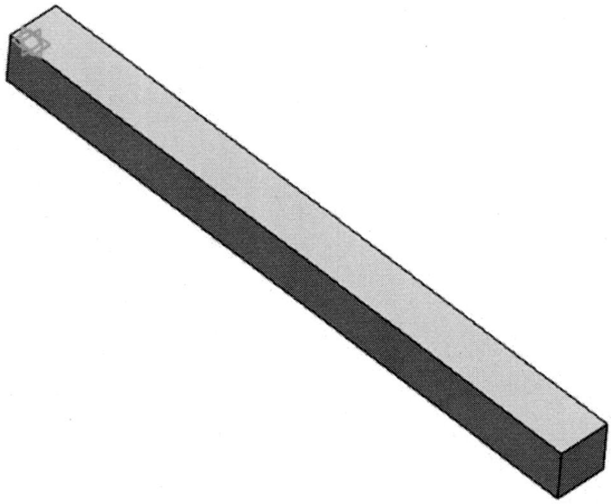

## 나. 재료 물성치 부여

### 1) 재료 물성치 부여

① Apply Material 버튼을 클릭하고 Default Material Catalog 대화창의 여러 메뉴 중 Metal Tap을 클릭 후 ② Steel을 선택한다. OK 버튼은 아직 활성화되지 않는다. Spec. Tree에서 ③ PartBody를 선택하면 Catalog 대화창에 OK 버튼이 활성화되며 이 때 OK 버튼을 클릭한다. 다음 그림과 같이 PartBody에 Material이 설정된다.

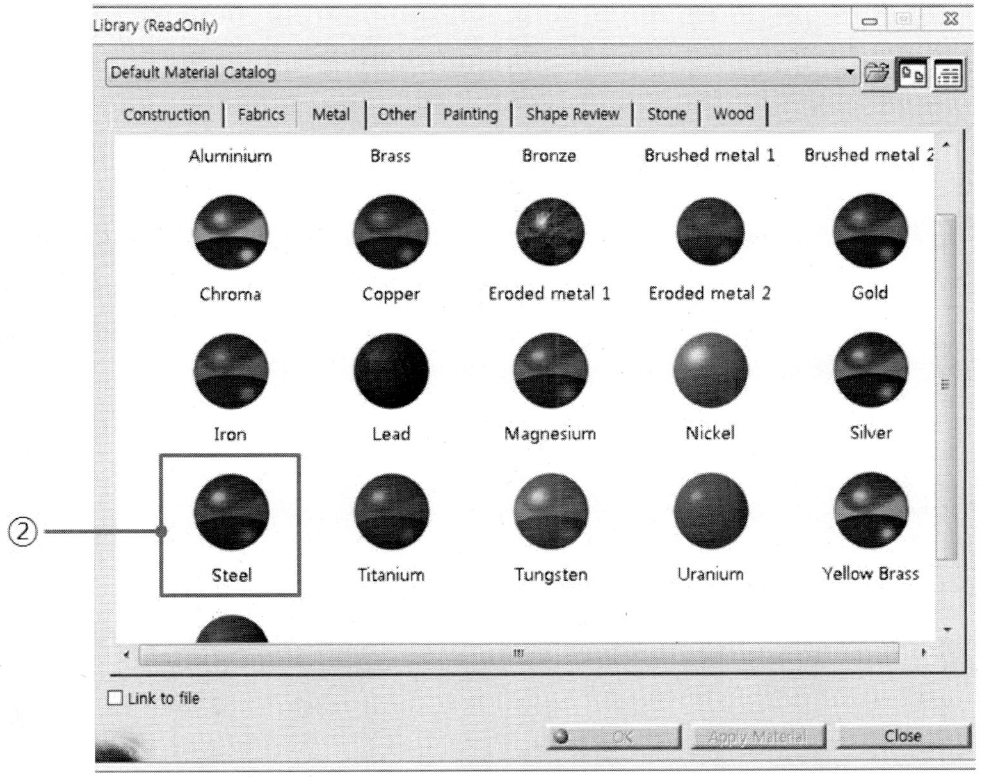

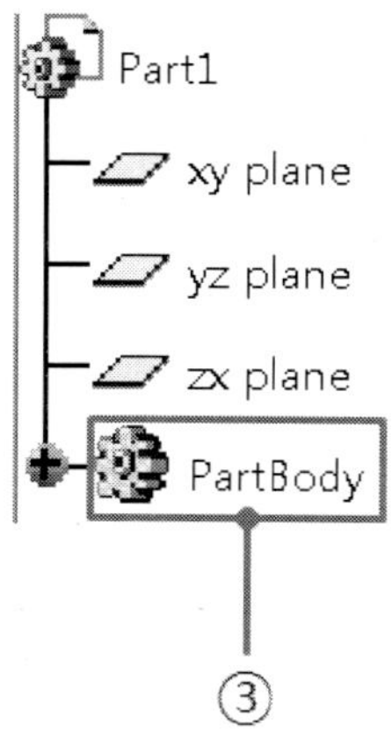


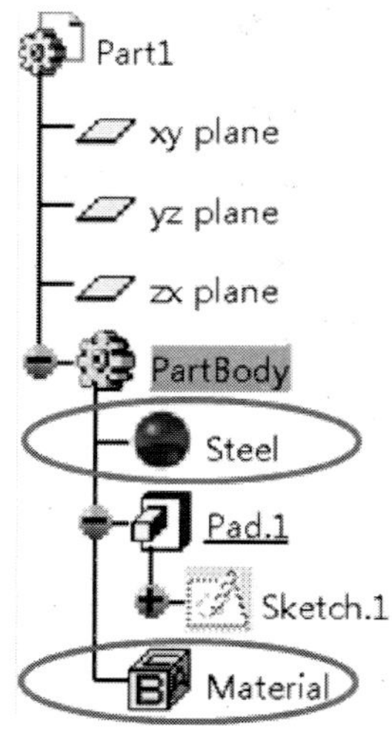


## 다. Pre-Processing

### 1) GSA 워크벤치 실행

다음 그림과 같이 Generative Structural Analysis (GSA) 워크벤치를 실행시킨다. GSA 워크벤치에서는 형상에 메쉬(Mesh)가 자동으로 정의되며 설정을 변경할 수 있다. 다음과 같이 Analysis & Simulation 메뉴창에서 Generative Structural Analysis를 선택하면 Spec. Tree에 Static Case가 생성되는데 이 때 Static Analysis를 선택하고 OK 버튼을 클릭한다.

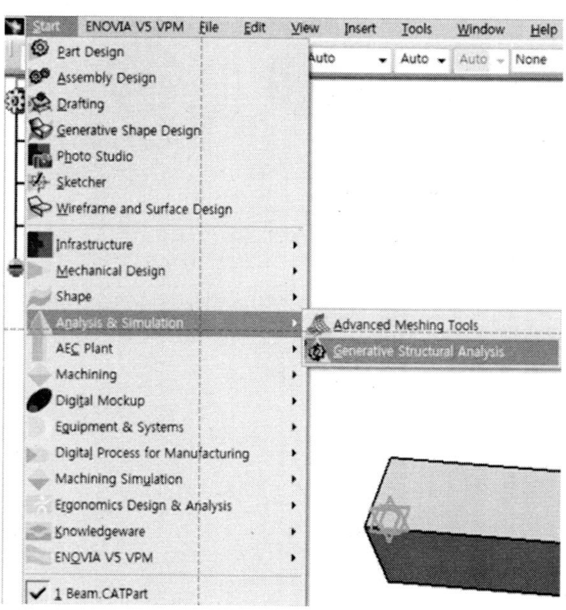

## 2) Tetra Mesh 정의

**가) 메뉴바에서 Start 클릭 후 Generative Structural Analysis (GSA) 워크벤치를 실행시킨다. Mesh 심볼이 나타났다는 것은 형상에 대해 메쉬가 자동으로 정의되었다는 것을 의미한다. 그대로 해석을 수행할 수도 있고, 필요에 따라 메쉬의 크기를 변경할 수도 있다. 다음의 순서로 메쉬의 크기를 변경해보자.**

- Spec Tree의 Nodes and Elements 항목을 확장시킨다.
- OCTree Tetrahedron Mesh를 더블 클릭한다.
- 대화상자를 하기 우측 그림 같이 설정(Size: 5 mm, Absolute sag : 1 mm로 설정)한 후 OK 버튼을 클릭한다.

메쉬 크기를 조정하면 모델에 나타난 심볼 크기도 조절된다.

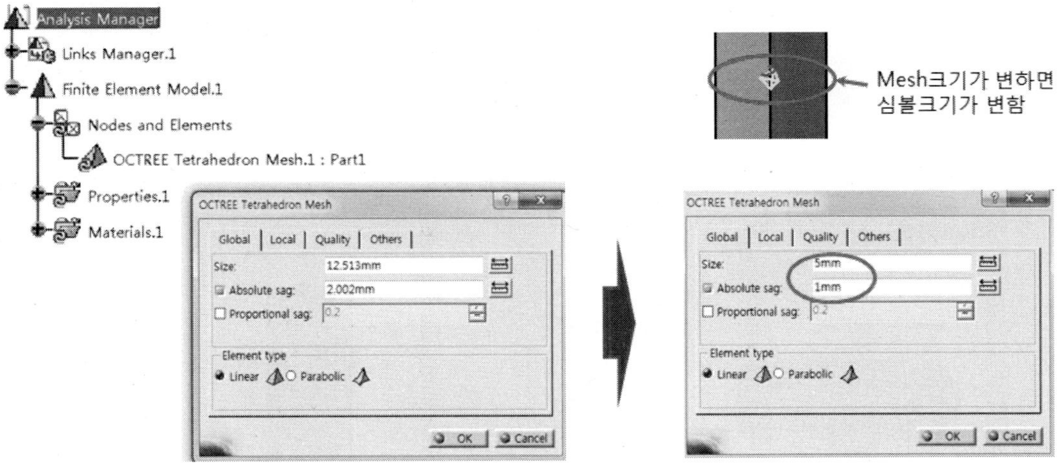


## 3) Mesh의 화면 표시 (View Mode에 따른)

메쉬를 화면에 나타내보자. 이 과정 없이도 해석을 수행할 수는 있으나 메쉬 화면표시법을 익히기 위하여 실행한다.

**가) 먼저 GSA워크벤치에 입장한다.**
**나) Spec. Tree의 Nodes and Elements에 MB3 Mesh Visualization을 선택한다.**
**다) Warning 메시지 확인 후 OK 버튼을 클릭한다.**

다음과 같이 View Mode를 바꾸면 Mesh 가 다양한 형태로 변경된다.

3D 모델과 메쉬를 동시에 화면에 나타내 보자. Spec. Tree의 Links Manager.1 항목에 MB3>Show/Hide를 선택하면 3D 형상을 동시에 표시 가능하다.

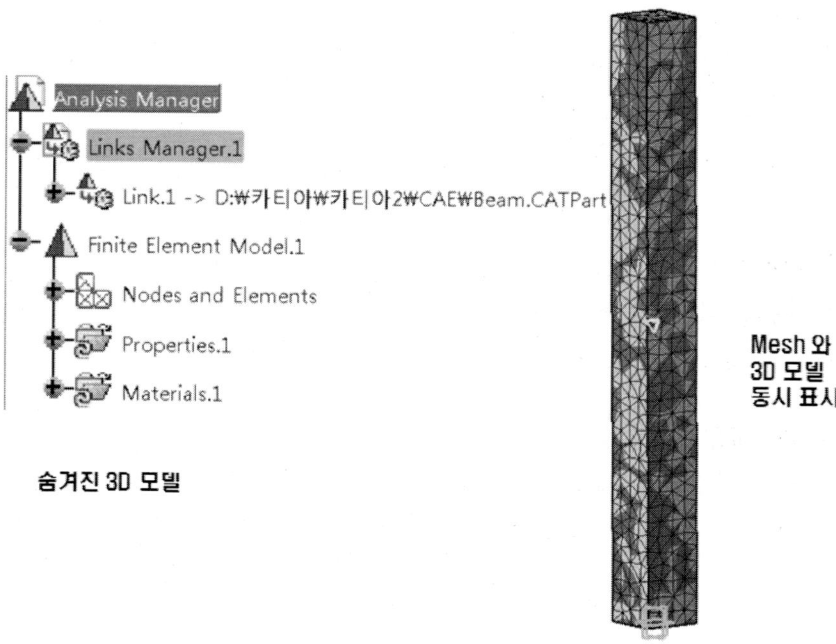

4) 경계조건(Boundary Conditions)

### 가) Restraints (구속조건) 부여

경계조건과 하중은 형상의 면, 모서리, 점 등에 부여가 가능하다.

Restraints와 Loads 툴바를 꺼낸다. Restraints 툴바에서 Clamp를 선택하면 대화창이 뜬다. 하기 그림에 표시한 ①면을 선택하고 대화창에서 OK버튼을 클릭한다. 그림에 나타냈듯 Cantilever 좌측면에 자유도 6개를 모두 Fix 시켰다.

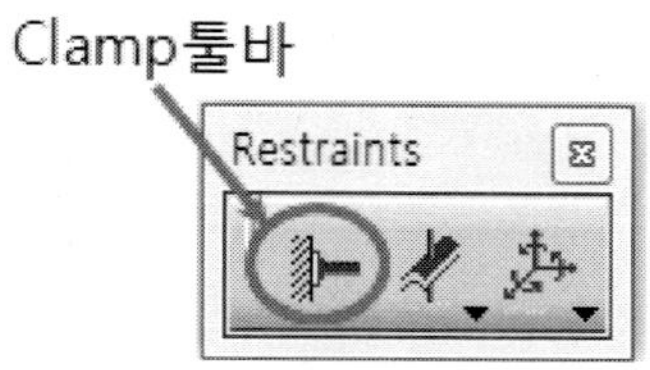


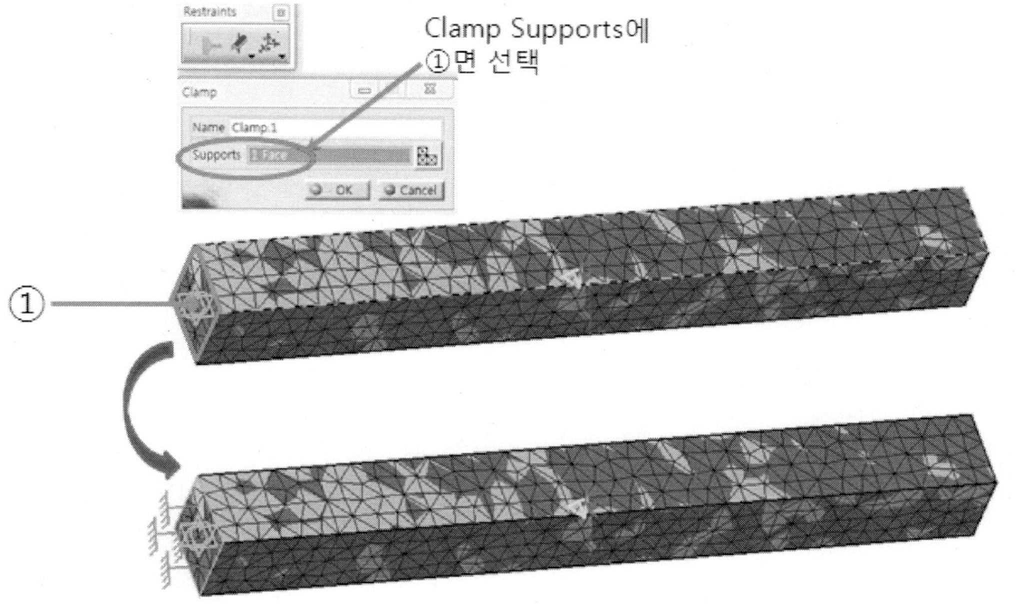


### 나) Loads (하중조건) 부여

경계조건에서 하중은 형상의 면, 모서리, 점 등에 부여가 가능하다. 툴바에서 Distributed Force 버튼을 클릭(하중의 방향에 주의해야 함)한다. 이 예제에서는 -Z 방향으로 5000 N의 하중을 부여한 것이다. 하기 그림에 나타낸 ②면을 선택 후 하중값 500을 입력하고 OK 버튼을 클릭한다.

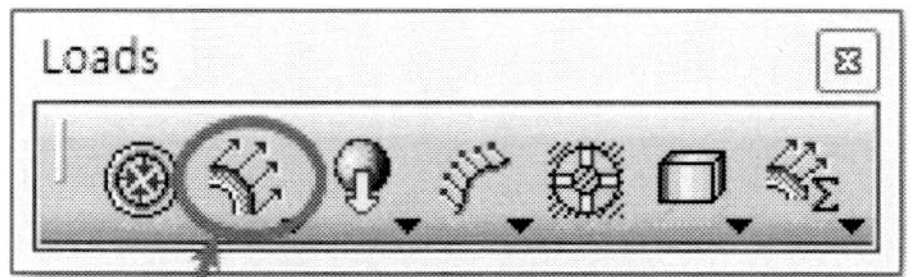


Distributed Force 툴바

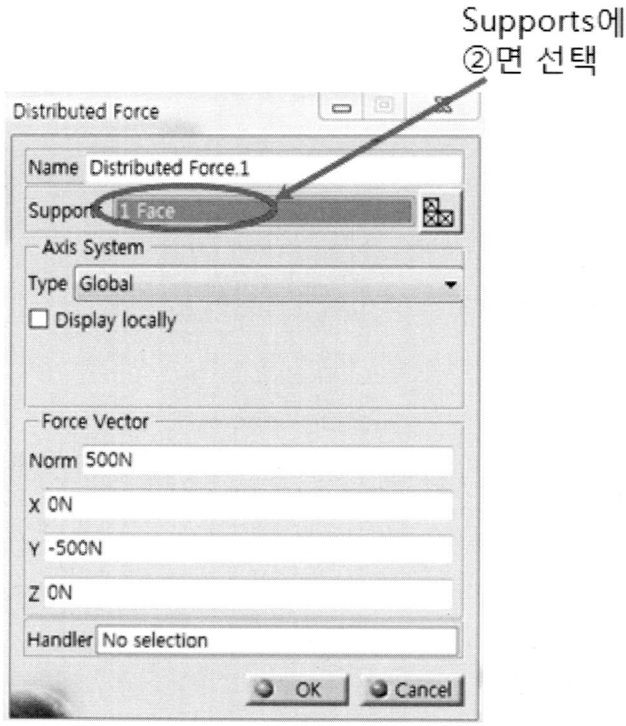


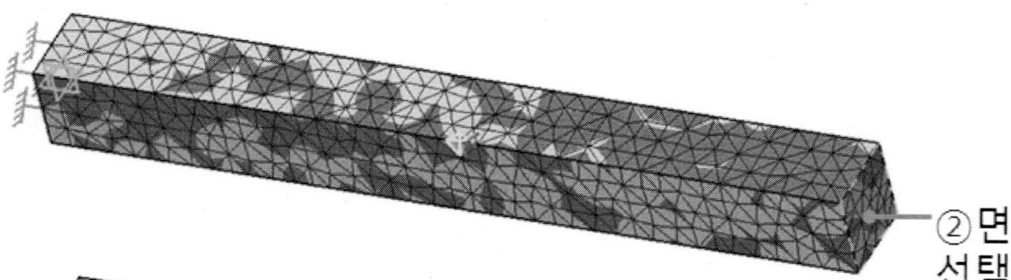


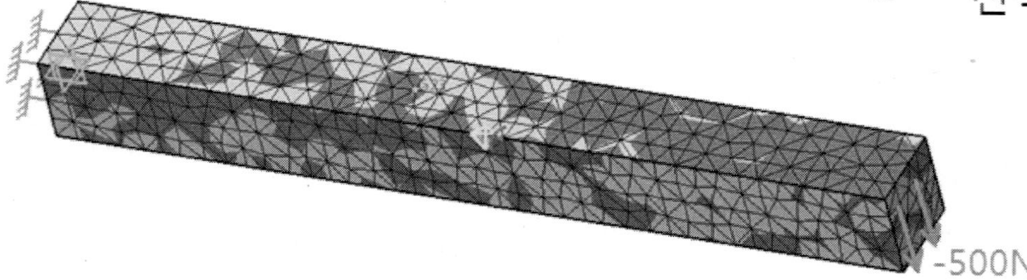

### 6) FE 모델 확인

기본적인 사항이 정의되어 있는지 확인하기 위하여 Model Manager 툴바를 다음과 같이 활성화 시킨다. Model Checker (신호등모양) 버튼을 클릭하면 대화상자의 Status 칼럼에 OK가 표시된 것을 확인 할 수 있다. 확인 후 대화상자의 OK버튼을 클릭한다.

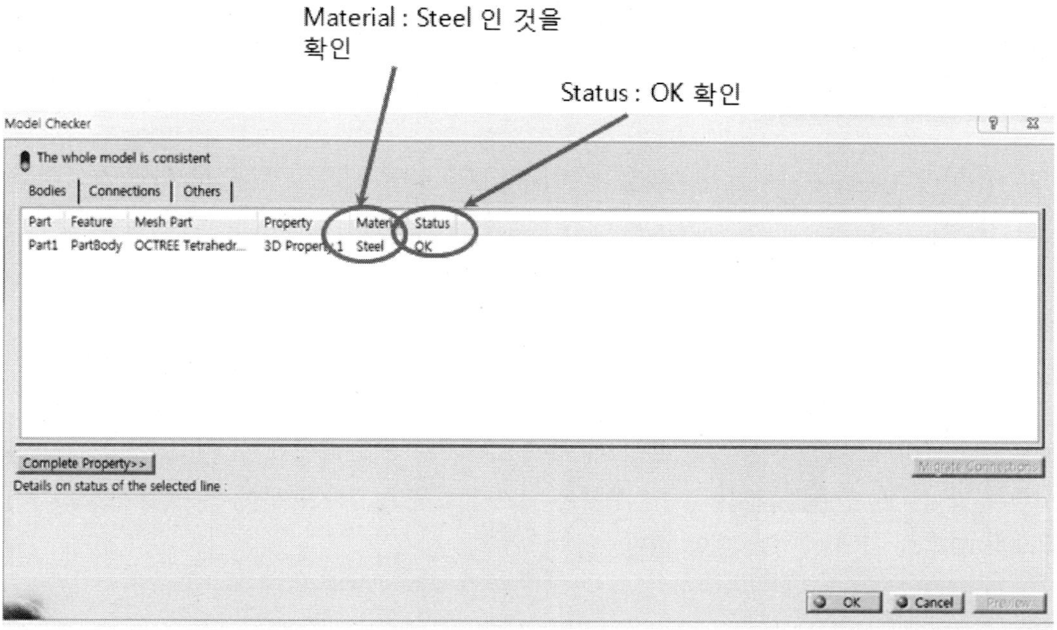

## 라. Solving

### 1) 계산하여 해 구하기 명령

앞서 정의한 FE 모델에 대한 해를 구하는 과정을 알아보자. Compute 툴바를 다음 그림과 같이 활성화시켜 버튼을 클릭한다. 대화상자에서 OK 버튼을 선택한 것은 모든 사항을 계산하겠다는 뜻이다(특정 Solution Case 만 계산할 지도 선택이 가능함). 다음 그림에 나타낸 것과 같이 계산에 필요한 Resource가 대화상자에 표시되면 Yes 버튼을 클릭하며 이 때 계산이 시작된다. 또한 Computation Status가 표시되며 계산이 완료된다.

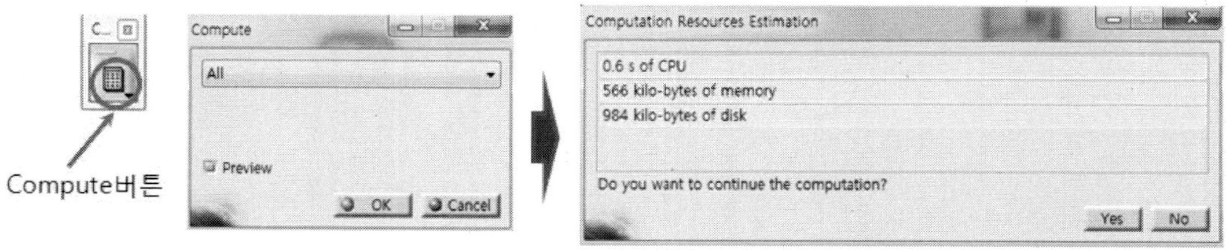


여기서 잠시 동안의 계산 수행 표시 후, 창이 사라지는 것을 확인할 수 있다. 만약 계산 중 에러가 발생하면 주어진 조건에 빠진 부분이 있거나 잘못 설정한 부분이 있는 것이므로 다시 모델링 창으로 가서 수정을 해야 한다.

Spec. Tree에서 계산결과와 Post Processing 할 결과의 저장위치 확인이 다음 그림처럼 가능하다.

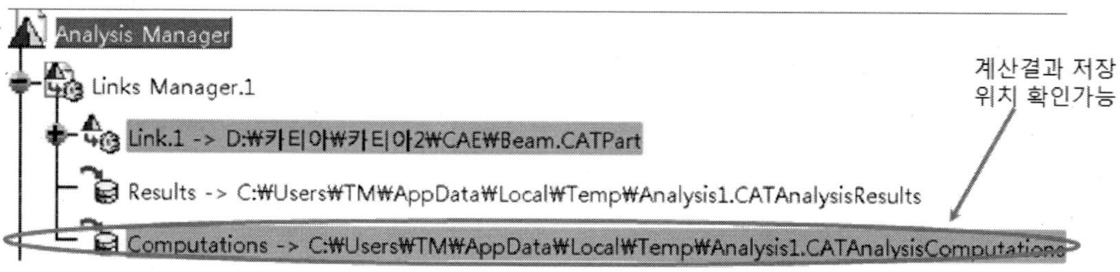

## 마. 후처리 (Post-Processing)

### 1) Deformation (변형량) 나타내기

해석결과를 분석해보자. 먼저 다음의 순서로 변형량을 나타내 보자.
다음의 순서로 변형량을 표시한다.

① Image 툴바를 꺼낸다.
② Deformation 버튼을 클릭한다.
③ Mesh.1에 MB3〉 Activate/Deactivate 선택한다.

- 하기 그림에 Mesh와 Deformation 결과를 함께 표시하였다.
- 변형 전후 차이를 알기 위해 다음 그림 형태로 본다.

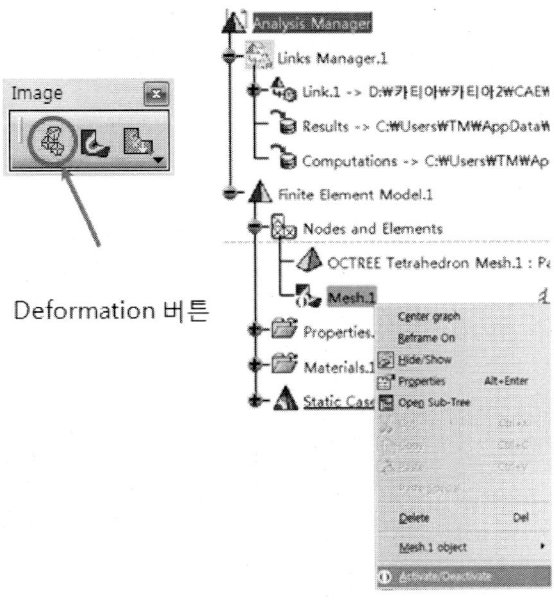


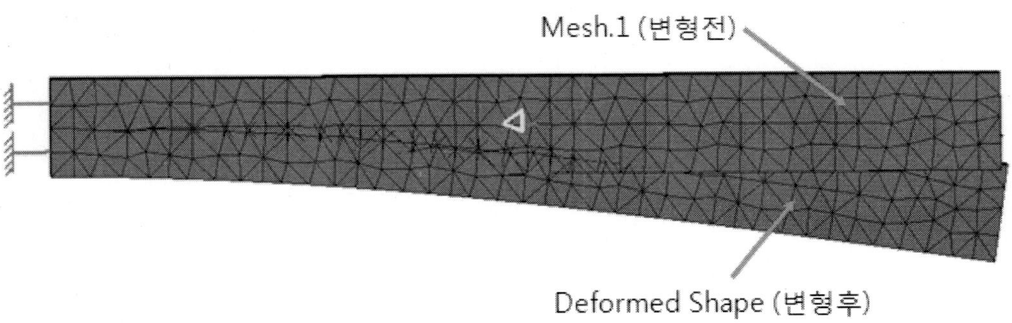

## 2) Von Mises Stress 표시

Image 툴바에서 von Mises Stress 버튼을 클릭하면 다음 그림과 같이 응력이 표시된다. 화면 오른 쪽은 색깔별 수준을 표시해 준다. 앞서 생성한 Deformed 모델은 숨기고 Display Type을 다양하게 변경해 본다.

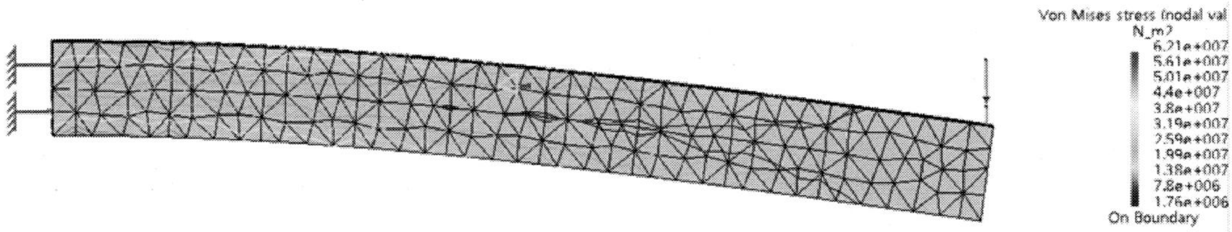


View Mode를 Shading with Material로 표시하면 다음 그림과 같다.

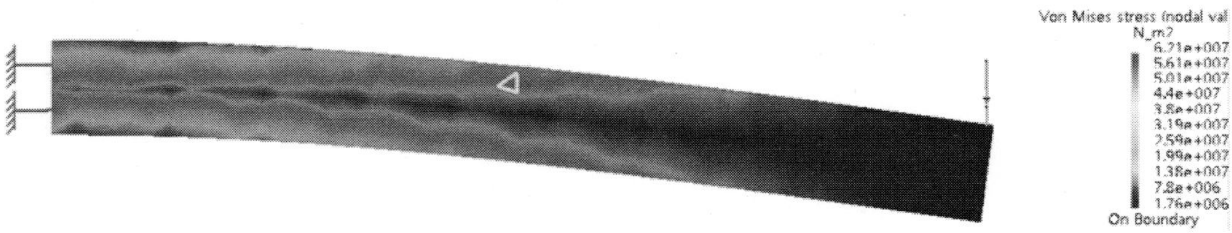


결과가 표시된 모델에 마우스 포인터를 대고 더블클릭한다. Image Edition 대화창에 Type을 Discontinuous iso를 선택하면 요소마다 같은 색깔로 다음과 같이 표시되도록 할 수도 있다.

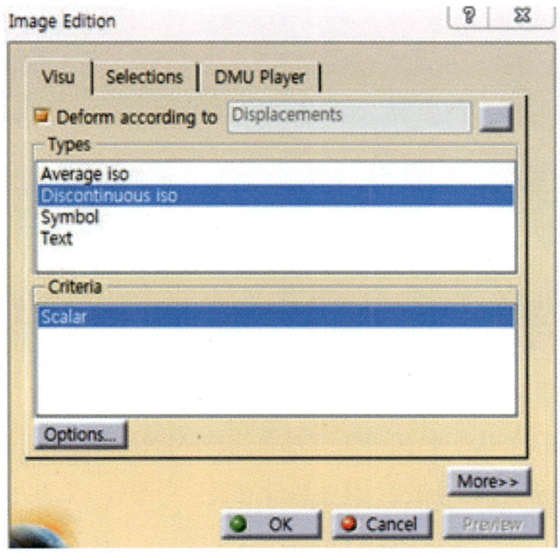

Image Edition 대화창에서 Deform according to 옵션을 하기와 같이 해제하면 다음 그림과 같이 변형되지 않은 3D모델에 응력을 표시할 수 있다.

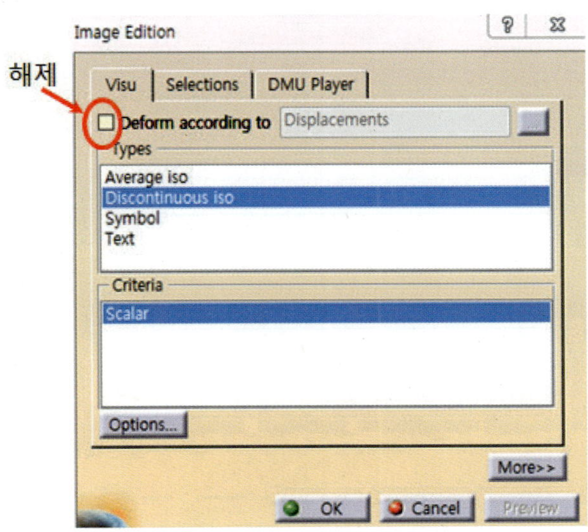

### 3) Analysis Toolbar

Analysis 툴바에서 Animate 버튼을 클릭하면 변형 및 응력 결과를 동영상으로 볼 수 있다. 이는 시간을 고려한 것이 아니라 정적하중이 가해질 때와 아무런 하중이 없을 때의 변경이나 응력결과를 점진적으로 변화하도록 표시하는 것이다.

Cut Plane 기능을 이용하면 결과를 표시한 모델을 잘라서 안쪽의 결과를 볼 수 있다. 일반적으로 구조물의 파손은 표면에서 시작되므로 결과분석에 큰 영향을 주지는 않는다.

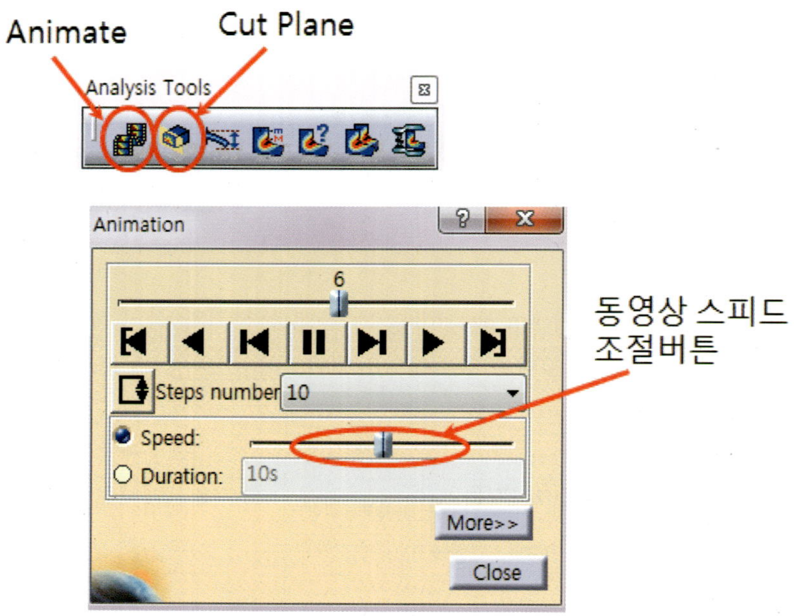


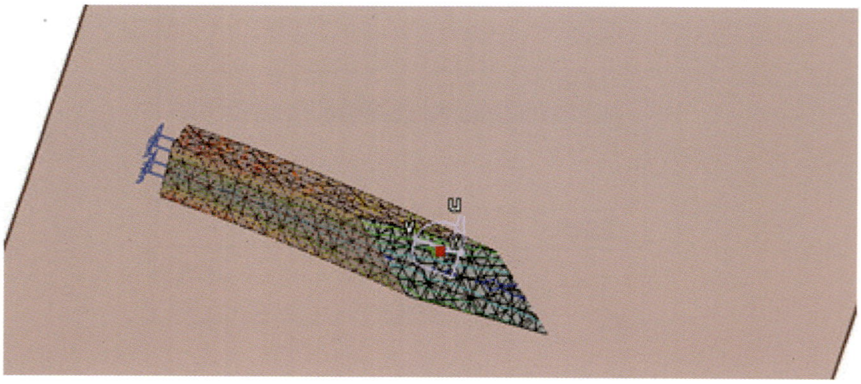

Image Extrema 버튼 선택하면 von Mises Stress의 최대값과 최소값을 다음과 같이 표시할 수 있을 뿐만 아니라 최대값(빨강색)과 최소값(파랑색)이 나타나는 위치를 색상과 함께 표시할 수 있다.

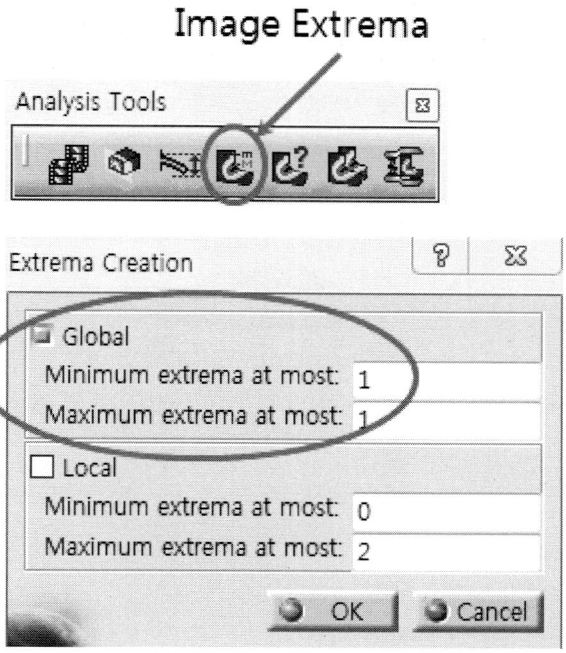


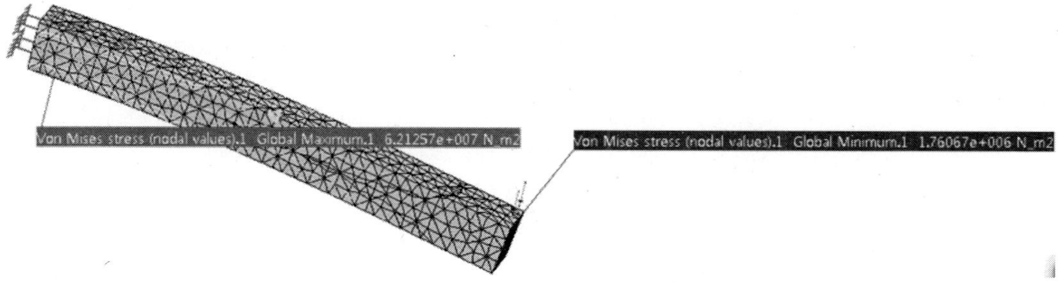


Extrema 값은 Spec. Tree에 표시된다. 화면에 표시된 최대 도는 최소값 라벨을 더블 클릭하면 Extremum Edition 대화상자가 나타나고 Show Label 옵션을 사용하여 라벨을 화면에 표시하거나 숨길 수 있다.

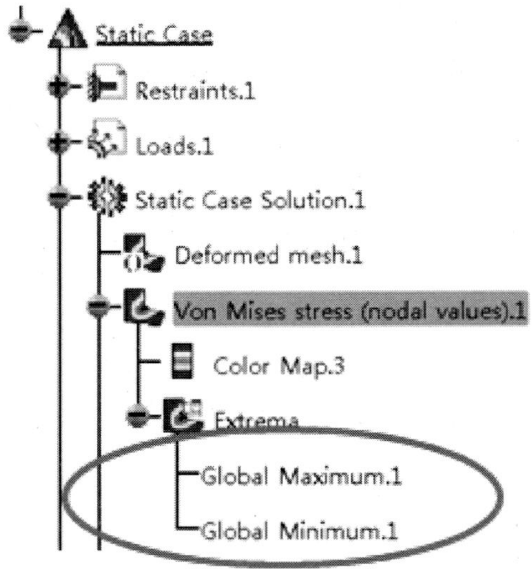


Information 버튼 클릭 시 특정 Element 또는 Node의 기본정보와 화면표시의 결과값을 표시해 준다.

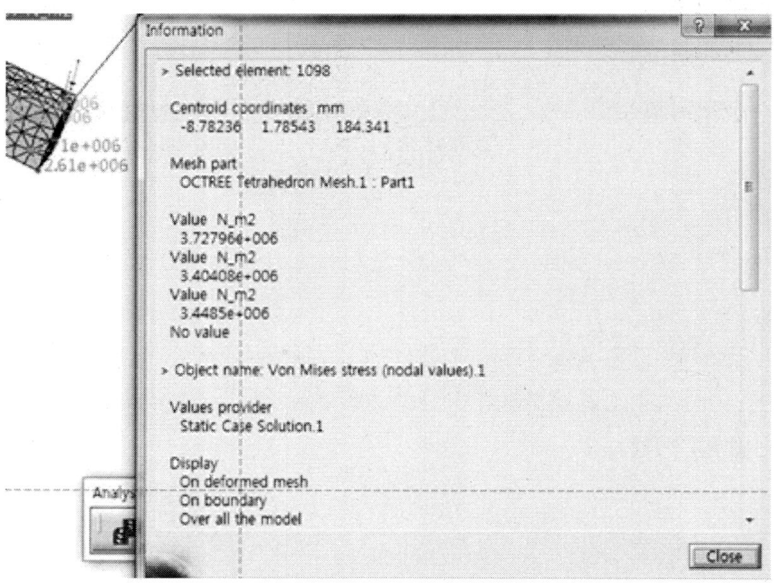

Image Layout 기능을 이용하면 두 가지 이상의 결과를 서로 떨어져서 표시할 수 있다. 변형결과와 Von Mises Stress 결과를 함께 표시해 보자.

Spec. Tree에서 두 개의 결과를 모두 Activate 시킨 후 Image Layout 버튼 클릭하며 다음 그림과 같이 Explode 값을 X방향을 따라 100mm 입력 후 OK 클릭한다.

다음 그림과 같이 두 개의 결과가 동시에 표시되는 것을 확인할 수 있다.

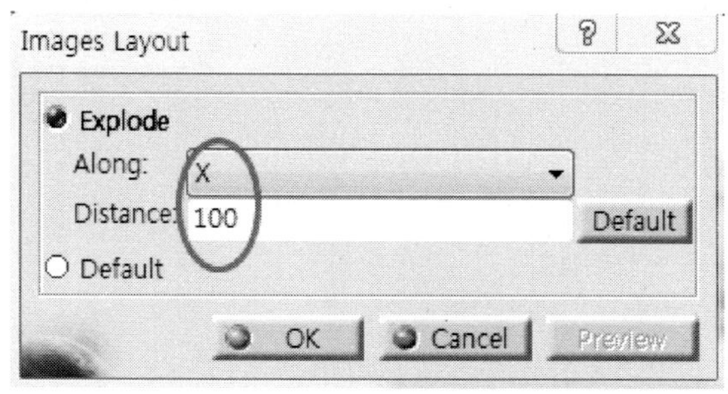


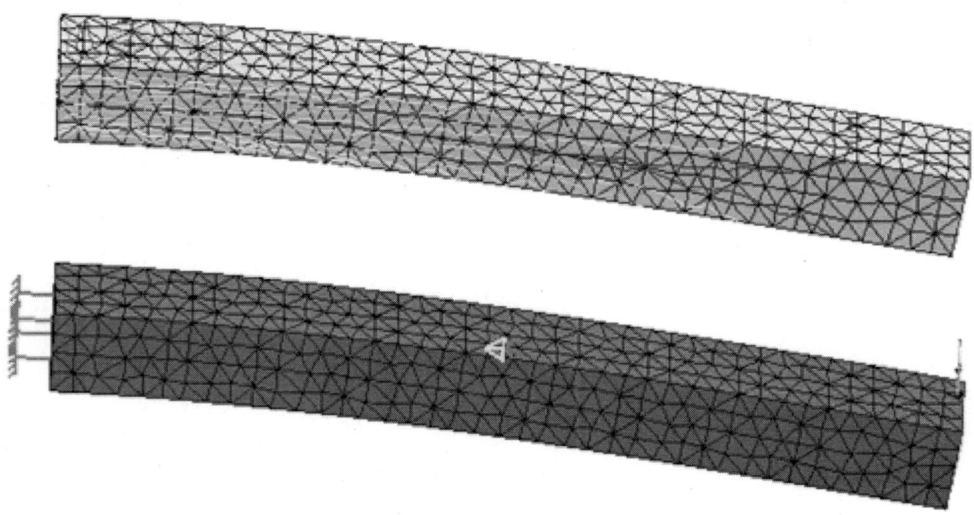

### 4) Displacement 표시

Displacement를 표시하면 각 Node에서의 변형을 방향 성분별로 표시할 수 있다.
변형의 특정방향성분 표시하려면 다음과 같다.

① 결과가 표시된 모델에 마우스 포인터 가져간 다음 더블클릭하거나 또는 Spec. Tree에서 해당 항목을 더블클릭한다.

② Image Edition 상자에서 Visu 탭 선택 후 More 버튼을 클릭한다.

③ Component 목록에서 원하는 방향 성분 표시, C1은 X방향, C2는 Y방향, C3는 Z방향의미 함.

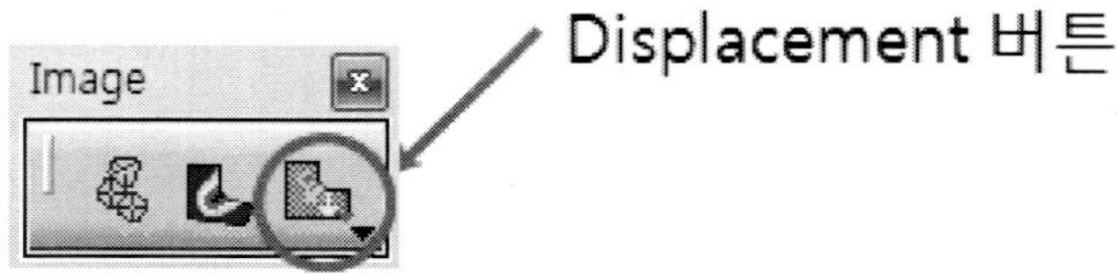

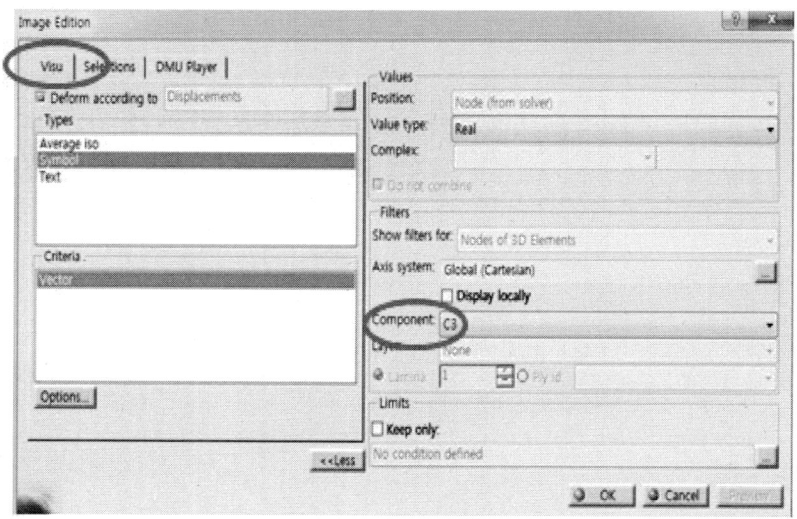


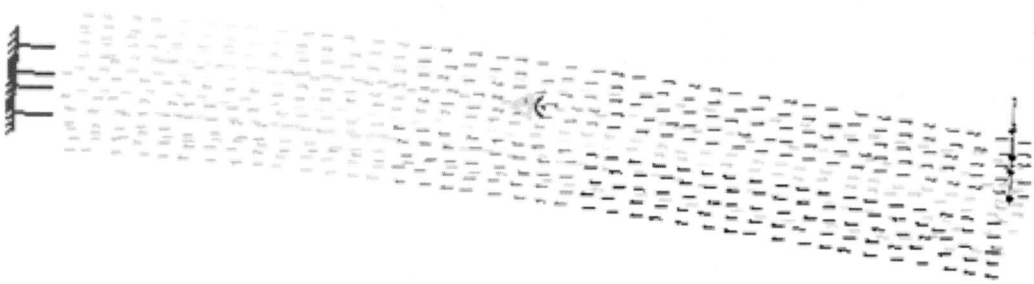

〈Z-방향(C3) 변위 성분만 표시한 결과〉

### 5) Von Mises Stress 표시

Display Type을 Average iso로 설정하고 View Mode를 다음 과 같이 Customize view parameter로 설정하면 Element Edge와 해석결과를 함께 표시할 수 있다.

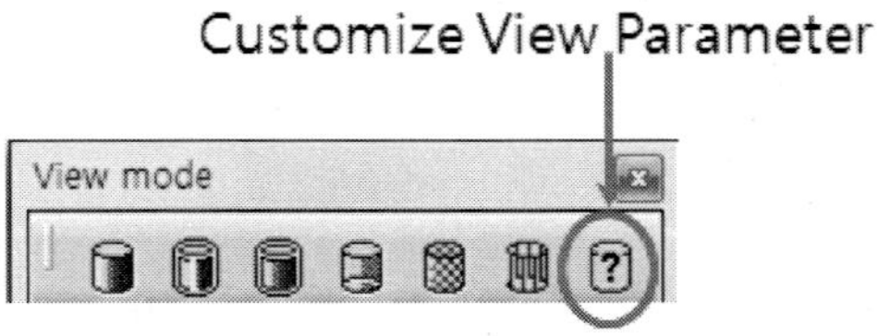


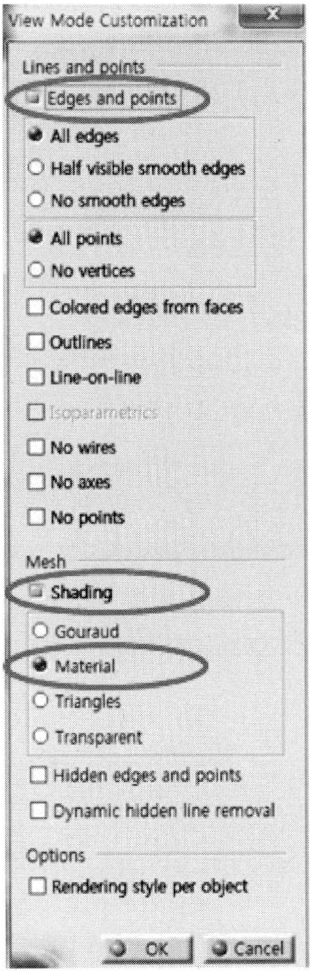


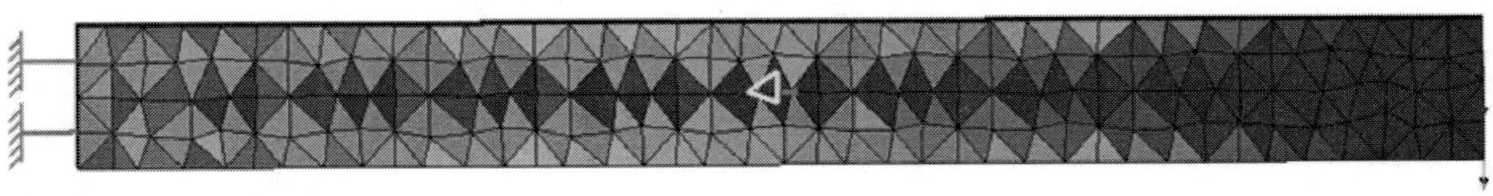

## 6) Principle Stress 표시

Principal Stress 버튼을 이용하면 주응력을 표시할 수 있다. 주응력도 Displacement와 마찬가지로 Tensor 성분별로 표시가 가능하다. C11은 최대주응력, C22는 평균주응력, C33는 최소주응력을 나타낸다. 다음 그림에 최대 주응력을 표시하였으며 화살표는 방향, 색깔은 값의 크기 이다.

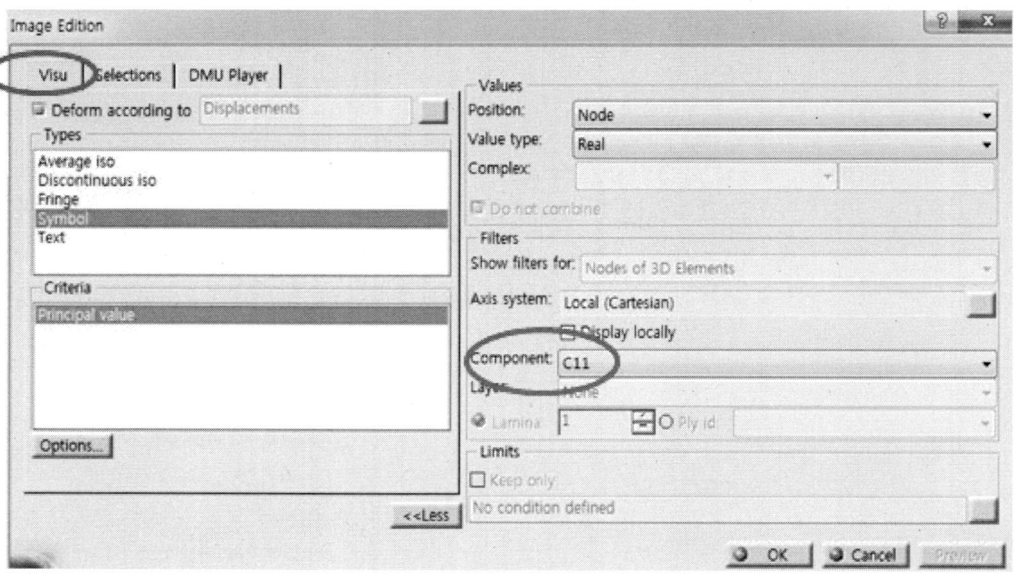


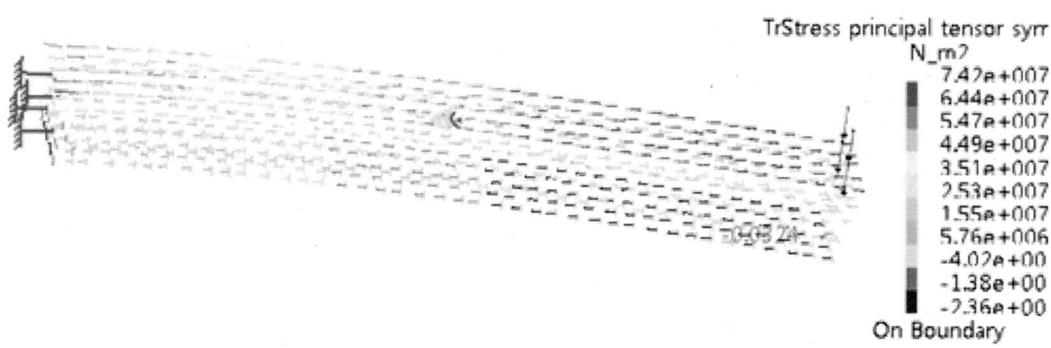


〈최대주응력 방향(C11) 성분만 표시한 결과〉

## 바. 결과 분석

어느 해석에서나 결과를 분석하고 토의하여 안전하고 최적화된 설계를 하는 것이 유한요소해석의 가장 중요한 목적이므로 이 부분에 대한 독자의 이해는 매우 중요한 것이다. Steel의 항복응력과 Von Mises Stress를 비교해 보자. Von Mises Stress를 Activate 시키고 나머지는 Deactivate 시킨다. 항목을 더블클릭하여 Image Edition 대화상자를 확인한다. Visu Type으로 Average iso가 선택되어 있으며 이 타입은 Node의 결과값을 평균하여 부드럽게 변화하는 색깔로 표시해 준다. Visu Type을 Discontinuous iso로 설정 후 결과를 보면 다음 그림과 같다.

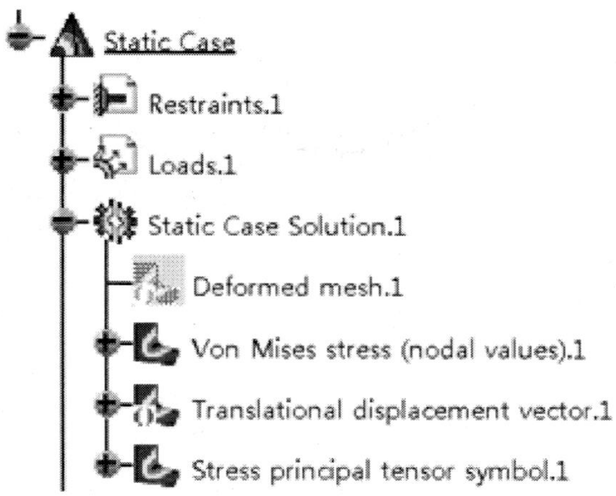


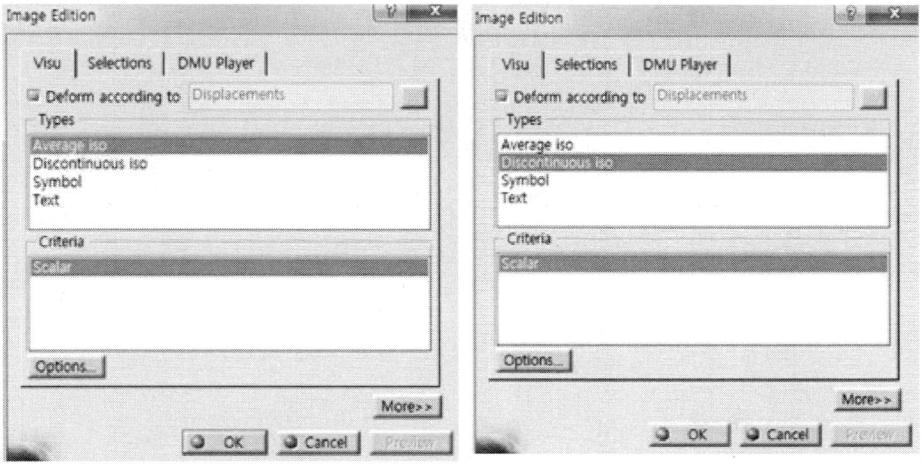

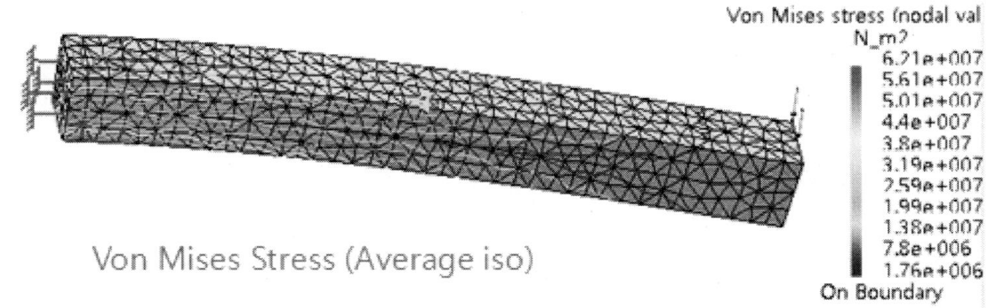


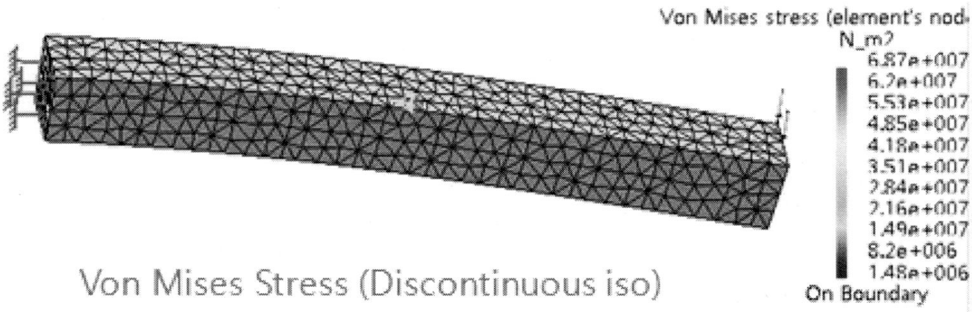


앞서 두 타입에서 결과값이 다르게 나타나는데 어떤 결과값을 기준으로 판단할 지 결정해야 한다. 변위결과는 Node 에 대한 값을 표시하고 응력결과는 Element 에 대한 값을 계산하게 되어 있으므로 Discontinuous iso 타입 결과를 이용하는 것이 정확한 분석이다. Steel의 항복강도는 Material Properties이용해 확인 가능하다. Spec. Tree에서 Link Manager를 하기와 같이 확장한다. Steel에 MB3〉 Properties 선택하고 Analysis 탭 클릭하면 Yield Strength 확인 가능하다.

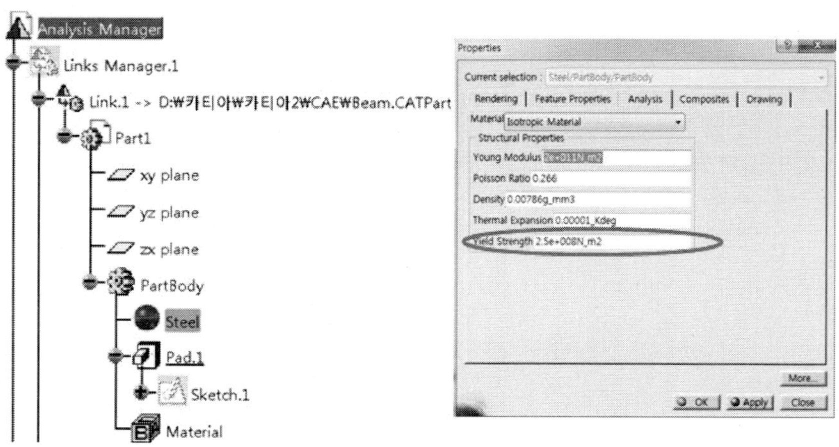


확인결과 Steel의 Yield Strength는 2.5E+2MPa이고 앞서 최대 Von Mises Stress는 61 MPa였으므로 500N의 하중이 부여되었을 때 이 구조물은 항복이 발생하지 않는다.

# 연습문제

## Q 과제 1

① 앞서 해석한 3D 각재 4개 모서리를 다음 그림처럼 5 mm로 Edge Fillet 하여 해석하시오. Part로 가서 모서리를 선택해 Fillet 해 준다.

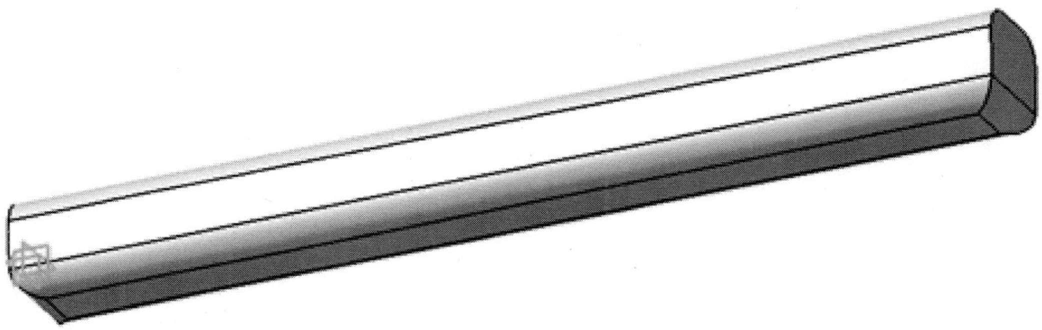

② 동일 조건하에서 더 많이 처짐이 발생하는 것을 확인하시오.

③ 비교값을 나타내는 다음의 Table을 완성하고 비교해 보시오.

| 구 분 | 기존 3D 각재(Element Size 5 mm) | 수정 3D 각재<br>(5 mm Edge fillet 시킨 각재) |
|---|---|---|
| 해석 결과 처짐량(mm) | 0.444 mm | |

# Q 과제 2

① 앞서 해석한 3D 각재 4개 모서리를 Element Size 2 mm로 변경하여 해석하시오. Part로 가서 모서리를 선택해 Fillet 해 준다.

② Mesh가 Fine해 질 수록 동일 조건하에서 Maximum Stress 값이 커지는 것을 확인하시오.

③ 비교값을 나타내는 다음의 Table을 완성하고 비교해 보시오.

| 구 분 | 기존 3D 각재(Element Size 5 mm) | 수정 3D 각재 (Element Size 2 mm) |
|---|---|---|
| 해석 결과<br>von Mises Stress (MPa) | 62.1 MPa | |

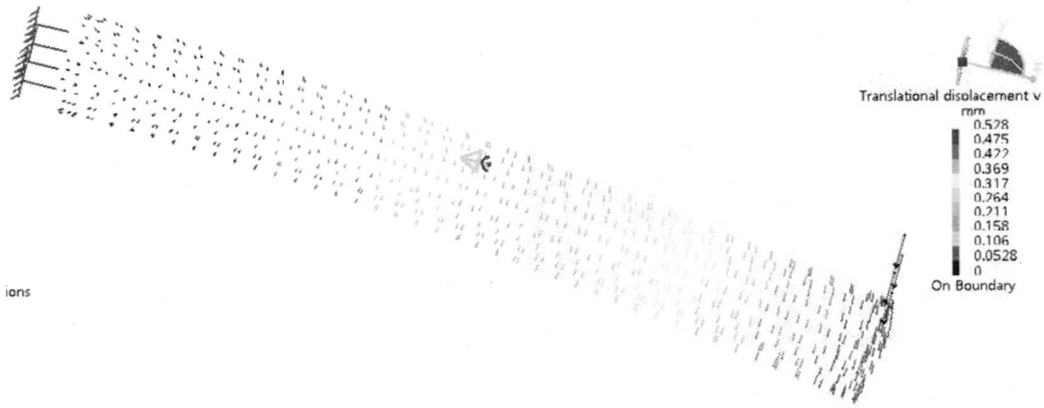


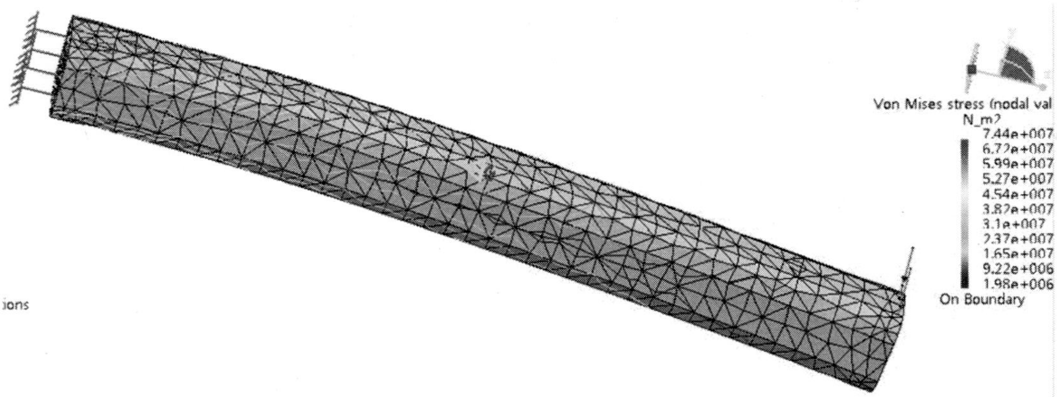

# 3.5 3-D Element 해석(L-Shape Beam)

## 가. 모델링 수행

해석하기에 앞서 모델링을 수행하는데 우선 Part Design 워크벤치로 입장하여 xy-plane에 다음과 같은 형상으로 스케치 후 구속조건을 부여해 보자. 스케치가 완성되었으면 Pad 기능을 이용하여 다음 그림에 나타낸 것과 같이 두께 20 mm로 Thick 옵션을 사용하여 Pad 수행한다. 좌우 각각 양쪽방향으로 100 mm씩 돌출시키면(Mirror Extent옵션 이용) 다음의 형상으로 L-형상의 3D빔 모델링이 완성된다.

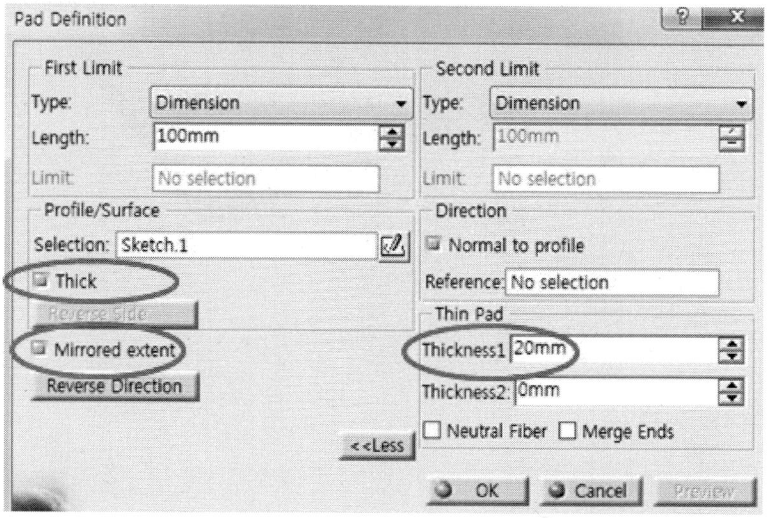

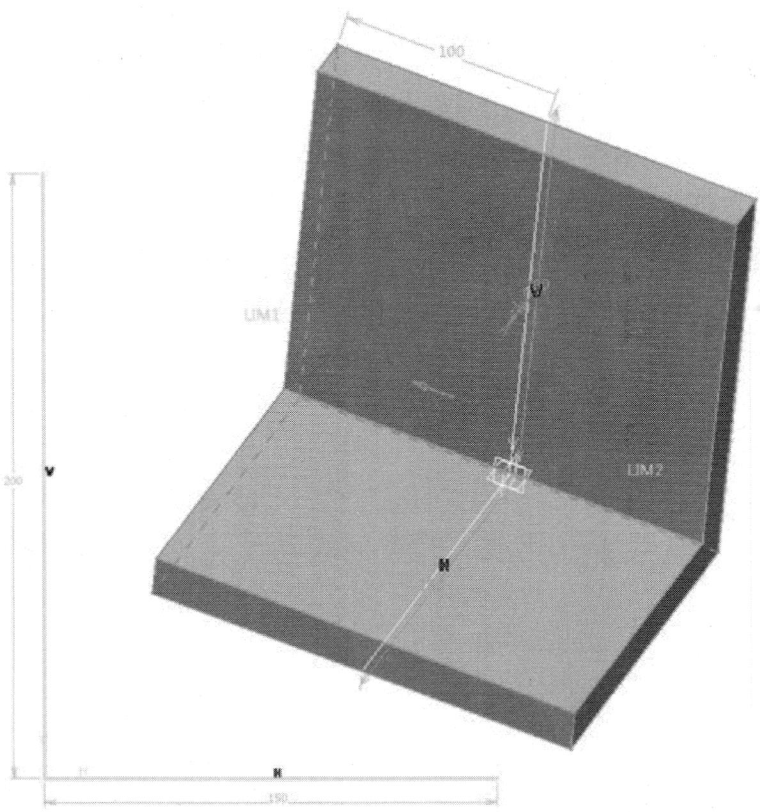


## 나. 재료 물성치 부여

### 1) 재료 물성치 부여

① Apply Material 버튼을 클릭하고 Default Material Catalog 대화창의 여러 메뉴 중 Metal Tap을 클릭 후 ② Steel을 선택한다. OK 버튼은 아직 활성화되지 않는다. Spec. Tree에서 ③ PartBody를 선택하면 Catalog 대화창에 OK 버튼이 활성화되며 이 때 OK 버튼을 클릭한다. 다음 그림과 같이 PartBody에 Material이 설정된다.

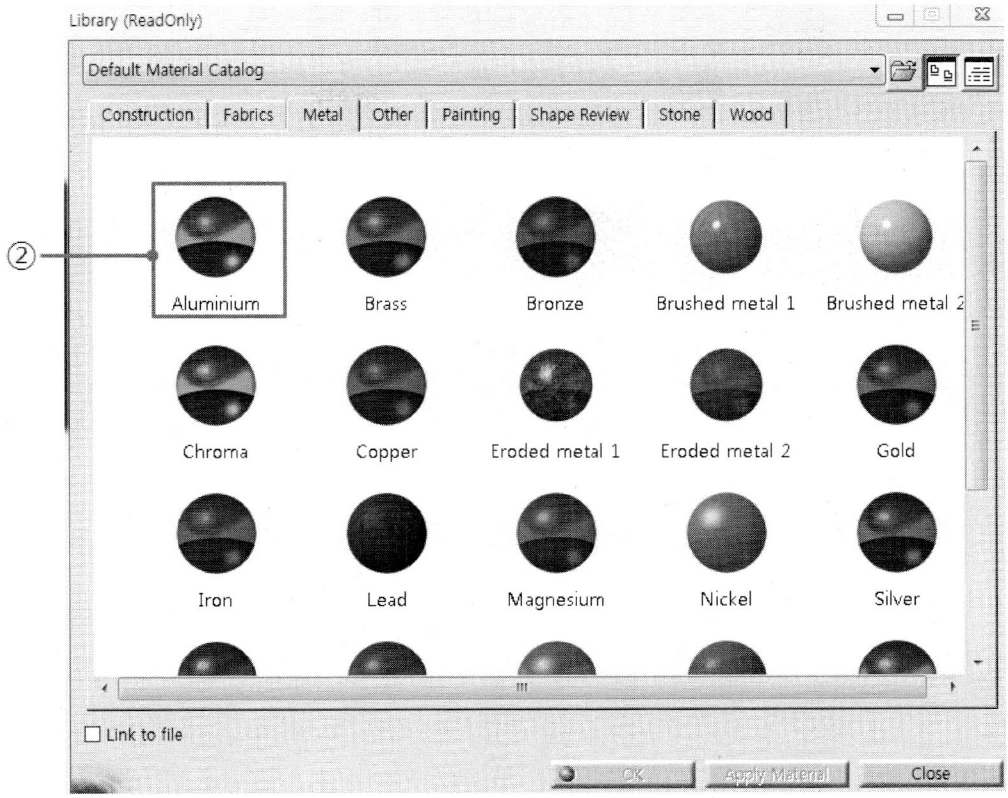
Library (ReadOnly)
Default Material Catalog
Construction
Fabrics
Metal
Other
Painting
Shape Review
Stone
Wood
②
Aluminium
Brass
Bronze
Brushed metal 1
Brushed metal 2
Chroma
Copper
Eroded metal 1
Eroded metal 2
Gold
Iron
Lead
Magnesium
Nickel
Silver
Link to file
OK
Apply Material
Close

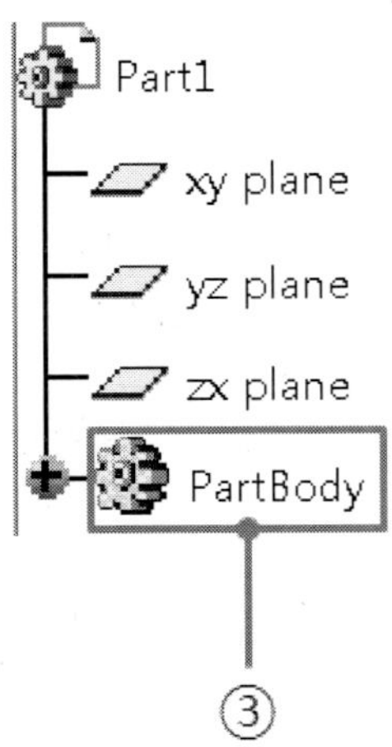
Part1
xy plane
yz plane
zx plane
PartBody
③

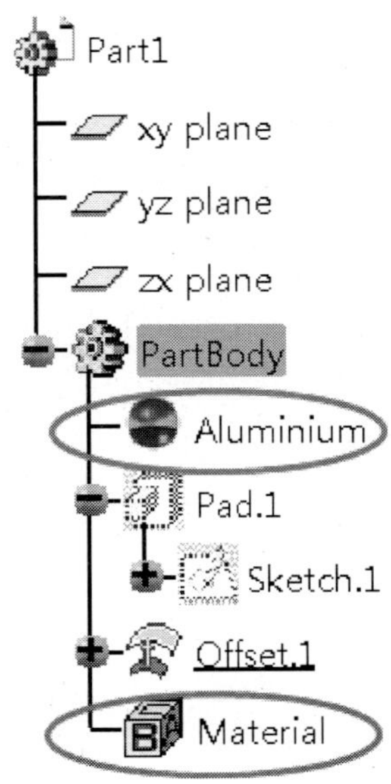
Part1
xy plane
yz plane
zx plane
PartBody
Aluminium
Pad.1
Sketch.1
Offset.1
Material

## 다. Pre-Processing

### 1) GSA 워크벤치 실행

다음 그림과 같이 Generative Structural Analysis (GSA) 워크벤치를 실행시킨다. GSA 워크벤치에서는 형상에 메쉬(Mesh)가 자동으로 정의되며 설정을 변경할 수 있다. 다음과 같이 Analysis & Simulation 메뉴창에서 Generative Structural Analysis를 선택하면 Spec. Tree에 Static Case가 생성되는데 이 때 Static Analysis를 선택하고 OK 버튼을 클릭한다.

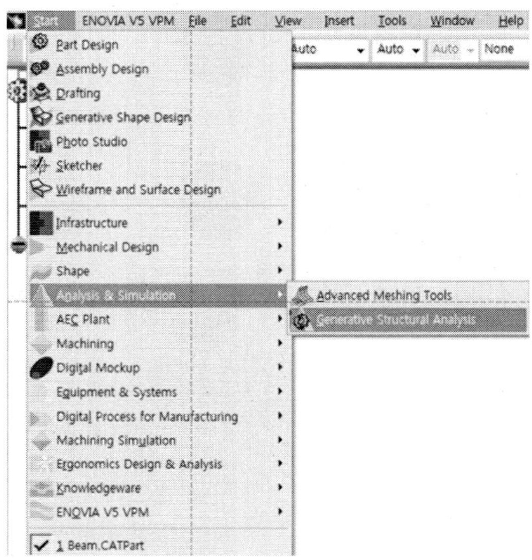


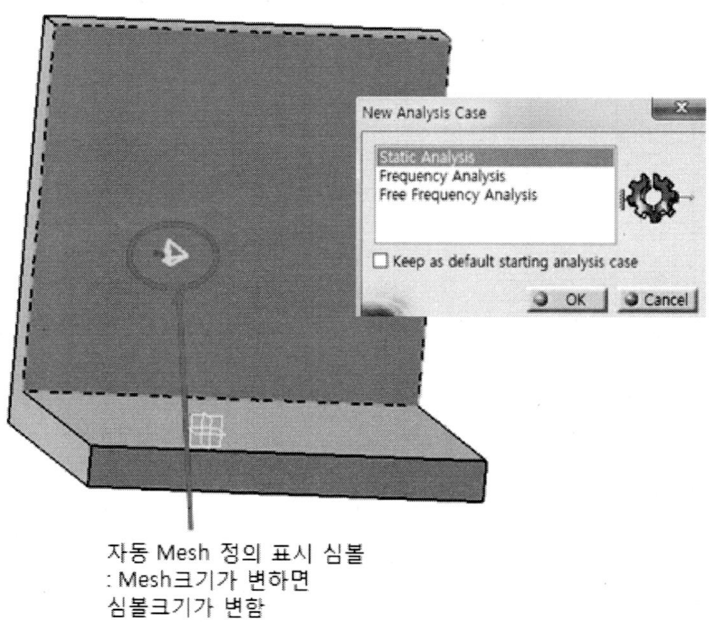

2) Tetra Mesh 정의

가) 메뉴바에서 Start 클릭 후 Generative Structural Analysis (GSA) 워크벤치를 실행시킨다. Mesh 심볼이 나타났다는 것은 형상에 대해 메쉬가 자동으로 정의되었다는 것을 의미한다. 그대로 해석을 수행할 수도 있고, 필요에 따라 메쉬의 크기를 변경할 수도 있다. 다음의 순서로 메쉬의 크기를 변경해보자.

- Spec Tree의 Nodes and Elements 항목을 확장시킨다.
- OCTree Tetrahedron Mesh를 더블 클릭한다.
- 대화상자를 하기 우측 그림 같이 설정(Size: 5 mm, Absolute sag : 1 mm로 설정)한 후 OK 버튼을 클릭한다.

메쉬 크기를 조정하면 모델에 나타난 심볼 크기도 조절된다.

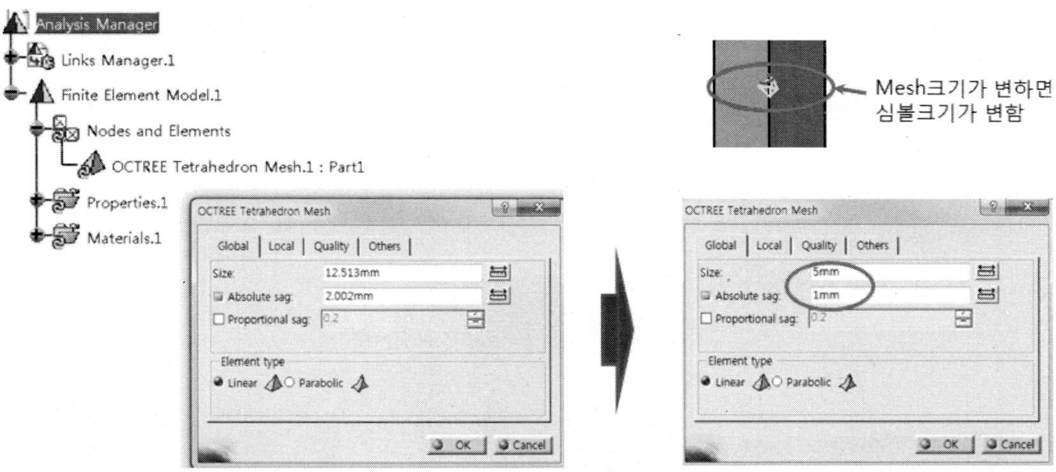


3) Mesh의 화면 표시 (View Mode에 따른)

메쉬를 화면에 나타내보자. 이 과정 없이도 해석을 수행할 수는 있으나 메쉬 화면표시법을 익히기 위하여 실행한다.

가) 먼저 GSA워크벤치에 입장한다.
나) Spec. Tree의 Nodes and Elements에 MB3 Mesh Visualization을 선택한다.
다) Warning 메시지 확인 후 OK 버튼을 클릭한다.

다음과 같이 View Mode를 바꾸면 Mesh 가 다양한 형태로 변경된다.

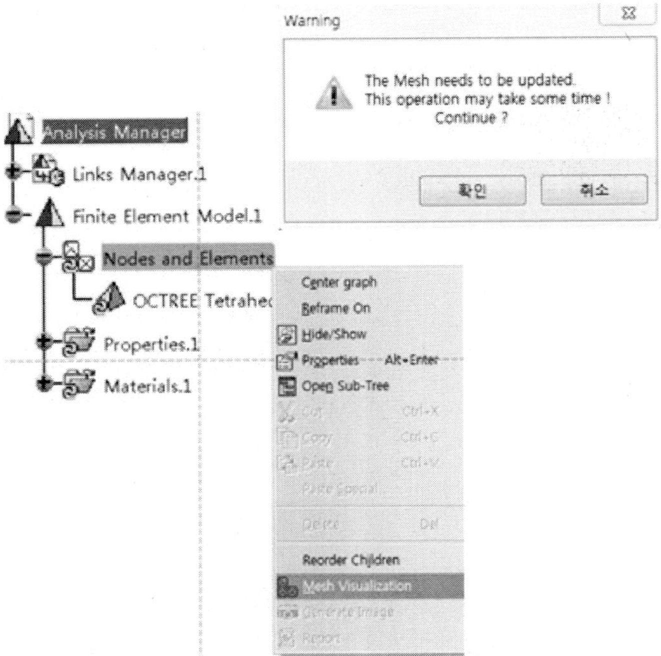


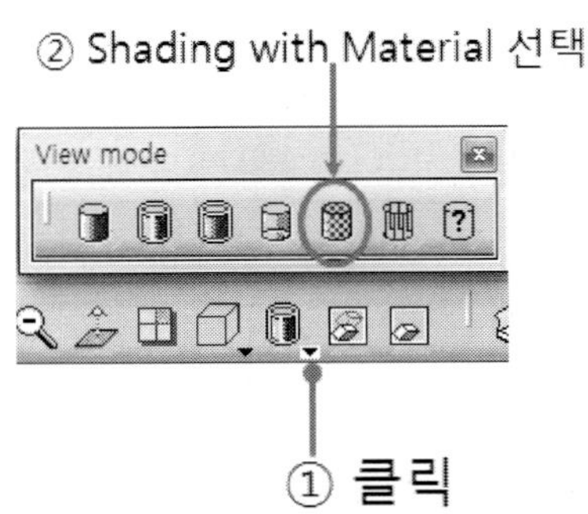


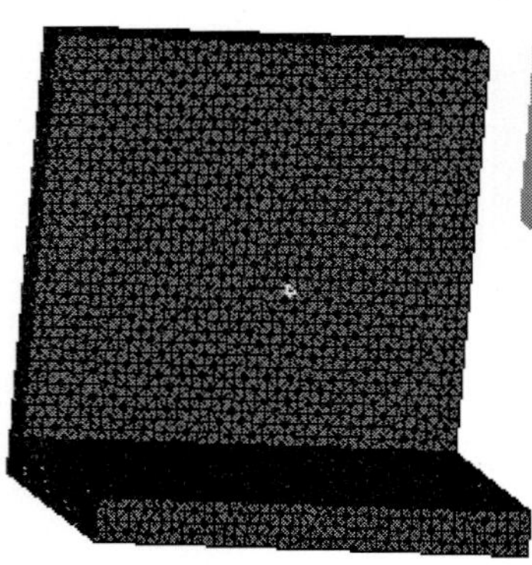

Shading with Material

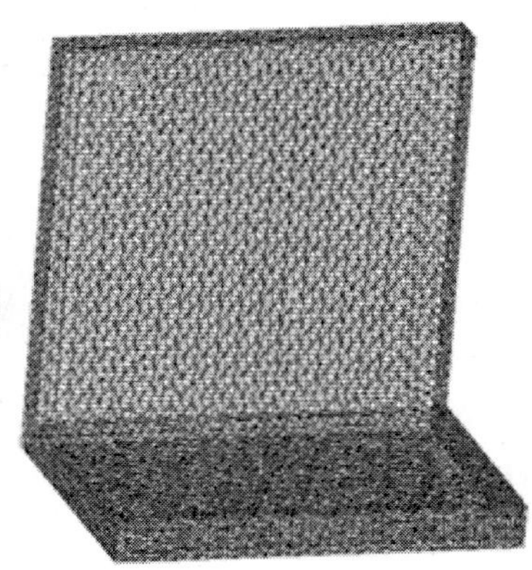

Shading with Edges

Wireframe

3D 모델과 메쉬를 동시에 화면에 나타내 보자. Spec. Tree의 Links Manager.1 항목에 MB3〉Show/Hide를 선택하면 3D 형상을 동시에 표시 가능하다.

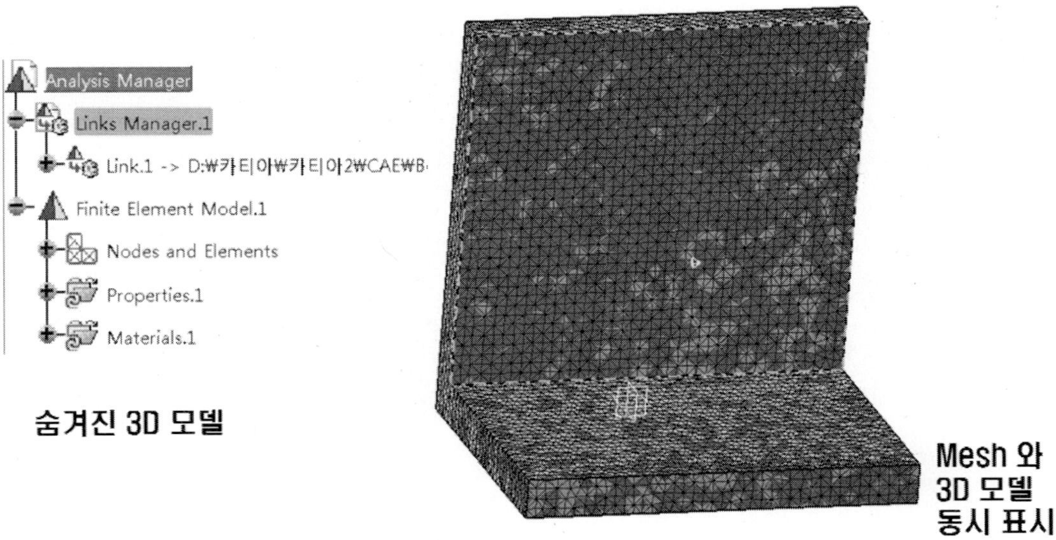

## 4) 경계조건(Boundary Conditions)

### 가) Restraints (구속조건) 부여

경계조건과 하중은 형상의 면, 모서리, 점 등에 부여가 가능하다.

Restraints와 Loads 툴바를 꺼낸다. Restraints 툴바에서 Clamp를 선택하면 대화창이 뜬다. 하기 그림에 표시한 ①면을 선택하고 대화창에서 OK버튼을 클릭한다. 그림에 나타냈듯 Cantilever 좌측면에 자유도 6개를 모두 Fix 시켰다.

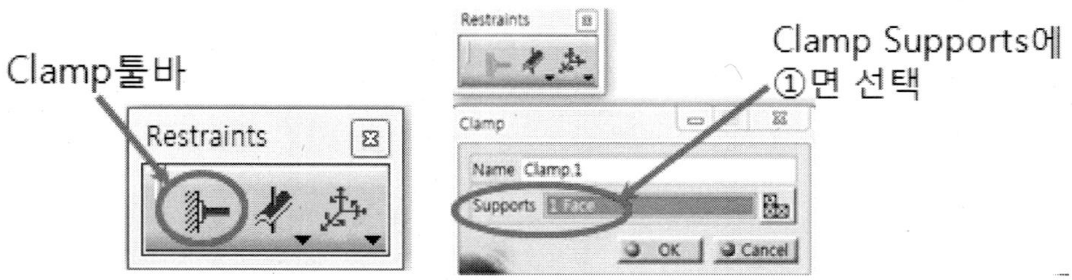


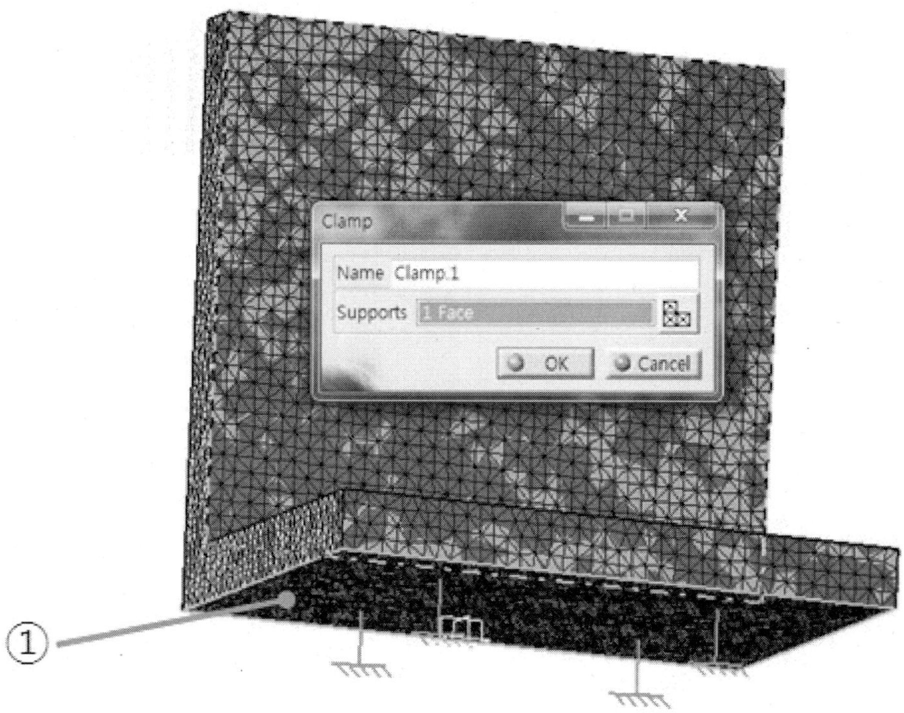

### 나) Loads (하중조건) 부여

경계조건에서 하중은 형상의 면, 모서리, 점 등에 부여가 가능하다. 툴바에서 Pressure 툴바 클릭(압력으로 100N/m2 부여한 것임). 하기 그림 ②면 선택 후 압력값 100입력. OK버튼 클릭 한다.

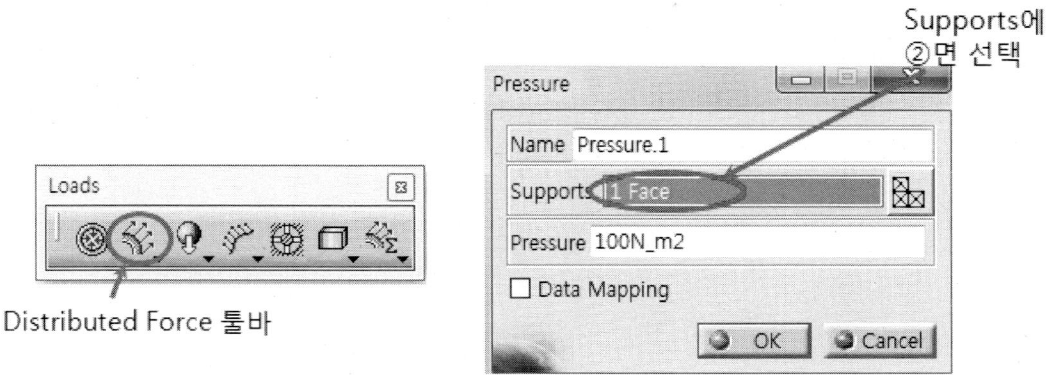


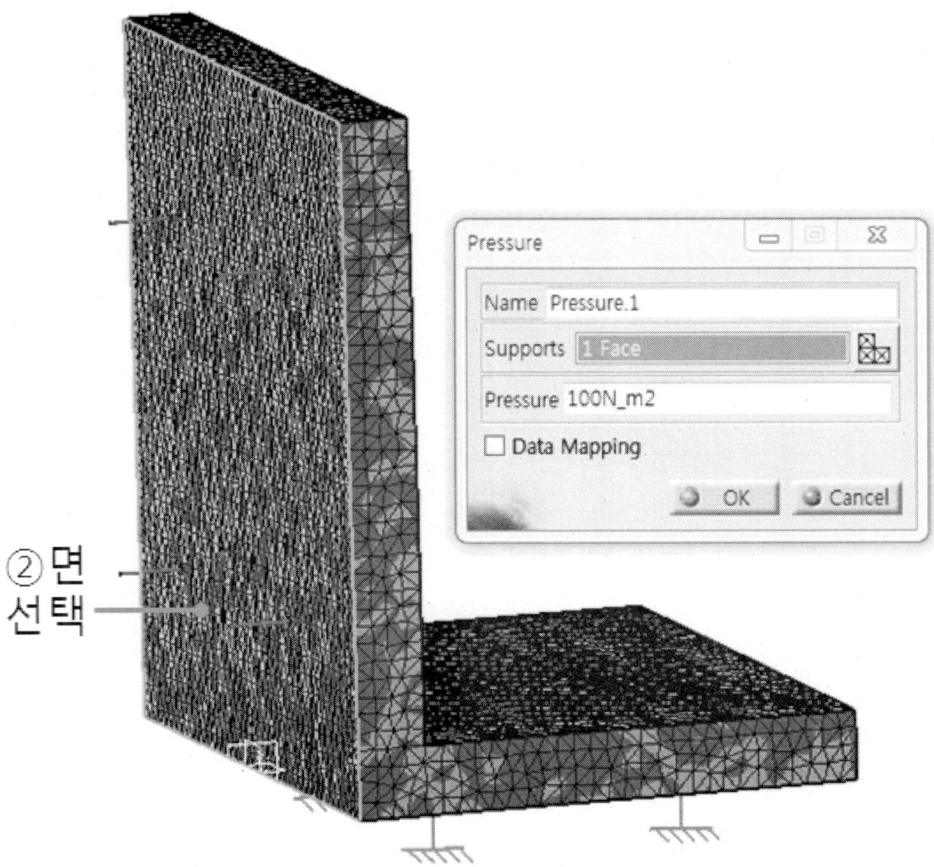

### 5) FE 모델 확인

기본적인 사항이 정의되어 있는지 확인하기 위하여 Model Manager 툴바를 다음과 같이 활성화 시킨다. Model Checker (신호등모양) 버튼을 클릭하면 대화상자의 Status 칼럼에 OK가 표시된 것을 확인 할 수 있다. 확인 후 대화상자의 OK버튼을 클릭한다. 만약 OK가 확인되지 않으면 모델링을 다시하고 Pre-Processing을 수정해야 한다.

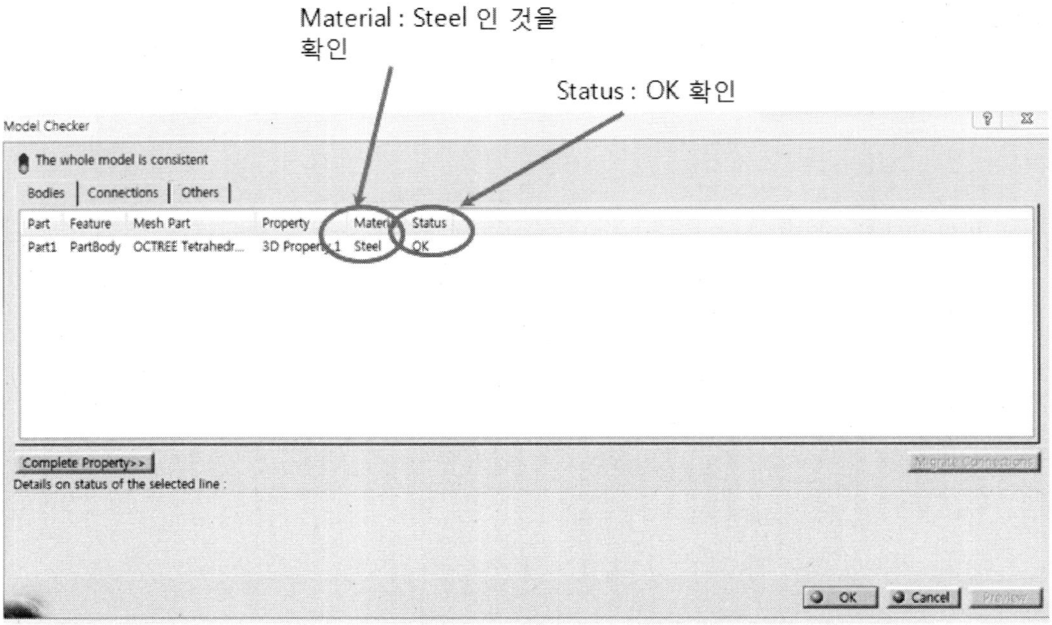

## 라. Solving

### 1) 계산하여 해 구하기 명령

앞서 정의한 FE 모델에 대한 해를 구하는 과정을 알아보자. Compute 툴바를 다음 그림과 같이 활성화시켜 버튼을 클릭한다. 대화상자에서 OK 버튼을 선택한 것은 모든 사항을 계산하겠다는 뜻이다(특정 Solution Case 만 계산할 지도 선택이 가능함). 다음 그림에 나타낸 것과 같이 계산에 필요한 Resource가 대화상자에 표시되면 Yes 버튼을 클릭하며 이 때 계산이 시작된다. 또한 Computation Status가 표시되며 계산이 완료된다.

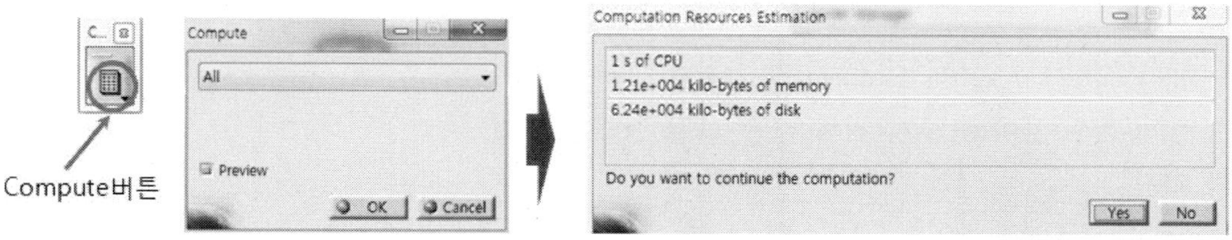


여기서 잠시 동안의 계산 수행 표시 후, 창이 사라지는 것을 확인할 수 있다. 만약 계산 중 에러가 발생하면 주어진 조건에 빠진 부분이 있거나 잘못 설정한 부분이 있는 것이므로 다시 모델링 창으로 가서 수정을 해야 한다.

Spec. Tree에서 계산결과와 Post Processing 할 결과의 저장위치 확인이 다음 그림처럼 가능하다.

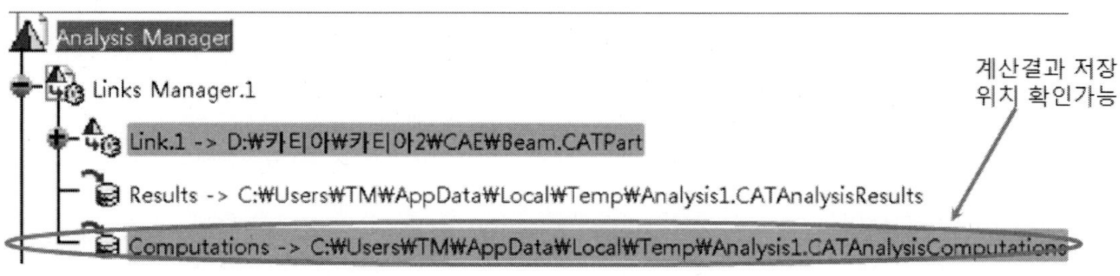

## 마. 후처리 (Post-Processing)

해석결과를 표시해보자. 먼저 변형량을 표시한다.

### 1) Deformation (변형량) 나타내기

해석결과를 분석해보자. 먼저 다음의 순서로 변형량을 나타내 보자.
다음의 순서로 변형량을 표시한다.

① Image 툴바를 꺼낸다.
② Deformation 버튼을 클릭한다.
③ Mesh.1에 MB3〉 Activate/Deactivate 선택한다.

- 하기 그림에 Mesh와 Deformation 결과를 함께 표시하였다.
- 변형 전후 차이를 알기 위해 다음 그림 형태로 본다.

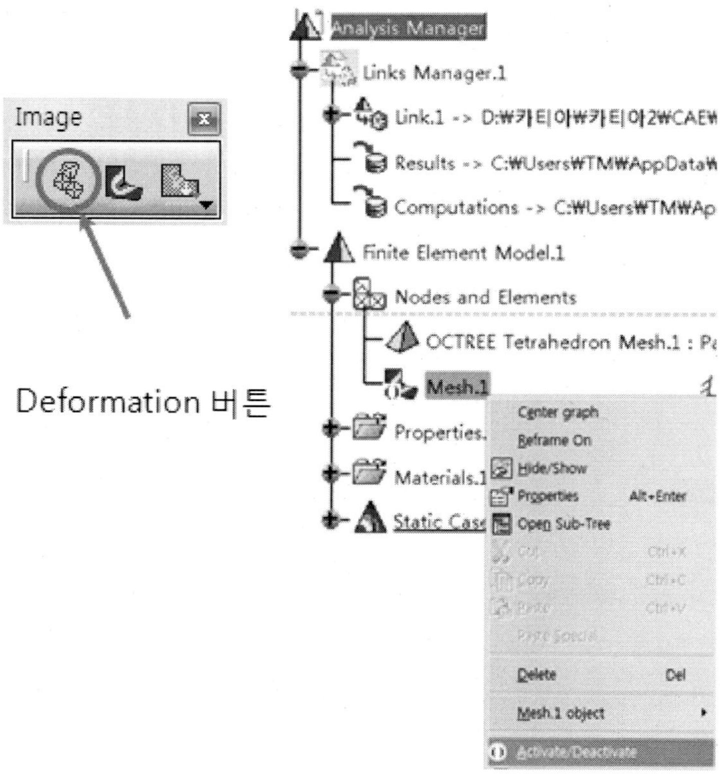

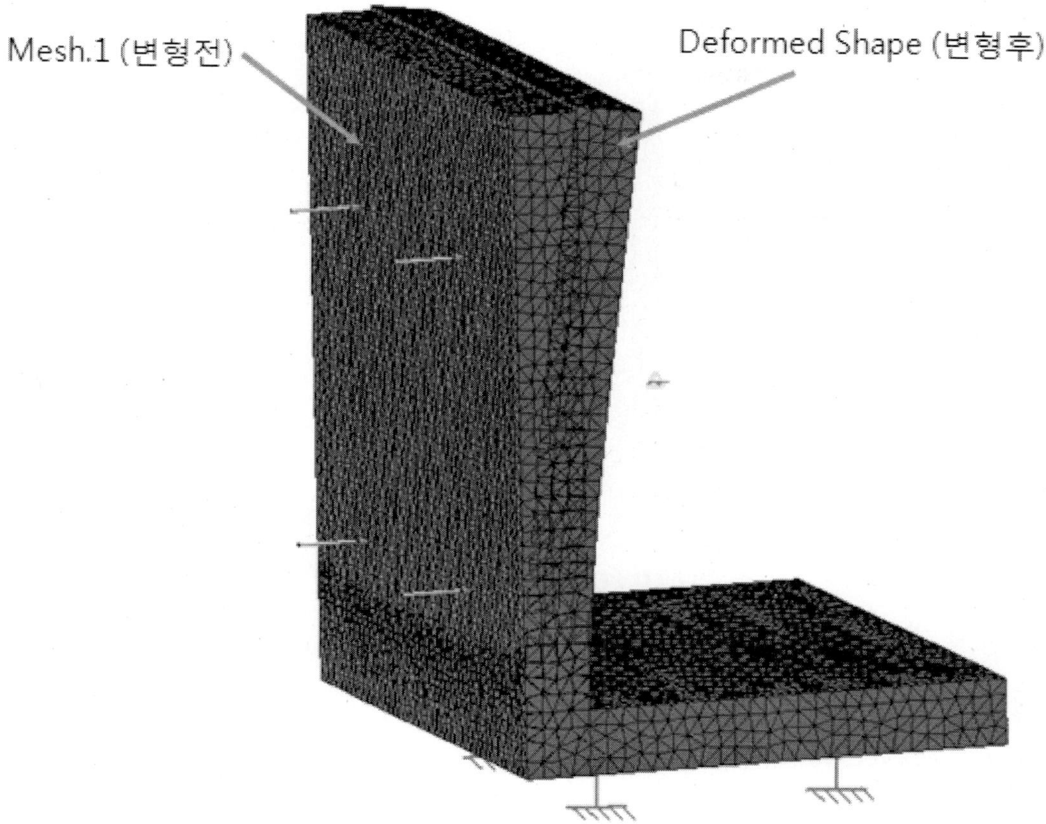


## 2) Von Mises Stress 표시

Image 툴바에서 von Mises Stress 버튼을 클릭하면 다음 그림과 같이 응력이 표시된다. 화면 오른 쪽은 색깔별 수준을 표시해 준다. 앞서 생성한 Deformed 모델은 숨기고 Display Type을 다양하게 변경해 본다.

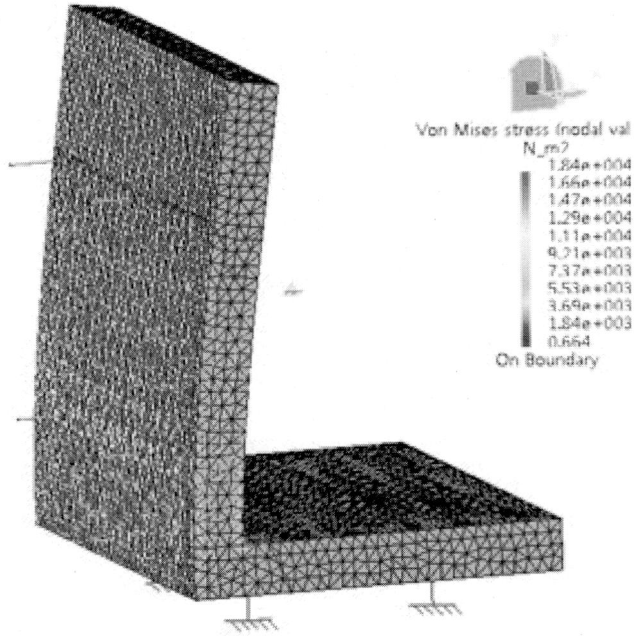


View Mode를 Shading with Material로 표시하면 다음 그림과 같다.

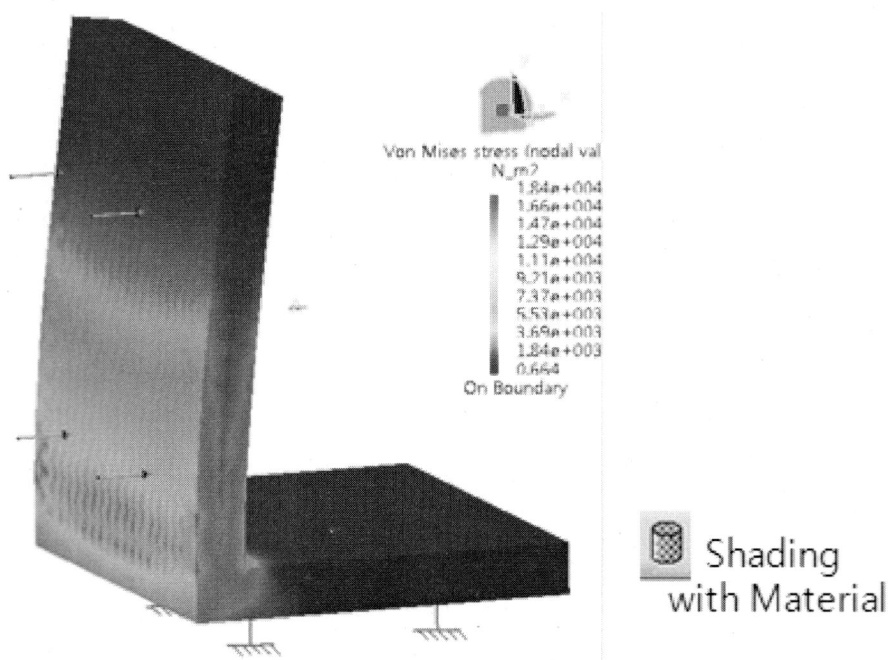

결과가 표시된 모델에 마우스 포인터를 대고 더블클릭한다. Image Edition 대화창에 Type을 Discontinuous iso를 선택하면 요소마다 같은 색깔로 다음과 같이 표시되도록 할 수도 있다.

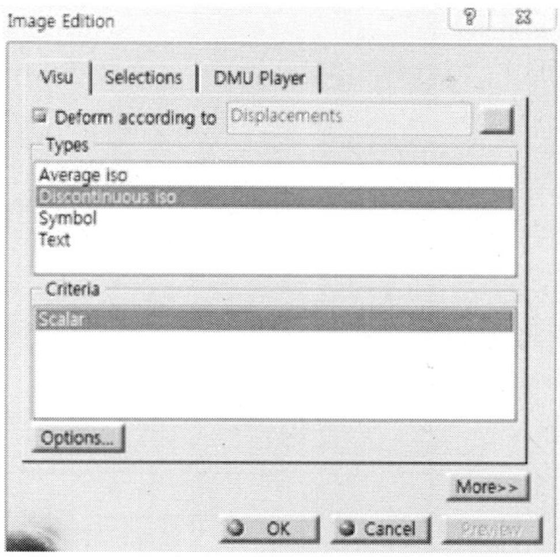


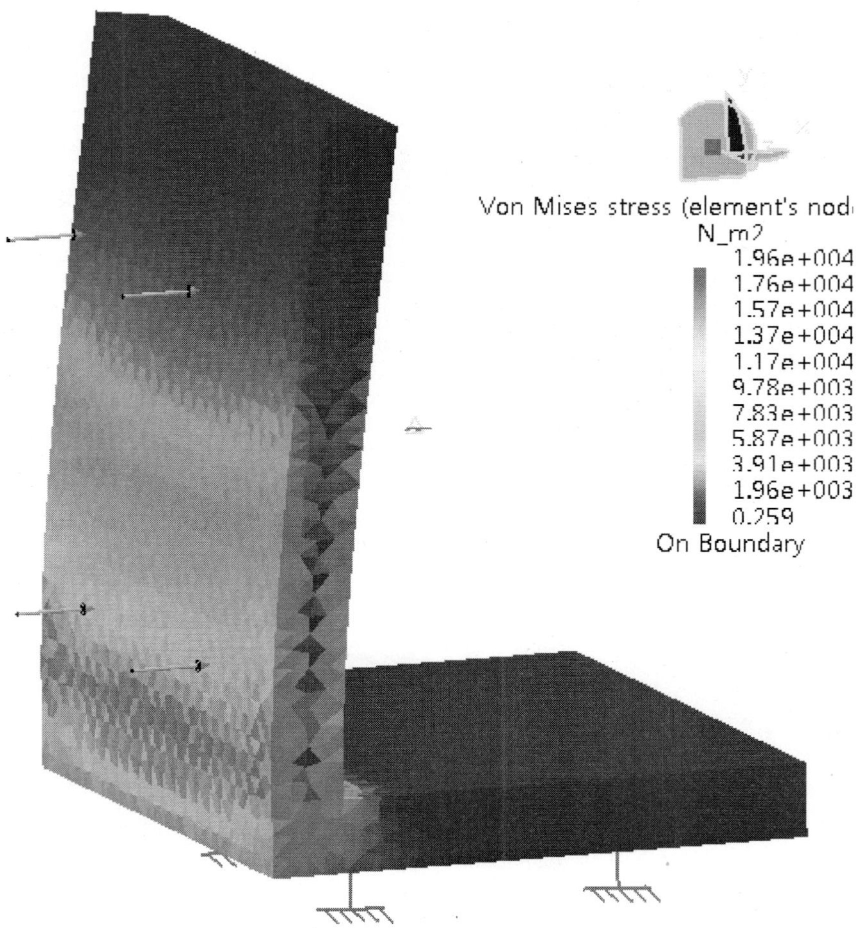

Image Edition 대화창에서 Deform according to 옵션을 하기와 같이 해제하면 다음 그림과 같이 변형되지 않은 3D모델에 응력을 표시할 수 있다.

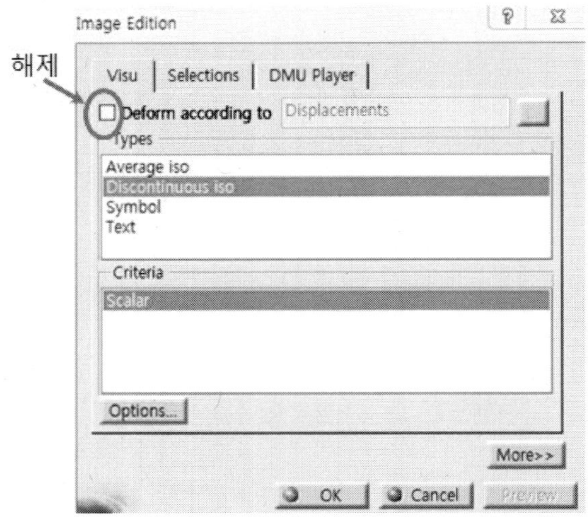


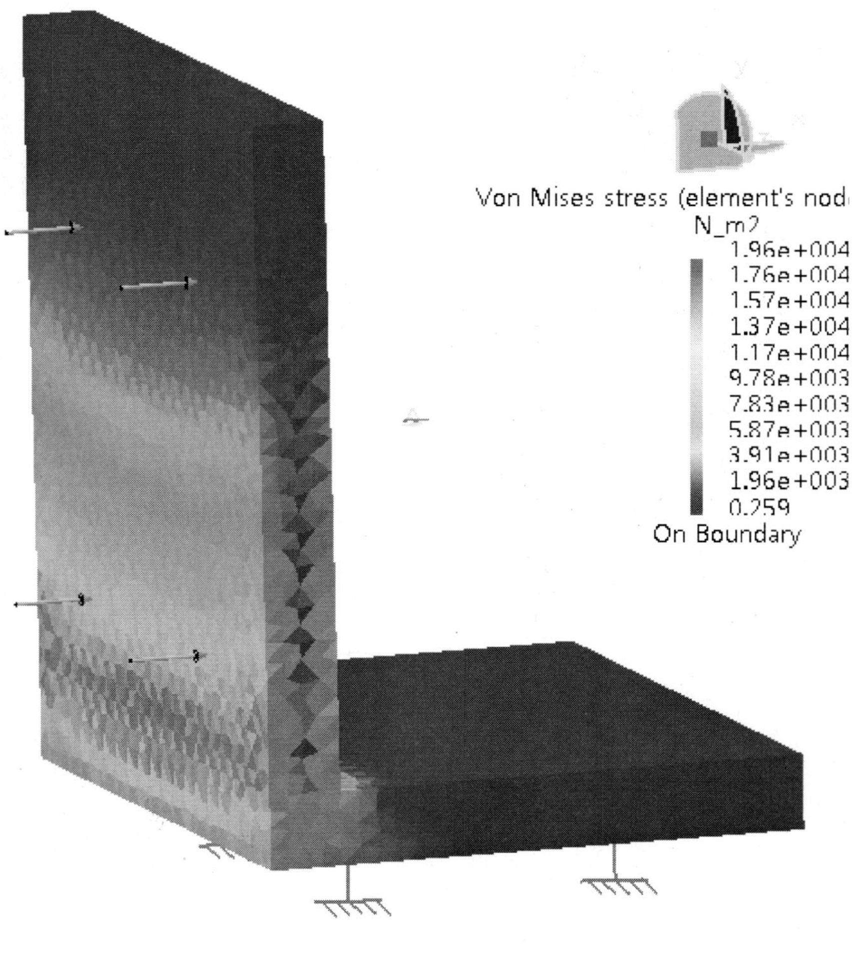

Display Type을 Average iso로 설정하고 View Mode를 다음 과 같이 Customize view parameter로 설정하면 Element Edge와 해석결과를 함께 표시할 수 있다.

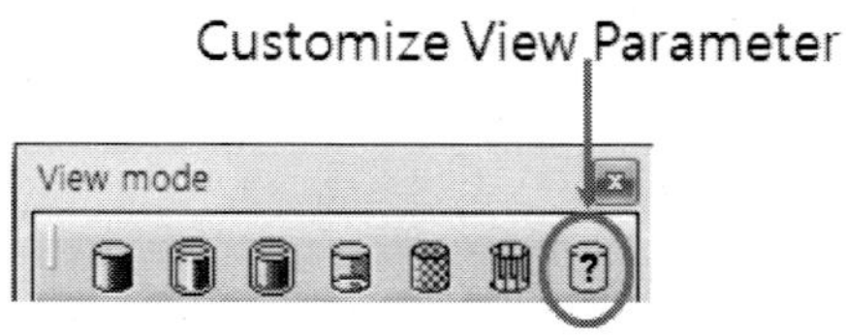


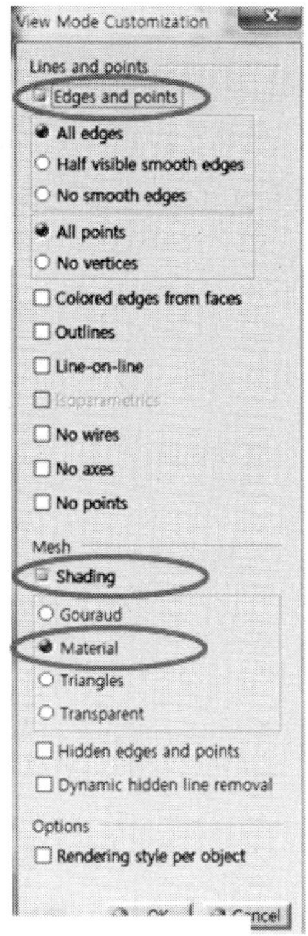


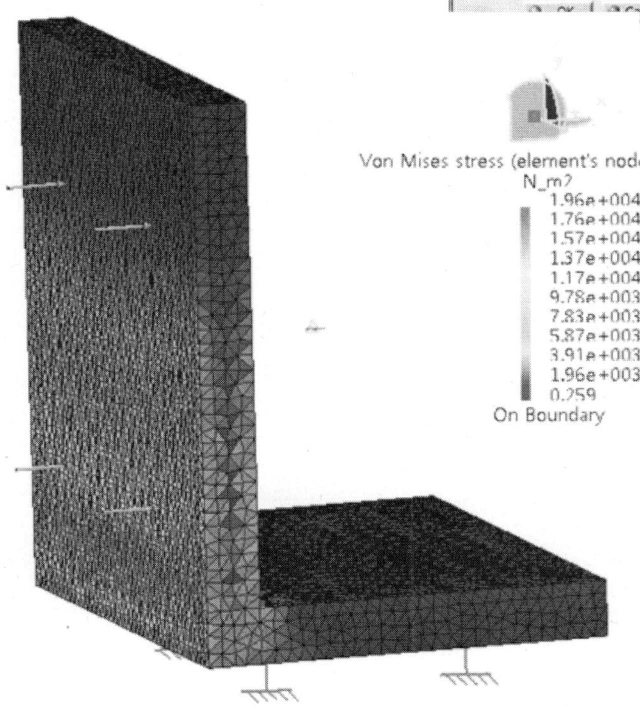

### 3) Analysis Toolbar

Analysis 툴바에서 Animate 버튼을 클릭하면 변형 및 응력 결과를 동영상으로 볼 수 있다. 이는 시간을 고려한 것이 아니라 정적하중이 가해질 때와 아무런 하중이 없을 때의 변경이나 응력결과를 점진적으로 변화하도록 표시하는 것이다.

Cut Plane 기능을 이용하면 결과를 표시한 모델을 잘라서 안쪽의 결과를 볼 수 있다. 일반적으로 구조물의 파손은 표면에서 시작되므로 결과분석에 큰 영향을 주지는 않는다.

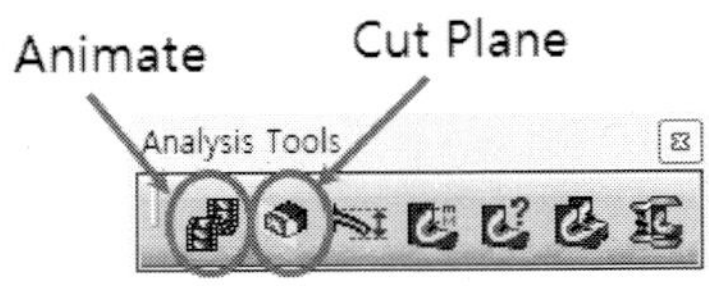


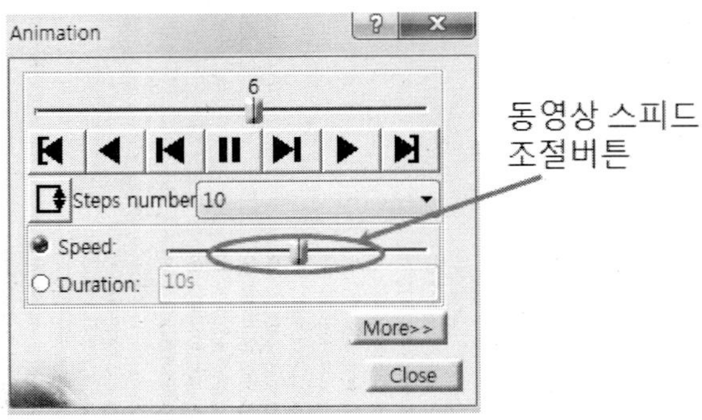


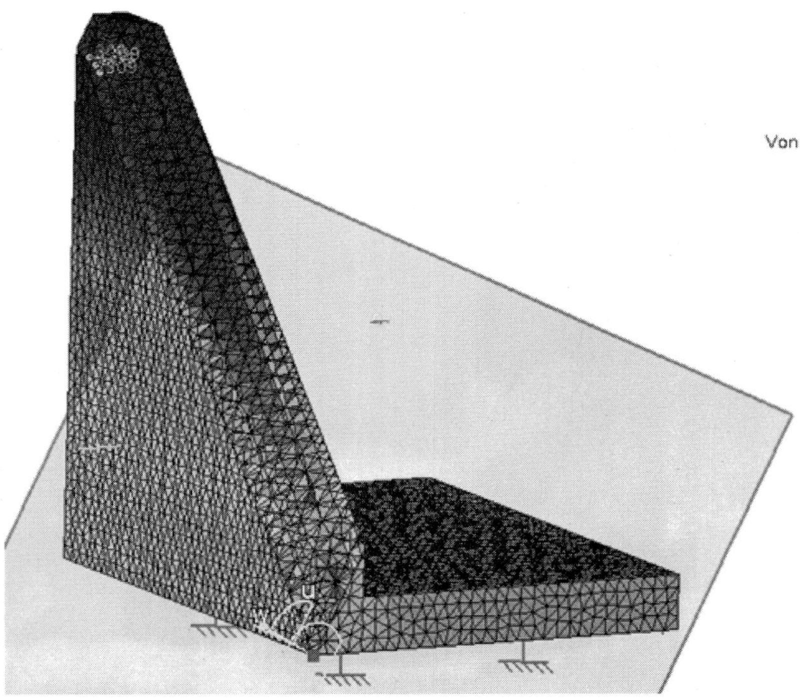

Image Extrema 버튼 선택하면 von Mises Stress의 최대값과 최소값을 다음과 같이 표시할 수 있을 뿐만 아니라 최대값(빨강색)과 최소값(파랑색)이 나타나는 위치를 색상과 함께 표시할 수 있다.

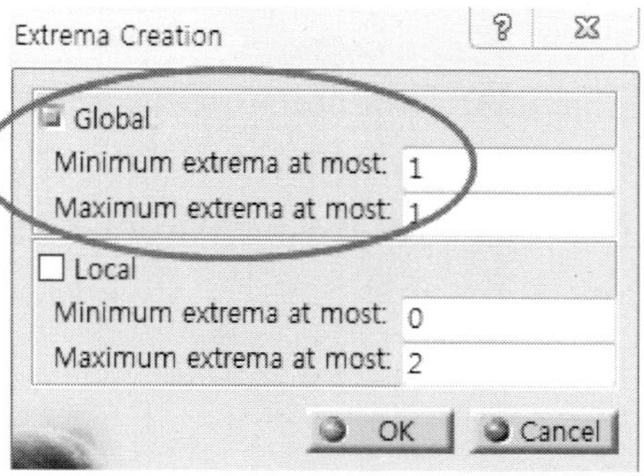


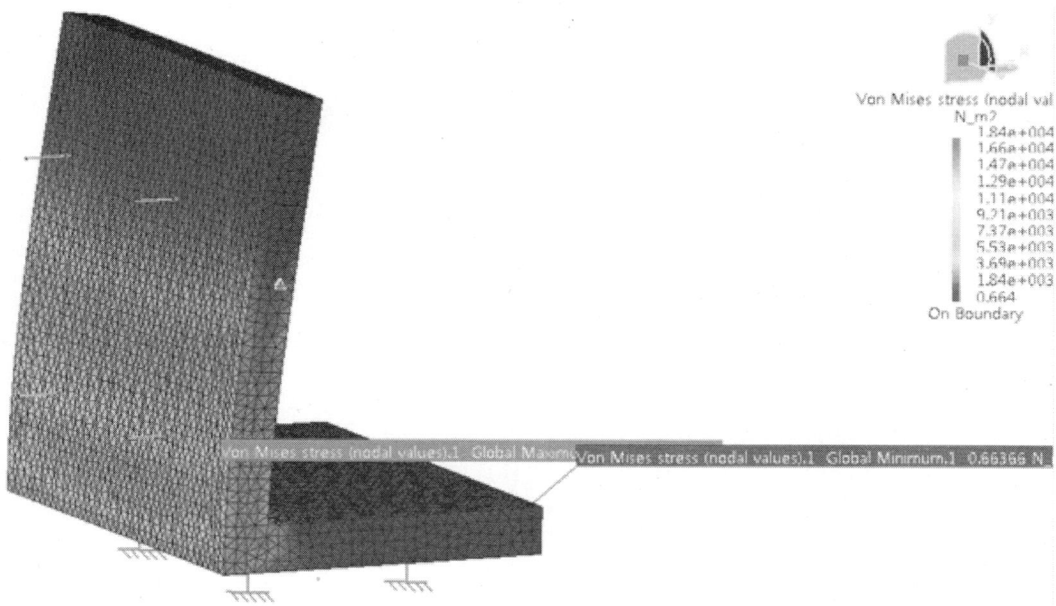


Extrema 값은 Spec. Tree에 표시된다. 화면에 표시된 최대 도는 최소값 라벨을 더블 클릭하면 Extremum Edition 대화상자가 나타나고 Show Label 옵션을 사용하여 라벨을 화면에 표시하거나 숨길 수 있다.

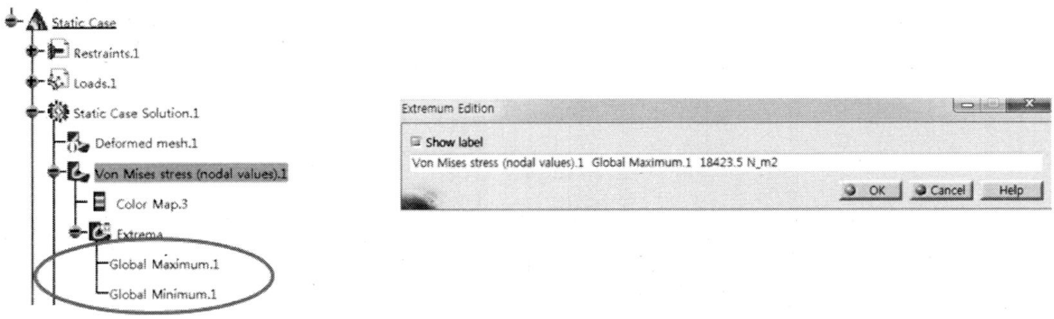


### 4) Error율 표시

Spec. Tree 에서 Global Error Rate (%)를 더블 클릭하면 에러율이 나타나는데 본 해석에서 38.2%가 나온다. Mesh가 거칠어서 나타나는 것으로 판단되어 Tetra Mesh 크기를 2mm로 낮추어 계산해보자(Octree Tetrahedron 클릭하면 하기와 같이 Mesh Size변환 가능함. Element type도 Parabolic으로 변경해 본다.

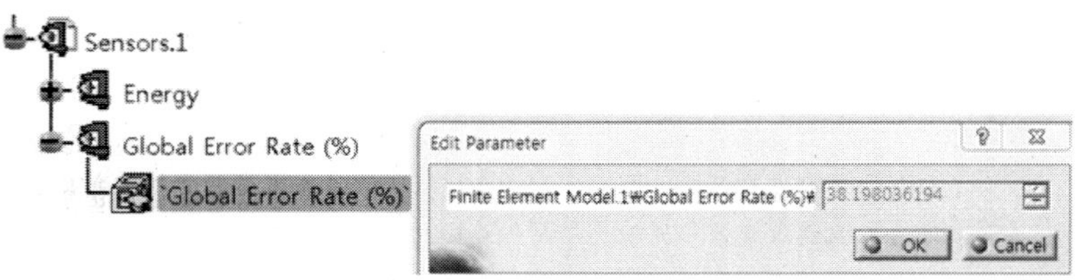


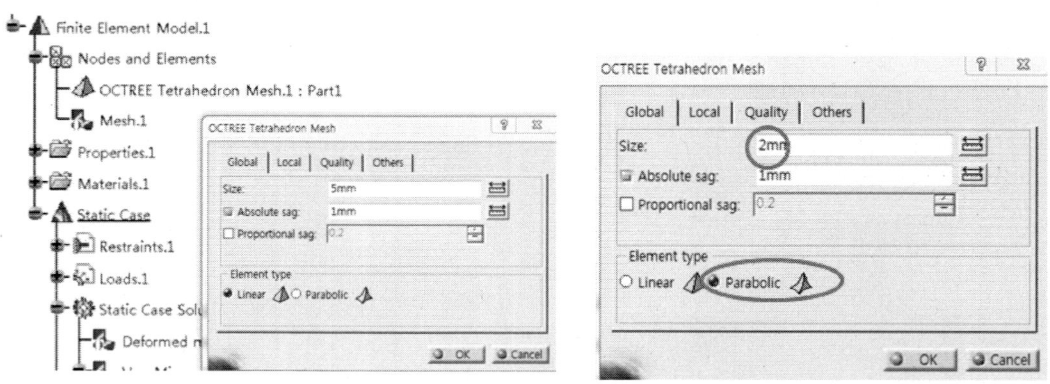


### 5) 모델 Mesh Fine하게 수정한 결과

앞서 수정에 의해 메모리 할당량과 계산시간은 훨씬 길어진다(계산시간 약 1시간 소요 됨). 해석결과 Max. Stress가 Mesh Size 5mm일 때 19.6kPa에서 2mm에 2차함수일 때 47.8kPa로 높아지며 에러율이 4%로 낮아짐을 알 수 있음.

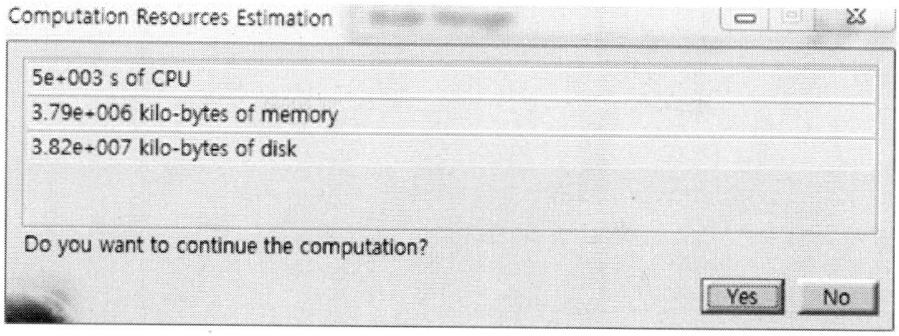
Computation Resources Estimation
5e+003 s of CPU
3.79e+006 kilo-bytes of memory
3.82e+007 kilo-bytes of disk
Do you want to continue the computation?
Yes
No

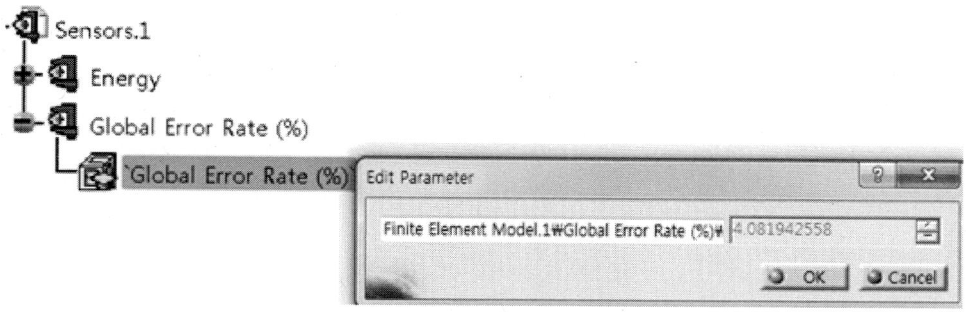
Sensors.1
Energy
Global Error Rate (%)
`Global Error Rate (%)`
Edit Parameter
Finite Element Model.1₩Global Error Rate (%)₩
4.081942558
OK
Cancel

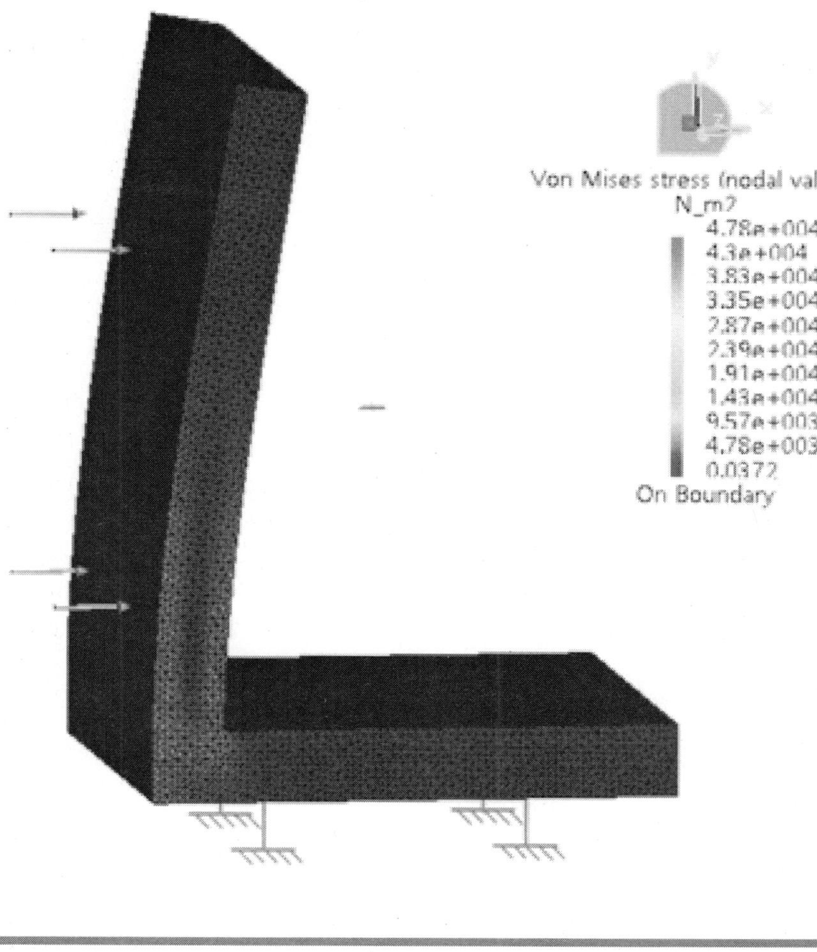
Von Mises stress (nodal val
N_m2
4.78e+004
4.3e+004
3.83e+004
3.35e+004
2.87e+004
2.39e+004
1.91e+004
1.43e+004
9.57e+003
4.78e+003
0.0372
On Boundary

Information 버튼 클릭 시 특정 Element 또는 Node의 기본정보와 화면표시의 결과값을 표시해 준다.

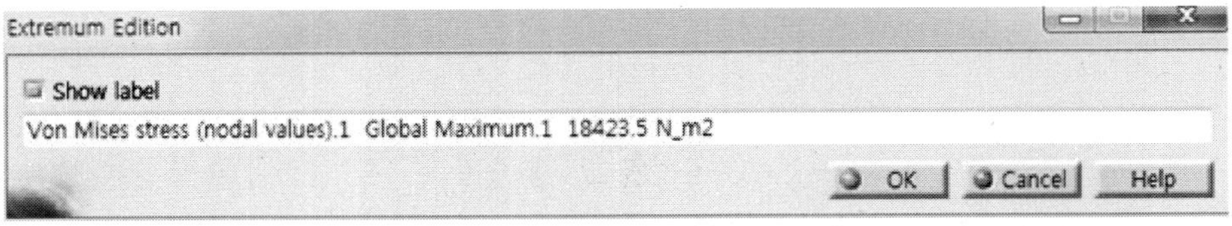

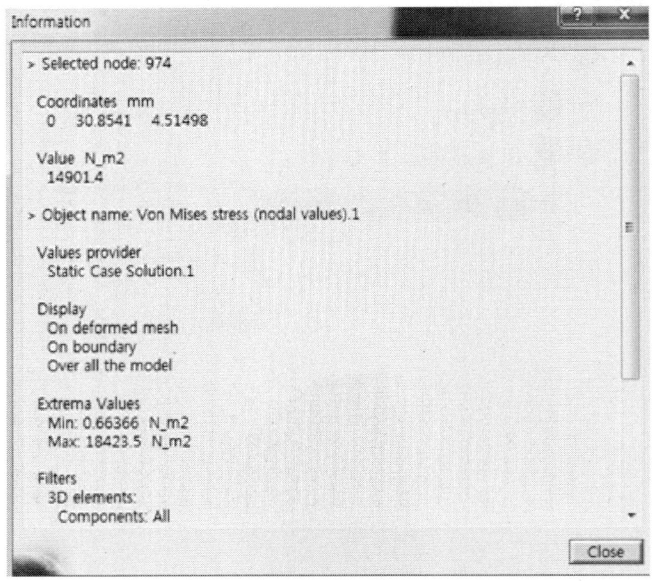


### 6) Displacement 표시

Displacement를 표시하면 각 Node에서의 변형을 방향 성분별로 표시할 수 있다.

변형의 특정방향성분 표시하려면 다음과 같다.

① 결과가 표시된 모델에 마우스 포인터 가져간 다음 더블클릭하거나 또는 Spec. Tree에서 해당 항목을 더블클릭한다.

② Image Edition 상자에서 Visu 탭 선택 후 More 버튼을 클릭한다.

③ Component 목록에서 원하는 방향 성분 표시, C1은 X방향, C2는 Y방향, C3는 Z방향의미함.

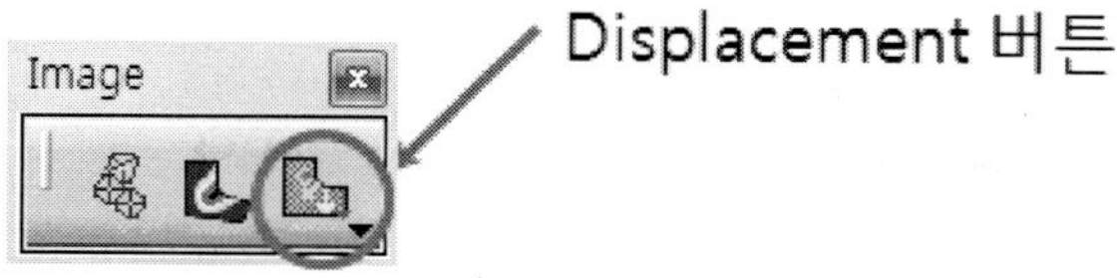
Displacement 버튼
Image

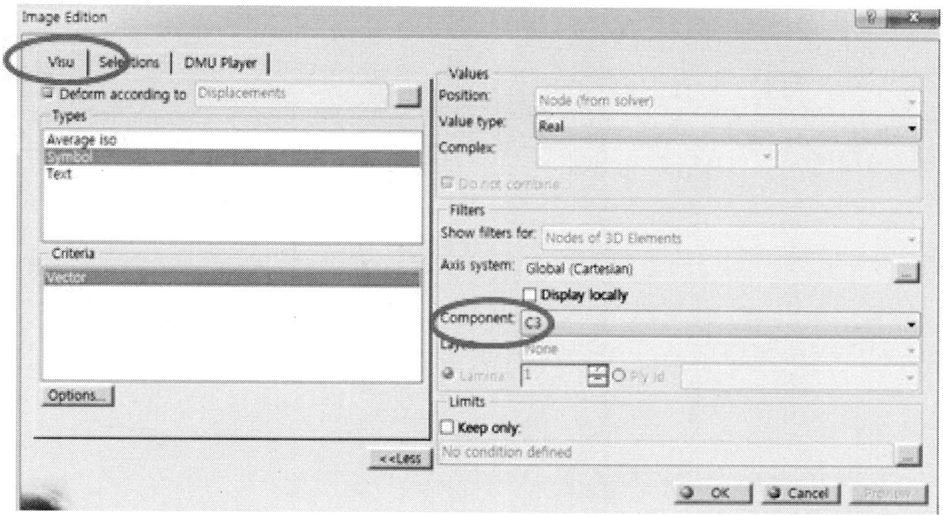
Image Edition
Visu
Selections
DMU Player
Deform according to
Displacements
Types
Average iso
Symbol
Text
Criteria
Vector
Options...
Values
Position:
Node (from solver)
Value type:
Real
Complex:
Do not combine
Filters
Show filters for:
Nodes of 3D Elements
Axis system:
Global (Cartesian)
Display locally
Component:
C3
Layer:
None
Lamina
Ply id
Limits
Keep only:
No condition defined
<<Less
OK
Cancel
Preview

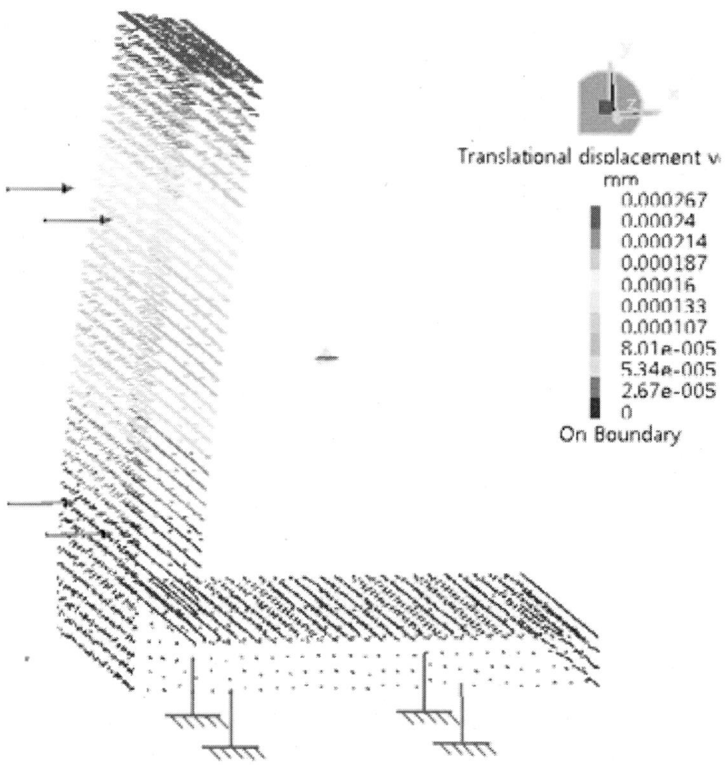
Translational displacement v
mm
0.000267
0.00024
0.000214
0.000187
0.00016
0.000133
0.000107
8.01e-005
5.34e-005
2.67e-005
0
On Boundary

## 바. 결과 분석

어느 해석에서나 결과를 분석하고 토의하여 안전하고 최적화된 설계를 하는 것이 유한요소해석의 가장 중요한 목적이므로 이 부분에 대한 독자의 이해는 매우 중요한 것이다. Mesh Size를 당초 5mm에서 2mm로 줄이고 형상함수를 1차함수에서 2차함숙로 바꾼 결과 계산량은 크게 증가하였으나 오차율이 줄어든 것을 확인할 수 있다. 물론 실제 부재가 받는 하중에 의해 변형이 심한 것을 확인할 수 있으므로 형상의 변경을 시도해 볼 필요도 있다.

# 연습문제

## Q 과제 1

① 앞서 해석에서 변형이 심하였으므로 하기 그림과 같이 Stiffener를 추가하여 변형량을 체크해 보자. 변형량과 Stress는 얼마나 변하는지? 다음과 같이 두께는 10mm인 Stiffener를 가운데 지점에 스케치한다(Stiffener 명령으로 간단히 생성 가능함).

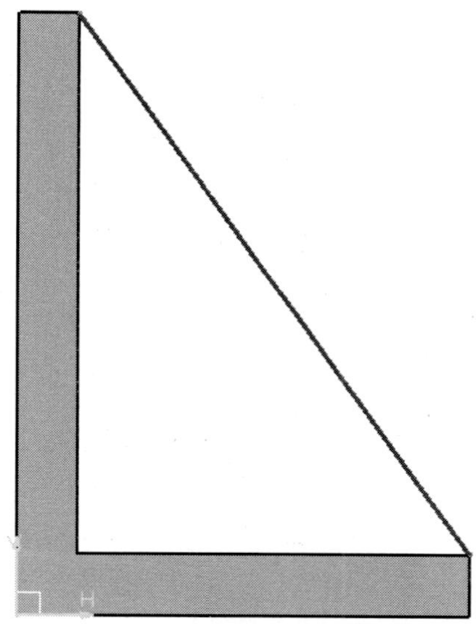

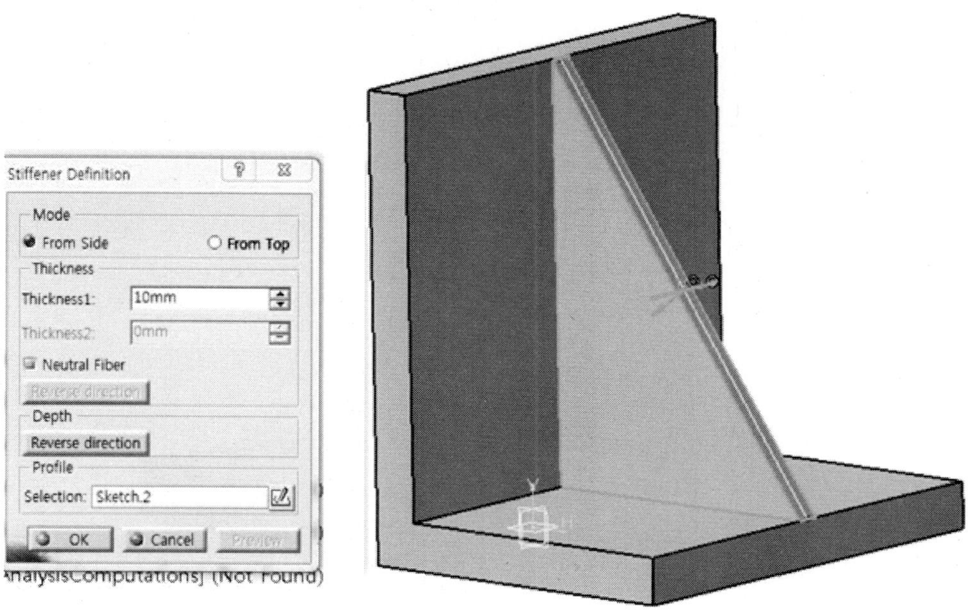

## Q 과제 2

① 앞서 해석에서 변형이 심하였으므로 하기 그림과 같이 Stiffener에 Hole을 추가하여 변형량을 체크해 보자. 변형량과 Stress는 얼마나 변하는지? 다음과 같이 Stiffener 가운데 Hole을 만들어 준다. Hole 지름은 30mm로 한다. Hole 명령으로 간단히 생성 가능하다.

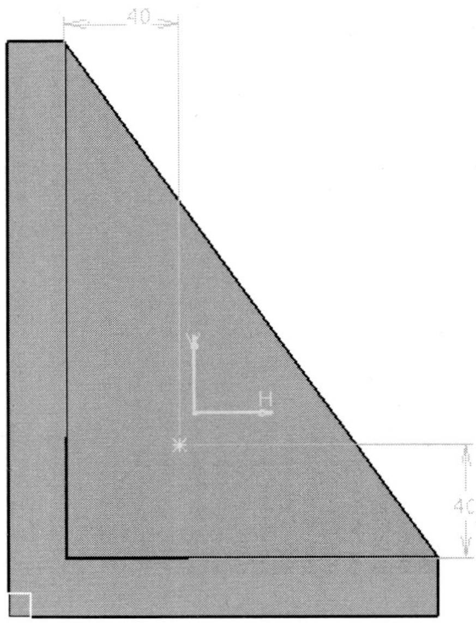


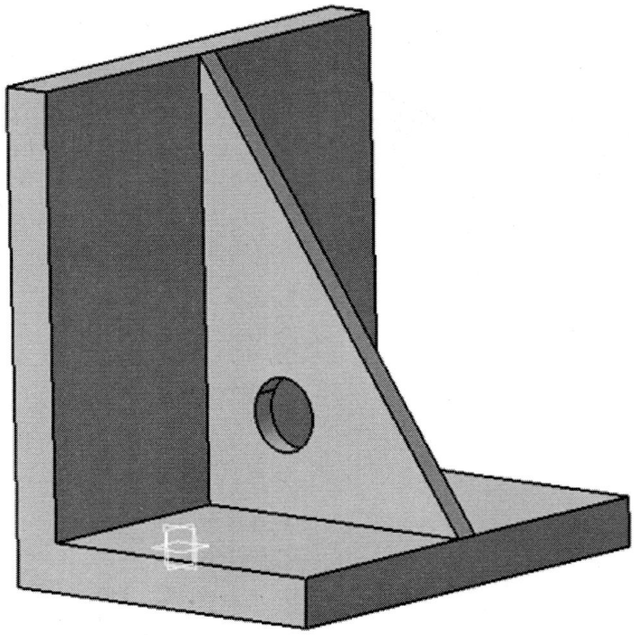

# Q 과제 3

① 앞서 해석에서 변형이 심하였으므로 하기 그림과 같이 곡선 Stiffener를 만들어 변형량을 체크해 보자. 변형량과 Stress는 얼마나 업 혹은 다운 되는지?

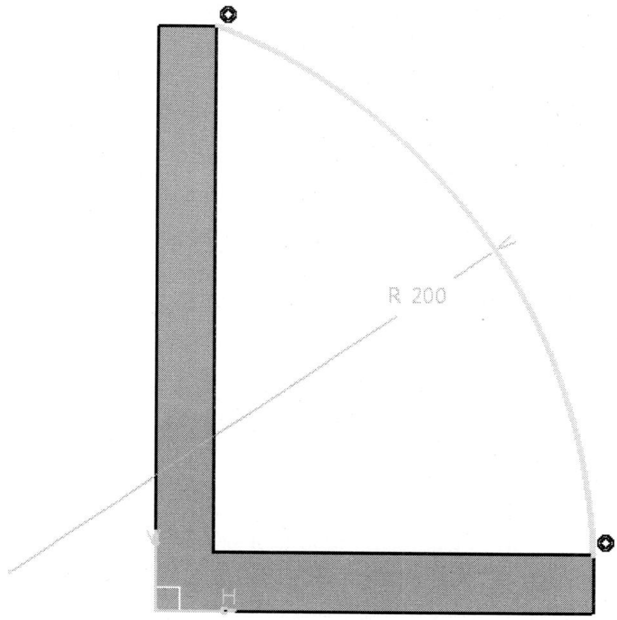


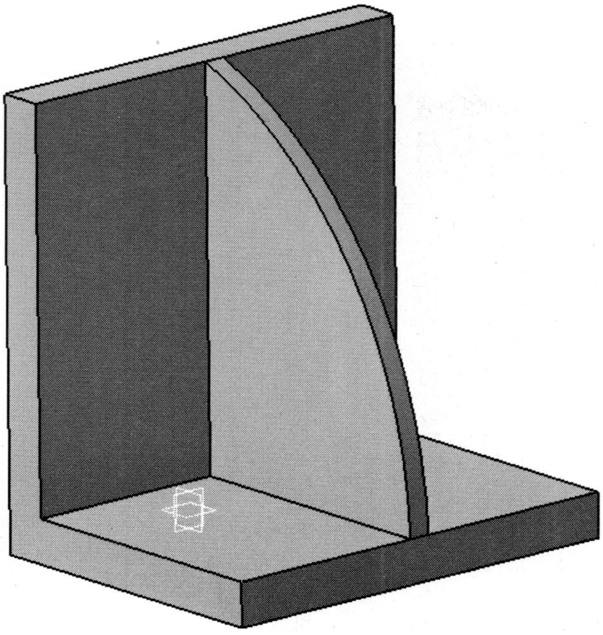

# Q 과제 4

① 앞서 해석에서 변형이 심하였으므로 하기 그림과 같이 곡선 Stiffener를 만들어 변형량을 체크해 보자. 변형량과 Stress는 얼마나 업 혹은 다운 되는지?

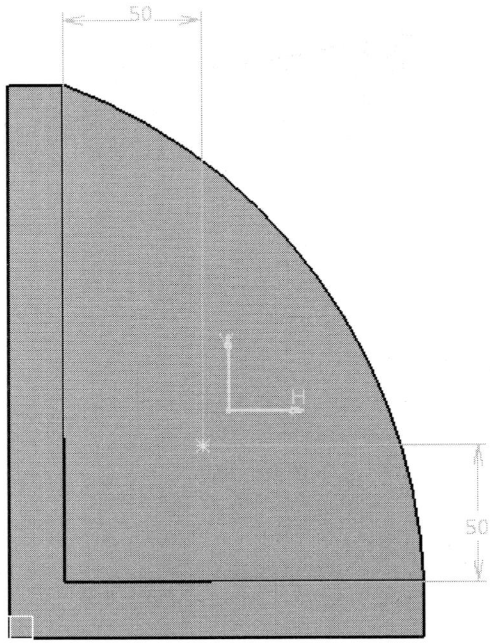


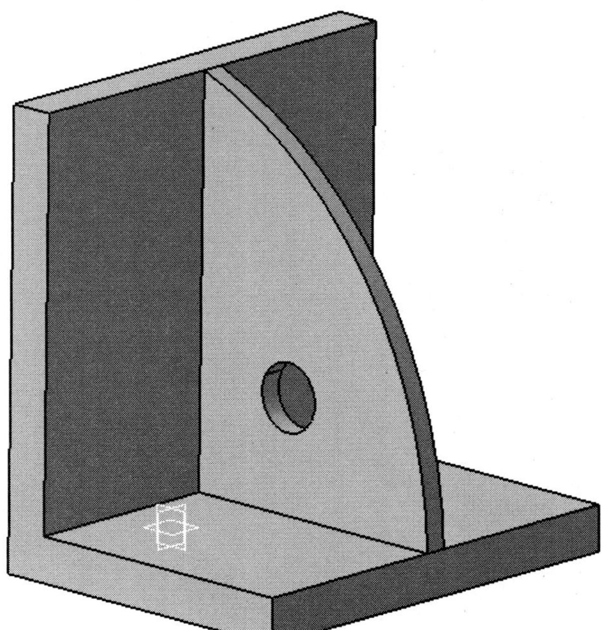

# 3.6 3-D Element 해석(Offset Bearing)

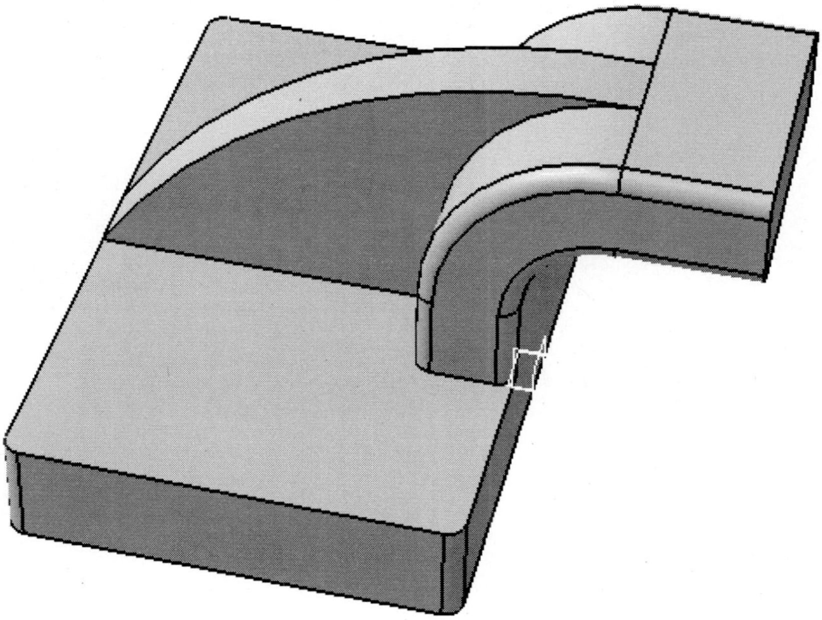

## 가. 모델링 수행

### 1) ① Pad

#### 가) 단면 그리기

✓ sketcher 작업환경에서 rectangular로 sketch하고 축(h,v)을 기준으로 치수를 입력한다. 수직축(v)에 대칭으로 수평축(v)와 한 변을 일치시킨다.

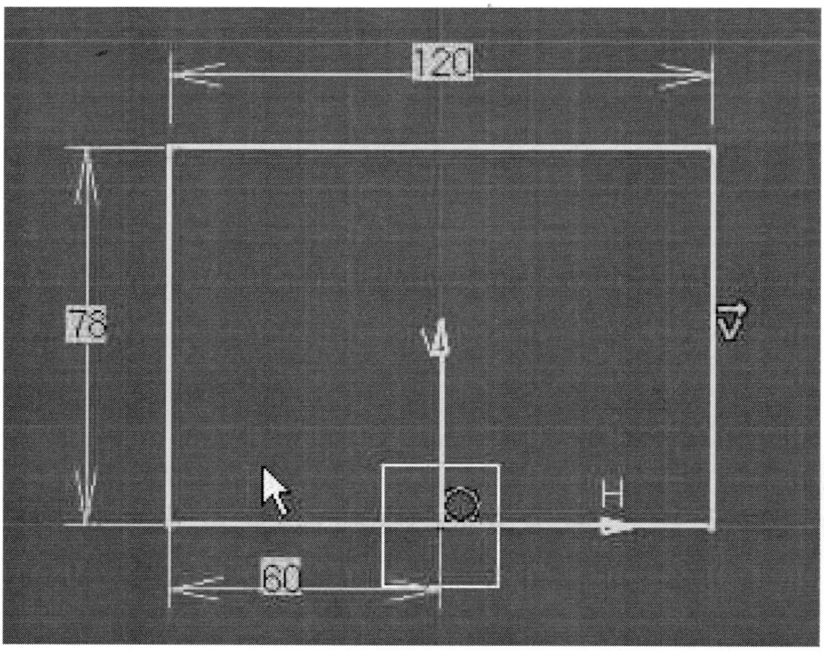


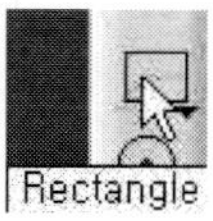


## 나) solid 생성

pad를 이용하여 높이를 준다.

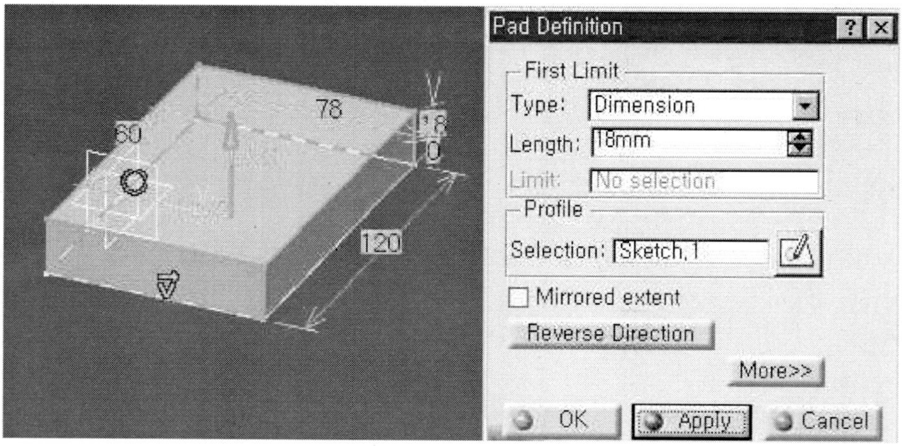

3) ② Pad

**가) 단면 그리기**

✓ yz plane을 click하고 profile 아이콘을 이용하여 sketch한다. (A지점처럼 tangent(접하게 이어지는) 호를 그릴 때에는 drag하는 것을 잊지 말자)

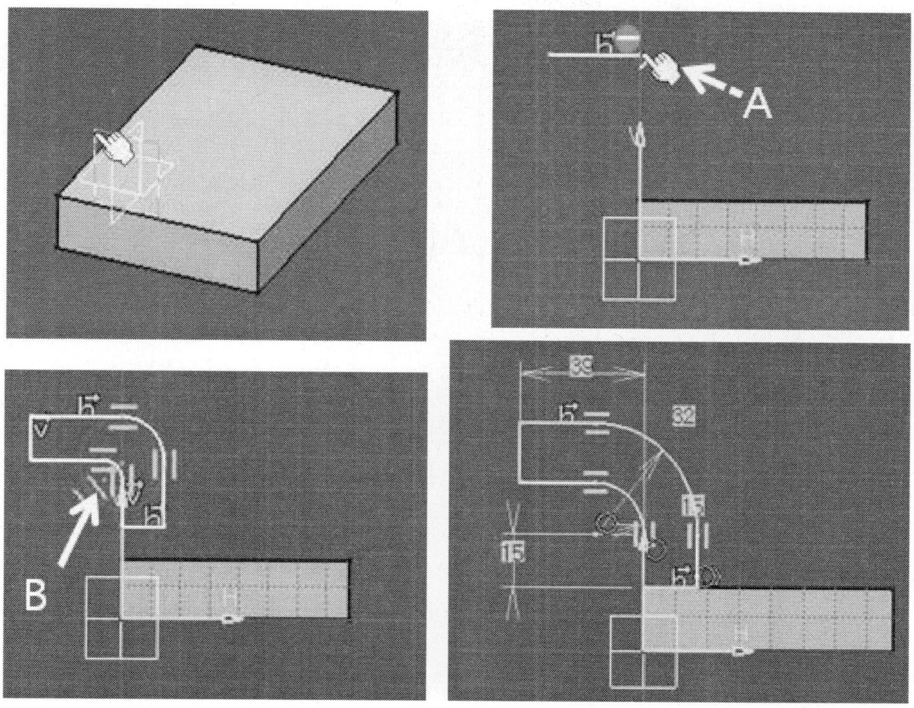


적용된 조건은 두 호의 중심점을 일치(concentricity), 수평 직선은 pad 위선과 일치(coincidence), 수직 직선이 수직축(v)과 일치(coincidence)이고, 주어진 치수를 입력하였다. 주의 그림의 B조건은 tangent인데 잘못된 조건이므로 삭제하였음.

### 나) solid 생성

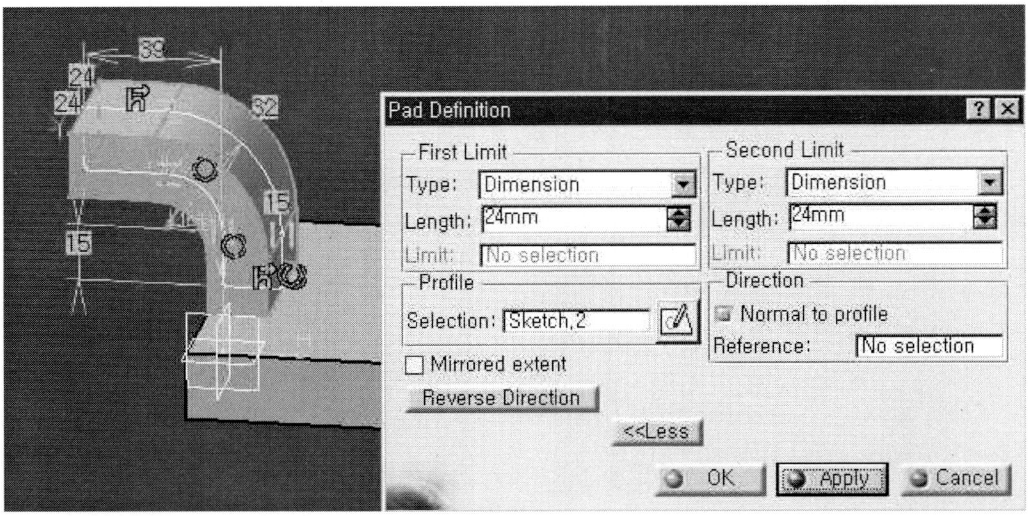


sketch를 요소의 중심에 있으므로 양쪽으로 치수를 주어야한다. 따라서 pad 정의 상자에서 more 아이콘을 눌러 second limit 창이 나타나도록 하고 치수를 입력한다.

## 4) ③stiffener(보강구조)

하나의 호/선으로 이루어져있고 양끝이 solid면에 닿아있는 경우에 사용한다.

### 가) 단면 그리기

✓ yz plane에서 3 point arc를 이용하여 부분호를 그린다. 왼쪽 끝은 호에 접하게 반대쪽은 모서리점과 일치시킨다.

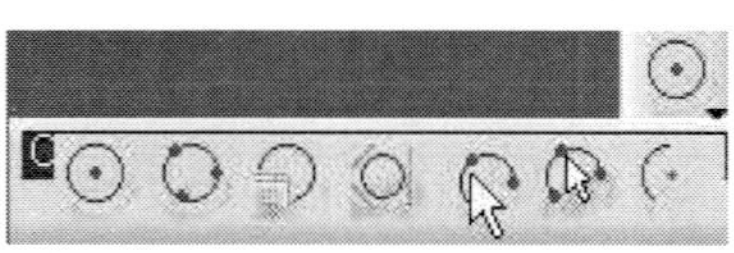

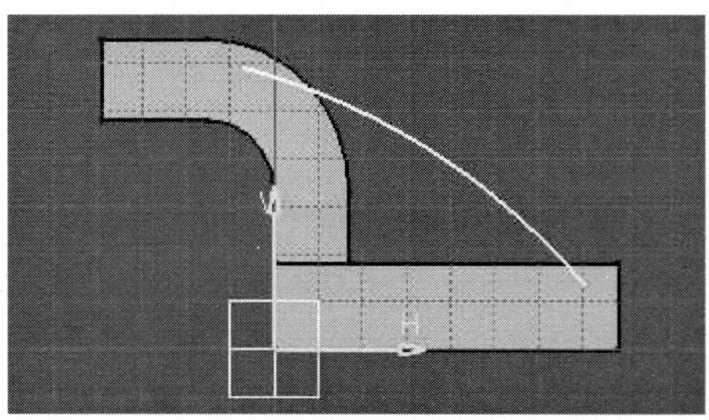

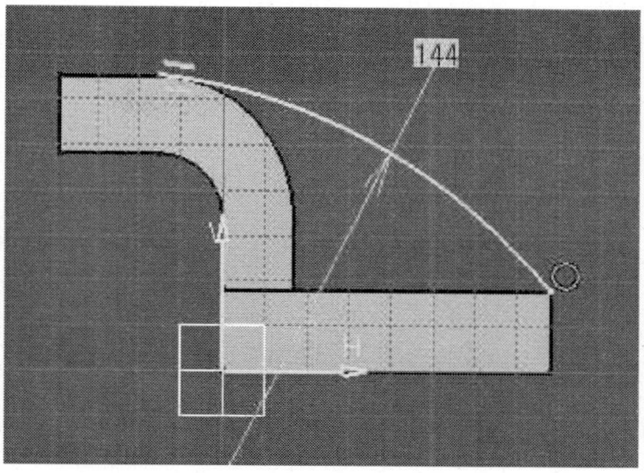


나) solid 형성

✓stiffener 아이콘을 click한 후, 보강구조의 두께(12)를 입력한다.

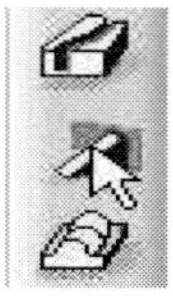

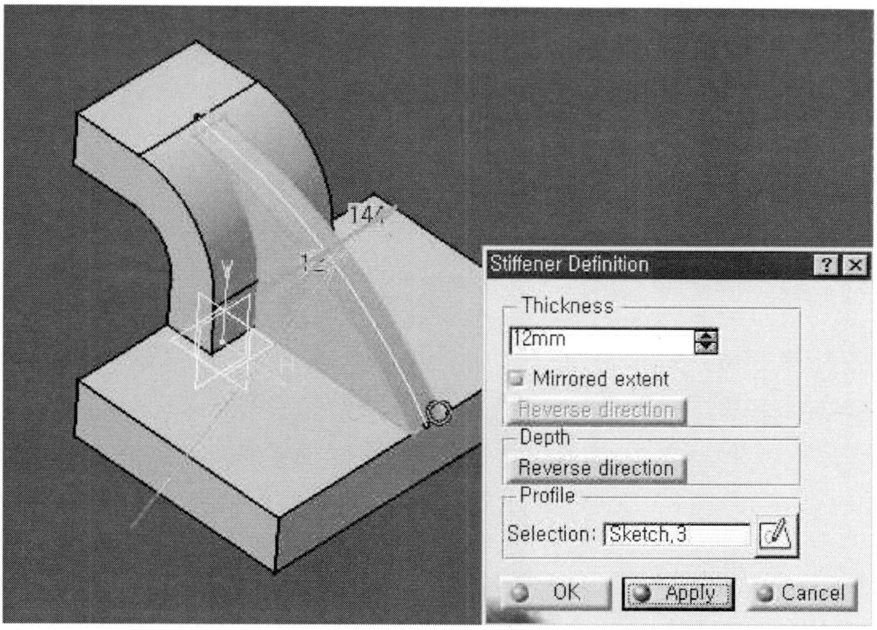

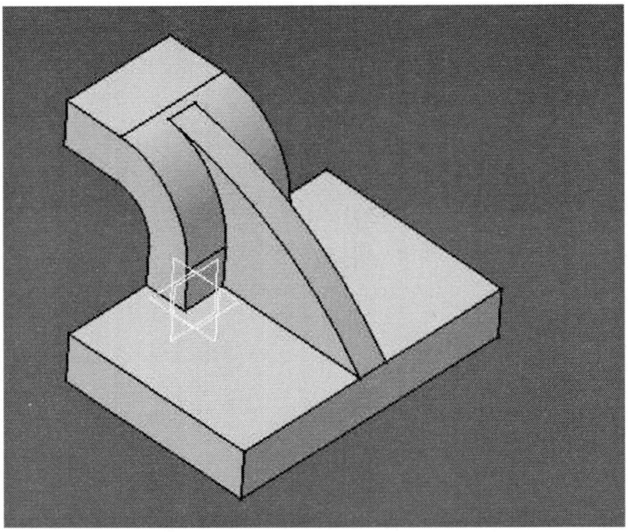

## 나. 재료 물성치 부여

### 1) 재료 물성치 부여

① Apply Material 버튼을 클릭하고 Default Material Catalog 대화창의 여러 메뉴 중 Metal Tap을 클릭 후 ② Aluminum을 선택한다. OK 버튼은 아직 활성화되지 않는다. Spec. Tree에서 ③ PartBody를 선택하면 Catalog 대화창에 OK 버튼이 활성화되며 이 때 OK 버튼을 클릭한다. 다음 그림과 같이 PartBody에 Material이 설정된다.

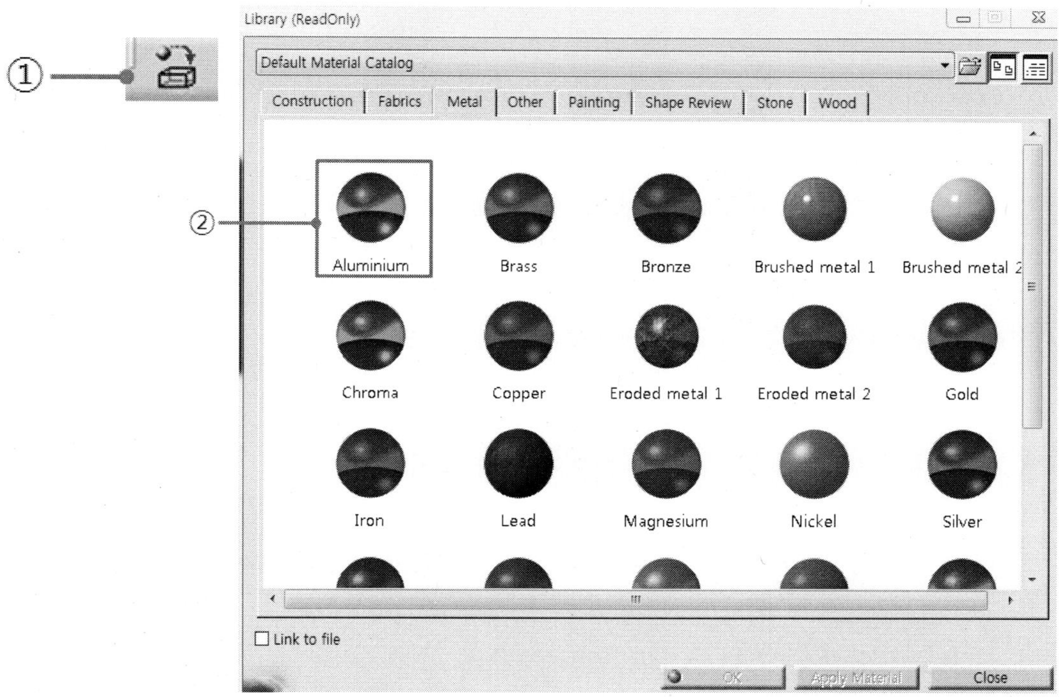


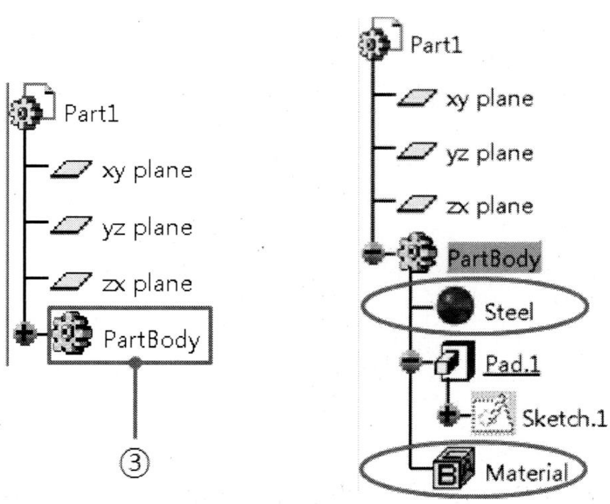

## 다. Pre-Processing

### 1) GSA 워크벤치 실행

다음 그림과 같이 Generative Structural Analysis (GSA) 워크벤치를 실행시킨다. GSA 워크벤치에서는 형상에 메쉬(Mesh)가 자동으로 정의되며 설정을 변경할 수 있다. 다음과 같이 Analysis & Simulation 메뉴창에서 Generative Structural Analysis를 선택하면 Spec. Tree에 Static Case가 생성되는데 이 때 Static Analysis를 선택하고 OK 버튼을 클릭한다.

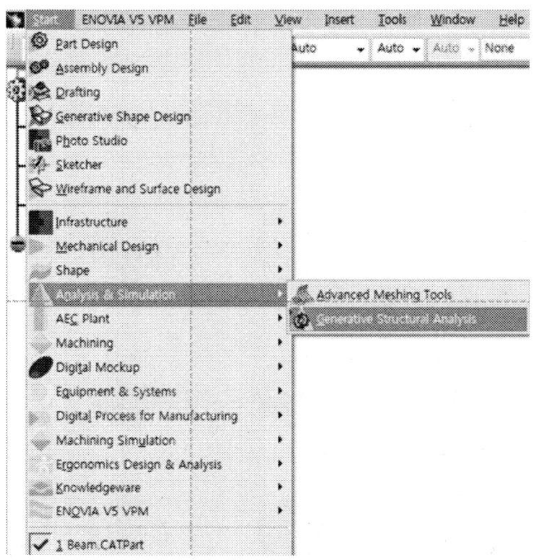


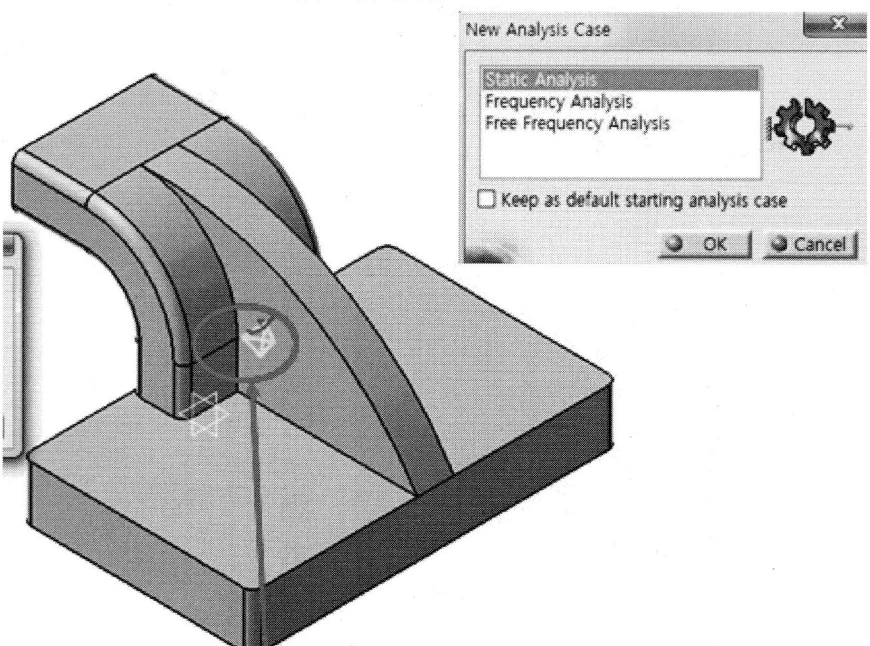


**자동 Mesh 정의 표시 심볼 : Mesh크기가 변하면 심볼크기가 변함**

2) Tetra Mesh 정의

가) **메뉴바에서 Start 클릭 후 Generative Structural Analysis (GSA) 워크벤치를 실행시킨다. Mesh 심볼이 나타났다는 것은 형상에 대해 메쉬가 자동으로 정의되었다는 것을 의미한다. 그대로 해석을 수행할 수도 있고, 필요에 따라 메쉬의 크기를 변경할 수도 있다. 다음의 순서로 메쉬의 크기를 변경해보자.**

- Spec Tree의 Nodes and Elements 항목을 확장시킨다.
- OCTree Tetrahedron Mesh를 더블 클릭한다.
- Mesh Size를 하기 우측 그림 같이 5mm로 설정한 후 OK 버튼을 클릭한다.

메쉬 크기를 조정하면 모델에 나타난 심볼 크기도 조절된다(Parabolic).

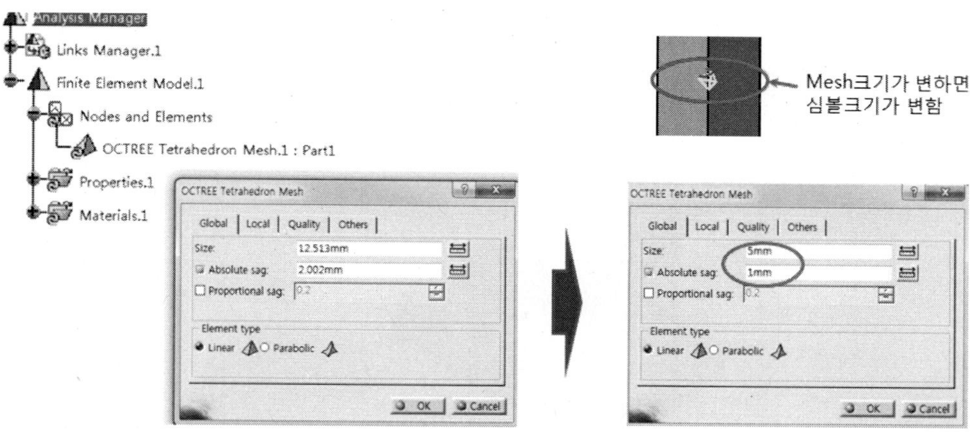


3) Mesh의 화면 표시 (View Mode에 따른)

메쉬를 화면에 나타내보자. 이 과정 없이도 해석을 수행할 수는 있으나 메쉬 화면표시법을 익히기 위하여 실행한다.

가) **먼저 GSA워크벤치에 입장한다.**

나) **Spec. Tree의 Nodes and Elements에 MB3 Mesh Visualization을 선택한다.**

다) **Warning 메시지 확인 후 OK 버튼을 클릭한다.**

다음과 같이 View Mode를 바꾸면 Mesh 가 다양한 형태로 변경된다.

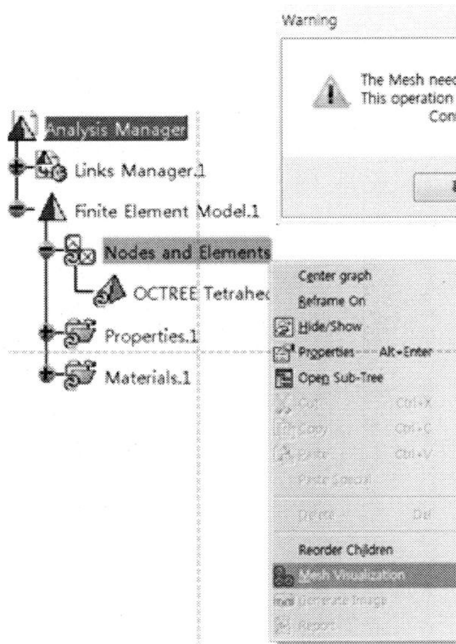


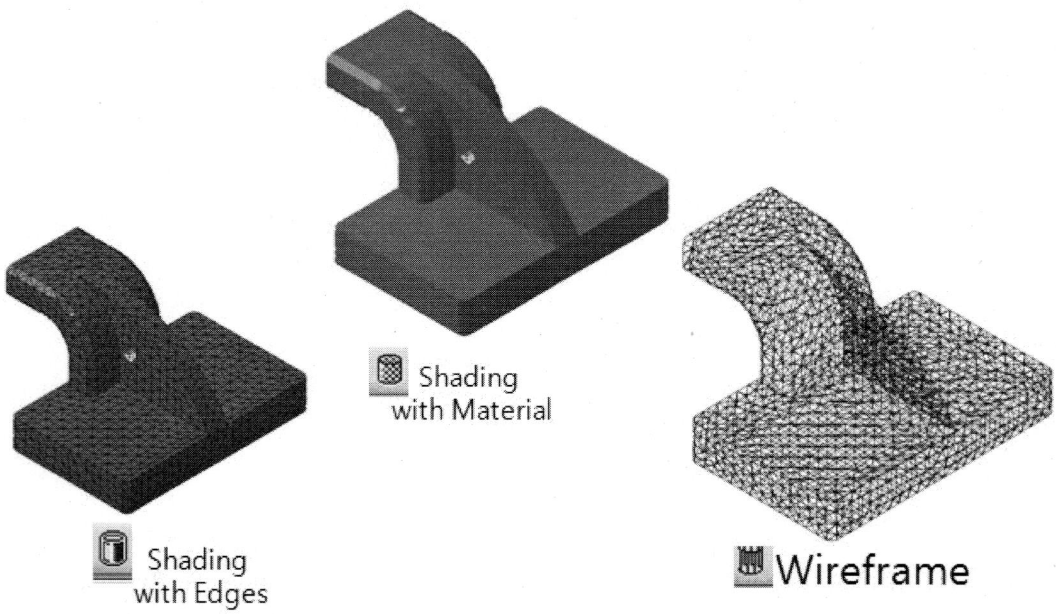


3D 모델과 메쉬를 동시에 화면에 나타내 보자. Spec. Tree의 Links Manager.1 항목에 MB3〉Show/Hide를 선택하면 3D 형상을 동시에 표시 가능하다.

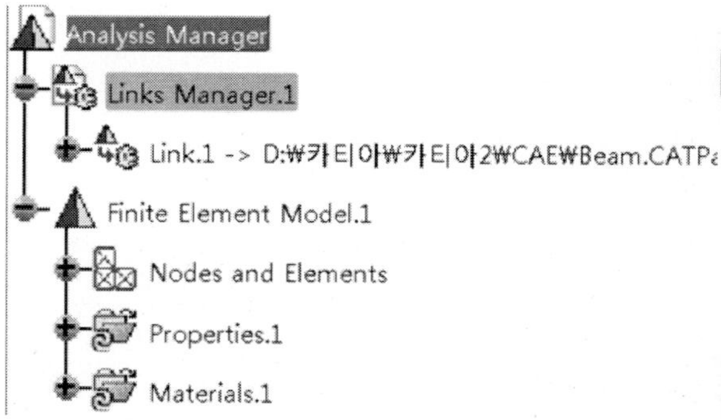


숨겨진 3D 모델

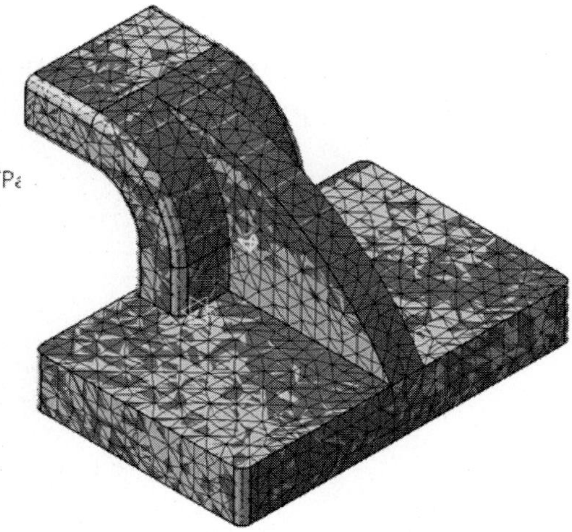

Mesh 와 3D 모델 동시 표시

## 4) 경계조건(Boundary Conditions)

### 가) Restraints (구속조건) 부여

경계조건과 하중은 형상의 면, 모서리, 점 등에 부여가 가능하다.

Restraints와 Loads 툴바를 꺼낸다. Restraints 툴바에서 Clamp를 선택하면 대화창이 뜬다. 하기 그림에 표시한 ①면을 선택하고 대화창에서 OK버튼을 클릭한다. 그림에 나타냈듯 바닥면에 자유도 6개를 모두 Fix 시켰다.

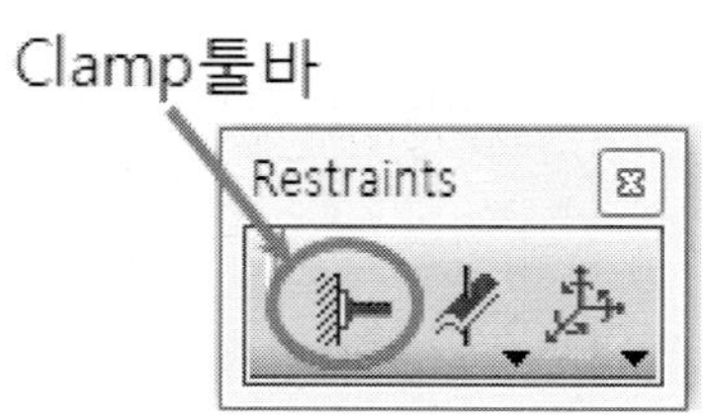


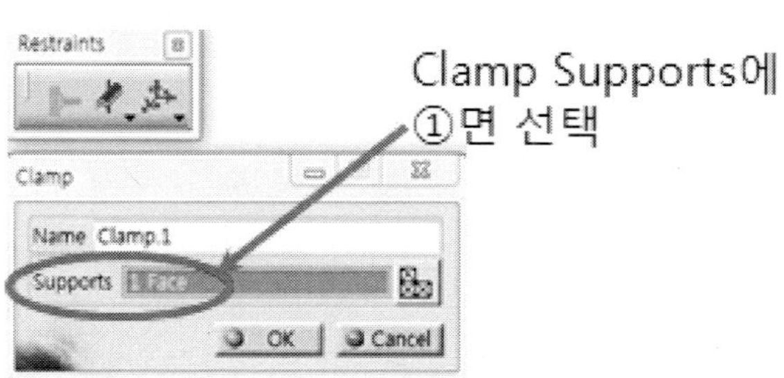

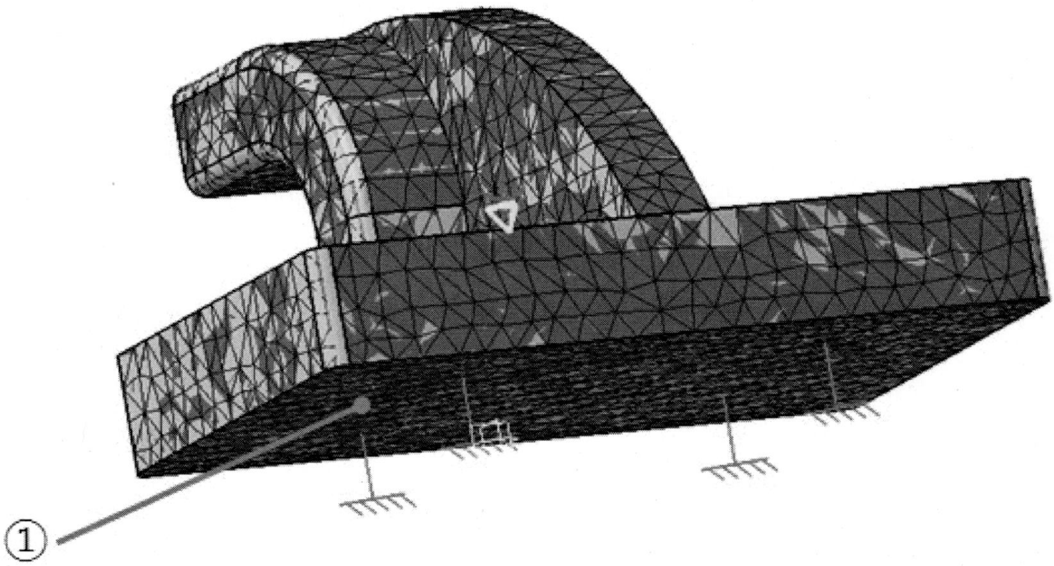


나) Loads (하중조건) 부여

경계조건에서 하중은 형상의 면, 모서리, 점 등에 부여가 가능하다. 형상에는 반드시 3D형상과 메쉬가 형성돼 있어야 하며 동시 표시되어야 한다. 툴바에서 Distributed Force툴바를 클릭(100N 부여한 것임) 한다. 하기 그림 ②면 선택 후 하중값 100입력 후 OK버튼 클릭 한다.

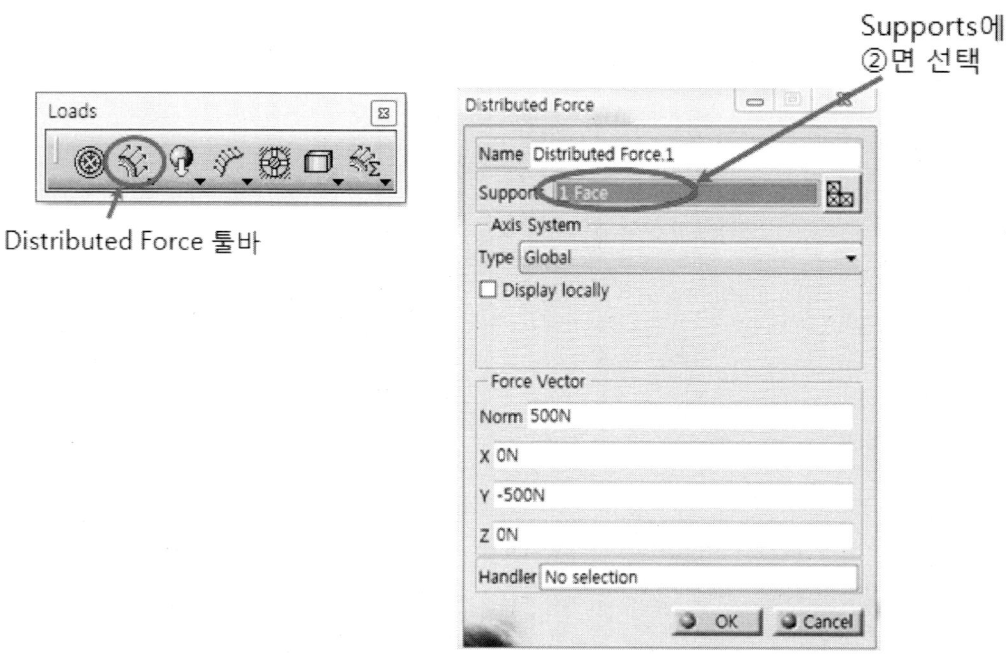

### 6) FE 모델 확인

기본적인 사항이 정의되어 있는지 확인하기 위하여 Model Manager 툴바를 활성화 시킨다. Model Checker (신호등모양) 버튼을 클릭하면 대화상자의 Status 칼럼에 OK가 표시된 것을 확인할 수 있다. 확인 후 대화상자의 OK버튼을 클릭한다.

## 라. Solving

### 1) 계산하여 해 구하기 명령

앞서 정의한 FE 모델에 대한 해를 구하는 과정을 알아보자. Compute 툴바를 다음 그림과 같이 활성화시켜 버튼을 클릭한다. 대화상자에서 OK 버튼을 선택한 것은 모든 사항을 계산하겠다는 뜻이다(특정 Solution Case 만 계산할 지도 선택이 가능함). 다음 그림에 나타낸 것과 같이 계산에 필요한 Resource가 대화상자에 표시되면 Yes 버튼을 클릭하며 이 때 계산이 시작된다. 또한 Computation Status가 표시되며 계산이 완료된다.

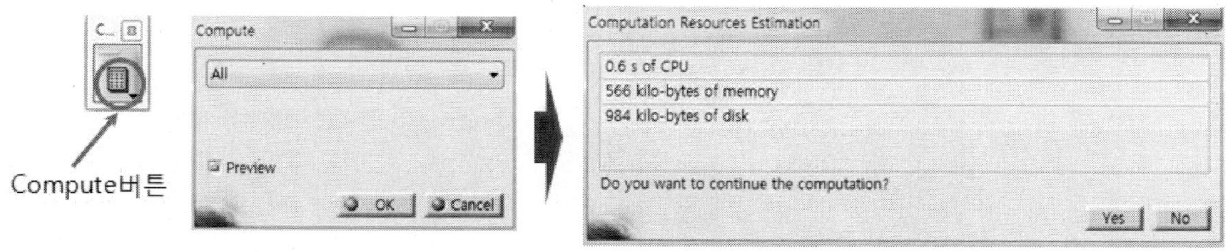


## 마. 후처리 (Post-Processing)

### 1) Deformation (변형량) 나타내기

해석결과를 분석해보자. 먼저 다음의 순서로 변형량을 나타내 보자.

다음의 순서로 변형량을 표시한다.

① Image 툴바를 꺼낸다.

② Deformation 버튼을 클릭한다.

③ Mesh.1에 MB3〉 Activate/Deactivate 선택한다.

- 하기 그림에 Mesh와 Deformation 결과를 함께 표시하였다.
- 변형 전후 차이를 알기 위해 다음 그림 형태로 본다.

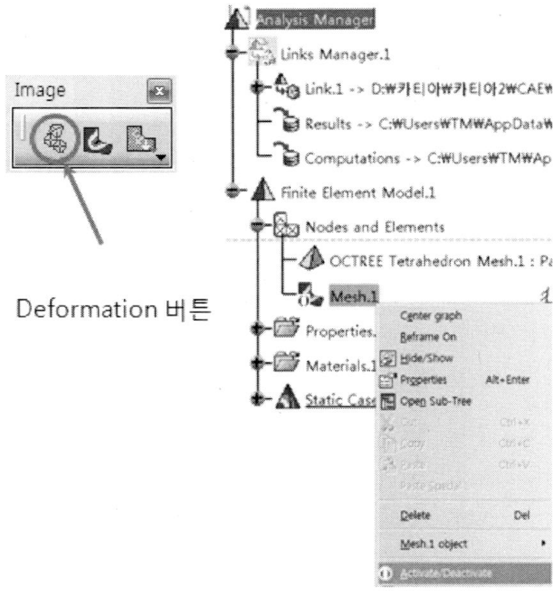
Image
Deformation 버튼
Analysis Manager
Links Manager.1
Link.1 -> D:₩카티아₩카티아2₩CAE₩
Results -> C:₩Users₩TM₩AppData₩
Computations -> C:₩Users₩TM₩Ap
Finite Element Model.1
Nodes and Elements
OCTREE Tetrahedron Mesh.1 : Pa
Mesh.1
Properties.
Materials.1
Static Case
Center graph
Reframe On
Hide/Show
Properties Alt+Enter
Open Sub-Tree
Delete Del
Mesh.1 object
Activate/Deactivate

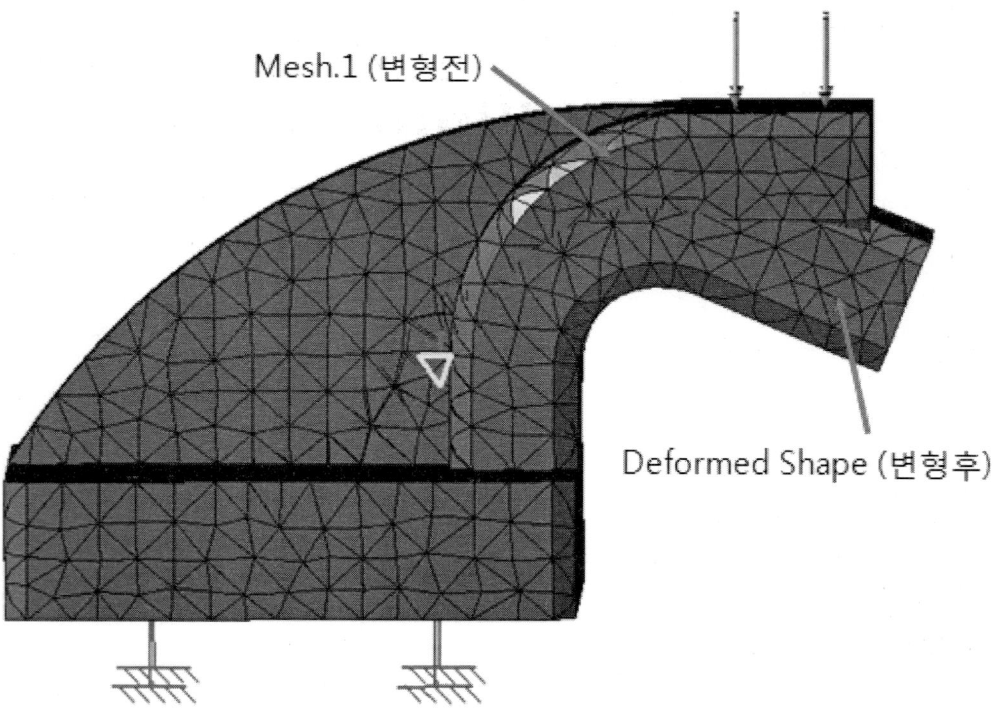
Mesh.1 (변형전)
Deformed Shape (변형후)

## 2) Von Mises Stress 표시

Image 툴바에서 von Mises Stress 버튼을 클릭하면 다음 그림과 같이 응력이 표시된다. 화면 오른 쪽은 색깔별 수준을 표시해 준다. 앞서 생성한 Deformed 모델은 숨기고 Display Type을 다양하게 변경해 본다.

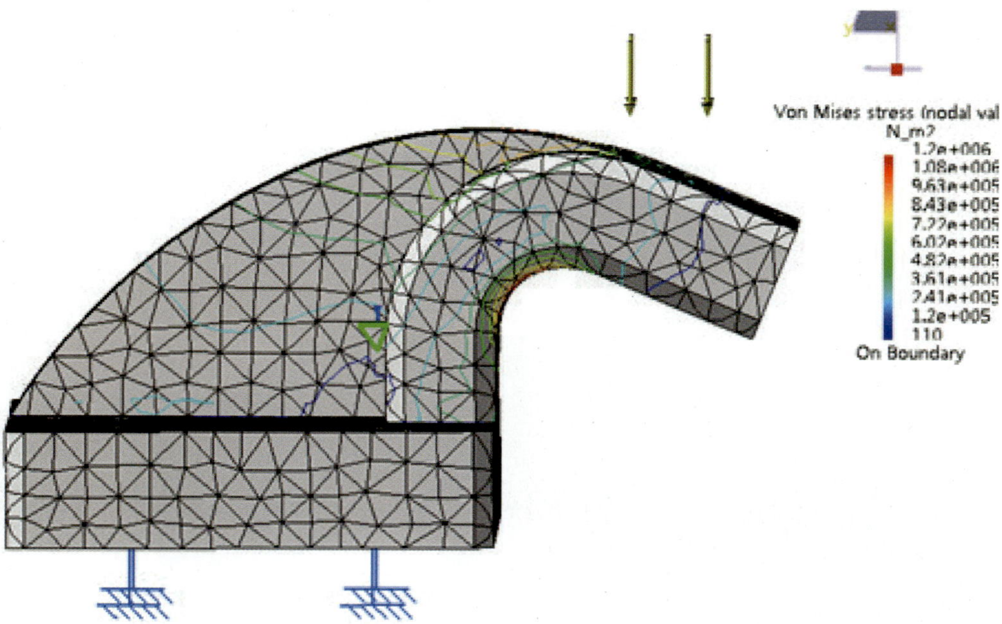


View Mode를 Shading with Material로 표시하면 다음 그림과 같다.

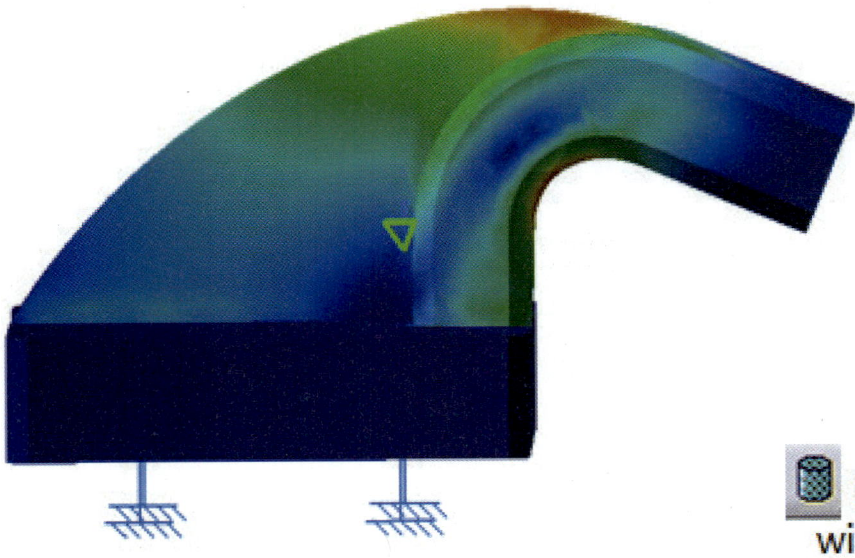

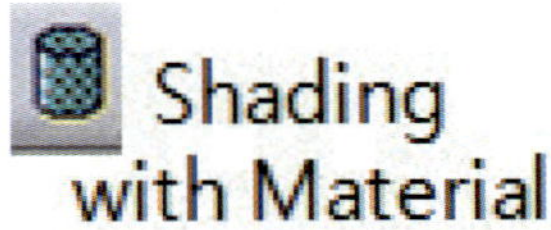


다음에 최적화된 Stress 분석결과를 Mesh 및 Contour와 함께 나타내었다.

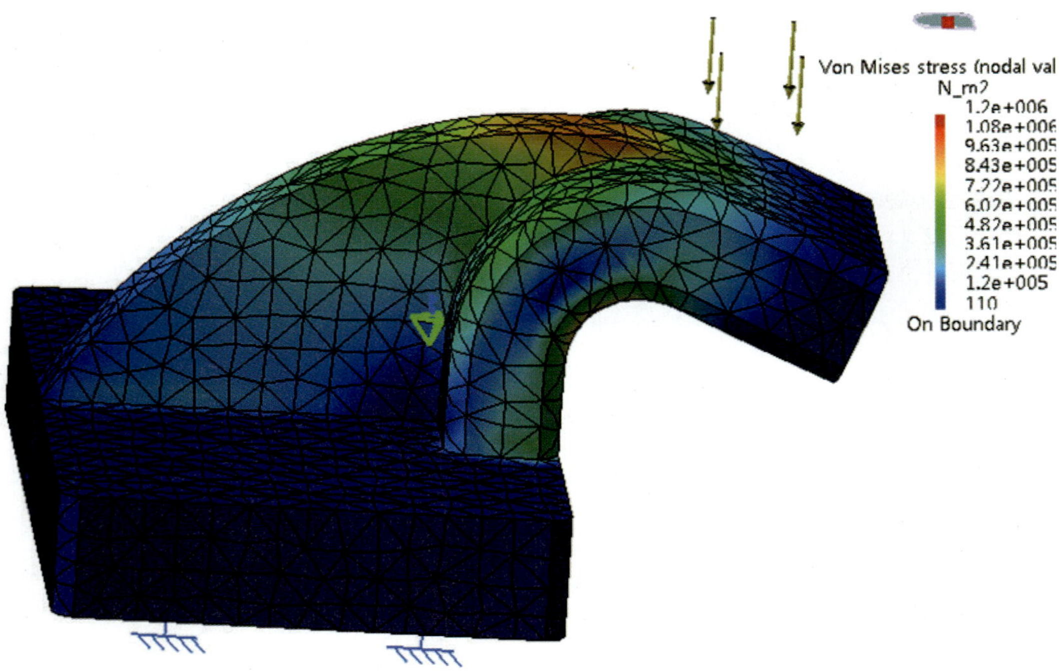

### 3) Analysis Toolbar

Image Extrema 버튼 선택하면 von Mises Stress의 최대값과 최소값을 다음과 같이 표시할 수 있을 뿐만 아니라 최대값(빨강색)과 최소값(파랑색)이 나타나는 위치를 색상과 함께 표시할 수 있다.

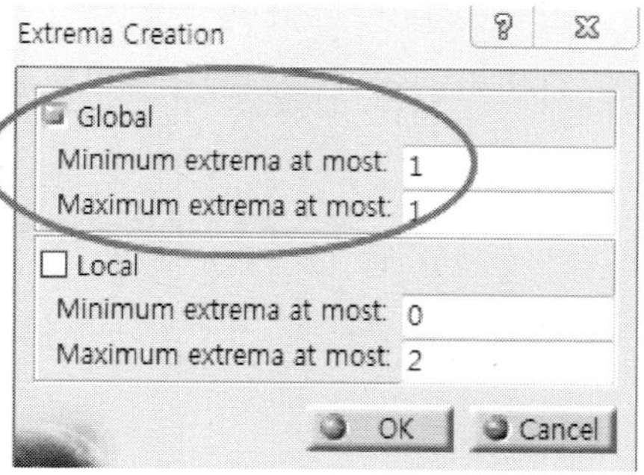


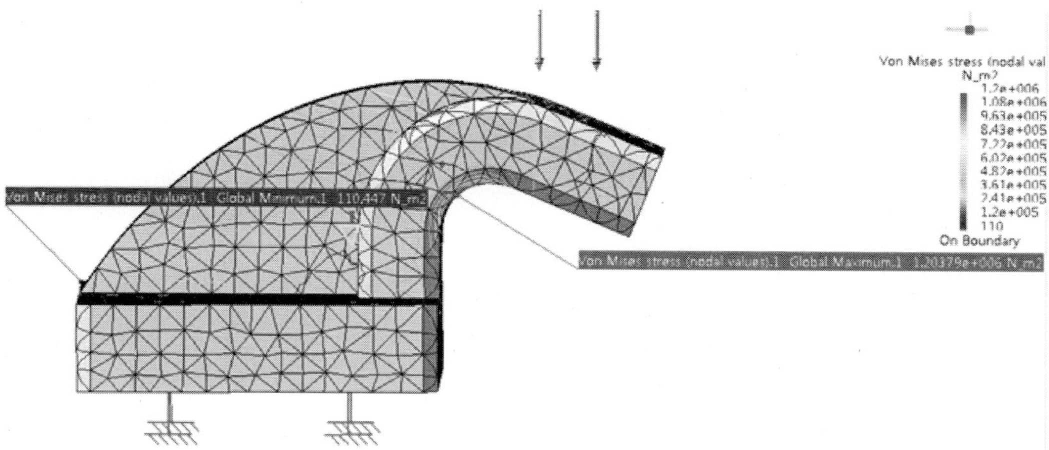


### 4) Error율 표시

Spec. Tree 에서 Global Error Rate (%)를 더블 클릭하면 에러율이 나타나는데 본 해석에서 5.3%가 나온다 (10% 안쪽이므로 Mesh 수정 없이OK).

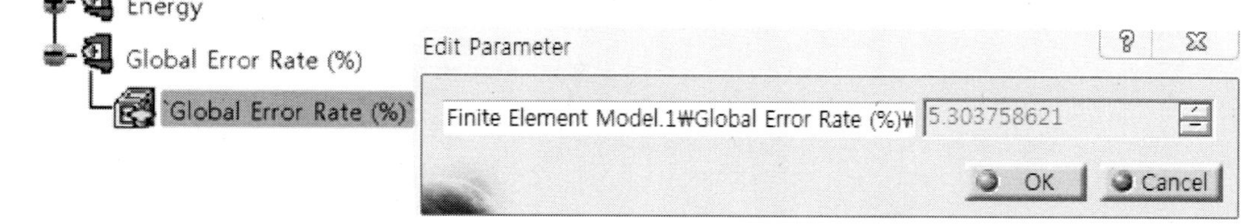

### 5) Displacement 표시

Displacement를 표시하면 각 Node에서의 변형을 방향 성분별로 표시할 수 있다.
변형의 특정방향성분 표시하려면 다음과 같다.

① 결과가 표시된 모델에 마우스 포인터 가져간 다음 더블클릭하거나 또는 Spec. Tree에서 해당 항목을 더블클릭한다.

② Image Edition 상자에서 Visu 탭 선택 후 More 버튼을 클릭한다.

③ Component 목록에서 원하는 방향 성분 표시, C1은 X방향, C2는 Y방향, C3는 Z방향의미함.

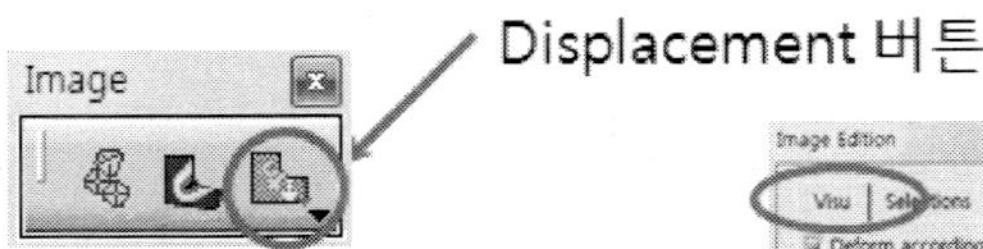


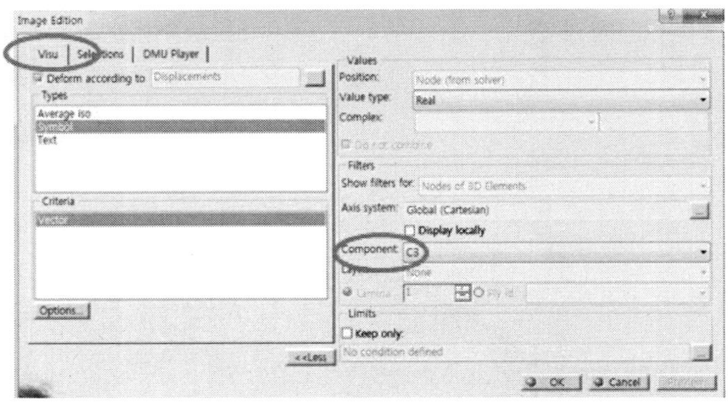


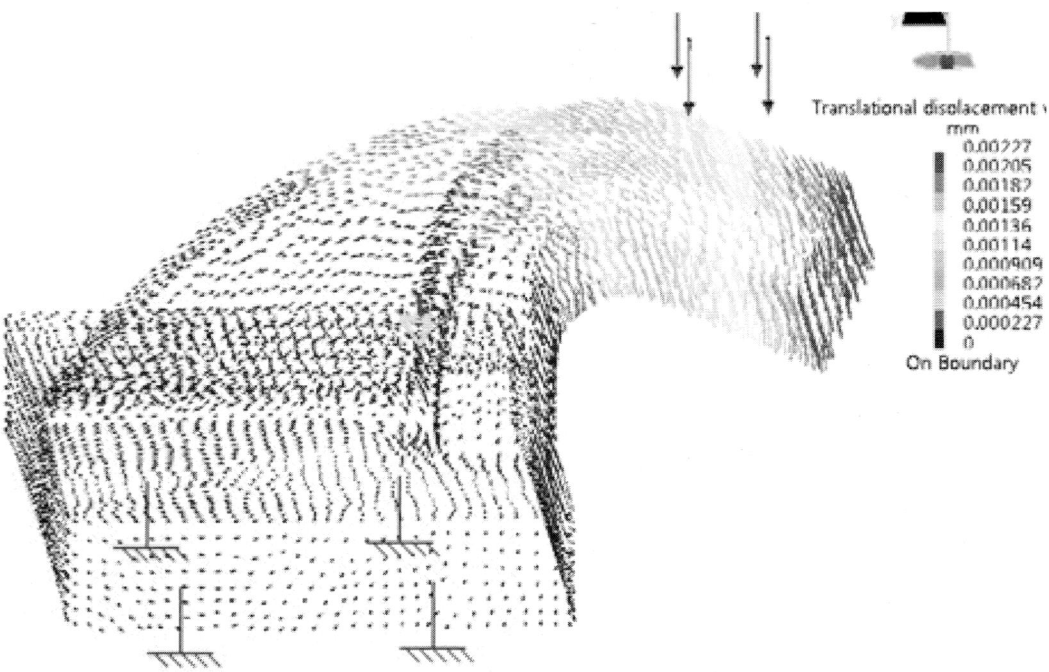

# 연습문제

## Q 과제 1

① 앞서 해석에서 다음 그림과 같이 Edge Fillet을 제거하고 해석해 보자. 변형량과 Stress는 얼마나 변하는지?

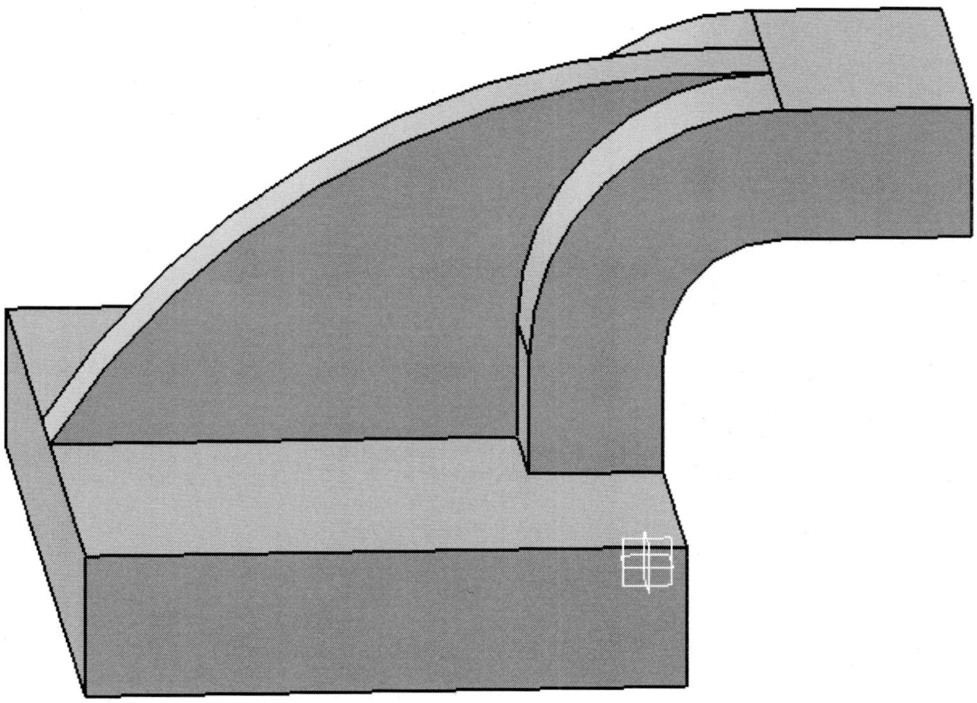

## Q 과제 2

① 앞서 해석에서 다음 그림과 같이 Stiffener를 삭제하여 변형량을 체크해 보자. 변형량과 Stress는 얼마나 변하는지(해석을 통해 Stiffener의 역할을 인지)?

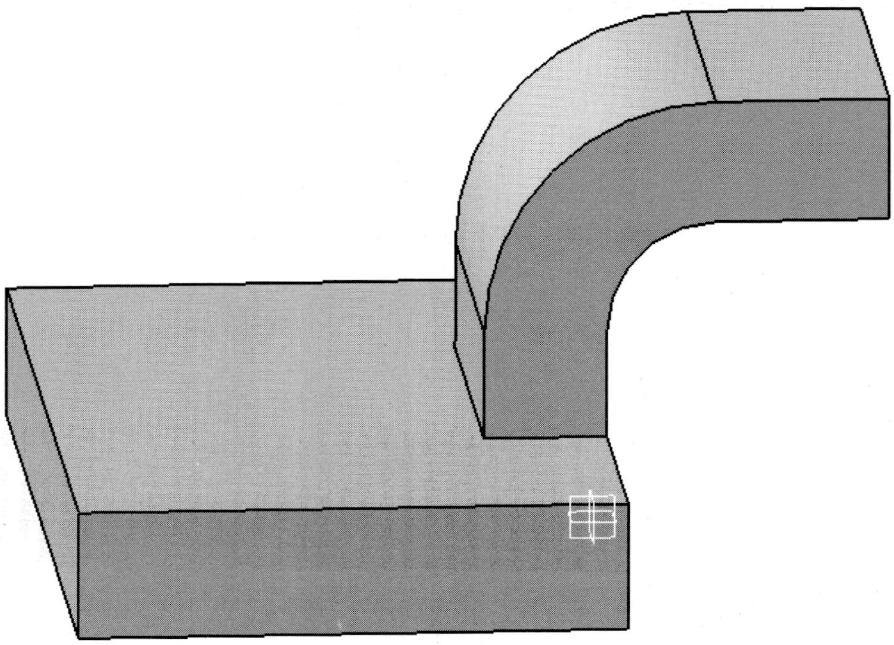

# 3.7 3-D Element 해석(Connecting Rod)

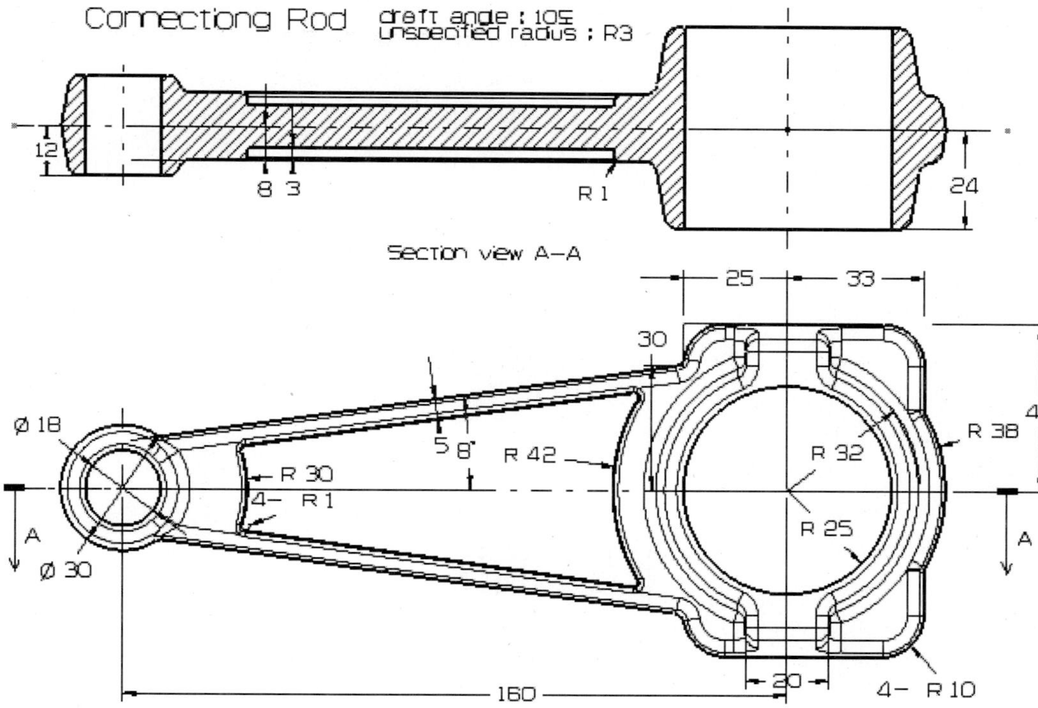


## 가. 모델링 수행

### 1) 중심 Pad 부분

단면에서 두께 8mm에 해당하는 Pad 부분을 작도하고 생성한다. 대칭성을 이용해서 1/4만 먼저 모델링을 한다.

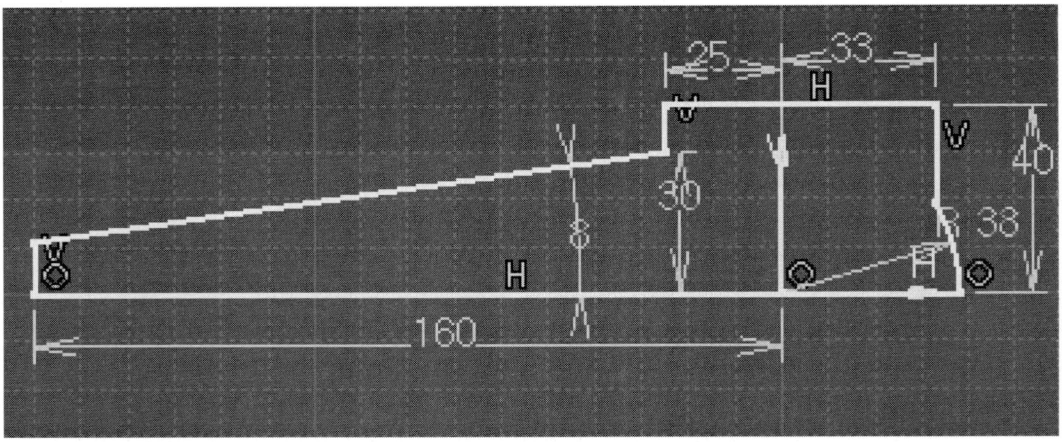
25
33
H
V
V
40
30
8
R 33
H
H
160

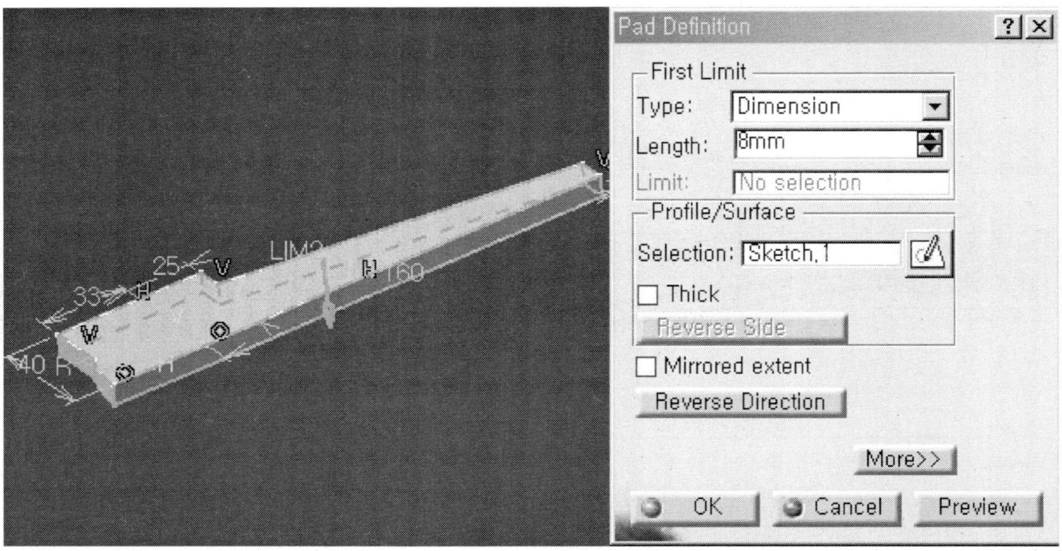
Pad Definition
First Limit
Type: Dimension
Length: 8mm
Limit: No selection
Profile/Surface
Selection: Sketch.1
Thick
Reverse Side
Mirrored extent
Reverse Direction
More>>
OK
Cancel
Preview

## 2) 원통 부분

단면에서 두께 24mm인 원통 부위(크랭크축 쪽)를 생성한다. Pad1의 호와 중심을 일치시킨다.

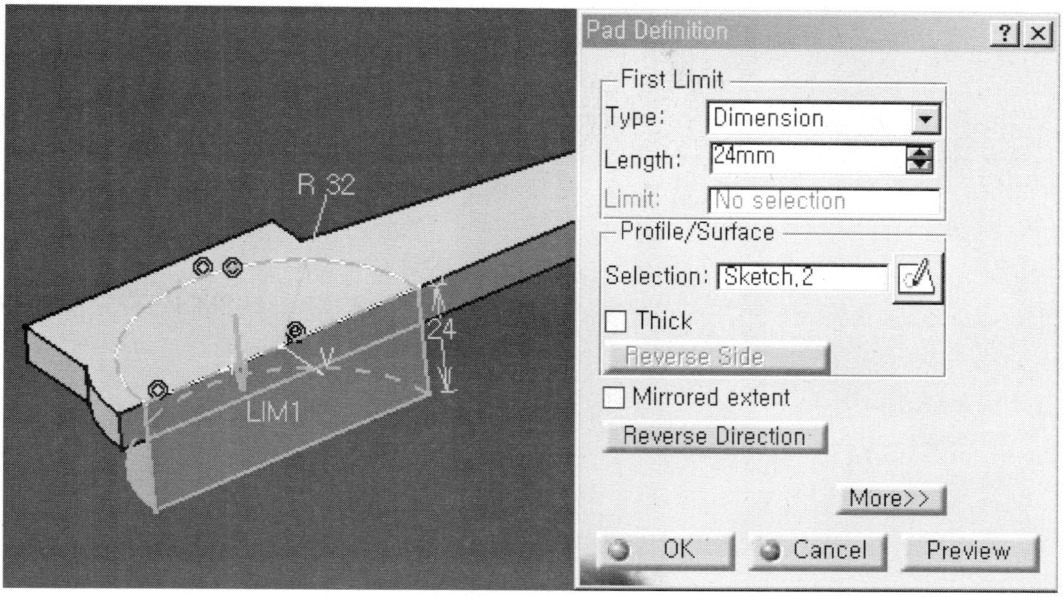


## 3) 원통 부분

단면에서 두께가 12mm인 원통(피스톤 쪽)을 생성한다.

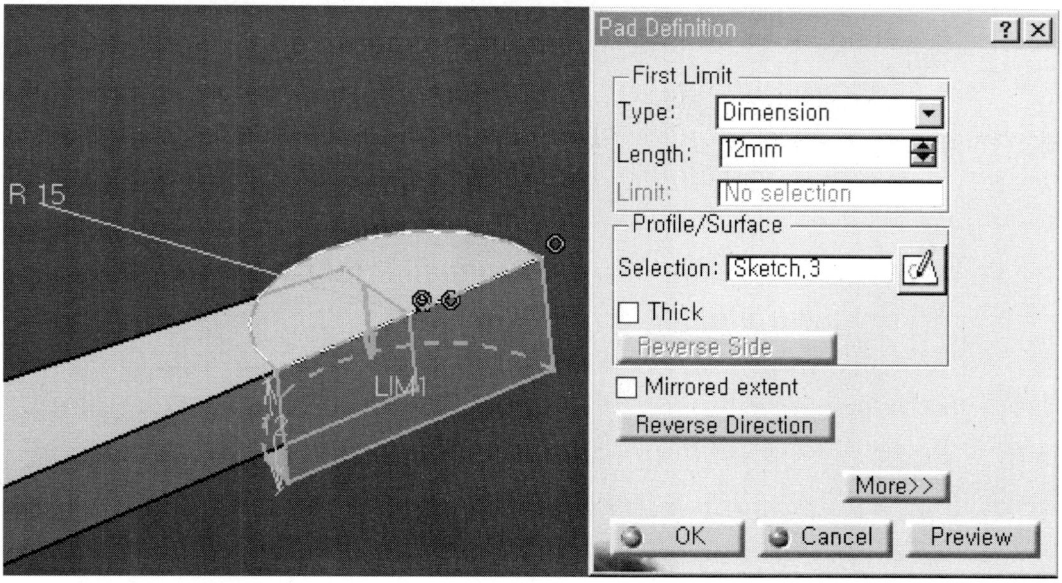

### 4) 육면체 부분

원통 중심에 대하여 대칭으로 Pad를 형성한다.

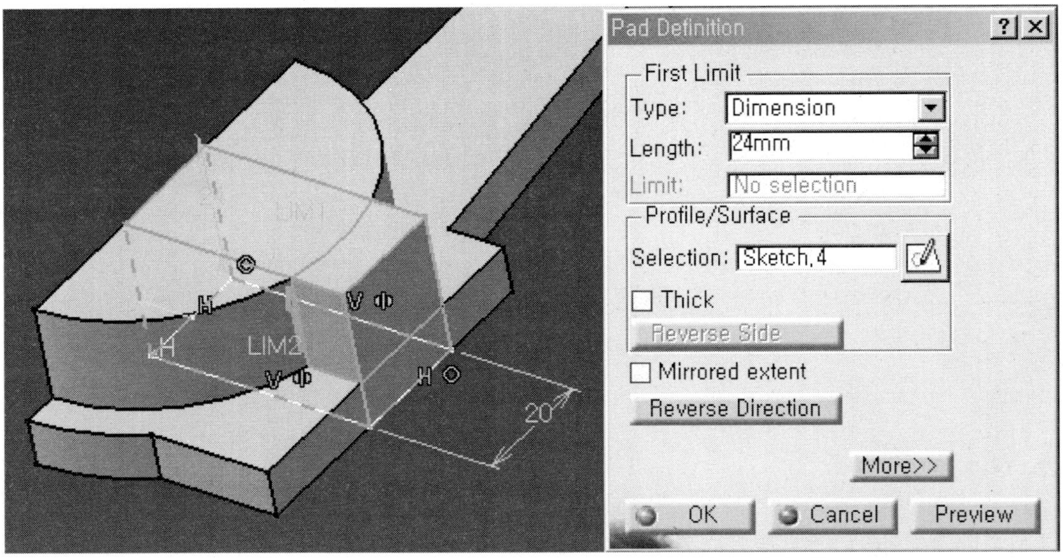


### 5) Pocket 부분

살빼기 부분(3mm)을 제거한다.

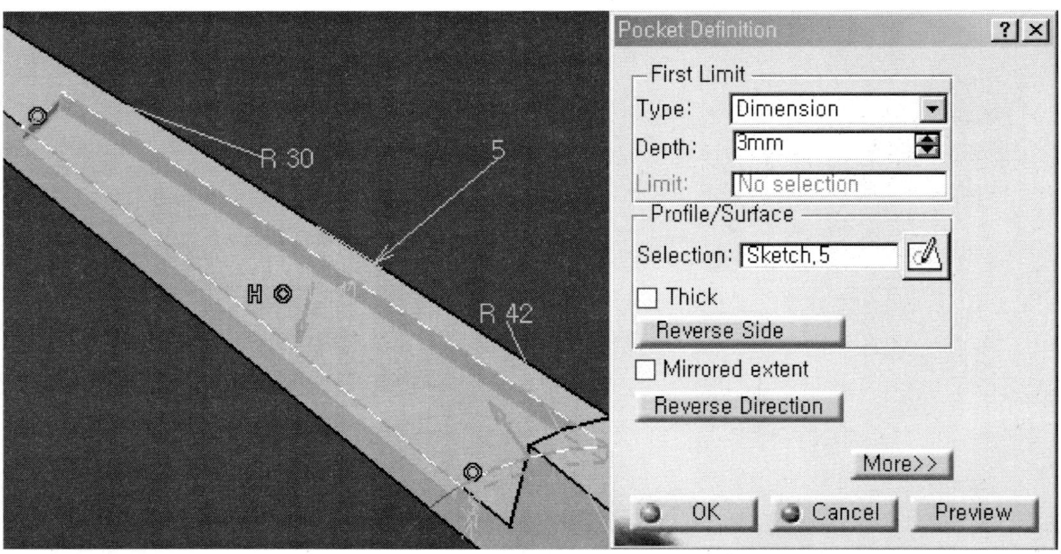

## 6) 대칭부분

한쪽 금형에 해당되는 부분만 대칭복사(Mirror)한다.

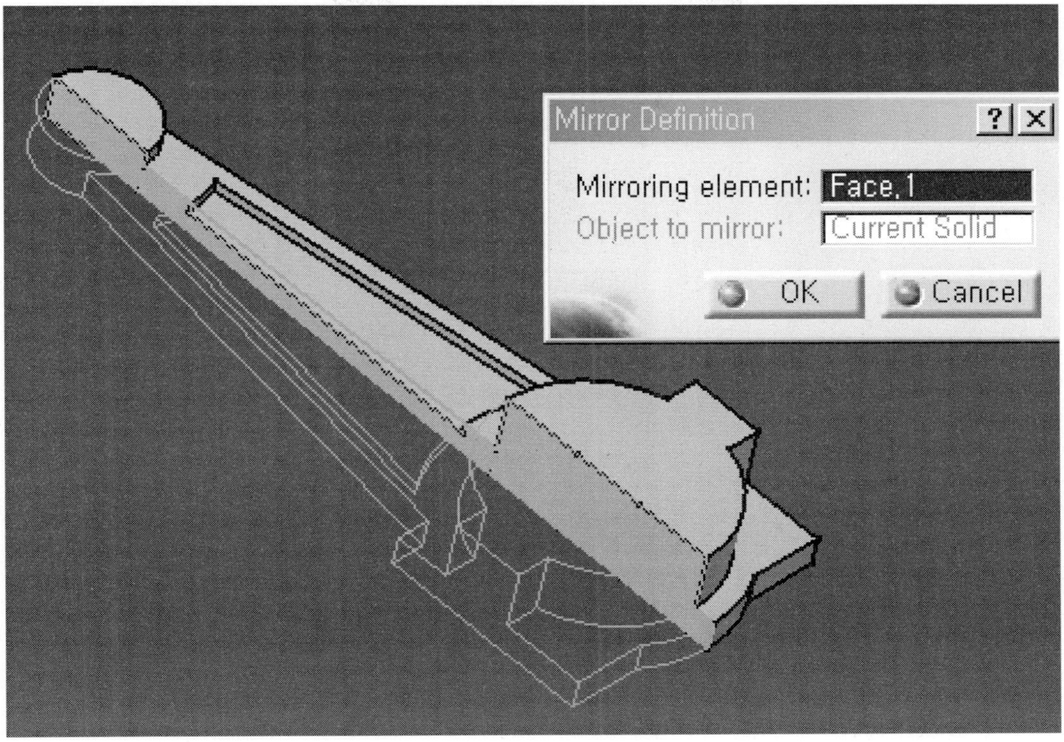


## 7) Crank축 Hole 형성

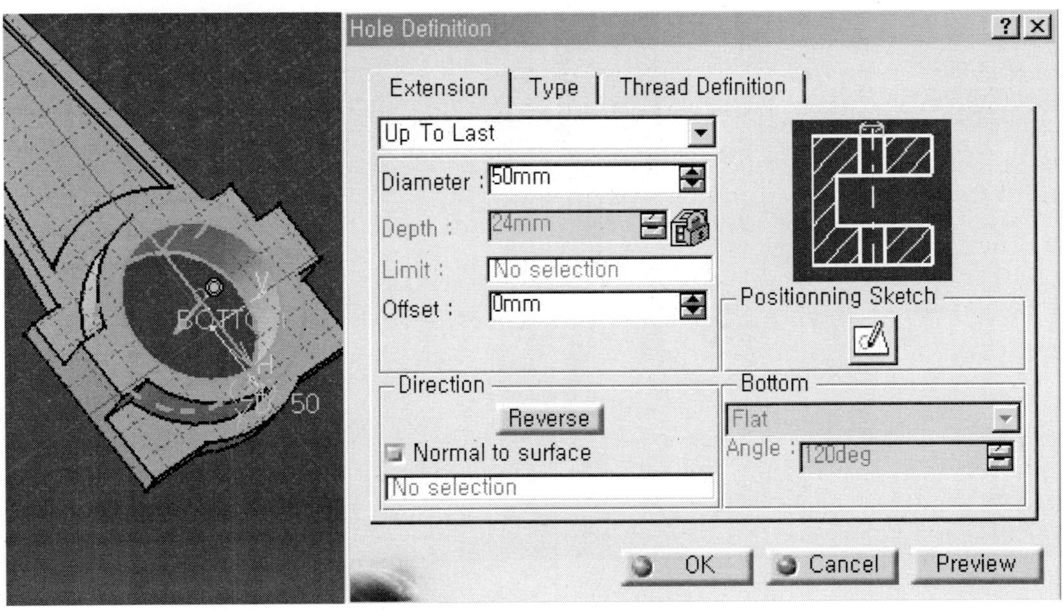

8) Piston Pin Hole 형성

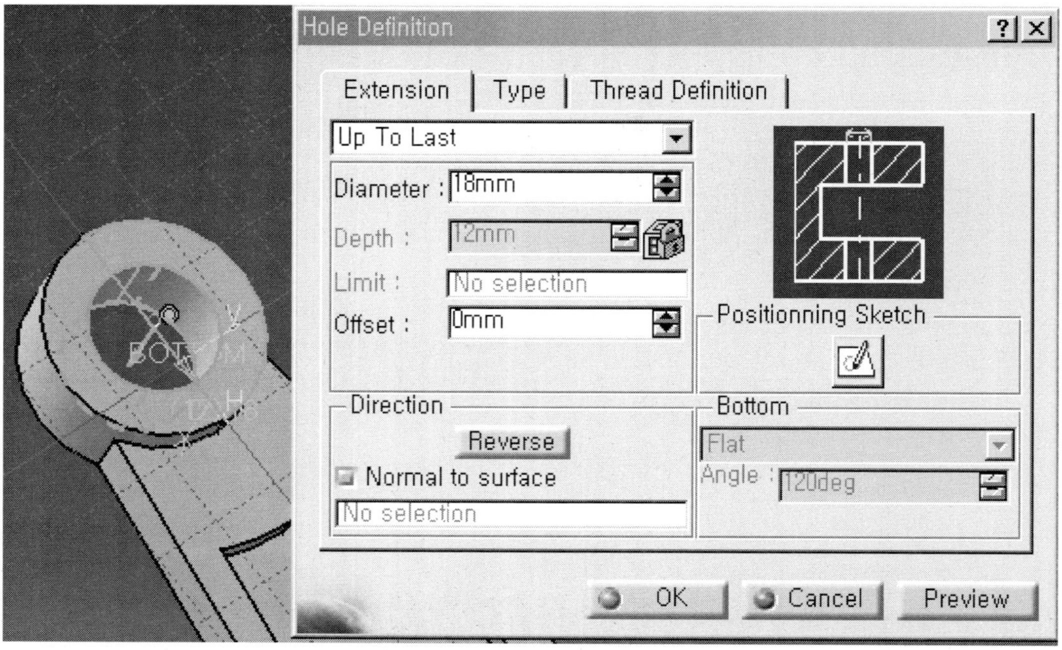


9) Fillet 형성

단순한 모서리 R값이 아닌 주된 면으로서의 R(10mm)을 처리한다.

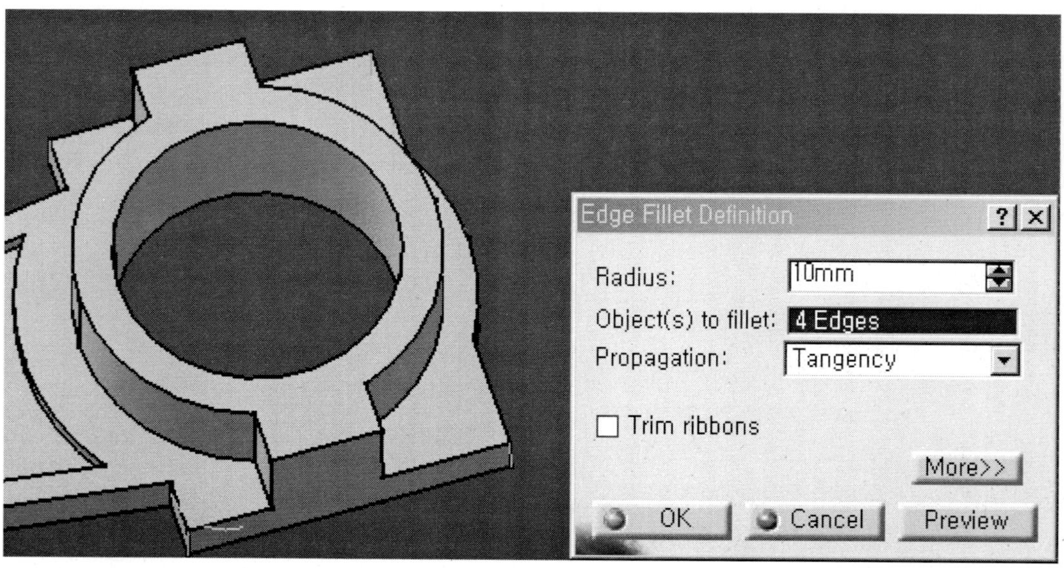

### 10) 빼기 기울기(draft angle)

큰 원통면에 대해 빼기구배를 준다. 이때 중립면은 파팅면이 아닌 두께 8mm 면이다.

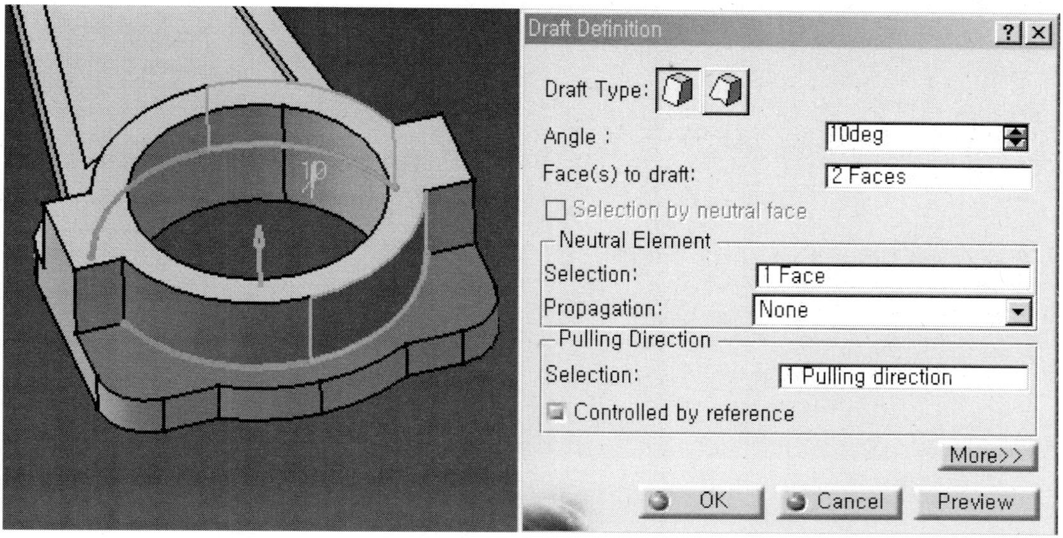


### 11) 빼기 구배

작은 원통면에 대해 빼기구배를 준다. 이때 중립면은 파팅면(바닥면)이다.

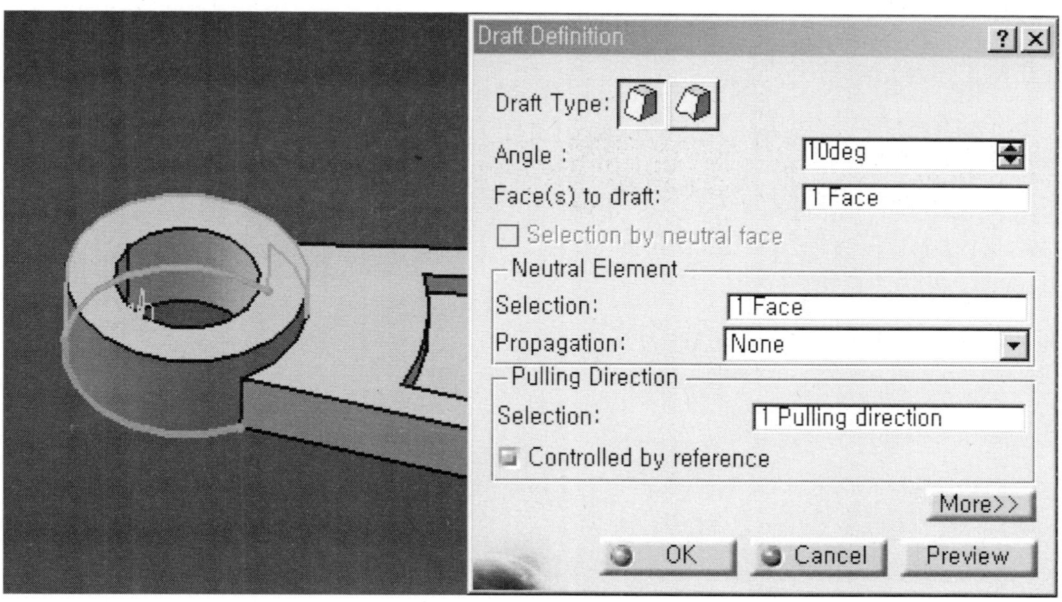

## 12) 빼기 구배

남은 옆면에 대하여 빼기 구배를 준다. 이때 중립면은 파팅면(바닥면)이다.

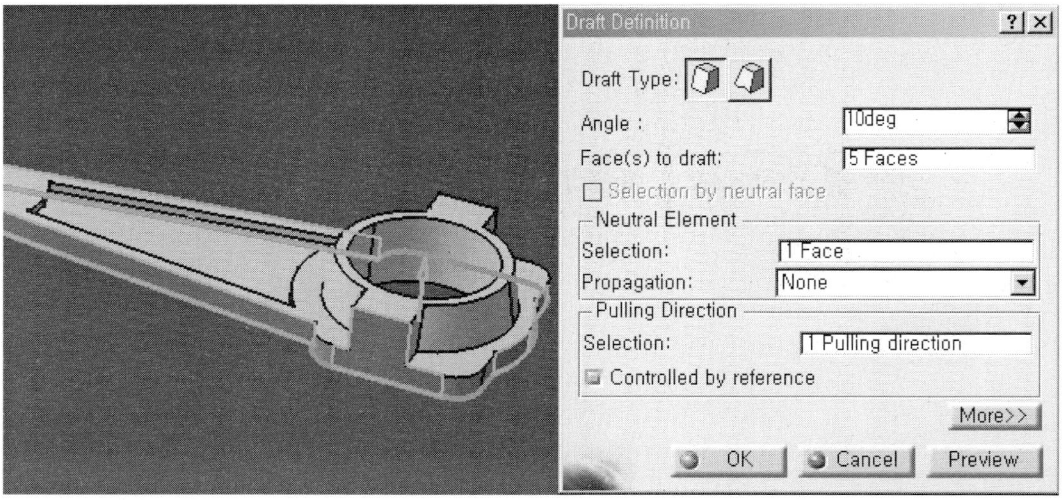


## 13) Fillet 주기

Fillet을 부여하는 순서는 만나는 R의 형상(오목/볼록)과 R의 값 크기에 의해 결정된다.

- 세 모서리가 만나는 경우

1. 다른 종류의 R을 먼저 준다.
2. R값이 다 같을 경우에는 큰 값을 먼저 준다.
3. 둔하게(각도가 크게) 만나는 두 면 사이의 모서리를 먼저 준다.

- 두 모서리가 만나는 경우

바깥면에서 볼때 볼록인 면을 먼저 처리하는 것이 자연스럽다.

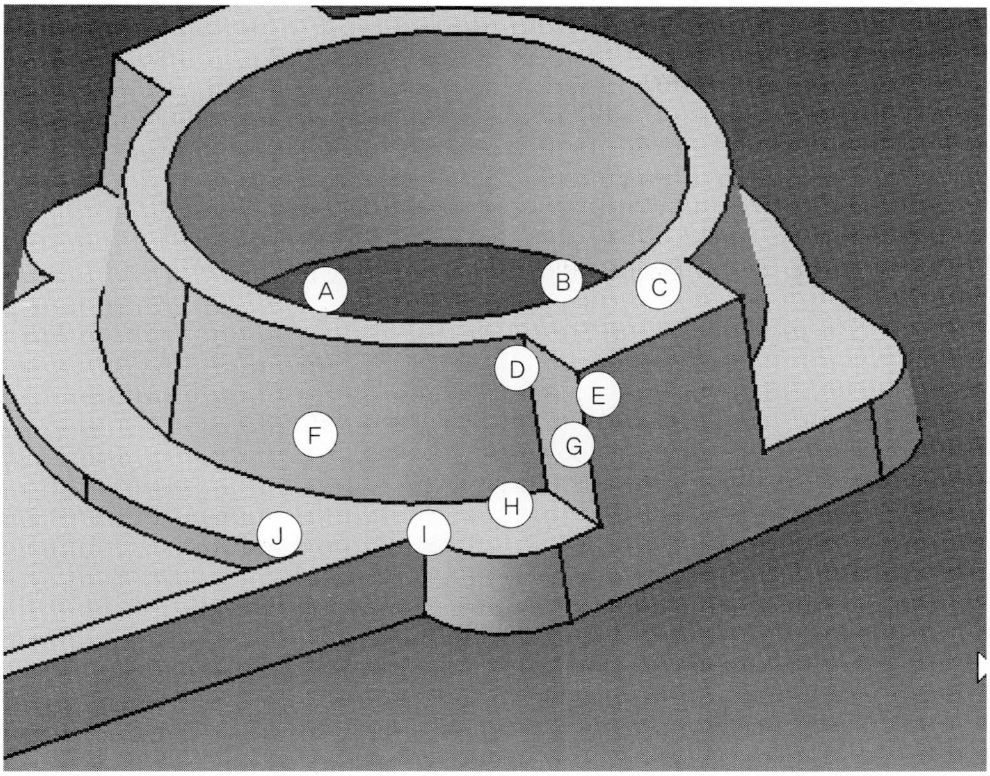


따라서 그림의 모서리를 만나는 꼭지점 별로 정리하고 순서를 정하면,

A(볼록)-B(볼록)-D(오목) : D부터

B(볼록)-C(볼록)-E(볼록) : 아무거나

D(오목)-F(오목)-G(오목) : 아무거나

G(오목)-E(볼록)-H(볼록) : G부터

J(볼록)-I(오목)-H(볼록) : I부터

따라서 위의 조건을 만족하는 가능한 경우가 많이 존재하므로 일단 서로 간섭되지 않는 모서리부터 처리하면,

D(I) - F(G) - A(B) - C(E, H, J) 이 가능한 순서라는 것을 알 수 있다. 반대면과 보이지 않는 면도 대칭성을 이용해서 순서를 정하면 된다.

14) Fillet 주기(1)

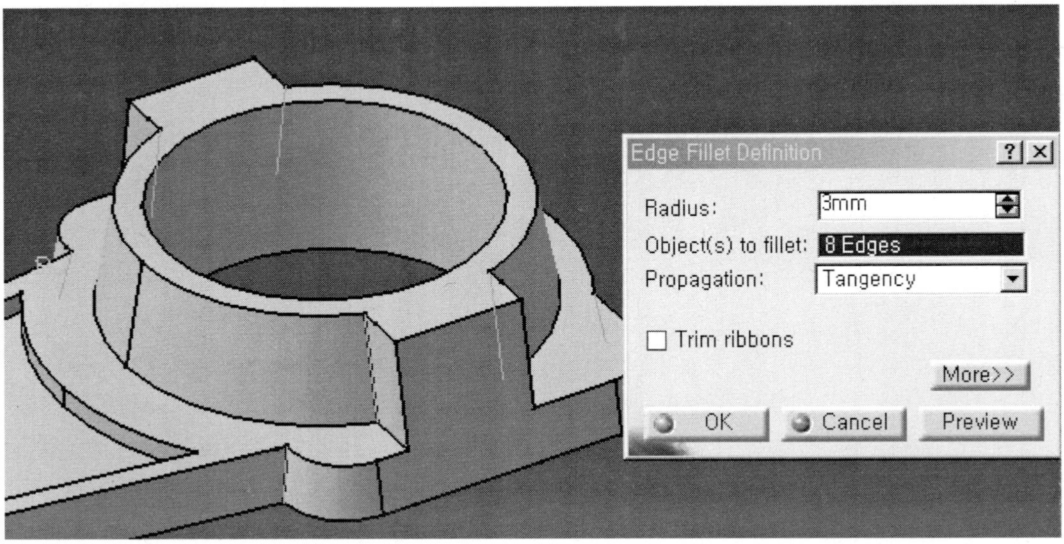


15) Fillet 주기(2)

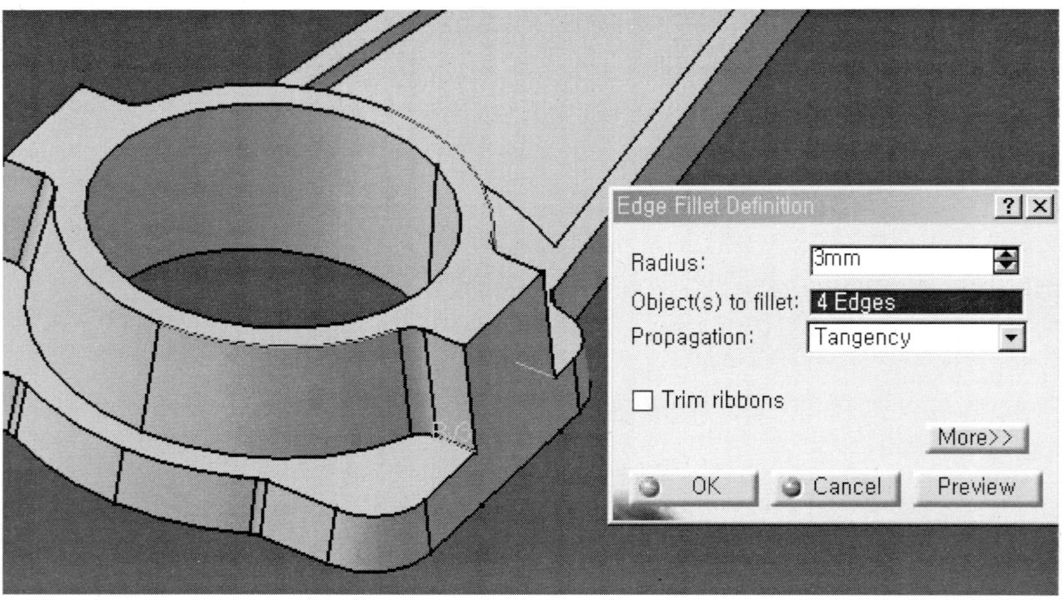

16) Fillet 주기(3)

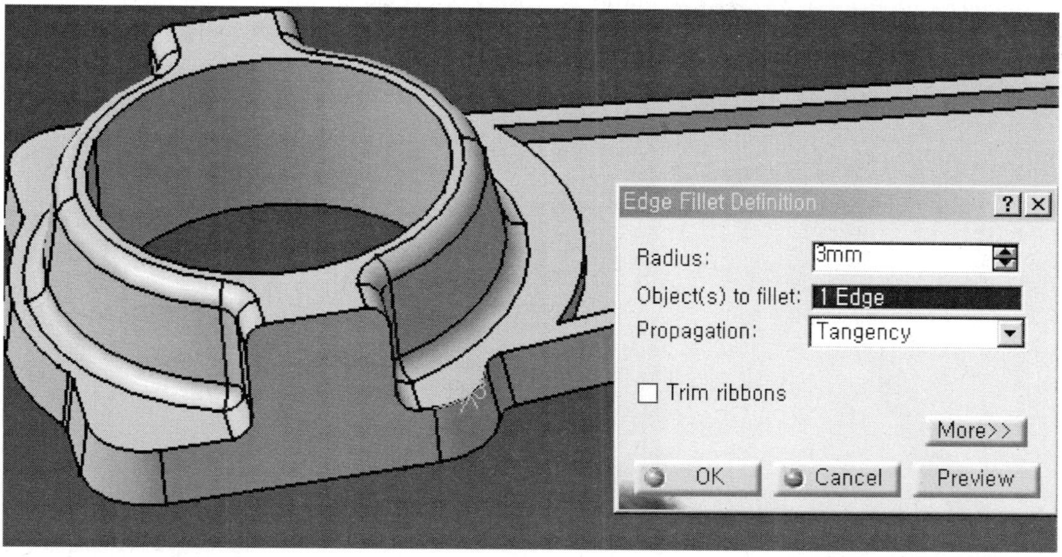


17) Fillet 주기(4)

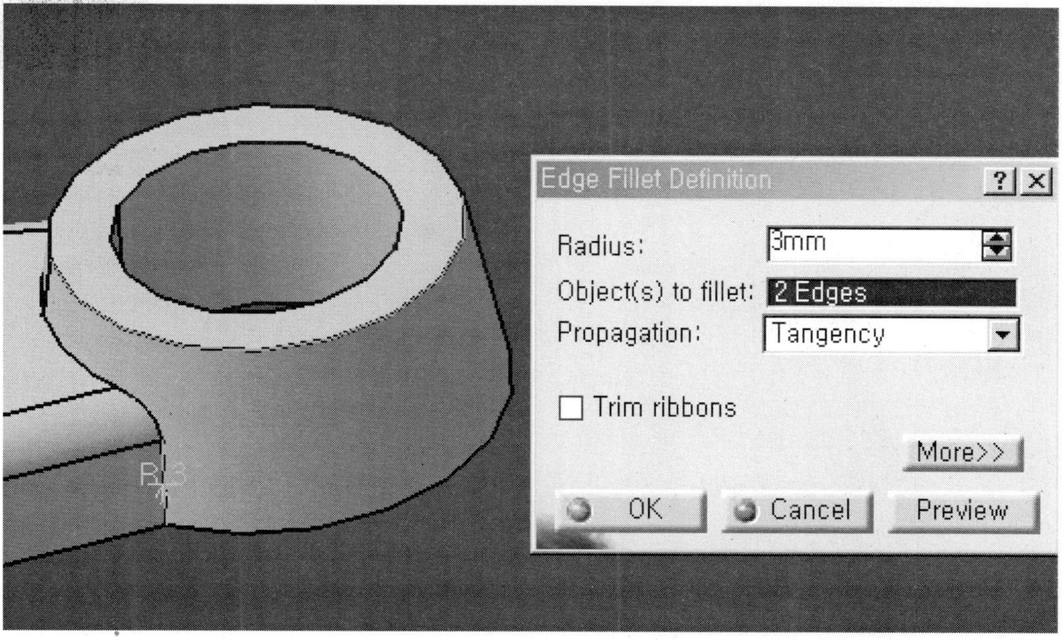

### 18) 살빼기 부분 마무리

Fillet (R1, 오목)부터 처리하고 Drafting을 실시한 후 Fillet(R1, 볼록)을 처리한다.

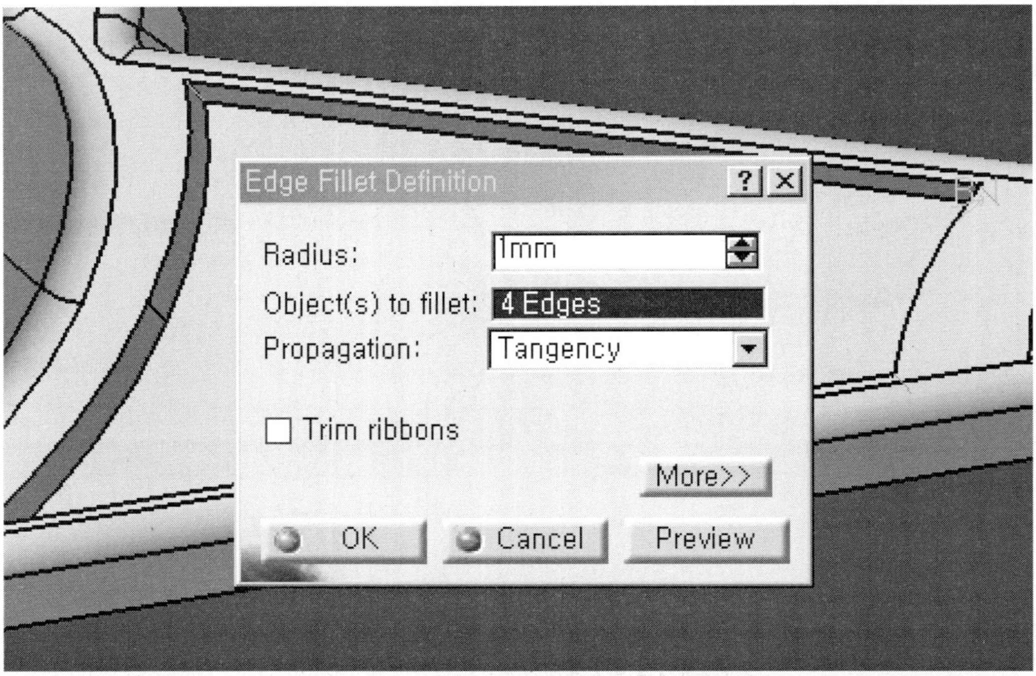


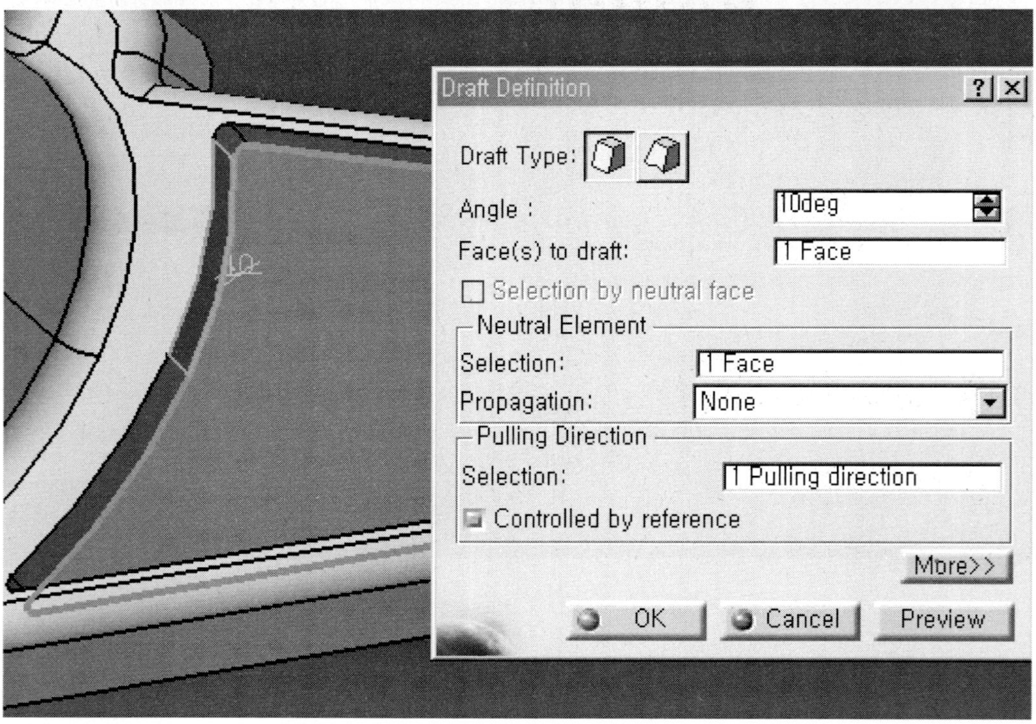

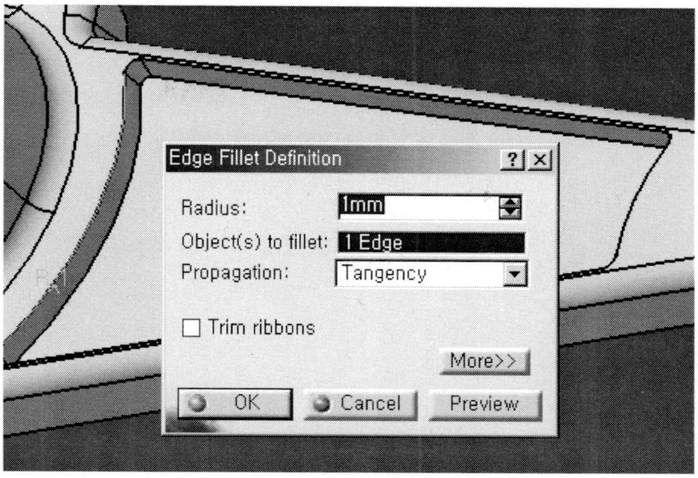


### 19) Mirror 완성

Mirror하여 최종 완성한다.

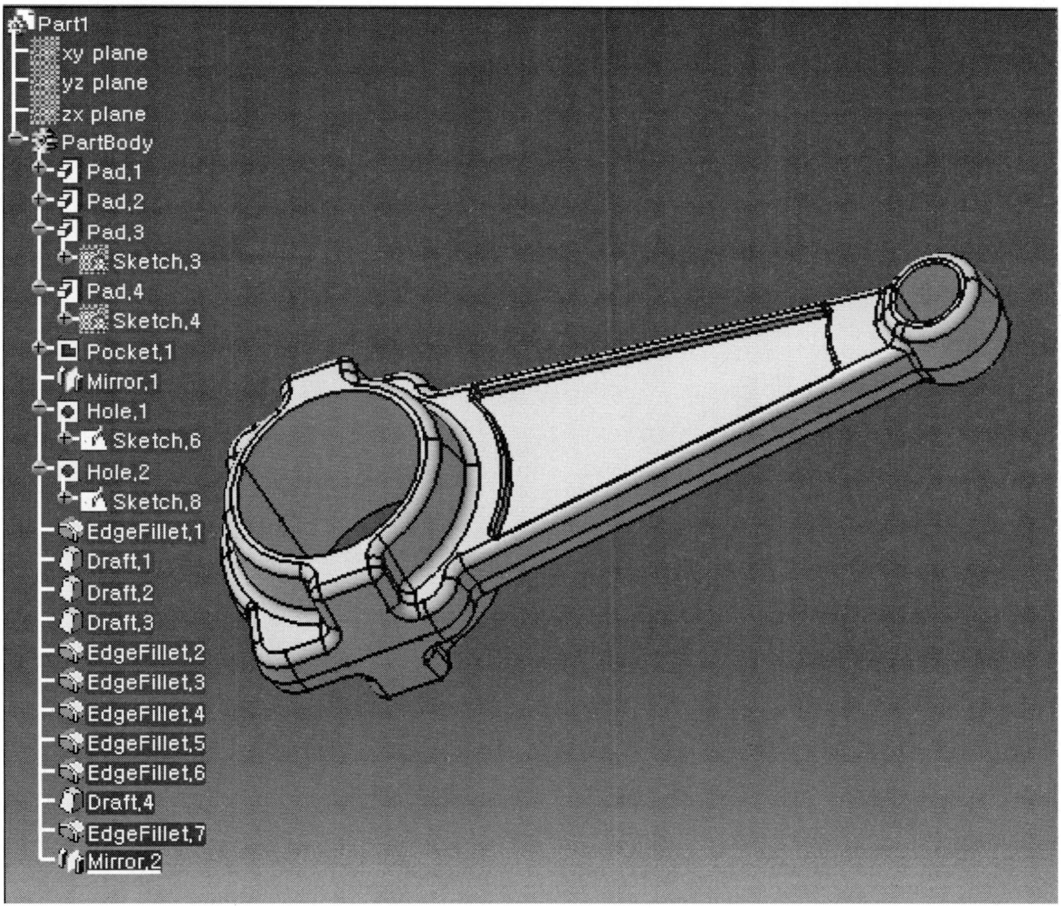

## 나. Local 좌표계 형성

Connecting Rod와 같이 Hole (대단부와 소단부)이 다른 부품과 연결되어 동적으로 운동하는 부품의 경우 Hole 주변에 Local 좌표계를 따로 부여하여 이 부분에 경계조건(하중조건 및 구속조건)을 줄 수 있다.

### 1) 대단부의 Local 좌표계 형성

다음의 순서로 Local 좌표계를 형성해 보자.

가) Tools 툴바에서 Axis System 버튼 클릭한다.
나) 대화창에 Origin. 선택영영에서 MB3Create Point 선택한다.
다) Point Definition 상자를 그림과 같이 설정 후 모델에서 원형모서리 선택 후 Point Definition 대화상자에서 OK버튼을 클릭한다.
라) View Mode 변경 (Material 색상으로 변경됨)한다.

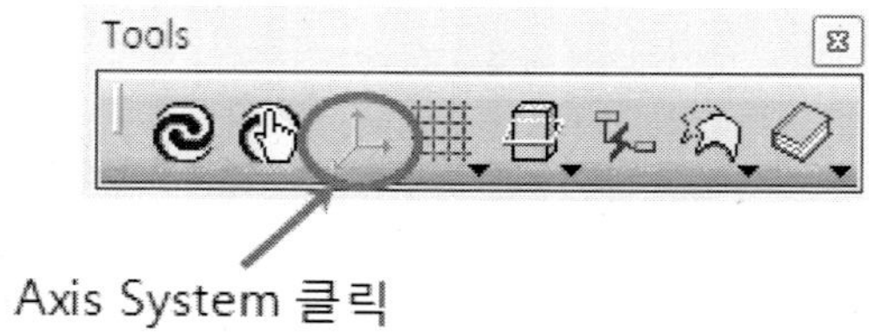


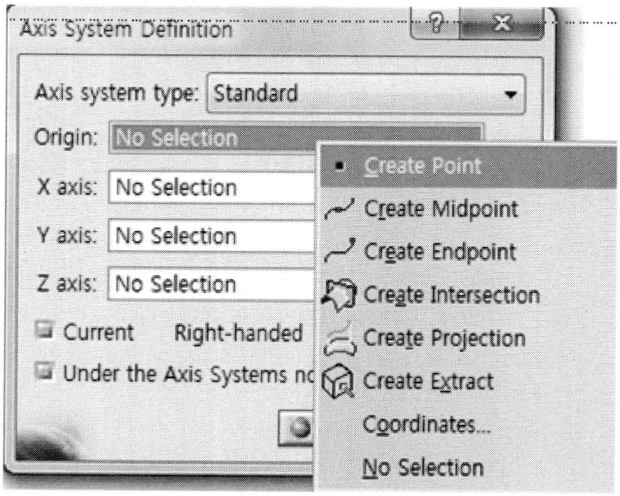

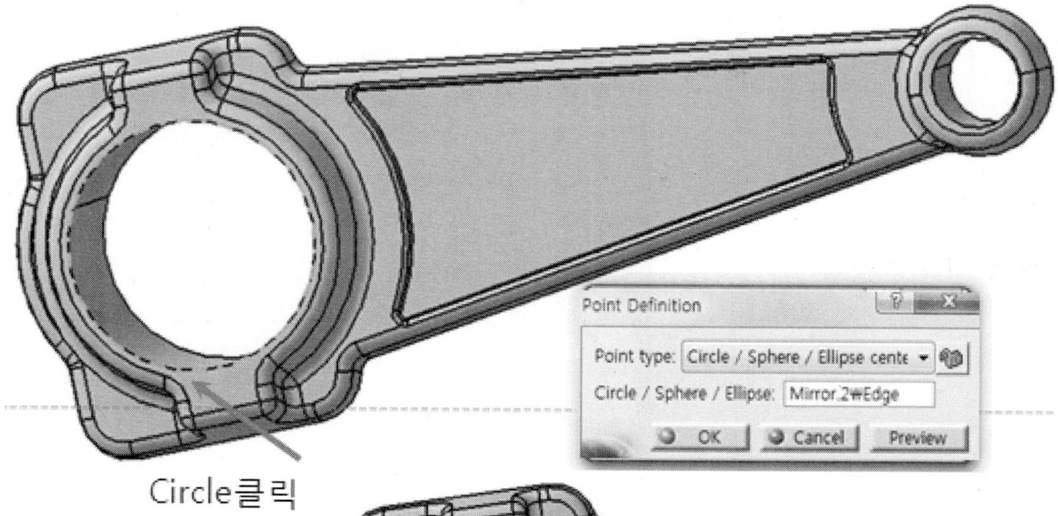


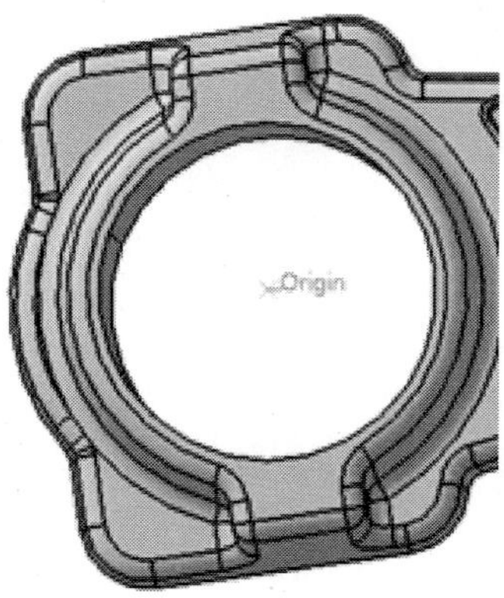


다음은 Axis System Definition 대화창에서 X Axis 선택창에서 zx plane을 선택한다. zx plane에 수직인 방향으로 좌표계의 X축 방향이 설정된다. Y Axis 선택창에서 yz plane선택한다. 대화창에서 OK 버튼을 클릭하면 Z Axis 방향은 자동 설정된다. 나머지 다른 부위도 좌표계를 동일 방법으로 생성시킨다.

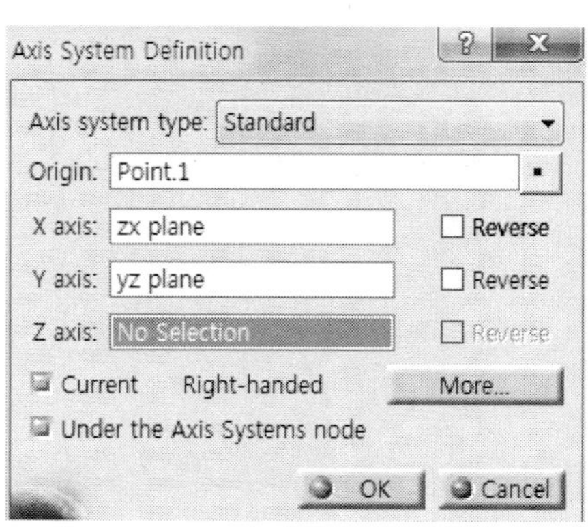

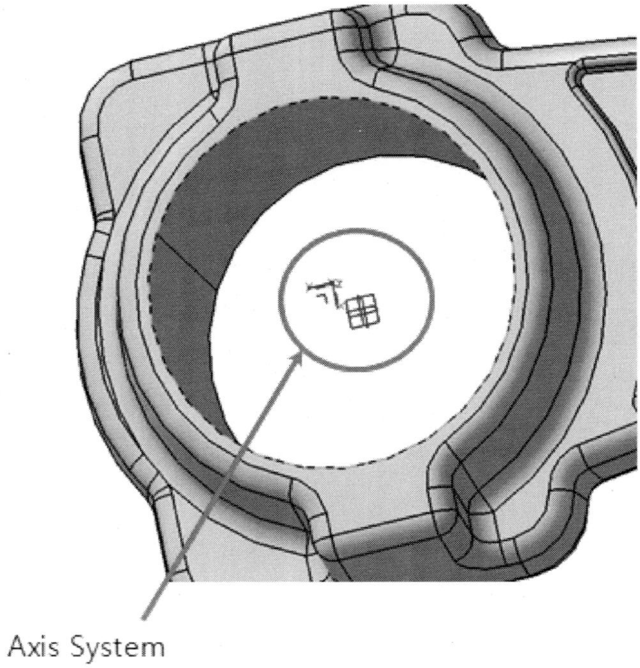


2) 소단부의 Local 좌표계 형성

다음의 순서로 소단부의 Local 좌표계를 형성해 보자.

가)Axis System Definition 대화창에서 X Axis 선택창에서 zx plane을 선택한다.

나) zx plane에 수직인 방향으로 좌표계의 X축 방향이 설정된다.

다) Y Axis 선택창에서 yz plane선택. 대화창에서 OK버튼 클릭하면 Z Axis 방향은 자동 설정된다.

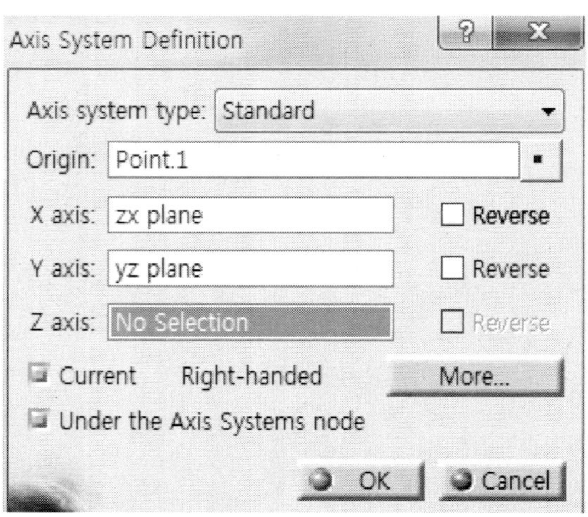

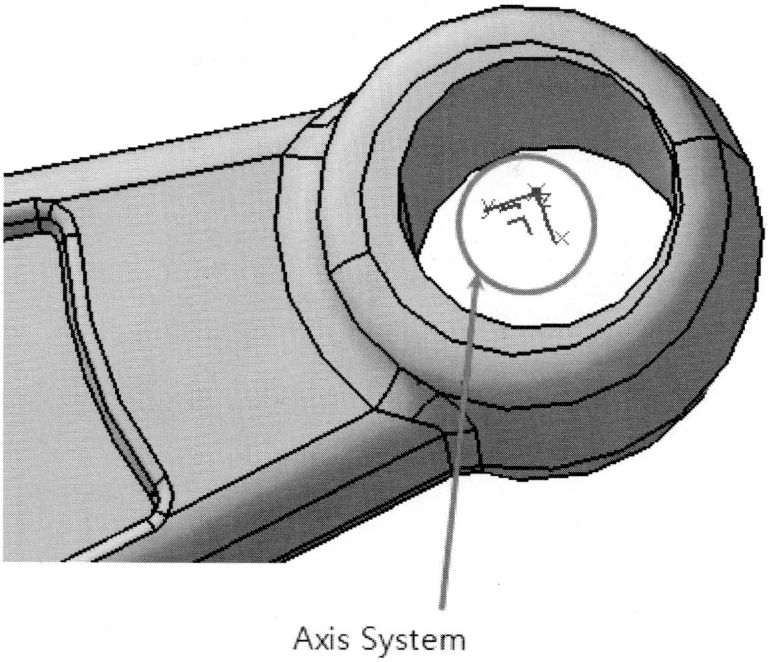


## 다. Pre-Processing

### 1) AMT 워크벤치 실행

다음 그림과 같이 Advanced Meshing Tools (AMT) 워크벤치를 실행시킨다. Static Analysis 클릭 후 OK 버튼을 클릭한다. AMT에서는 Mesh 생성과 관련 고급 기능을 제공한다.

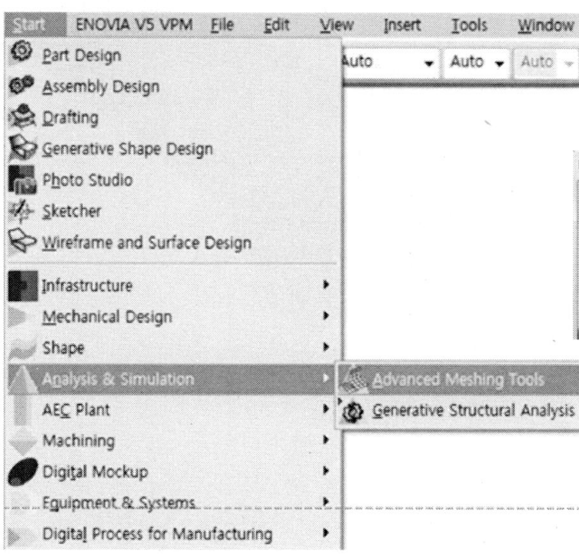


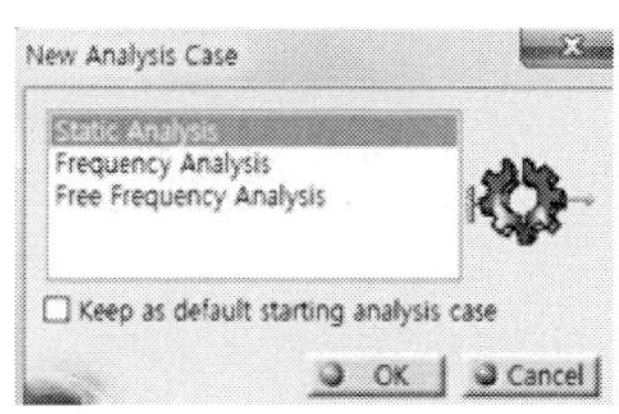

## 2) Tetra Mesh 정의

- Meshing Method 툴바에서 Octree Tetrahedron Mesher 버튼을 클릭.
- Mesh 생성할 3차원 형상 선택. Size와 Sag를 각각 3 mm와 0.1 mm입력
- Spec. Tree의 Nodes and Elements에 MB3Update All Meshes 선택
- Links Manager 숨기고 Nodes and Elements에 MB3→ Color Mesh 선택

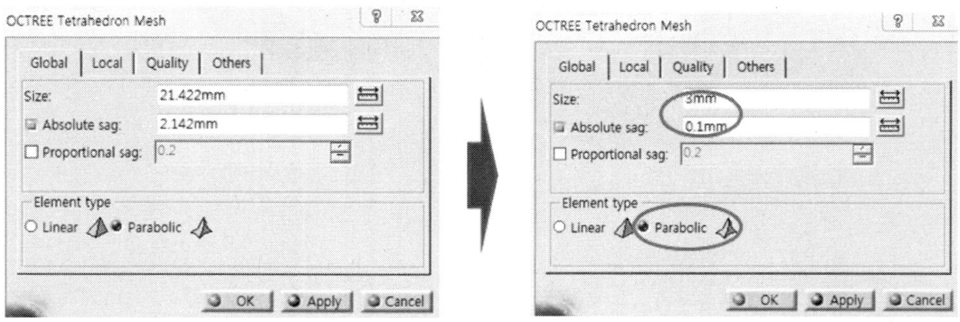


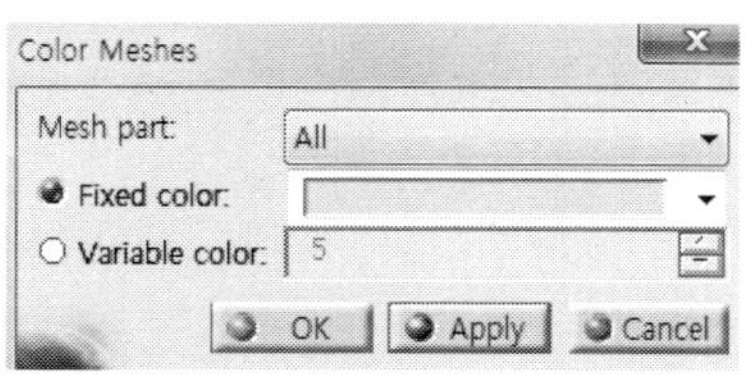


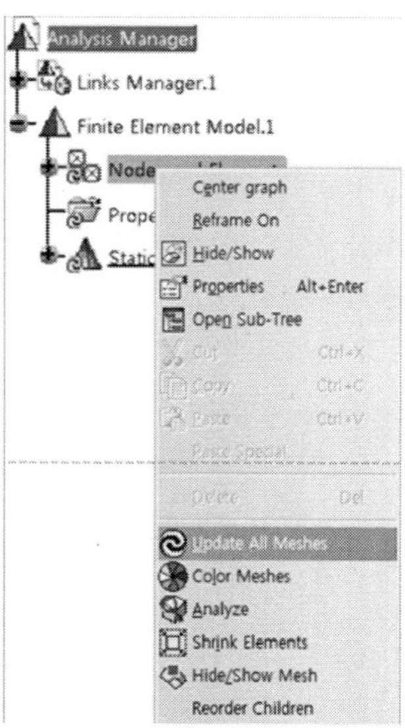


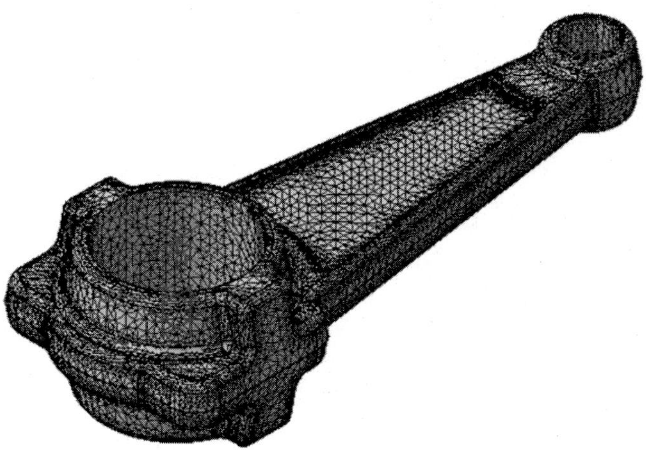

앞서 Nodes and Elements 를 펼쳐보자. Warning이 나타나 있다. 더블클릭하면 메시지가 나타난다. Sag를 너무 작게 입력하여 기준을 만족시키지 못하는 Element Edge가 25개 있다는 뜻이다. 3차원 형상에서 0.1 mm 이상 벗어난 메쉬가 25개 있다는 뜻이다. 이 조건을 반드시 만족시켜야 한다면 메쉬의 크기를 줄여야 한다. Warning을 무시하고 해석을 수행할 수도 있으나 이것을 없애기 위해 Sag 조건을 당초 0.1mm에서 0.5mm로 완화해서 Mesh 후 Update 해보자.

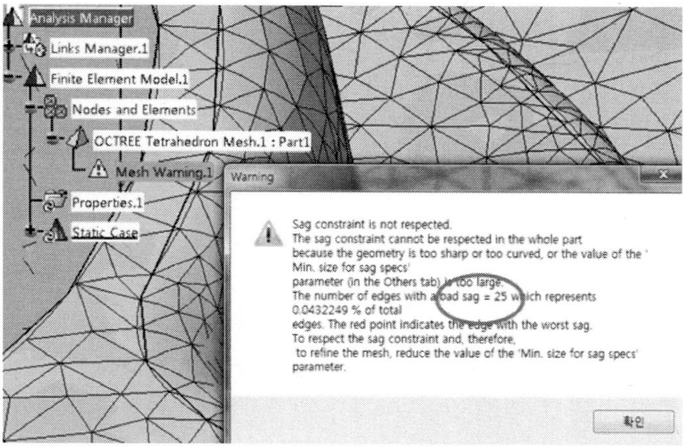


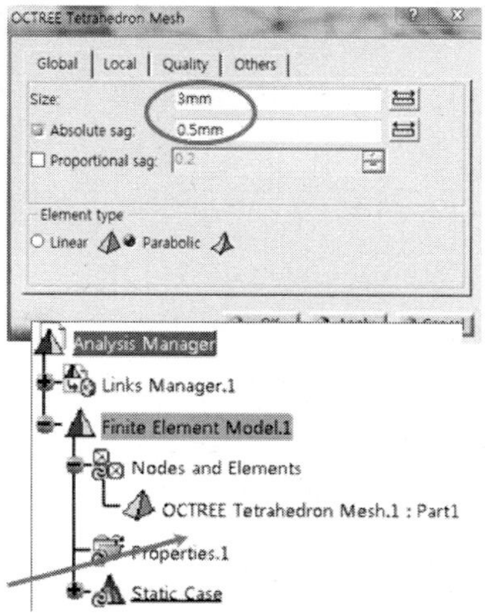


### 3) Mesh Quality 체크

메쉬 형상이 정규형상에서 벗어나면 해석의 품질이 떨어지므로 AMT 워크벤치에서는 메쉬 품질을 검사하는 기능이 제공된다.

- Spec. Tree의 Nodes and Elements에 MB3Analyze 선택.
- 메쉬품질검사 결과 나타나면 OK 클릭.

Stretch와 Aspect Ratio는 모두 정규형상에서 벗어난 정도를 나타내는 개념인데 정의방법이 다르다. 정규형상이라하면 Element Edge 길이가 모두 같은 형상을 말하는데 예를 들면 정삼각형, 정사각형 등이다.

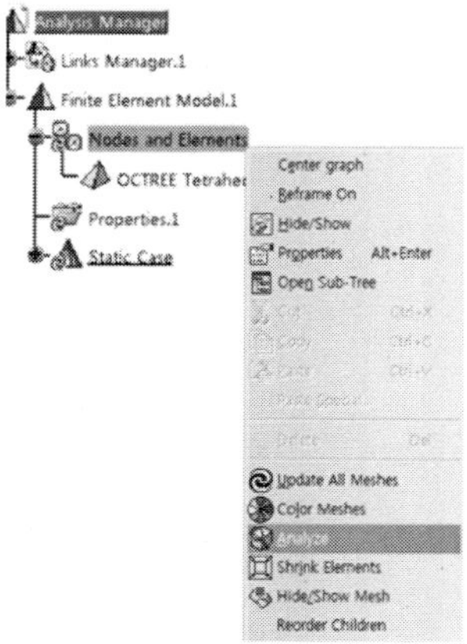


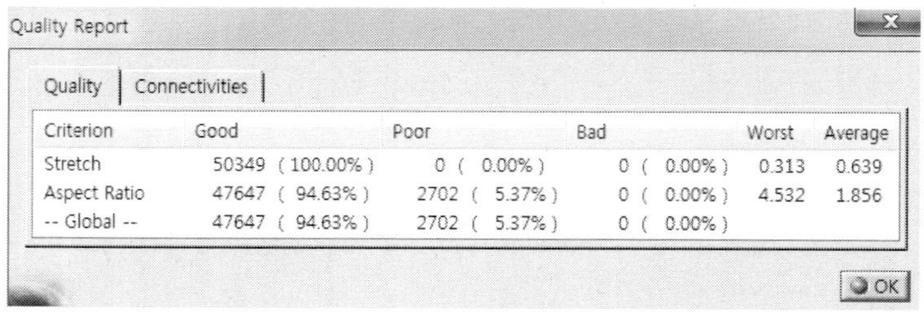


정의하는 방식과 평가기준은 Mesh Analysis Tools 툴바의 Quality Analysis 기능을 이용해 확인 가능하다.

- Mesh Analysis Tools 에서 Quality Analysis 버튼 클릭. Stretch 항목 체크
- 다음그림처럼 Stretch 정의 방법 나타냄. 정규형상은 이 값이 1로 나옴. 0.3이하면 Poor, 0.05이하면 Bad로 표시. Poor와 Bad 판단 기준 값을 여기서 변경 가능. 그러나 이 값을 변경한다고 Mesh 형상이 바뀌는 것은 아니니 주의 바란다.

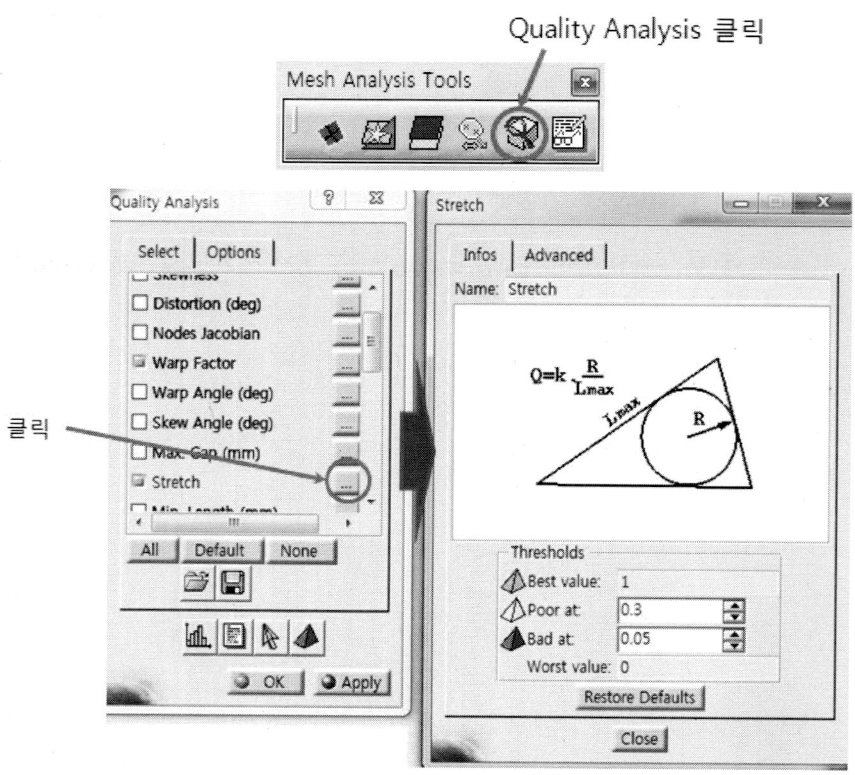

동일한 방법을 Aspect Ratio에 대한 정의창을 띄우면 다음 그림과 같다.

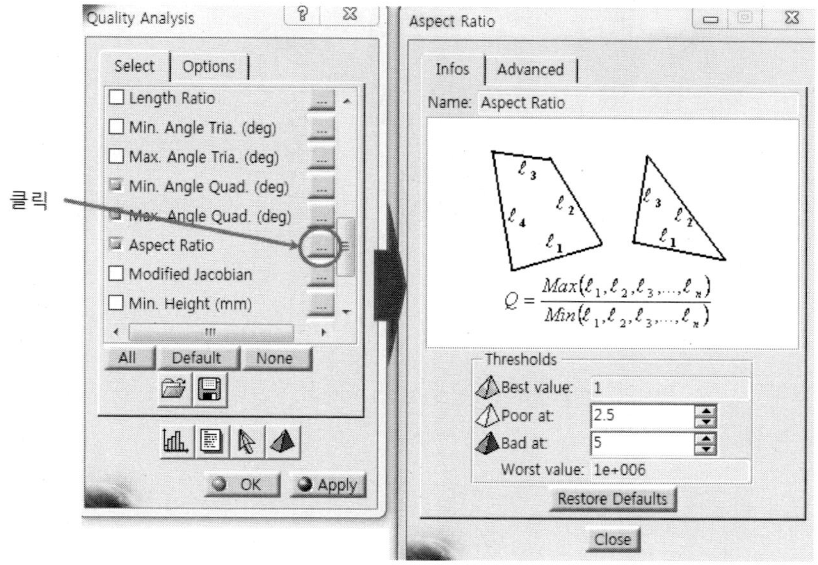


## 4) Local Mesh Size 재 설정(Local Region Only)

응력이 많이 발생될 것으로 예상되는 면에 Local Mesh Size를 설정하여 메쉬 크기를 작게 해 보자. 특정부분 Mesh 품질을 높이기 위해 이 방법을 사용하며 GSA에서 설정 가능하다.

- GSA워크벤치 입장 Links Manager.1 나타나게 한다.
- Model Manager 툴바에서 Local Mesh Size 버튼 클릭 다음 그림처럼 지정한 세 개의 면 선택 Local Mesh Size를 1로 설정.

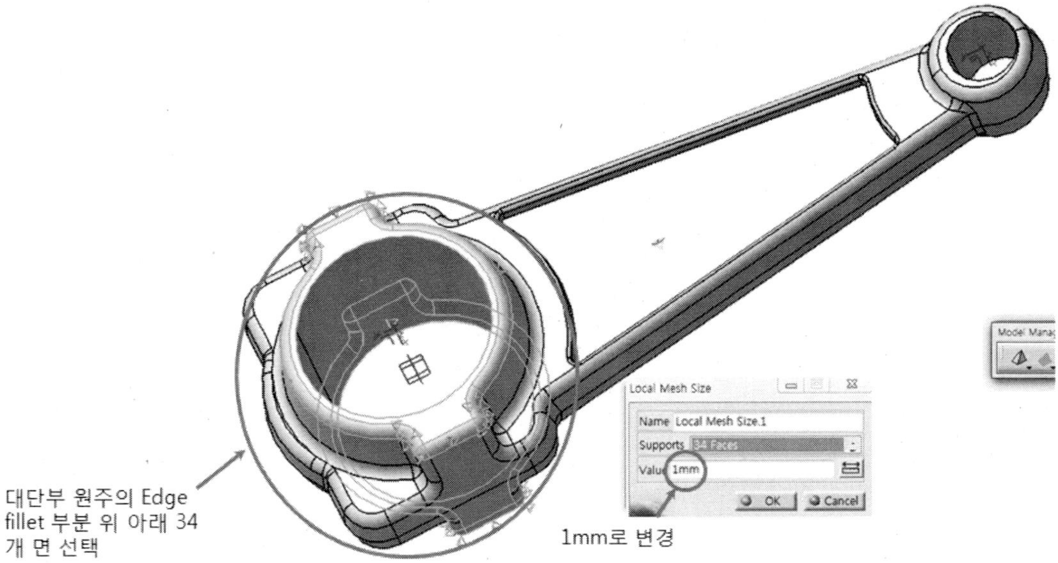


Spec. Tree의 Nodes and Elements 항목에 MB3 Mesh Visualization 선택, Warning 메시지 확인 후 OK 버튼 클릭한다.

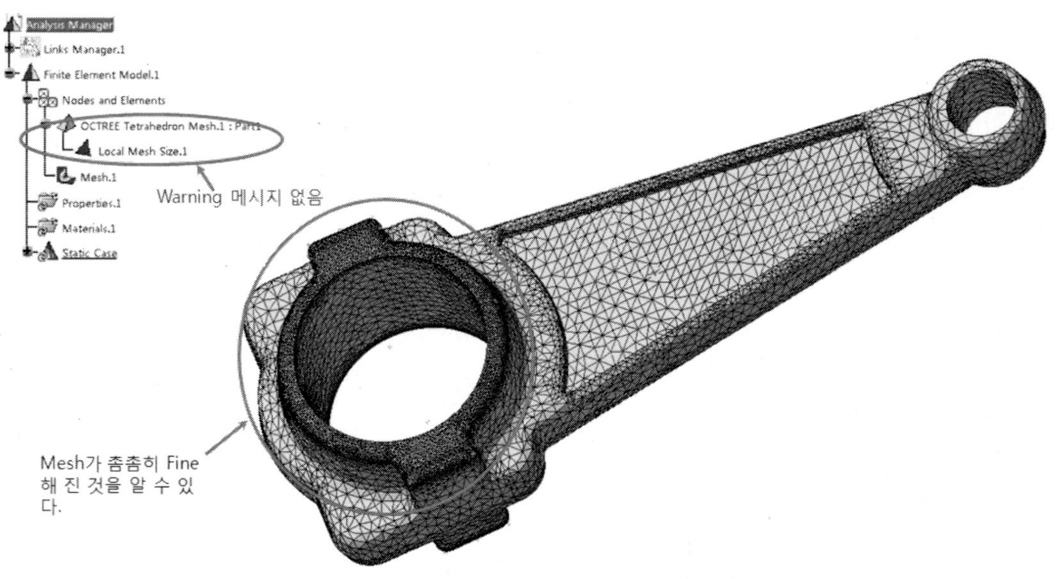

## 5) Mesh Quality Check

AMT 워크벤치로 입장한다.

- Spec. Tree의 Octree Tetrahedron Mesh.1에 MB3〉Hide/Show선택
- Octree Tetrahedron Mesh.1에 MB3〉Analyze 선택

Poor 품질의 Mesh 비율이 현저히 줄어든 것을 확인할 수 있다.

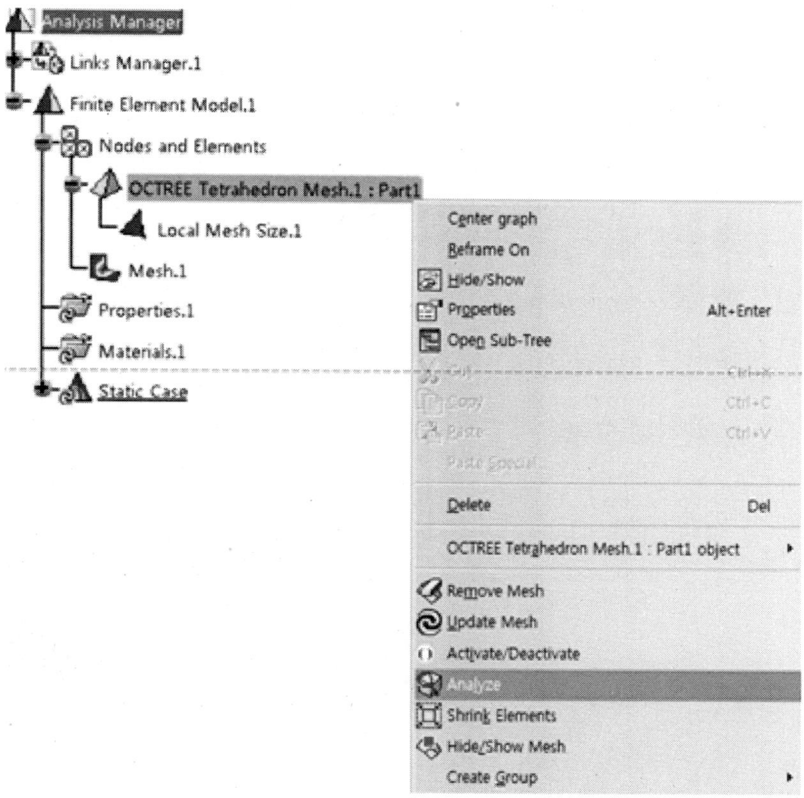


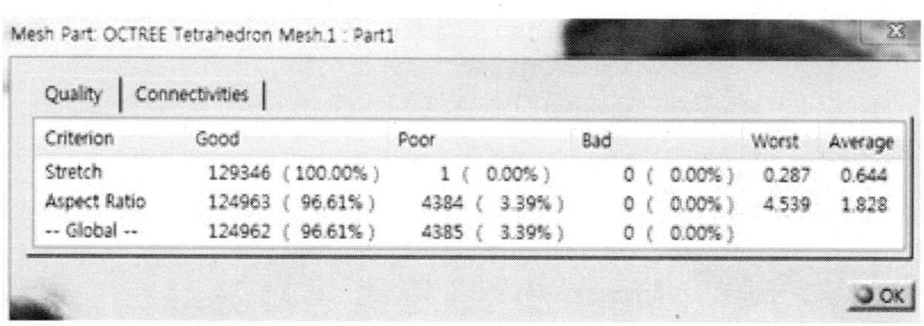

Mesh Part: OCTREE Tetrahedron Mesh.1 : Part1

Quality | Connectivities

| Criterion | Good | Poor | Bad | Worst | Average |
|---|---|---|---|---|---|
| Stretch | 129346 ( 100.00% ) | 1 ( 0.00% ) | 0 ( 0.00% ) | 0.287 | 0.644 |
| Aspect Ratio | 124963 ( 96.61% ) | 4384 ( 3.39% ) | 0 ( 0.00% ) | 4.539 | 1.828 |
| -- Global -- | 124962 ( 96.61% ) | 4385 ( 3.39% ) | 0 ( 0.00% ) | | |

OK

GSA (Generative Structural Analysis)입장한다.

경계조건이나 하중은 형상의 면, 모서리, 점 등에 부여할 수 있으며 이 때 형상에는 Mesh가 정의되어 있어야 한다.

- Links Manager.1을 나타나게 한다.
- Mesh.1을 숨긴다.

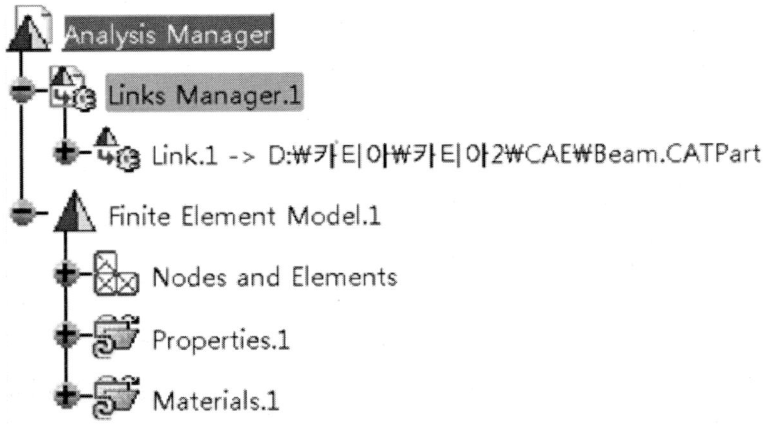


숨겨진 3D 모델

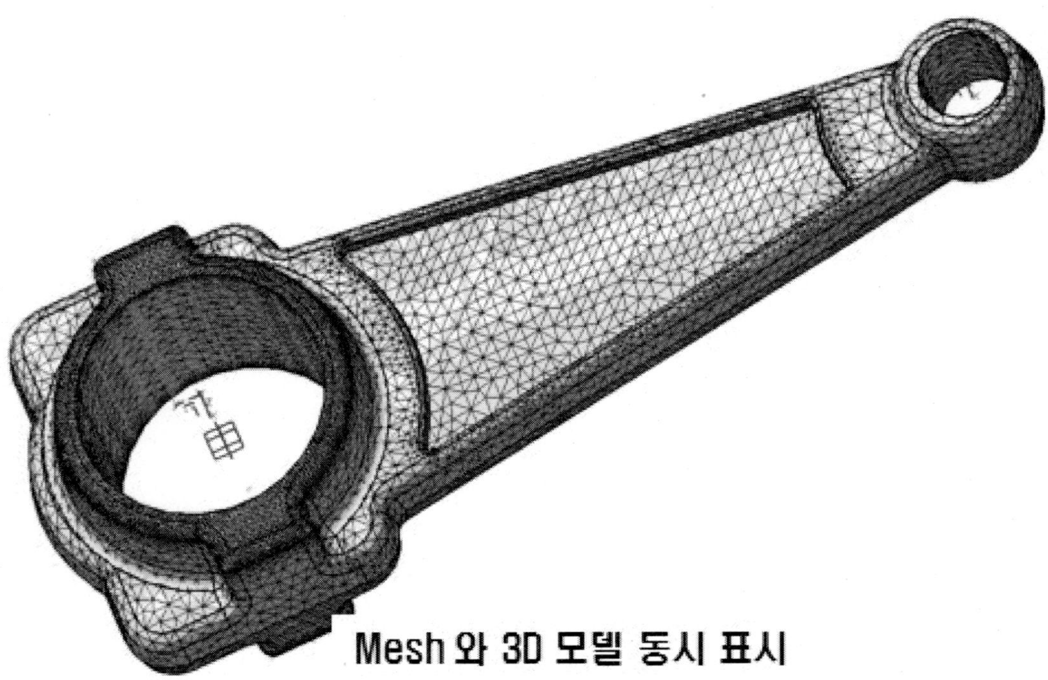

Mesh 와 3D 모델 동시 표시

## 6) 경계조건(Boundary Conditions)

### 가) Restraints (구속조건) 부여

경계조건과 하중은 형상의 면, 모서리, 점 등에 부여가 가능하다.

Restraints와 Loads 툴바를 꺼내 다음의 순서로 경계조건을 설정해 보자.

- Restraints 툴바에서 User-defined Restraint를 선택하면 대화창이 뜬다.
- Support로 하기 그림에 표시한 ①면을 선택하고 Axis System 옵션의 type을 User로 선택한다.
- Current axis 영역 클릭.
- Current axis로 ②좌표계 선택.
- Local Orientation을 Cylindrical 선택.

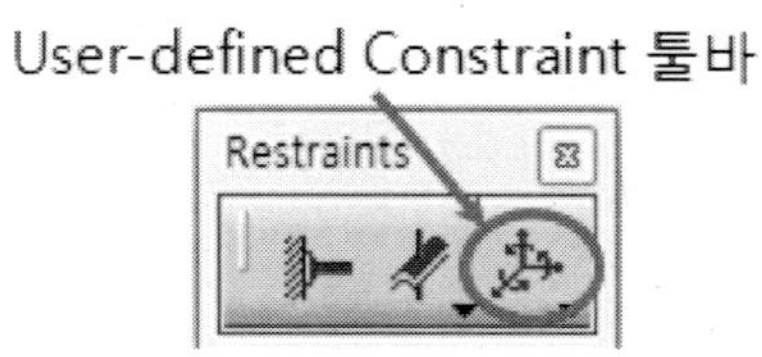


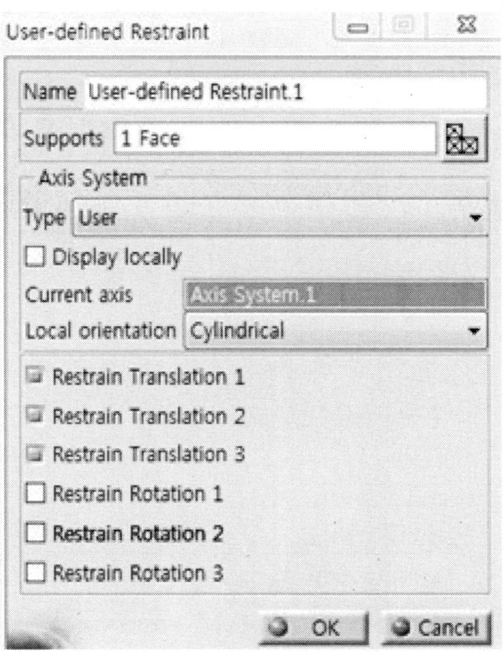

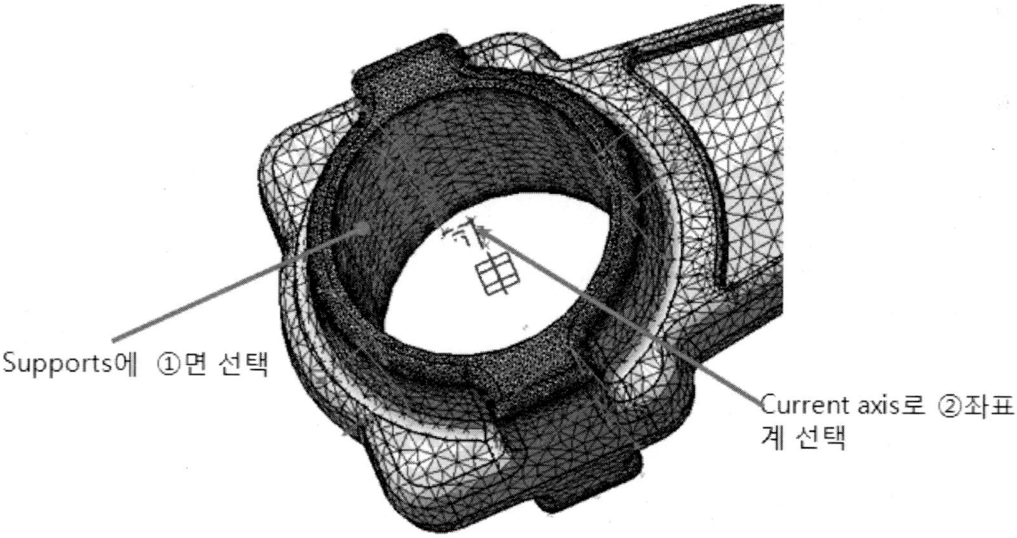


### 나) Loads (하중조건) 부여

Axis system의 X, Y, Z 축은 각각 원통좌표계의 R, $\theta$, Z으로 변환되며 Translation 1, 2, 3를 이용하여 구속할 수 있다. 각 방향의 회전 자유도는 Rotation 1, 2, 3 옵션을 이용하여 구속한다.

3차원 형상의 체적에 메쉬를 생성할 때는 3차원 Tetrahedron Mesh를 이용하며 3차원 요소에는 회전에 대한 자유도가 없다. 따라서 Rotation 1, 2, 3는 설정하지 않아도 된다. 회전자유도를 구속하더라도 해석의 결과에는 영향을 주지 않는다.

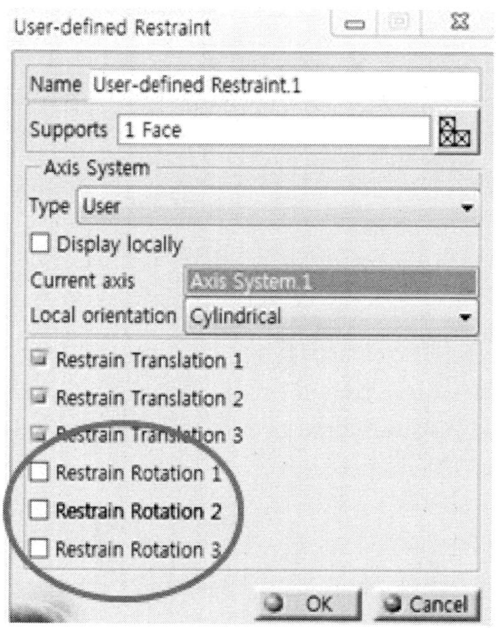

### 다) Virtual Part 생성

3차원 Tetrahedron Mesh에는 회전에 대한 자유도가 없으므로 회전하중(토크 및 모멘트)을 직접 부가할 수 없다. CATIA V5에서는 Virtual Part를 이용하여 3차원 Mesh에 회전 하중을 부가할 수 있다. Virtual Part는 형상이 없는 가상의 파트이다. Virtual Part를 만들고 이를 이용하여 하중, 경계조건, 모멘트 등을 부여할 수 있다.

- Virtual Parts 툴바에서 Smooth Virtual Part 버튼을 누른다.
- ①면을 선택하고 OK버튼 클릭. Handler는 하중이나 경계조건을 정의할 기준 위치를 정의한다. 따로 선택하지 않으면 Support의 중심으로 설정된다.

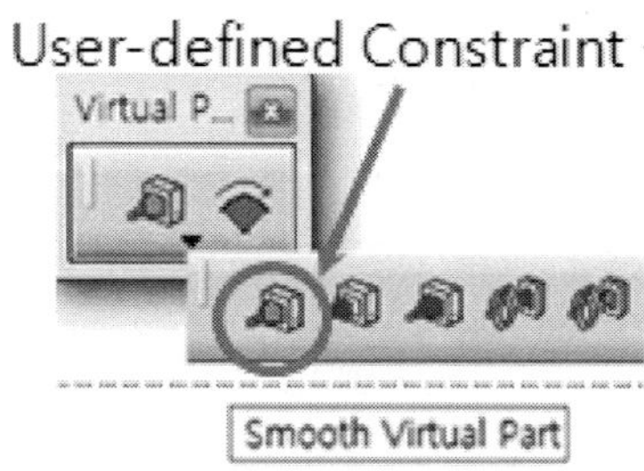


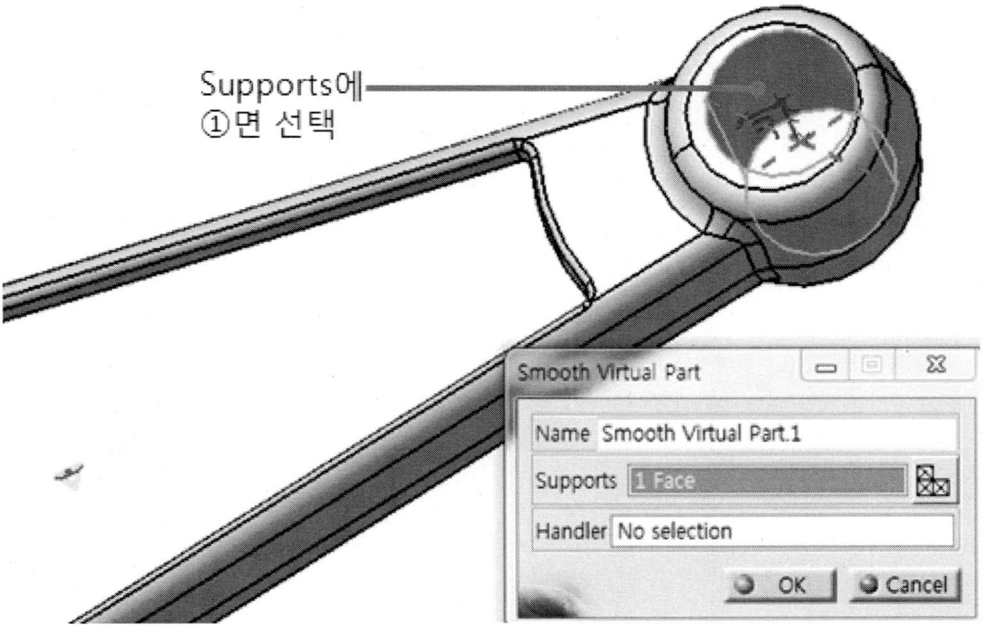

### 라) Moment 하중 생성(Loads)

Loads툴바에서 Moment 클릭 Support로 Virtual Part(②) 선택한다.

Axis Type을 User로 설정 Current axis 선택 영역 클릭 후 Axis system (③) 선택 → Local orientation을 Cartesian으로 설정한다.

Z방향의 값을 500 입력 후 OK 클릭(500Nxm 부여한 것임) 한다.

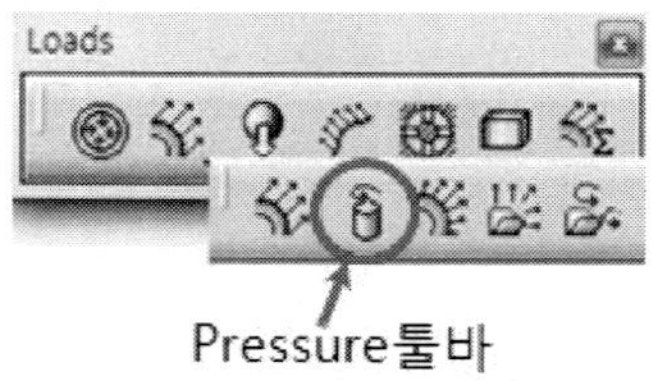


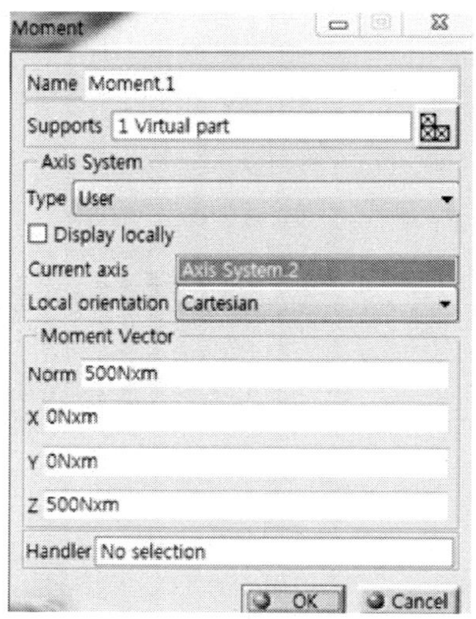


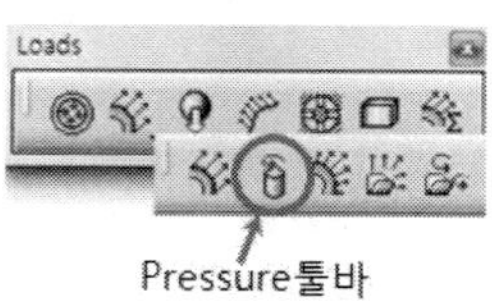


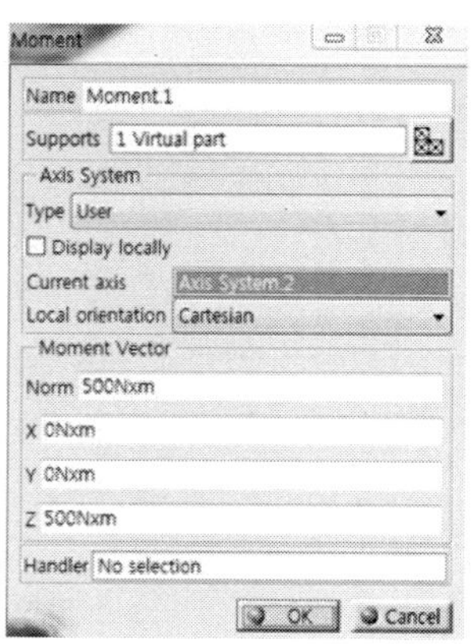


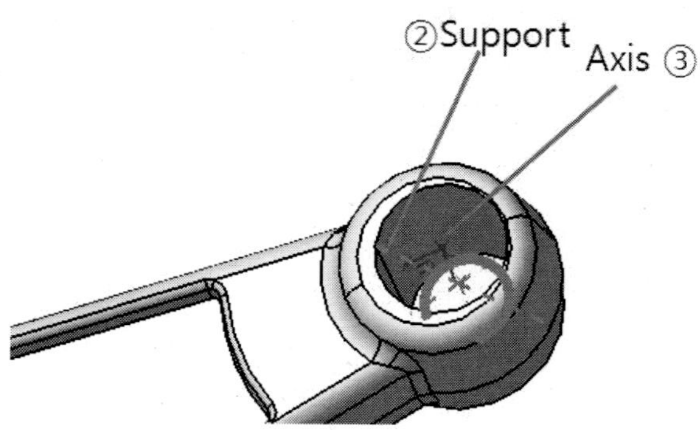

7) User Friendly 재질 설정

다음의 순서대로 User Material을 생성해 보자.

- Model Manager 툴바에서 User Material 버튼을 클릭한다.
- Aluminum을 선택 후 OK 클릭.
- Spec. Tree에서 User Material.1에 MB3〉Properties 선택 후 이름을 다음 그림처럼 Aluminum 으로 변경한다. 재질 정의하는 과정임.

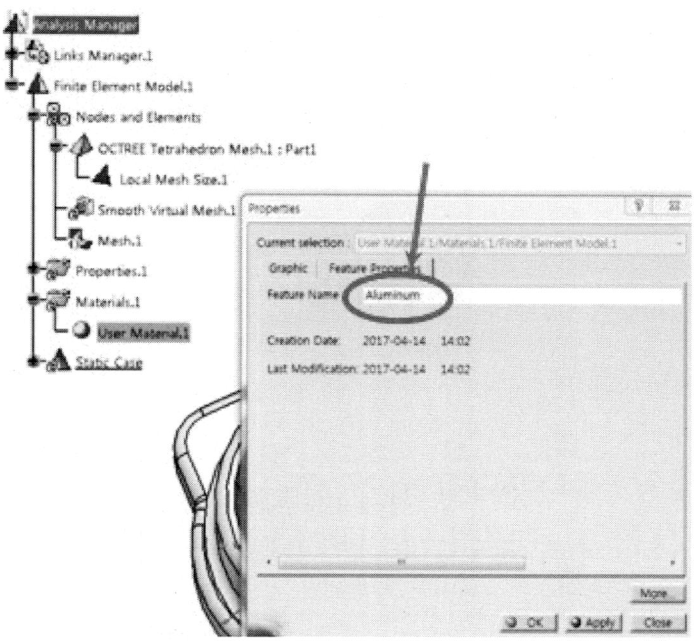


Mesh에 Material을 지정해 보자.
- Model Manager 툴바에서 3D Property 버튼을 클릭한다.
- 대화창에 Supports로 OCTREE Tetrahedron Mesh.1을 선택
- 대화창에 User-defined material 옵션 선택.
- Spec. Tree에서 Aluminum 선택 후 OK클릭.

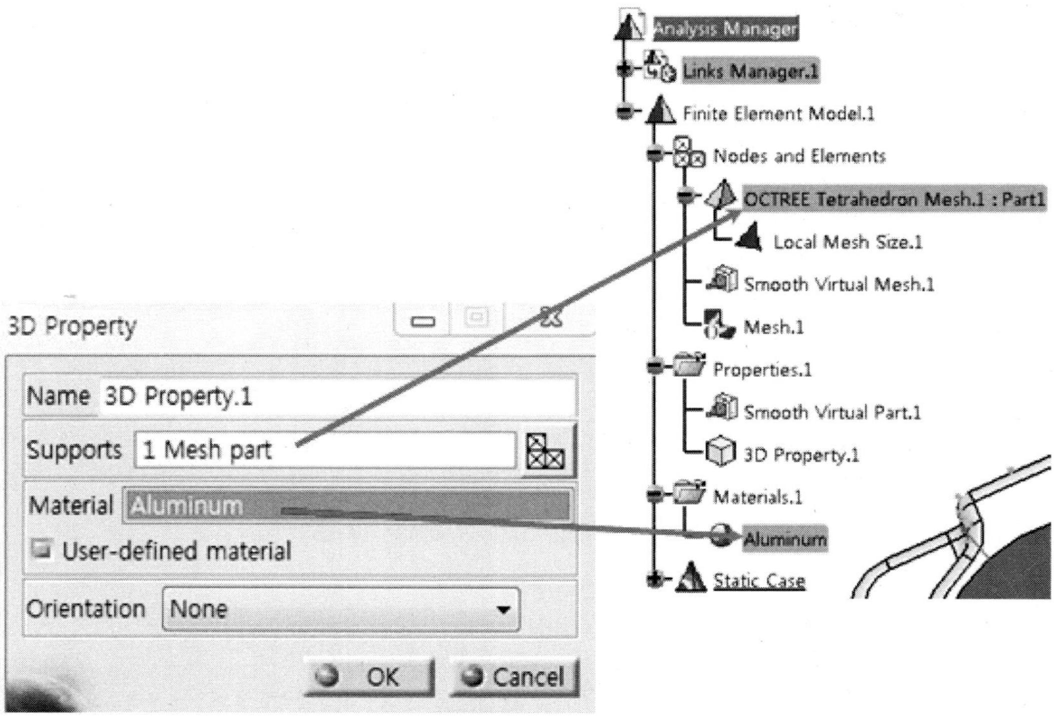


## 8) FE 모델 확인

기본적인 사항이 정의되어 있는지 확인하기 위하여 Model Manager 툴바를 활성화 시킨다. Model Checker (신호등모양) 버튼을 클릭하면 대화상자의 Status 칼럼에 OK가 표시된 것을 확인할 수 있다. 확인 후 대화상자의 OK버튼을 클릭한다.

## 라. Solving

### 1) 계산하여 해 구하기 명령

앞서 정의한 FE 모델에 대한 해를 구하는 과정을 알아보자.

Compute 툴바를 꺼낸다.

Compute 버튼을 클릭한다.

대화상자에서 OK 버튼을 누른다. All을 선택한 것은 모든 사항을 계산하겠다는 뜻이다 (특정 Solution Case만 계산할 지도 선택 가능함).

계산에 필요한 Resource가 대화상자에 표시되면 Yes 클릭하면 계산 시작

- Computation Status가 표시되고 계산이 완료된다.
- Spec. Tree에서 계산결과와 Post Processing 할 결과의 저장위치 확인 가능.

→ Mesh 수가 많아 계산이 오래 걸린다.

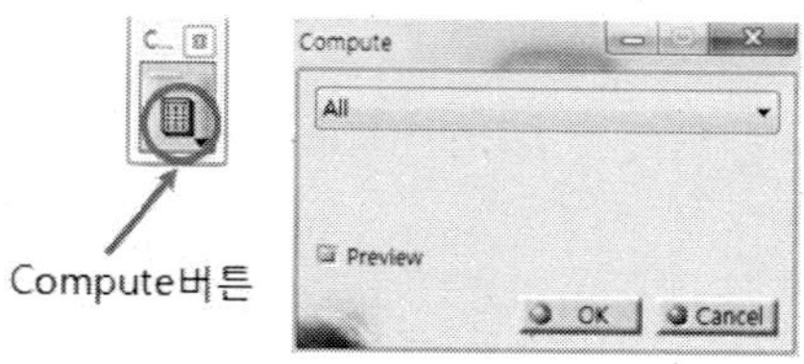


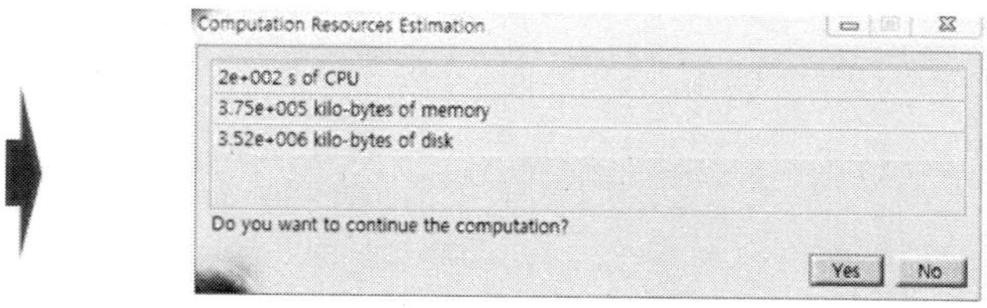


## 마. 후처리 (Post-Processing)

### 1) Deformation (변형량) 나타내기

해석결과를 분석해보자. 먼저 다음의 순서로 변형량을 나타내 보자.

다음의 순서로 변형량을 표시한다.

① Image 툴바를 꺼낸다.

② Deformation 버튼을 클릭한다.

③ Mesh.1에 MB3〉 Activate/Deactivate 선택한다.

- 하기 그림에 Mesh와 Deformation 결과를 함께 표시하였다.
- 변형 전후 차이를 알기 위해 다음 그림 형태로 본다.

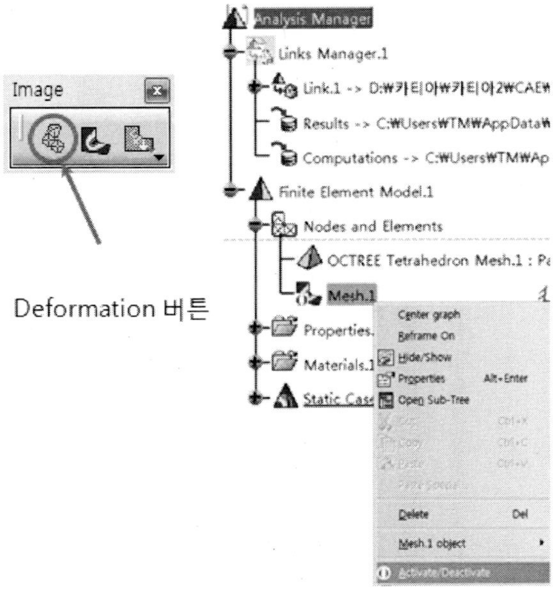
Image
Deformation 버튼
Analysis Manager
Links Manager.1
Results -> C:₩Users₩TM₩AppData₩
Computations -> C:₩Users₩TM₩Ap
Finite Element Model.1
Nodes and Elements
OCTREE Tetrahedron Mesh.1 : Pa
Mesh.1
Center graph
Reframe On
Hide/Show
Properties Alt+Enter
Open Sub-Tree
Delete Del
Mesh.1 object
Activate/Deactivate
Properties.
Materials.1
Static Case

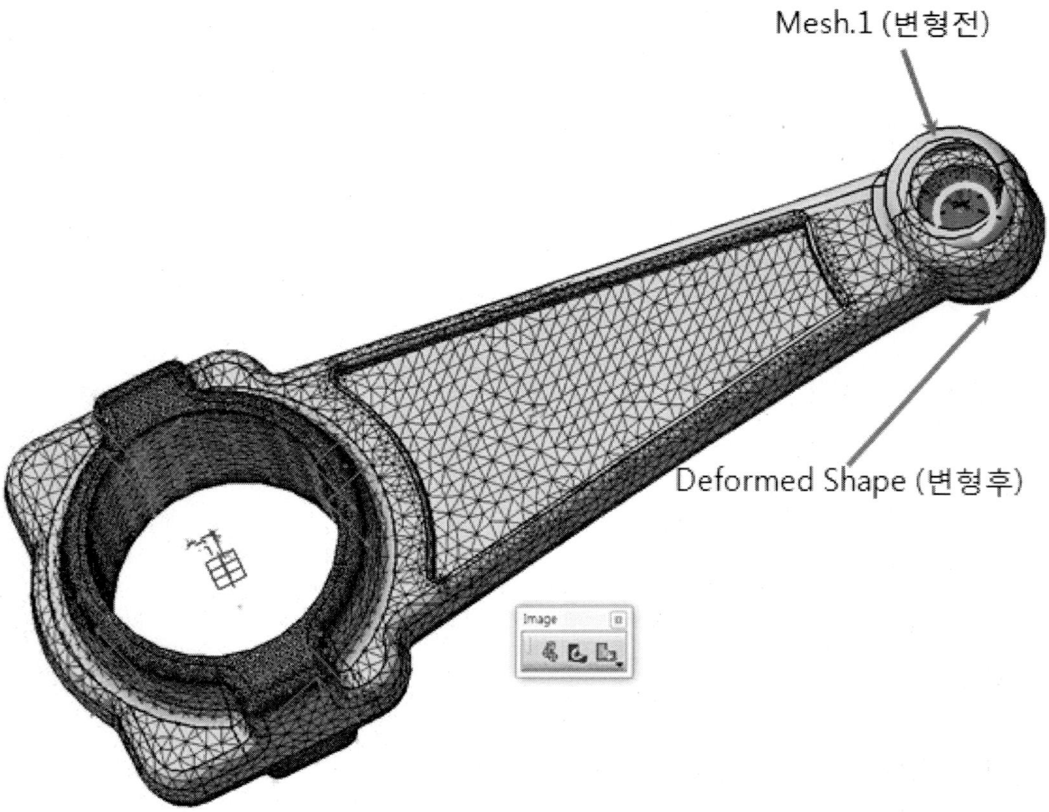
Mesh.1 (변형전)
Deformed Shape (변형후)
Image

2) Von Mises Stress 표시

Image 툴바에서 von Mises Stress 버튼을 클릭하면 다음 그림과 같이 응력이 표시된다. 화면 오른 쪽은 색깔별 수준을 표시해 준다. 최대 응력이 1.09e+9Pa임을 알 수 있는데 1,090GPa이므로 알루미늄의 항복강도를 넘어 변형이 일어날 것을 예측할 수 있다.

View Mode를 Shading with Material로 표시하면 다음 그림과 같다.

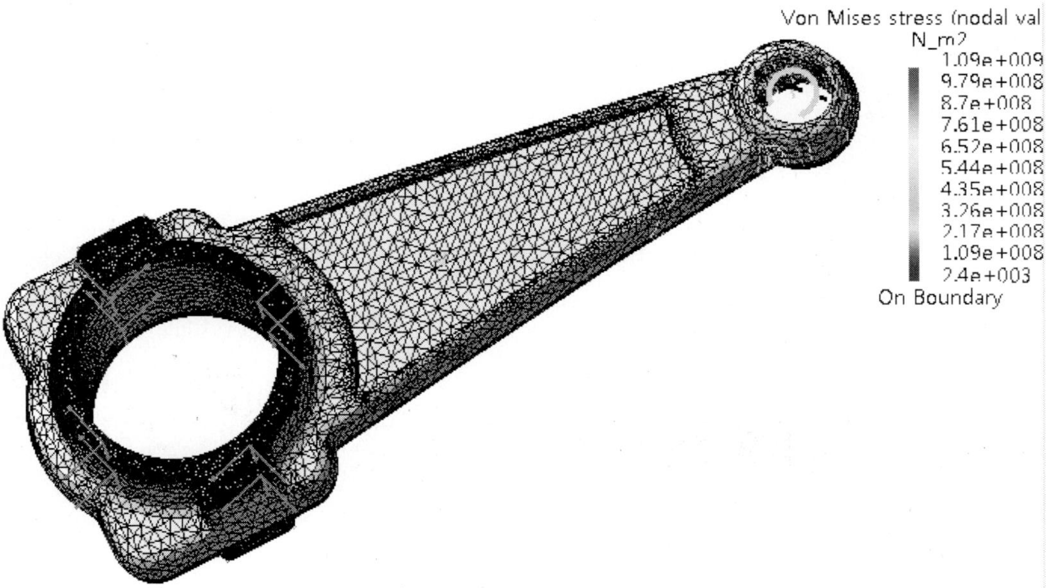


▌ 정해진 형상과 하중에 파손되지 않도록 하려면 재료를 변경하여야 한다. 재료를 변경하지 않으려면 응력이 강하게 발생하는 부분의 형상을 변경해야 한다.

해석결과에서 Analysis Tools 툴바를 이용하여 다음과 같이 최대 및 최소 응력이 발생하는 위치를 표시할 수 있다.

k

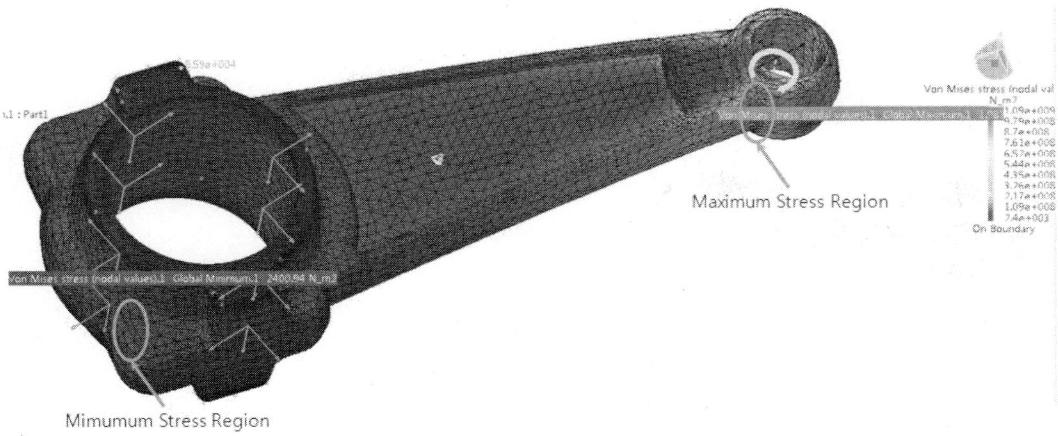


## 3) Error율 표시

Spec. Tree 에서 Global Error Rate (%)를 더블 클릭하면 에러율이 나타나는데 본 해석에서는 다음의 해석결과에서 알 수 있듯이 6.09%가 나온다. (10% 안쪽이므로 모델 수정 없이 OK)

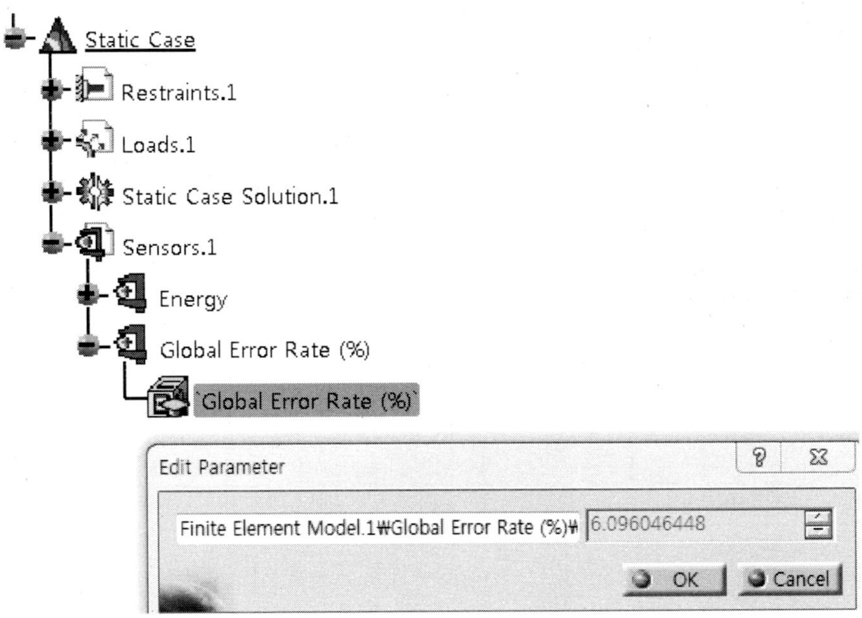

### 4) Displacement 표시

Displacement를 표시하면 각 Node에서의 변형을 방향 성분별로 표시할 수 있다.
변형의 특정방향성분 표시하려면 다음과 같다.

① 결과가 표시된 모델에 마우스 포인터 가져간 다음 더블클릭하거나 또는 Spec. Tree에서 해당 항목을 더블클릭한다.

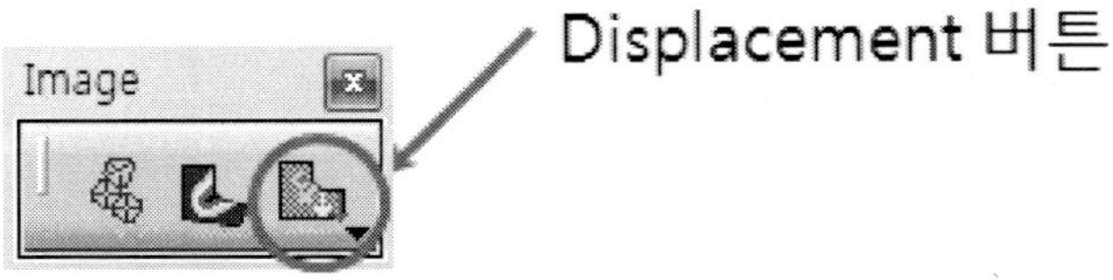


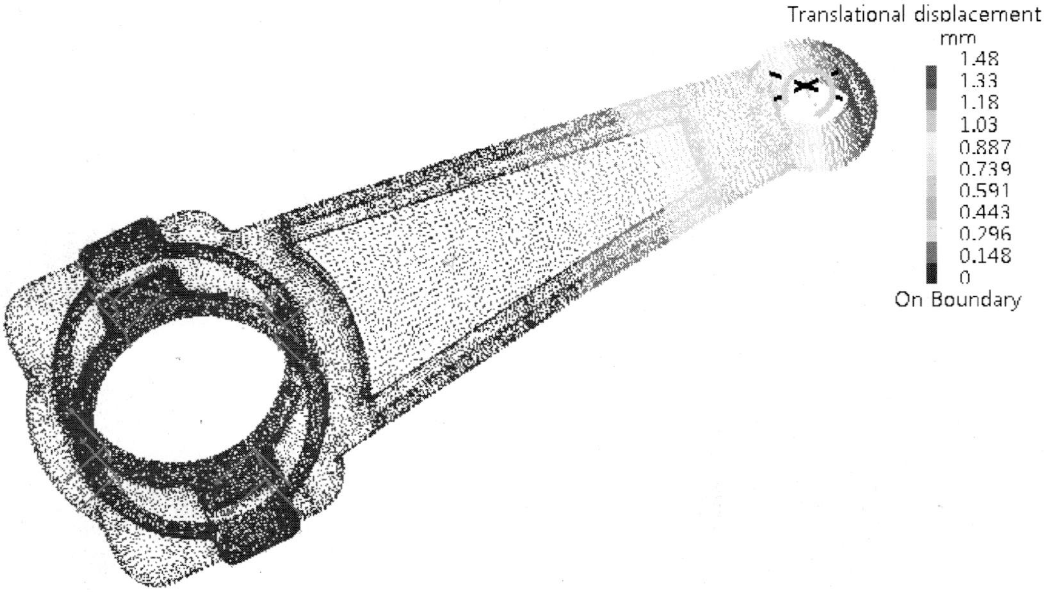

# 연습문제

## Q 과제 1

① 앞서 해석에서 다음 그림과 같이 Edge Fillet을 제거하고 해석해 보자. 변형량과 Stress는 얼마나 변하는지?

## Q 과제 2

① 앞서 실습한 내용을 바탕으로 다음의 형상을 그려 해석을 수행해 보자. 하단 우측 그림과 같이 원형단면에 100N/m2의 Pressure를 부여하고 하단부는 Fix 시켜 해석한다.

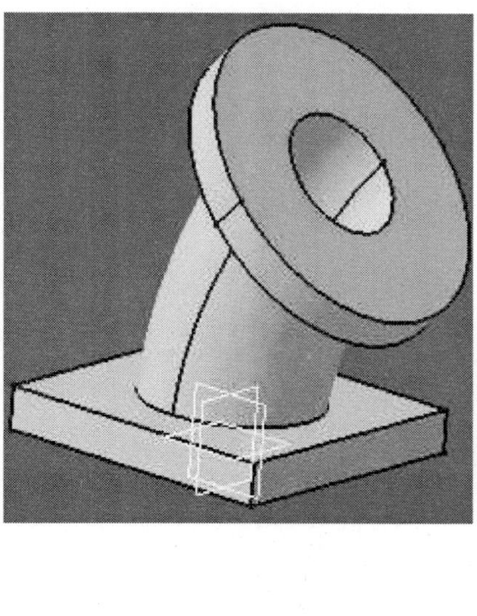

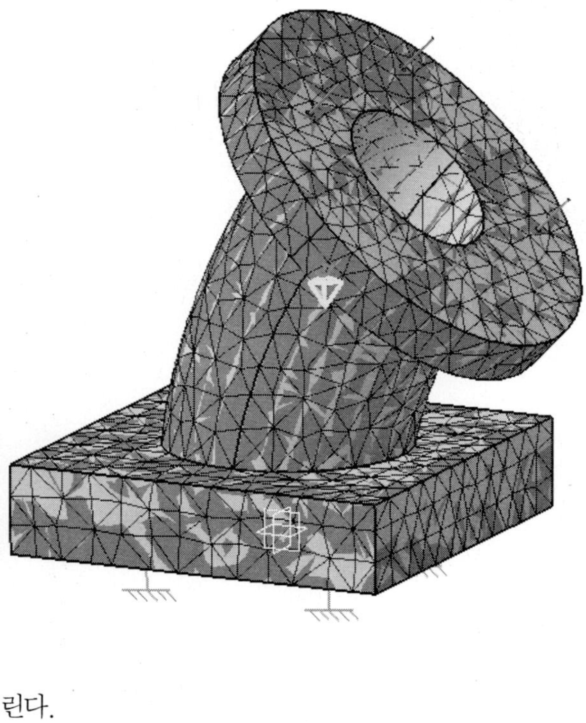

상기 형상은 다음의 크기와 순서로 그린다.

1) ① pad

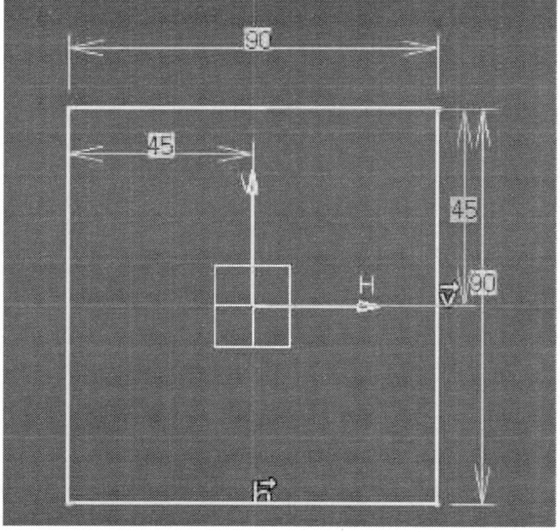


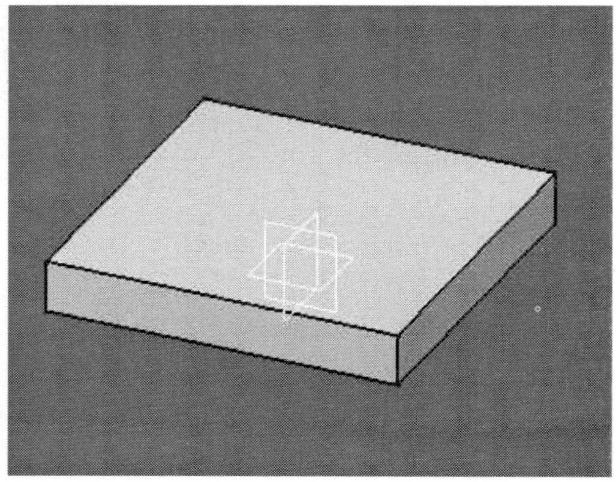

2) ②shaft

sketch면이 pad의 아랫면이고 중심선의 반지름에 해당하는 중심축(axis)을 생성한다.

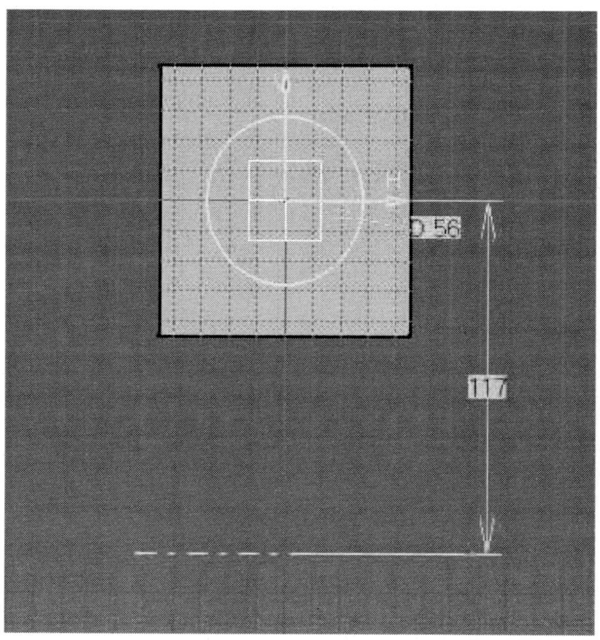

shaft 정의 상자에서 Apply 아이콘을 이용하여 예상되는 형상을 미리보고 각도를 적절하게 조절한다. First angle에서 Second angle쪽으로 solid가 생성된다.

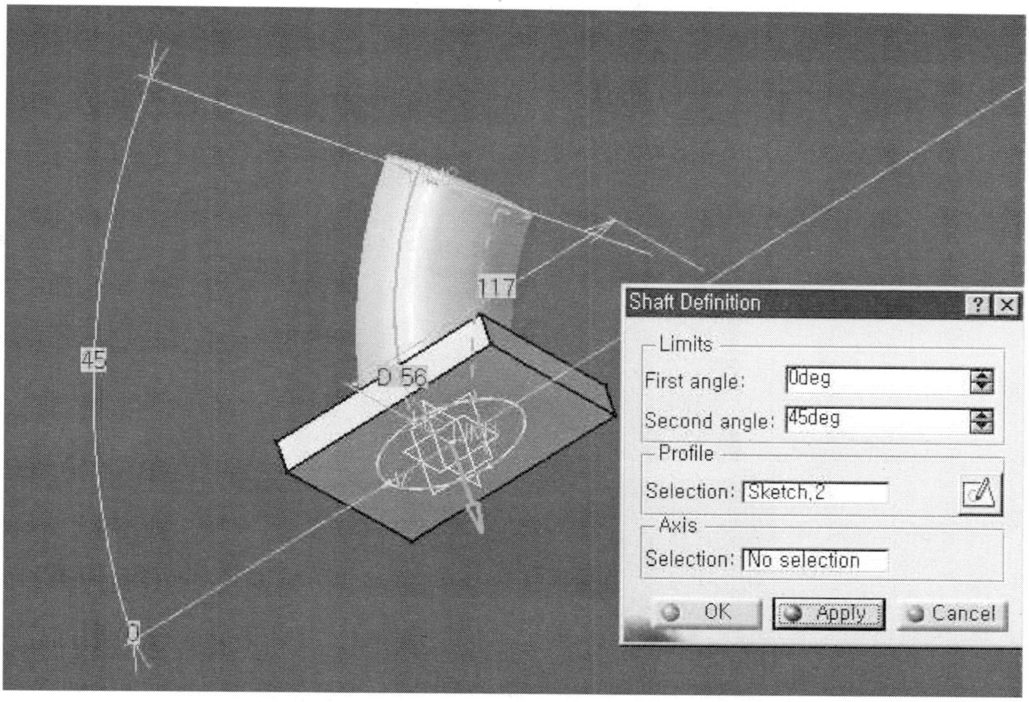


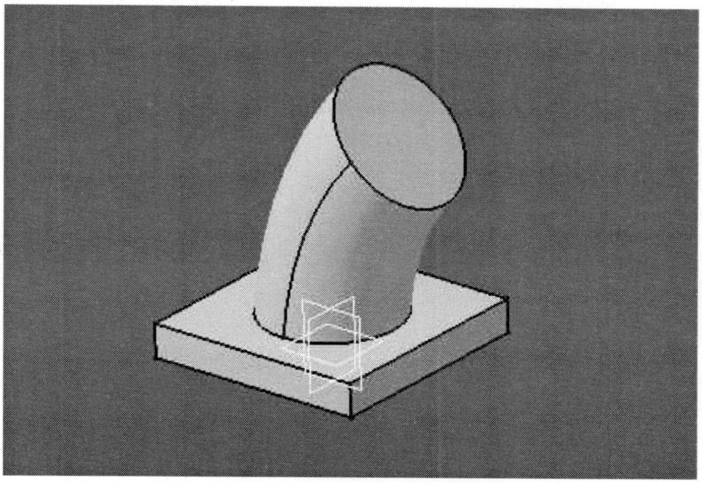

3) ③ pad

sketch면이 shaft의 윗쪽면이고, sketch 후에 조건을 줄 때 원이 shaft면(원)과 중심이 같다. Pad 정의 상자에서 length(두께)를 주고 생기는 방향을 유의해서 보고 혹시 반대라면 Reverse Direction 아이콘을 click한다.

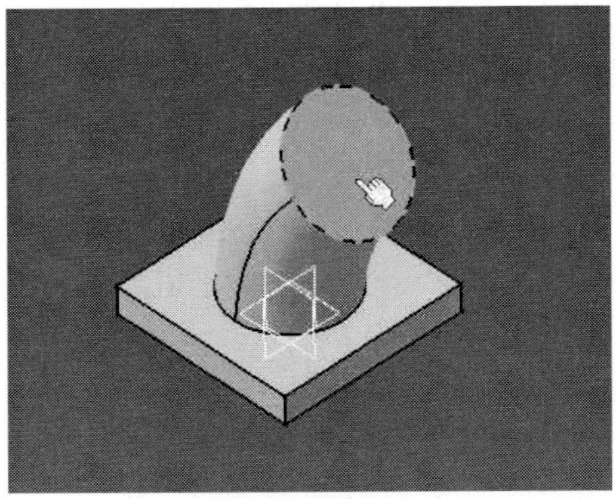

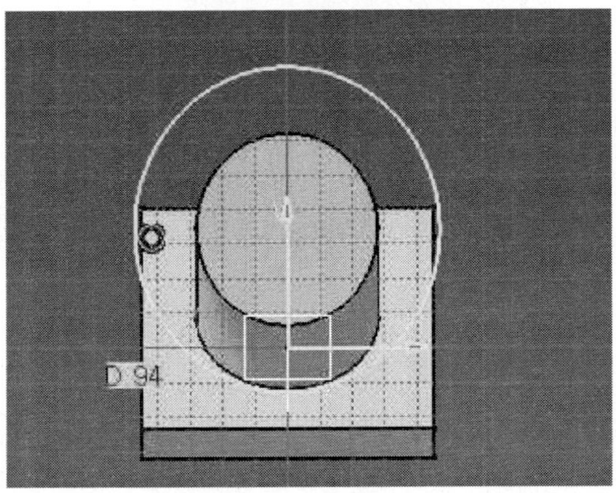


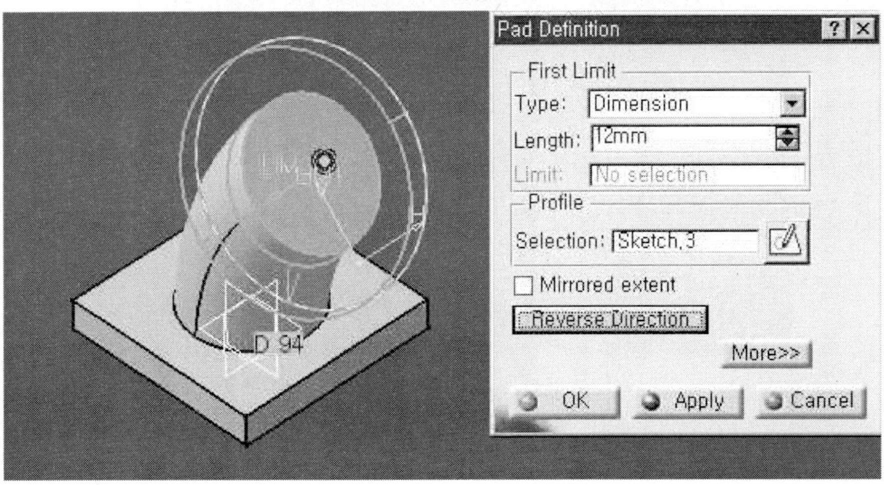

## 4) ④ groove

일정단면을 회전시키면서 파낸 형상을 생성시 사용한다. ②shaft와 마찬가지로 ①pad의 밑면에 sketch를 해야하고 중심축도 같다.

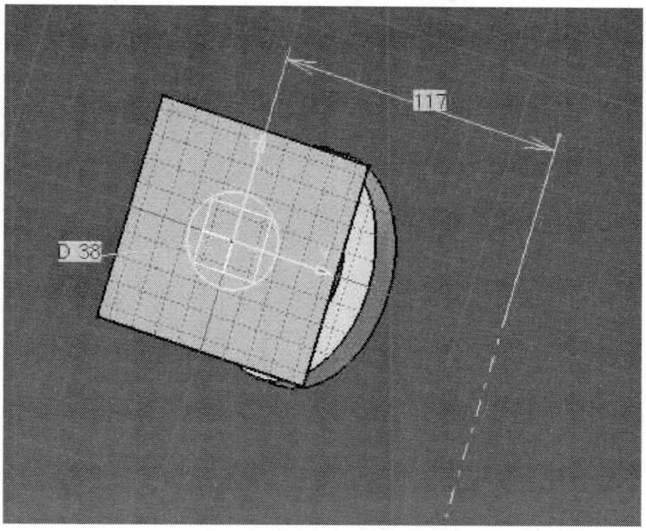


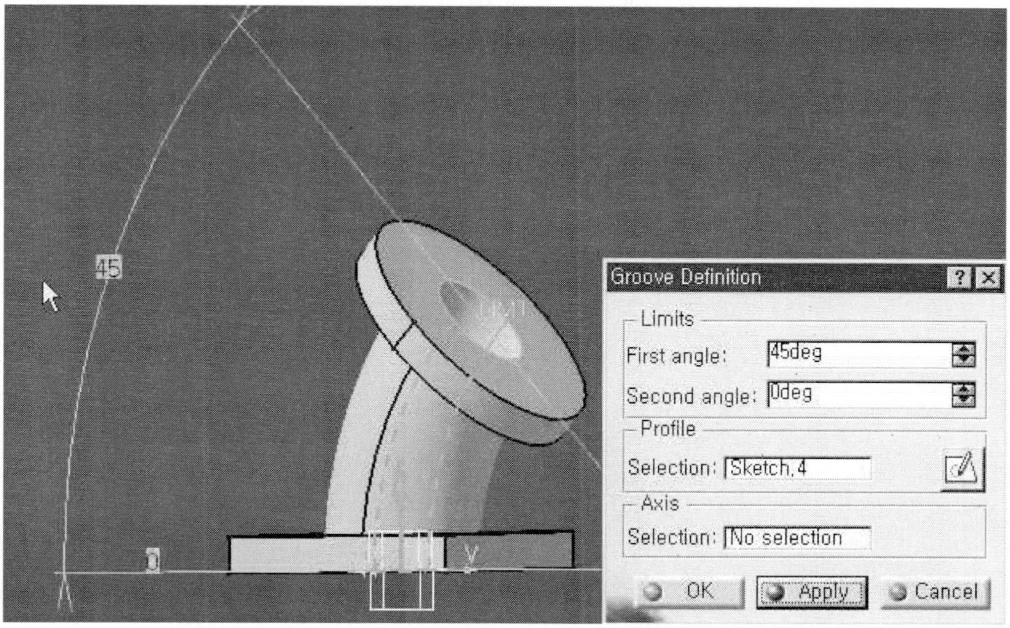

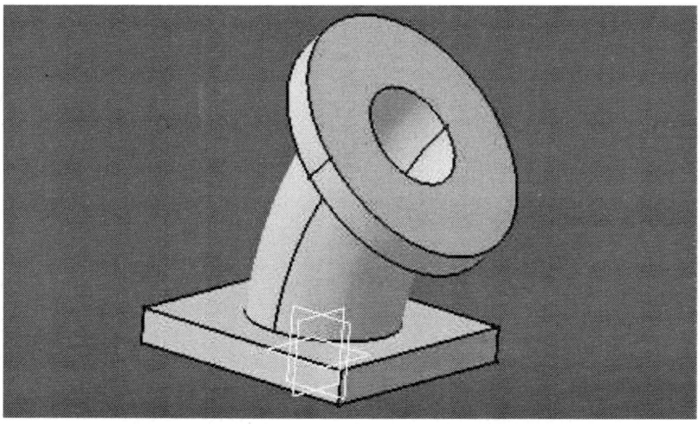

상기 내용의 모델링이 완성되면,

① 3차원 Tetra Mesh 생성
② 재질부여
③ 경계조건(하중, 구속조건) 부여
④ 모델체크(에러율 확인, 에러값이 10%를 넘으면 다시 Mesh하기)
⑤ Solving
⑥ 결과분석 및 고찰

의 순서로 해석을 수행 한다.

# Chapter 4 CATIA 국제공인 자격증 (다쏘시스템)기출문제

## CATIA V5 인증시험(Certificate CATIA V5 Associate)

**Part Modeling 기출문제** 다쏘시스템(하나티에스) 제공 기출문제 임.

3D
V+R
3DEXPERIENCE

CATIA V5 Associate

Sample Exam

DASSAULT SYSTEMES | IF WE ask the right questions we can change the world.

# CATIA V5 인증시험(Certificate CATIA V5 Associate)

## 문제 #1 – 도면(Drafting)

도면 뷰 'B'와 같이 작성하기 위해 뷰 'A'에 프로파일을 작성할 필요가 있다. 카티아의 뷰 기능 중 어떤 것인가?

a) 오프셋 섹션 뷰
b) 클리핑 뷰 프로파일
c) 프로젝션 뷰
d) 배열된 섹션 뷰

답: D

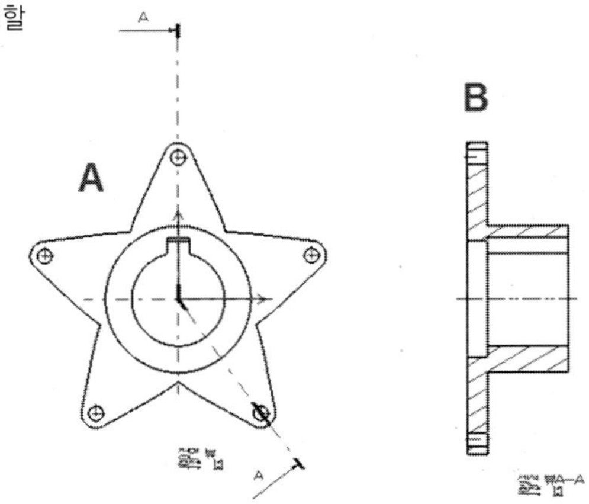


## 문제 #2, #3 – 파트 모델링(Part Remodeling)

이 그림은 문제 #2과 3를 풀기위해 사용됩니다.

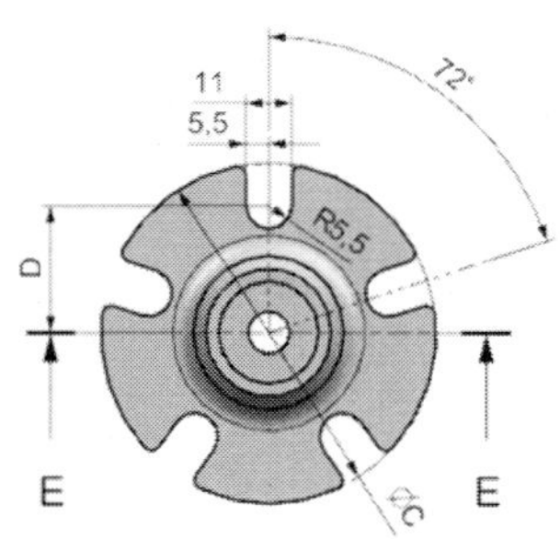


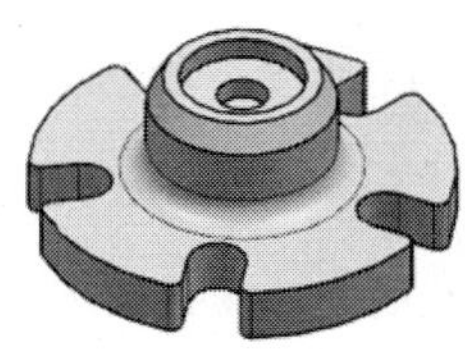

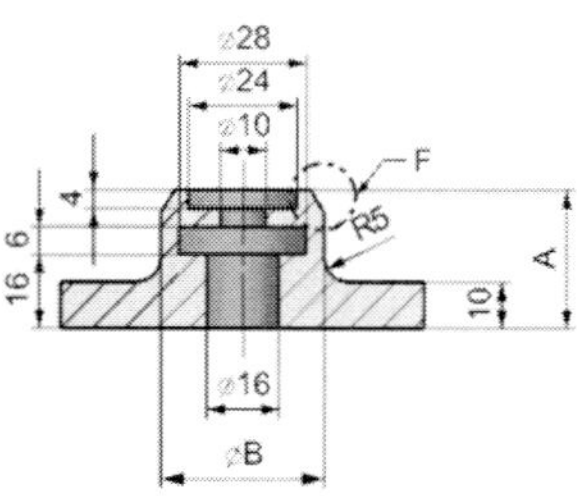


SECTION E-E

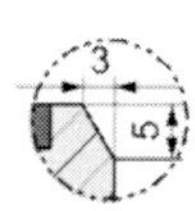


DETAIL F
SCALE 2:1

## 문제 #2 - 파트 모델링(Tool Block)

카티아에서 이 파트를 모델링하시오

- 단위계 : MMGS (millimeter, gram, second)
- 소수점 자리수: 3
- 파트 원점: 자유
- 다른 지시가 없는 R =2
- 재질: Alurminium
- 밀도 = 0.0012 g/mm^3

- A = 30 .00
- B = 36.00
- C = 80 .00
- D = 30.00

➢ 파트 전체의 질량을 구하시오? (grams)

답: 64.195g

오차율 1%내외는 정답처리

## 문제 #3 - 파트 모델링(Tool Block)

카티아에서 이 파트를 모델링하시오

- 단위계 : MMGS (millimeter, gram, second)
- 소수점 자리수: 2
- 파트 원점: 자유
- 다른 지시가 없는 R =2
- 재질: Alurminium
- 밀도 = 0.0086 g/mm^3

문제 #2번에서 생성한 파트를 아래의 변수를 이용하여 수정하시오.

- A = 45.40
- B = 41.58
- C = 86.00
- D = 39.00

주의: 다른 치수는 이전 문제와 동일한 것으로 가정한다.

➢ 파트 전체의 질량을 구하시오? (grams)

답: 783.30g

오차율 1%내외는 정답처리

# 문제 #4, #5 - 파트 모델링(Part Remodeling)

이 그림은 문제 #4와 #5를 풀기위해 사용됩니다.

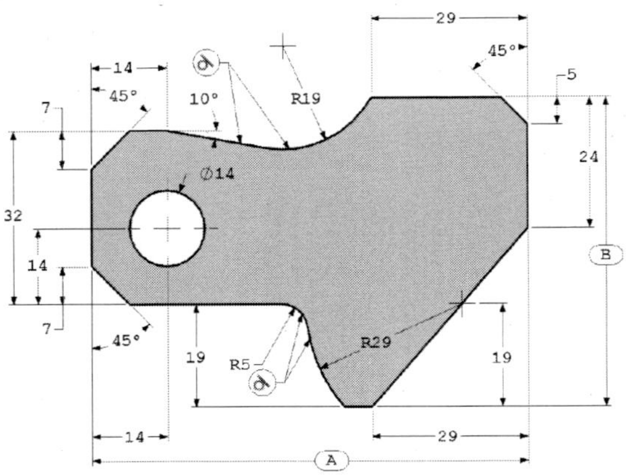


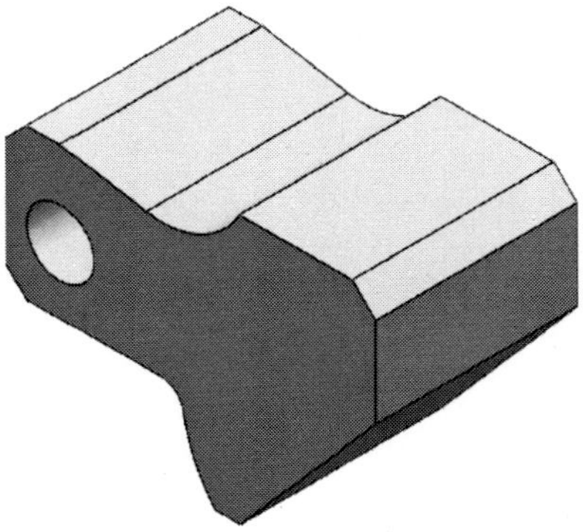

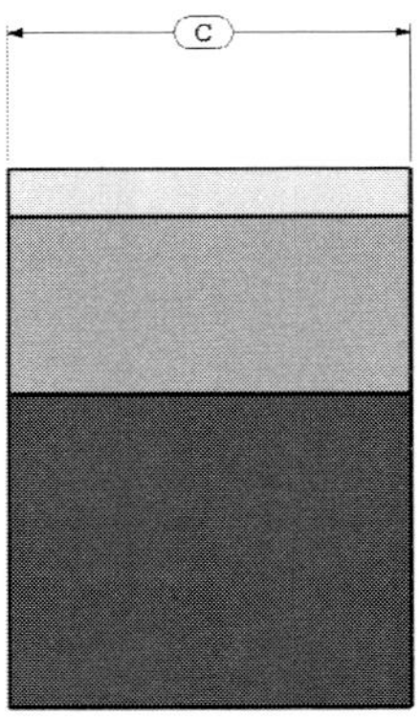

## 문제 #4 – 파트 모델링(Tool Block)

카티아에서 이 파트를 모델링하시오

- 단위계 : MMGS (millimeter, gram, second)
- 소수점 자리수: 2
- 파트 원점: 자유
- 다른 지시가 없는 한 모든 구멍은 관통 구멍임
- 재질: Steel
- 밀도 = 0.0079 g/mm^3

- A = 81.00
- B = 57.00
- C = 43.00

➢ 파트 전체의 질량을 구하시오? (grams)

답: 939.54g

오차율 1%내외는 정답처리

## 문제 #5 – 파트 모델링(Tool Block)

카티아에서 이 파트를 모델링하시오

- 단위계 : MMGS (millimeter, gram, second)
- 소수점 자리수: 2
- 파트 원점: 자유
- 다른 지시가 없는 한 모든 구멍은 관통 구멍임
- 재질: Steel
- 밀도 = 0.0079 g/mm^3

문제 #4번에서 생성한 파트를 아래의 변수를 이용하여 수정하시오.

- A = 84.00
- B = 59.00
- C = 45.00

➢ 파트 전체의 질량을 구하시오? (grams)

답: 1032.32g

오차율 1%내외는 정답처리

# 문제 #6, #7 – 파트 모델링(Part Remodeling)

이 그림은 문제 #4와 #5를 풀기위해 사용됩니다.

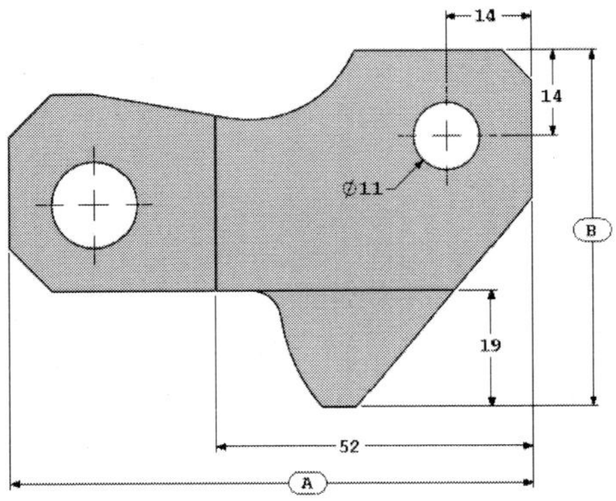


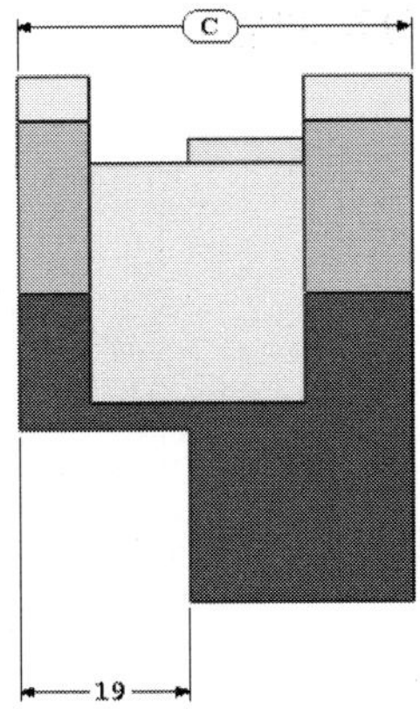


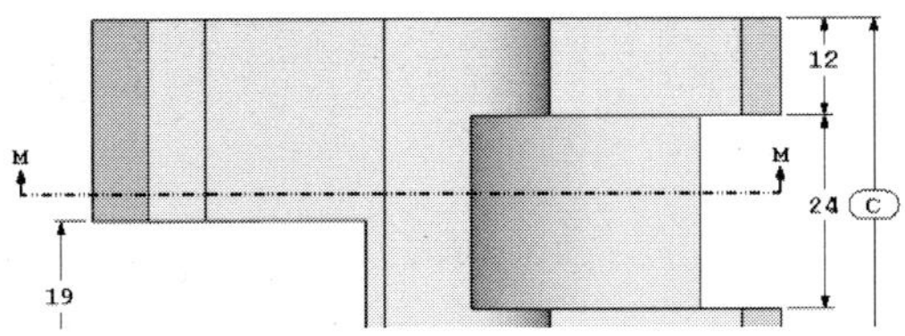


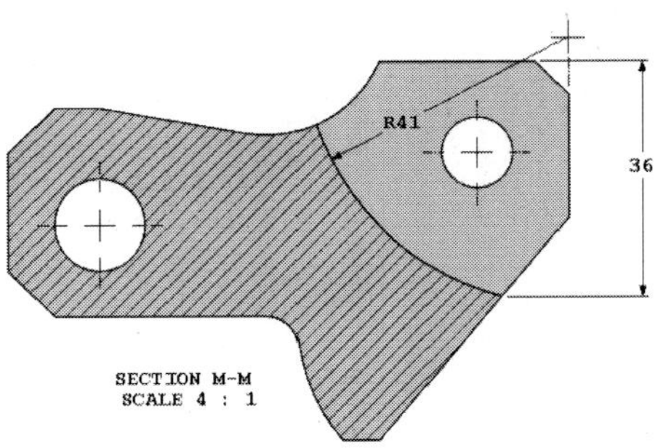


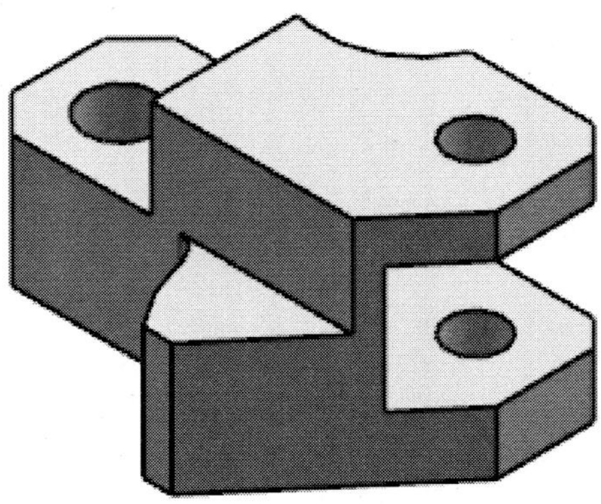

## 문제 #6 - 파트 모델링(Tool Block)

카티아에서 이 파트를 모델링하시오

- 단위계 : MMGS (millimeter, gram, second)
- 소수점 자리수: 2
- 파트 원점: 자유
- 다른 지시가 없는 한 모든 구멍은 관통 구멍임
- 재질: Steel
- 밀도 = 0.0079 g/mm^3

문제 #4번에서 생성한 파트를 아래의 변수를 이용하여 수정하시오.
- A = 86.00
- B = 58.00
- C = 44.00

주의: 다른 치수는 이전 문제와 동일한 것으로 가정한다.

➢ 파트 전체의 질량을 구하시오? (grams)

답: 628.18g

오차율 1%내외는 정답처리

## 문제 #7 - 파트 모델링(Tool Block)

카티아에서 이 파트를 수정하시오

- 단위계 : MMGS (millimeter, gram, second)
- 소수점 자리수: 2
- 파트 원점: 자유
- 다른 지시가 없는 한 모든 구멍은 관통 구멍임
- 재질: Steel
- 밀도 = 0.0079 g/mm^3

문제 #6번에서 생성한 파트를 아래의 변수를 이용하여 수정하시오.
- A = 77.00
- B = 60.00
- C = 38.00

➢ 파트 전체의 질량을 구하시오? (grams)

답: 485.15g

오차율 1%내외는 정답처리

# CATIA V5 인증시험(Certificate CATIA V5 Associate)

**Assembly Modeling 기출문제** 다쏘시스템(하나티에스) 제공 기출문제 임.

## 문제 #8 – 어셈블리 모델링(Assembly Modeling)

이 그림은 문제 #8을 풀기위해 사용됩니다.

파일은 3개 이며 Gaskets(2), Pipe(2), L-Pipe(2)가 제공된다.

- 단위계 : MMGS (millimeter, gram, second)
- 소수점 자리수: 4
- 조립 원점: 도면에 표시된 위치

- 압축 파일(Pipe)을 다운받아 연다.
- 부품을 컴퓨터에 저장하고 카티아로 연다.
- 재질 Gaskets: Titanium
  Pipe, L-Pipe : steel

어셈블리를 다음과 같이 완성 후 질량을 구하시오.

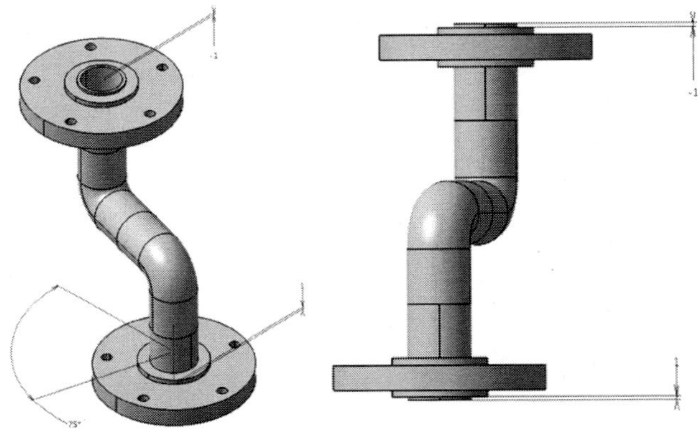

답: 245.3312g

## 문제 #9 – 어셈블리 모델링(Assembly Modeling)

이 그림은 문제 #9를 풀기위해 사용됩니다.

문제 #8번에서 생성한 카티아 어셈블리를 아래의 조건으로 수정하시오.

- 단위계 : MMGS (millimeter, gram, second)
- 소수점 자리수: 2
- 조립 원점: 도면에 표시된 위치

- 부품을 컴퓨터에 저장하고 카티아로 연다.
- 재질 및 밀도 Gaskets : Titanium (0.00444g/mm^3)
  Pipe, L-Pipe : steel (0.006g/mm^3)

어셈블리를 다음과 같이 완성 후 질량을 구하시오.

답: 226.3g

## 문제 #10 – 어셈블리 모델링(Assembly Modeling)

이 그림은 문제 #10을 풀기위해 사용됩니다.

파일은 3개 이며 Gaskets(2) , Pipe(4), L-Pipe(1)가 제공된다.

- 단위계 : MMGS (millimeter, gram, second)
- 소수점 자리수: 4
- 조립 원점: 도면에 표시된 위치

- 압축 파일(Pipe)을 다운받아 연다.
- 부품을 컴퓨터에 저장하고 카티아로 연다.
- 재질 및 밀도
  Gaskets: Titanium(0.0055g/mm^3)
  Pipe, L-Pipe : steel(0.009g/mm^3)

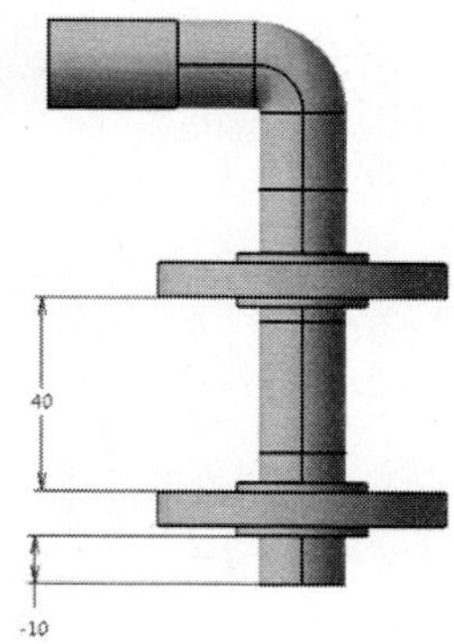


어셈블리를 다음과 같이 완성 후 질량을 구하시오.

답: 299.4542g

※ Surface모델 및 CAE 모델의 작성을 위해 다음 참고문헌을 참고하여 일부 내용을 발췌하였음.

[참고문헌]


[1] 김기주, 박재열, 임석연, 누구나 따라하며 쉽게 익히는 CATIA V5, 북스힐, 2016.12.31.
[2] 김동주, 최고봉, 박진웅, CATIA CAE Application 예제집, 도서출판 과학기술, 2010.9.15.
[3] 고재철, 안기원, 권영두, 이대섭, CATIA V5 CAE 따라하기, 온솔루션인티그레이션 출판, 2012.2.24.

**저자소개**

| | | |
|---|---|---|
| **김기주** | 2002 | 서울대학교 재료공학부 (공학박사) |
| | 1993 ~ 2009 | 쌍용자동차 CAE팀 책임연구원 |
| | 2009 ~ 2016 | 서정대학교 자동차과 교수 |
| | 2016 ~ 現 | 동명대학교 메카트로닉스공학과 교수 |
| **임석연** | 2008 | 충남대학교 기계공학과 (공학박사) |
| | 2011 ~ 2014 | 특허청 심사관 |
| | 2014 ~ 현 | 동명대학교 자동차공학과 교수 |



저자와의
협의에 의해
인지 생략


# CATIA v5 응용


**1판 1쇄 2017년 5월 30일**

저 자 김기주 / 임석연
발행인 송광헌
발행처 복두출판사
주 소 서울특별시 영등포구 경인로82길 3-4
센터플러스 807호
(우) 07371
전 화 02-2164-2580~1
FAX 02-2164-2584
등 록 1993. 11. 22. 제 10-902 호

**정가 : 24,000원**
ISBN : 979-11-5906-272-8 93550

한국과학기술출판협회 회원사